U0940474

主要撰稿人

田学斌　窦丽琛　赵培红　张瑞锋

李伟红　刘景枝　孙振杰

京津冀产业
协同发展研究

田学斌 等 著

On Collaborative Development of
Industries in Beijing-Tianjin-Hebei

中国社会科学出版社

图书在版编目（CIP）数据

京津冀产业协同发展研究/田学斌等著．—北京：中国社会科学出版社，2019．3

ISBN 978－7－5203－3648－2

Ⅰ．①京…　Ⅱ．①田…　Ⅲ．①区域经济发展—产业发展—协调发展—研究—华北地区　Ⅳ．①F127．2

中国版本图书馆 CIP 数据核字（2018）第 281548 号

出 版 人　赵剑英
责任编辑　杨晓芳
责任校对　王　兵
责任印制　王　超

出　　版　中国社会科学出版社
社　　址　北京鼓楼西大街甲 158 号
邮　　编　100720
网　　址　http://www.csspw.cn
发 行 部　010－84083685
门 市 部　010－84029450
经　　销　新华书店及其他书店

印　　刷　北京明恒达印务有限公司
装　　订　廊坊市广阳区广增装订厂
版　　次　2019 年 3 月第 1 版
印　　次　2019 年 3 月第 1 次印刷

开　　本　710×1000　1/16
印　　张　26．25
插　　页　2
字　　数　306 千字
定　　价　108．00 元

凡购买中国社会科学出版社图书，如有质量问题请与本社营销中心联系调换
电话：010－84083683
版权所有　侵权必究

前　言

京津冀协同发展是习近平总书记亲自谋划、亲自部署、亲自推动的重大国家战略，是党中央、国务院在新的历史条件下作出的重大决策部署。产业转移对接协作，是京津冀协同发展的实体内容和关键支撑，是京津冀协同发展规划纲要中明确指出的重点率先突破领域之一。面向新时代区域协调发展战略安排，构建京津冀高质量现代化产业体系，是大幅提升区域产业综合竞争力，实现京津冀地区竞争力全面提升、京津冀城市群快速崛起的重要举措和关键支撑。

由于历史的原因，京津冀三地的产业基础相似，产业协作较少、竞争激烈，削弱了资源在京津冀的有效集聚和在空间上的优化配置。改革开放后，尽管京津冀在产业合作方面取得一定进展，但各界普遍认为，受制于行政分割和经济利益诉求不同，京津冀地区的产业同质竞争和产业同构现象依然明显。那么，京津冀地区产业同构状况到底如何？不同产业内的协作和竞争现状怎样、有没有区别？自京津冀协同发展战略提出以来，三地不同产业的协作有何进展？协作中存在的主要障碍是什么？如何实质性地促进京津冀地区产业的协同发展以提高区域综合竞争力？

为了对上述问题进行深入研究，在河北经贸大学校长、京津冀一体化发展协同创新中心主任纪良纲教授的指导下，中心专职副主任田学斌负责拟定研究提纲，由河北经贸大学、北京大学、中央财经大学、河北工业大学等学校的专家、学者联合组成“京津冀产业协同发展研究”课题组，协同合作，协力攻关，共同完成了本书的撰写工作。

本书研究内容共有十四章，从逻辑上可以分为五部分：

第一部分为第一章总论部分，阐述了京津冀产业协同发展的必要性，梳理了产业协同发展相关的理论，基于此界定了京津冀产业协同发展的内涵、目标及模式。

第二部分包括第二至七章，在深入分析京津冀三地产业协作总体情况基础上，分别对农业、制造业、高新技术产业、文化产业、旅游业等重点行业的协同发展现状和存在的问题进行了分析并提出了相应对策。其中，第二章梳理京津冀三次产业发展现状，比较分析了区域内 13 个城市尺度的产业发展优势，概述了京津冀产业协作的特点及存在问题；第三章从共享资源视域分析京津冀农业发展的问题和机遇，探讨了农业分工协作的困境与突破路径，提出了农业协同发展的趋势与对策；第四章研究京津冀制造业整体发展现状，探讨了协同发展的可行性和面临的困境，提出了京津冀制造业协同发展思路与河北省融入路径；第五章论述了京津冀高新技术产业协同发展现状，按细分行业进行了协同度及影响因素分析，并提出了改进建议；第六章论述京津冀文化产业协同发展的现状、发展困境及问题，提出了文化产业协同发展愿景及战略选择；第七章研究了京津冀旅游业协同发展的现状、面临的困境及问题，提出了推进旅游业协同发展的对策建议。

第三部分包括第八、九章，对京津冀产业协同发展的重要途径——非首都功能疏解和产业协同创新进行了研究。第八章界定了非首都功能疏解的基本问题，分析了河北省承接进展、条件及对策；第九章比较分析了京津冀区域创新能力，结合国内外产业协同创新典型区域的经验，提出了促进京津冀产业协同创新的新思路与对策。

第四部分包括第十至十三章，对产业协同发展的关键支撑体制——绿色金融、公共服务、首都城市群建设和考核评价机制进行了研究。第十章分析了绿色金融对京津冀产业协同发展的战略作用，探讨了京津冀绿色金融协同机制、协同模式与产品创新；第十一章分别对京津冀医疗卫生服务、教育及创新资源和交通服务等方面公共服务的协同发展内涵和现状进行了分析，并提出相应的促进对策；第十二章介绍了首都城市群的不同发展模式，对京津冀城市群与东京城市群进行了比较分析，界定了京津冀城市群的定位及分工；第十三章构建了京津冀协同发展的考核评价机制，介绍了区域协同发展考核评价的经验与启示，进行了京津冀协同红利的模拟测算。

第五部分为第十四章，基于全书研究概括提出了京津冀产业协同发展的路径与对策，结合国内外都市圈产业协同发展的经验，提出了促进京津冀产业协同发展的主要思路和政策建议。

目　　录

第一章　总论 …… 1

第一节　京津冀产业协同发展的必要性 …… 1

一　京津冀产业协同发展的背景 …… 1

二　京津冀产业协同发展的重要意义 …… 10

第二节　产业协同发展的相关理论 …… 13

一　协同理论 …… 13

二　国际分工理论 …… 15

三　产业转移理论 …… 18

第三节　京津冀产业协同发展的目标及模式 …… 20

一　京津冀产业协同发展的内涵 …… 20

二　京津冀产业协同发展的目标 …… 21

三　京津冀产业协同发展的模式 …… 22

第二章　京津冀产业发展与协作现状 …… 24

第一节　京津冀产业发展现状分析 …… 24

一　京津冀区域经济发展的总体特征 …… 24

二　京津冀三次产业发展现状 …… 32
第二节　京津冀十三地市产业优势分析 …… 50
一　京津冀各城市产业优势分析 …… 50
二　京津冀第二产业内部优势分析 …… 54
三　京津冀第三产业内部优势分析 …… 58
第三节　京津冀产业协作的特点及存在问题 …… 61
一　京津冀产业协作的基本特点 …… 61
二　京津冀产业协作中存在的主要问题 …… 64

第三章　京津冀农业协同发展 …… 71
第一节　共享资源视域下的京津冀农业发展 …… 71
一　行政分割背景下京津冀农业发展存在的问题 …… 72
二　共享资源视域下的京津冀农业发展面临的机遇 …… 73
第二节　京津冀农业协同发展的困境与突破 …… 75
一　京津冀农业协作的困境 …… 75
二　京津冀农业协同发展的突破路径 …… 77
第三节　京津冀农业协同发展趋势及对策 …… 79
一　京津冀协同发展趋势研判 …… 79
二　推进京津冀农业协同发展的对策 …… 81

第四章　京津冀制造业协同发展 …… 83
第一节　京津冀制造业整体发展现状 …… 83

一　京津冀制造业发展概况 …… 83
二　京津冀制造业产值变化动态比较分析 …… 88
第二节　京津冀制造业协同发展面临的困境 …… 92
一　京津冀制造业协同发展的可行性 …… 93
二　京津冀制造业协同发展面临的困境 …… 94
第三节　京津冀制造业协同发展思路与河北省融入路径 …… 97
一　京津冀制造业协同发展思路 …… 97
二　河北省融入京津冀制造业协同发展的新思路 …… 100

第五章　京津冀高新技术产业协同发展 …… 103
第一节　京津冀高新技术产业发展现状分析 …… 103
一　高新技术产业内涵及研究现状 …… 103
二　京津冀高技术产业发展现状分析 …… 105
第二节　京津冀高技术产业协同度分析 …… 119
一　京津冀高新技术产业总体协同程度分析 …… 119
二　京津冀高新技术细分行业协同程度分析 …… 123
三　影响京津冀高技术产业协同发展的因素分析 …… 130
第三节　推进京津冀高新技术产业协同发展的对策建议 …… 138
一　加快京津冀资源要素合理流动 …… 138
二　完善京津冀高新技术产业协同机制 …… 139
三　有效发挥京津冀高新技术产业集聚效应 …… 141
四　建立京津冀国家高新区联盟 …… 142

第六章　京津冀文化产业协同发展 …………………………………… 144
第一节　京津冀文化产业协同发展现状 ……………………………… 144
一　京津冀文化产业协同发展的基础条件 ………………………… 144
二　京津冀三地文化产业发展现状 ………………………………… 148
三　京津冀文化产业协同发展进展 ………………………………… 152
第二节　京津冀文化产业协同发展困境及问题 ……………………… 158
一　京津冀文化产业协同发展面临的困境 ………………………… 158
二　京津冀文化产业协同发展存在的问题 ………………………… 161
第三节　京津冀文化产业协同发展的愿景及战略选择 ……………… 162
一　京津冀文化产业协同发展的愿景 ……………………………… 163
二　推进京津冀文化产业协同发展的对策建议 …………………… 167

第七章　京津冀旅游业协同发展 ……………………………………… 175
第一节　京津冀旅游业协同发展现状 ………………………………… 175
一　京津冀旅游业协同发展的基础 ………………………………… 175
二　京津冀旅游业协同发展的历史过程 …………………………… 178
三　京津冀旅游业协同发展的进展 ………………………………… 179
第二节　京津冀旅游业协同发展的困境及问题 ……………………… 181
一　京津冀旅游业的发展水平 ……………………………………… 182
二　京津冀旅游业协同发展的困境 ………………………………… 186
三　京津冀旅游业协同发展存在的问题 …………………………… 188
第三节　推进京津冀旅游业协同发展的对策建议 …………………… 190

一　制度层面建设路径 …… 190
二　市场层面发展路径 …… 193
三　技术层面发展路径 …… 197

第八章　非首都功能疏解与河北承接研究 …… 201

第一节　非首都功能疏解的三个基本问题 …… 201
一　正确理解非首都功能的内涵 …… 201
二　非首都功能疏解的必要性与迫切性 …… 205
三　非首都功能承接地分析 …… 208
第二节　非首都功能疏解与河北承接进展 …… 212
一　北京非首都功能疏解稳步推进 …… 212
二　河北承接非首都功能进展积极有序 …… 216
第三节　河北承接非首都功能的条件分析 …… 224
一　河北省物流业发展为要素流动提供了保障 …… 225
二　河北省社会公共服务承接条件分析 …… 228
三　行政性、事业单位服务机构承接条件分析 …… 234
第四节　提升河北非首都功能承接能力对策建议 …… 235
一　河北省承接北京非首都功能的原则 …… 235
二　河北省承接北京非首都功能的建议 …… 237

第九章　京津冀产业协同创新机制研究 …… 243

第一节　京津冀区域创新能力比较分析 …… 243

一　评价原则与指标体系 …… 244
二　京津冀创新能力比较分析 …… 245
第二节　国内外产业协同创新典型区域借鉴 …… 250
一　台湾新竹科学工业园 …… 251
二　索菲亚科技园区 …… 253
三　苏南自主创新示范区 …… 255
四　安徽合芜蚌经济试验区 …… 256
第三节　京津冀产业协同创新思路与对策 …… 258
一　构建产学研协同创新模式 …… 258
二　建立京津冀产业创新全生态系统 …… 260
三　京津冀产业协同创新的对策 …… 262

第十章　京津冀绿色金融支撑产业协同发展研究 …… 266
第一节　绿色金融对京津冀产业协同发展的战略作用 …… 266
一　基于生态先行的京津冀产业协同 …… 266
二　金融生态外部性与京津冀产业协同 …… 267
三　绿色金融对京津冀产业协同发展的战略作用 …… 269
四　绿色京津冀金融协同的基础 …… 270
第二节　京津冀绿色金融协同体制与机制创新 …… 273
一　京津冀绿色金融协同机制建设 …… 273
二　京津冀绿色金融体系建设 …… 274
第三节　京津冀绿色金融协同模式与产品创新 …… 278

一　京津冀绿色金融协同模式 …………………………………………… 278
二　绿色金融产品开发 ……………………………………………………… 282

第十一章　京津冀协同发展的公共服务供给研究 ……………………… 287
第一节　基本公共服务与基本公共服务均等化 ………………………… 287
一　基本公共服务的内涵及内容 ………………………………………… 287
二　基本公共服务均等化的内涵及标准 ………………………………… 289
三　基本公共服务均等化的影响因素 …………………………………… 290
第二节　京津冀医疗卫生服务协同发展 ………………………………… 294
一　京津冀医疗卫生服务协同发展的内涵 ……………………………… 294
二　京津冀医疗卫生服务现状 …………………………………………… 295
三　推进京津冀医疗卫生服务协同发展的对策建议 …………………… 300
第三节　京津冀教育及创新资源协同发展分析 ………………………… 302
一　京津冀教育及创新资源协同发展的内涵 …………………………… 302
二　京津冀教育及创新资源配置现状 …………………………………… 302
三　推进京津冀教育及创新资源协同发展的对策建议 ………………… 309
第四节　京津冀交通服务协同发展分析 ………………………………… 311
一　京津冀交通服务协同发展的内涵 …………………………………… 311
二　京津冀交通服务现状 ………………………………………………… 313
三　推进京津冀交通服务协同发展的对策建议 ………………………… 317

第十二章 京津冀城市群协同发展 …… 320
第一节 首都城市群的不同发展模式 …… 320
一 城市群与首都城市群 …… 320
二 首都城市群的分类 …… 321
三 首都城市群发展模式的形成机制 …… 323
四 对京津冀城市群发展的启示 …… 326
第二节 京津冀城市群与东京城市群的比较分析 …… 327
一 首都城市群评价指标体系 …… 327
二 京津冀城市群与东京城市群比较分析 …… 329
三 京津冀城市群与东京城市群的主成分分析 …… 332
第三节 京津冀城市群的定位、分工及协同发展 …… 336
一 京津冀城市群发展过程中存在的问题 …… 336
二 京津冀城市群内各城市定位及规模结构 …… 339
三 京津冀城市群协同发展的政策建议 …… 341

第十三章 京津冀考核评价机制创新研究 …… 343
第一节 京津冀考核评价机制的构建 …… 343
一 考核评价机制设计 …… 343
二 考核评价指标池构建 …… 347
第二节 区域协同发展考核评价的经验与启示 …… 361

一　欧盟经验 …… 361

二　珠江三角洲经验 …… 363

三　启示与借鉴 …… 364

第三节　京津冀协同红利的模拟测算 …… 366

一　京津冀协同发展的人均 GDP 效应分析 …… 366

二　京津冀协同发展的人均公共财政支出效应分析 …… 367

第十四章　京津冀产业协同发展的路径与对策 …… 368

第一节　国内外都市圈产业协同发展的经验与启示 …… 368

一　美国纽约都市圈产业分工与合作实践 …… 368

二　日本“东京都市圈”产业分工与合作实践 …… 370

三　长江三角洲产业分工与合作的实践 …… 372

四　珠江三角洲产业分工与合作的实践 …… 376

五　国内外都市圈产业协同发展的经验与启示 …… 378

第二节　京津冀产业协同发展的主要思路 …… 381

一　指导思想 …… 381

二　基本原则 …… 382

三　实现路径 …… 384

四　重点任务 …… 386

第三节　促进京津冀产业协同发展的政策建议 …… 389

一　专项规划引导 …… 389
二　优惠政策激励 …… 389
三　协调机制保障 …… 390
四　雄安新区建设机遇 …… 391

参考文献 …… 393

后　记 …… 404

第一章　总论

京津冀协同发展是习近平总书记亲自谋划、亲自部署、亲自推动的重大国家战略，是党中央、国务院在新的历史条件下做出的重大决策部署，对于协调推进“四个全面”战略布局、实现“两个一百年”奋斗目标和中华民族伟大复兴的中国梦，具有重大现实意义和深远历史意义。产业协同发展是京津冀协同发展的重要内容和关键支撑，对于促进京津冀协同发展目标的实现具有重要的战略意义。

第一节　京津冀产业协同发展的必要性

促进京津冀产业协同发展，打造面向全球市场、基于比较优势、立足产业链分工、符合互利共赢原则、布局优化合理、发展协调可持续的京津冀现代产业体系，是大幅提升区域产业综合竞争力，促进京津冀真正走上协同发展并推动京津冀城市群共同崛起的重要举措和关键支撑。

一　京津冀产业协同发展的背景

京津冀区域一体化提出多年，但三地协同发展的质量和效益不高，既出现了北京的“大城市病”、天津的市场活力不足、河北的产业转型升级乏力等个体问题，也出现了资源负荷超载、污染严重、公共服务差距大、城镇规模结构失衡等区域性问题，形成了本区域经济上对全国的正面贡献下降、污染等负面影响上升的“剪刀差”态势。这种状况既不利于我国提升国际竞争力，也不利于发挥对其他区域的辐射带动作用，更不利于三地依靠市场力量来破解自身发展难题。

（一）生态环境面临挑战

京津冀生态圈，地缘相接，唇齿相依。生态环境的质量关系到过亿人口的生活水平。敞开的生态空间，决定了京津冀三地生态建设的共享共建、联防联治。

1. 京津冀三地土地空间严重不足

北京、天津及河北省总面积分别为1.64万平方千米、1.19万平方千米和18.88万平方千米，合计占全国总面积的2.26%。而三地常住人口从2000年的9039万人，持续增长至2014年的11053万人，占全国人口比重由7.13%上升至8.08%。土地资源超负荷负载，三地人均土地面积均低于全国平均水平，2014年，京津冀地区人均土地面积为每人0.00196平方千米，仅相当于全国平均水平的28%。

表1-1　京津冀及全国人均土地面积

指　标	2009年	2010年	2011年	2012年	2013年	2014年
我国人均土地面积(平方千米/人)	0.0072	0.0072	0.0071	0.0071	0.0071	0.0070
北京市人均面积(平方千米/人)	0.0009	0.0008	0.0008	0.0008	0.0008	0.0008
天津市人均面积(平方千米/人)	0.0010	0.0009	0.0009	0.0008	0.0008	0.0008
河北省人均面积(平方千米/人)	0.0027	0.0026	0.0026	0.0026	0.0026	0.0026

数据来源：根据2010—2015年《中国统计年鉴》相关数据计算整理。

京津冀原本已超负荷的土地，随着人口集聚和环境污染变得更加逼仄、拥挤。水土流失、土地沙化等生态问题，对未来京津冀产业发展具有严重影响。

2. 水资源严重短缺且污染严重

京津冀三地均属于华北平原，水资源严重不足。至2014年，三地水资源总量分别为20.3亿立方米、11.4亿立方米和106.2亿立方米，三地人均水资源量为124.76立方米，比全国平均水平少1873.84立方米。其中，河北省人均水资源量为307立方米，仅为全国人均水平的1/7。

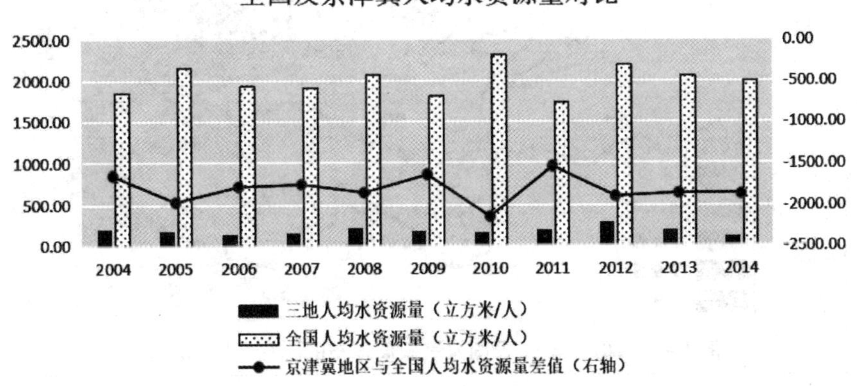

图1-1　全国及京津冀人均水资源量对比

资料来源：根据2005—2015年《中国统计年鉴》相关数据计算整理。

在水资源短缺的情况下，水环境污染排放量逐年增大。各大流域水生动物数量明显减少，部分水库出现富营养化现象。2014年，京津冀三地废水排放量达549899万吨，增长率为1.89%，占全国废水排放总量的7.68%。

3. 大气污染严重，危及人类健康

2013年以来，我国部分地区出现以$PM_{2.5}$为特征的雾霾天气。2013年，京津冀地区$PM_{2.5}$年平均浓度为106微克/立方米，是74个检测城市平均浓度的1.5倍，全国雾霾最严重的10个城市中，京津冀地区占了7个。除此之外，当年河北省单位国土面积二氧化硫、氮氧化物排放量约是全国平均水平的3—4倍。

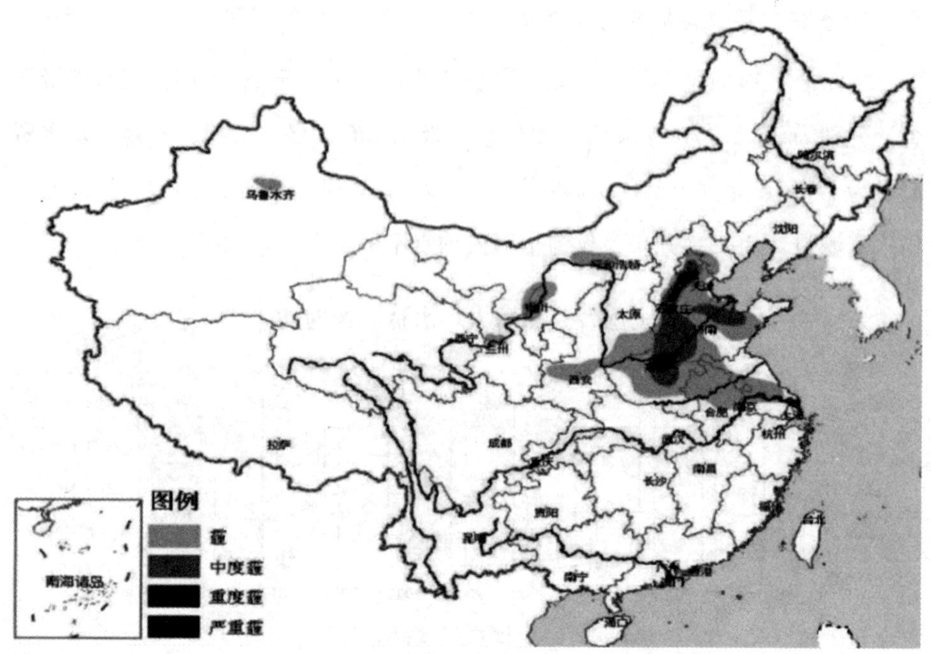

图 1－2　2015 年 12 月国家气象局发布的雾霾区域影响图

资料来源：国家气象局。

综上，京津冀生态环境已对三地居民的生存产生严重的影响，改善生态环境，拓展生态空间，已成为京津冀发展的主要任务和目标，成为京津冀产业协同发展的前提和基础。

（二）产业结构趋同形势相对严峻

在计划经济时代，京津冀三地的产业发展路线都是以资本密集型的重化工业为重点和导向，各自建立了许多相似的基础工业，削弱了资源的有效集聚和在空间上的优化配置。改革开放以来，尽管京津冀在产业合作方面取得一定进展，但受制于行政分割和经济利益诉求不同，京津冀内部的产业同质竞争和产业同构现象依然明显，尤其是在第二产业内部。

2012 年，北京和天津工业规模前 6 位产业中有 3 项相同，分别是汽车制造业，通信设备、计算机和其他电子设备制造业，煤炭开采和洗选业；北京和河北工业规模前 6 位产业中有两项相同，分别是电力、热力生产和供应业，以及石油加工、炼焦和核燃料加工业；天津和河北工业规模前6位产业中有两项相同，分别是黑色金属冶炼和压延加工业、化学原料和化学制品制造业。比较来看，北京和天津之间在第二产业中的产业同构现象相对更为明显一些（见表1－2）。

表1－2　京津冀第二产业规模前六位行业

		2008年	2010年	2012年
北京	规模前六位产业	通信设备、计算机和其他电子设备制造业	通信设备、计算机和其他电子设备制造业	电力、热力生产和供应业
		电力、热力生产和供应业	交通运输设备制造业	汽车制造业
		交通运输设备制造业	电力、热力生产和供应业	通信设备、计算机和其他电子设备制造业
		石油加工、炼焦和核燃料加工业	石油加工、炼焦和核燃料加工业	石油加工、炼焦和核燃料加工业
		黑色金属冶炼和压延加工业	电气机械和器材制造业	煤炭开采和洗选业
		专用设备制造业	煤炭开采和洗选业	电器机械和器材制造业
天津	规模前六位产业	黑色金属冶炼和压延加工业	黑色金属冶炼和压延加工业	黑色金属冶炼和压延加工业
		通信设备、计算机和其他电子设备制造业	交通运输设备制造业	通信设备、计算机和其他电子设备制造业
		交通运输设备制造业	通信设备、计算机和其他电子设备制造业	汽车制造业
		石油和天然气开采业	石油和天然气开采业	石油和天然气开采业
		电气机械和器材制造业	石油加工、炼焦和核燃料加工业	化学原料和化学制品制造业
		通用设备制造业	化学原料和化学制品制造业	煤炭开采和洗选业

续 表

		2008 年	2010 年	2012 年
河北	规模前六位产业	黑色金属冶炼和压延加工业	黑色金属冶炼和压延加工业	黑色金属冶炼和压延加工业
		电力、热力生产和供应业	电力、热力生产和供应业	电力、热力生产和供应业
		石油加工、炼焦和核燃料加工业	黑色金属采选业	黑色金属采选业
		化学原料和化学制品制造业	石油加工、炼焦和核燃料加工业	石油加工、炼焦和核燃料加工业
		黑色金属采选业	化学原料和化学制品制造业	化学原料和化学制品制造业
		农副食品加工业	农副食品加工业	农副食品加工业
京津冀	规模前六位产业	黑色金属冶炼和压延加工业	黑色金属冶炼和压延加工业	黑色金属冶炼和压延加工业
		通信设备、计算机和其他电子设备制造业	交通运输设备制造业	电力、热力生产和供应业
		电力、热力生产和供应业	电力、热力生产和供应业	汽车制造业
		交通运输设备制造业	通信设备、计算机和其他电子设备制造业	通信设备、计算机和其他电子设备制造业
		石油加工、炼焦和核燃料加工业	石油加工、炼焦和核燃料加工业	石油加工、炼焦和核燃料加工业
		化学原料和化学制品制造业	化学原料和化学制品制造业	化学原料和化学制品制造业

资料来源：李国平主编：《京津冀区域发展报告 2014》。

（三）产业发展梯度过大

一定的产业发展错位和梯度，能够促进区域间的分工合作和产业转移；而过大的产业发展梯度，甚至形成产业“悬崖”，其作用则又适得其反，因为此时产业合作与转移已缺乏起码的产业链配套基础。京津冀三地一定程度上存在产业发展梯度过大的问题。

首先，从发展阶段上来判断，京津冀差异很大。第一，京津冀三地产业结构存在明显的梯度差异，北京已基本跨入后工业化阶段，天津处于工业化后期阶段，而河北省则处于工业化中期阶段。第二，在经济发展方式上，北京和天津基本已处于经济发展的内涵增长、创新驱动阶段，而河北还处于外延扩张、要素驱动阶段。第三，在经济增长动力上，北京已基本进入消费拉动经济增长阶段，而天津与河北则还处在资本拉动阶段。近年来，北京的劳动者报酬在国民收入分配中的比重一路攀升，2013 年达到 55.16%，天津市的分配率水平低于北京 13.42 个百分点，河北则低于北京 27.32 个百分点①。

其次，从价值链视角来看，京津冀产业在全球价值链中的地位明显不同。北京在研发、设计、创新、营销及管理控制等全球价值链高端环节，力争一席之地。天津以其完备的制造产业和制造业基础，着力在全球价值链的制造环节形成比较优势，同时创新和研发能力也较强。河北省利用低价商务成本、廉价劳动力、原材料和基础制造优势，在钢铁、医药、能源等方面有一定优势，但总体属于资源型初级加工的低附加值产品，处于产业链和价值链的低端；由于长期以来开放不够，河北产业外向度低，融入全球分工体系的能力较弱。

最后，从综合发展结果上来看，京津冀区域各地市在发展水平上存在较大差异（见图 1－3）。

① 顾鑫：《梁昊光：产业结构区域联动》，《中国证券报》2014 年 3 月 31 日第 A04 版。

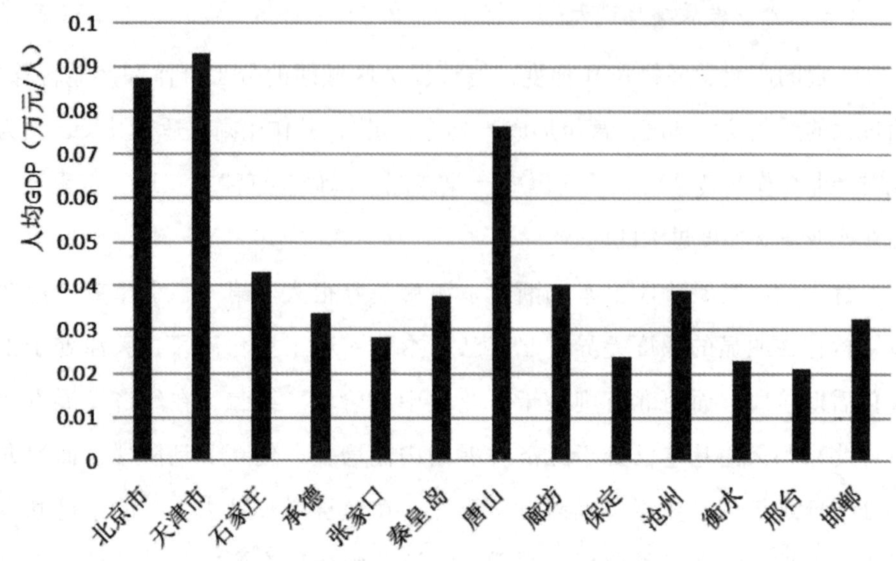

图1-3　2012年京津冀三地地级以上城市人均GDP比较

资料来源：《北京统计年鉴2013》《天津统计年鉴2013》《河北经济年鉴2013》。

产业发展梯度过大，一方面反映了区域间同行业联系较少，另一方面也是制约下一步京津冀产业分工协作与转移的重要因素，形成高端产业“北京不愿意放，河北也承接不住，低端的天津与河北不愿意要”的窘境。实践表明合理的梯度才能构成产业关联，而梯度过大，分工就变成了“分离”。资料显示，“十一五”期间，30个主要制造业行业中，京津转移而河北有效承接的仅有11个行业，且大多是低附加值的劳动密集型、资源消耗型行业；有14个行业京津比重下降的同时河北也在下降，表明河北未能发挥区位优势，有效承接这些转移的行业，更未能利用京津市场、信息、技术和资源优势，获取自身发展资源，带动发展模式转型。北京的科技与人才优势，本是河北最可借重的资源。然而，中关村合作建立了60多个园区，大部分却分布在长三角、珠三角（比如，联想集团的制造基地在广东惠州，北大方正100万台电脑生产线及数码产业基地设在东莞，清华同方的生产基地则设在苏州）。

（四）区域内尚未形成较为紧密的产业链关联

与长三角和珠三角相比，京津冀内部尚未形成较为完整和成熟的产业链，京津之间、京津与河北之间的产业合作不仅范围小，合作的层次也不深入。在一个较长的时期内，京津两核心城市与河北之间的合作是以物资协调和浅层次的垂直分工为主，但深层次的产业合作还不多。虽然电子、轻工、生物医药等少数产业存在一定的产业链关系，但即便是这些产业间的联系，也仅表现为企业研发总部设在北京、生产基地设在天津或河北，相关配套产业则普遍存在发育不齐全或不完整的问题。三大经济圈经济一体化关联系数比较，以及京津冀经济圈内部的经济联系程度，可参看图1－4和图1－5。

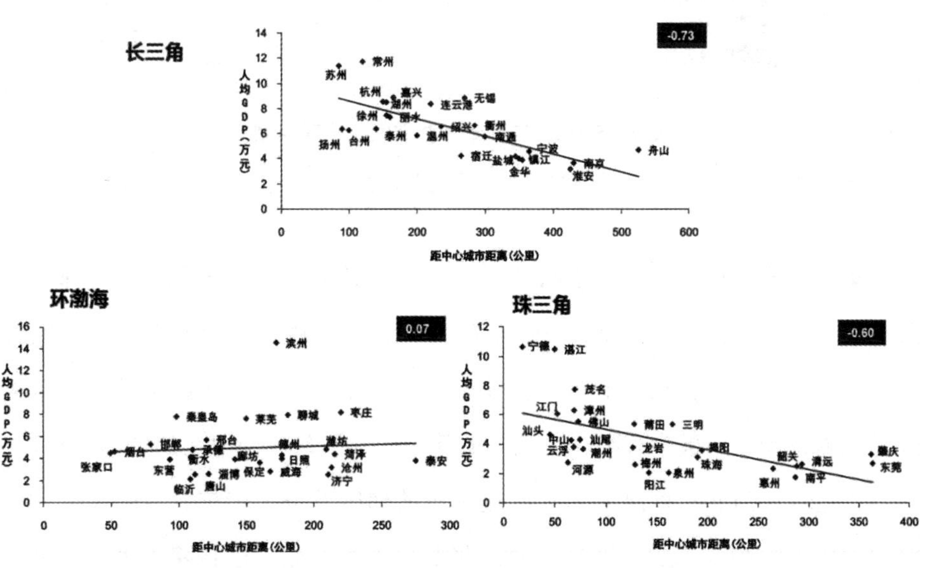

图1－4　三大经济圈经济一体化关联系数

注：系数表明不同城市人均 **GDP** 与距离核心城市远近的关联度，系数绝对值越大，关联度越强。

资料来源：中国指数研究院。

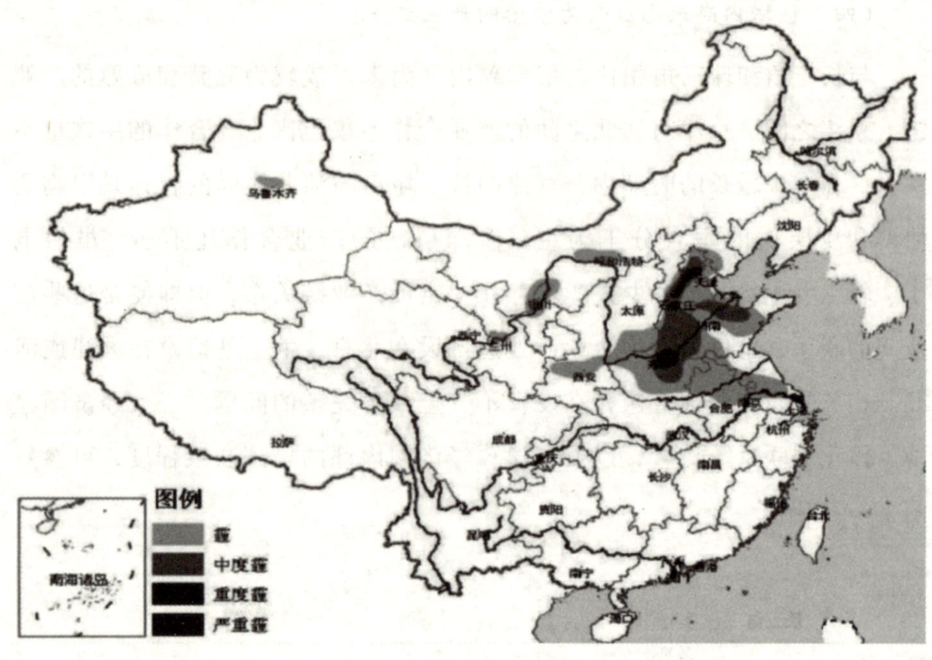

图 1－5 2012 年京津冀城市圈经济联系图

资料来源：戴玉、李华：《京津冀经济圈实力几何?》，《南风窗》2014 年第 9 期。

对于第一产业，京津与河北之间的合作主要围绕京津城市居民的“菜篮子”和“米袋子”，合作水平较低，缺乏在现代农业和科技农业方面的深层次合作。对于第三产业，京津的第三产业多服务于本地，且产业链条较短，对河北的辐射带动作用极为有限，更谈不上其生产性服务业向河北的转移和扩散；同时，这也使河北与京津在第三产业领域的梯度差进一步扩大，增加了产业转移与协作的难度。对于第二产业，北京的传统产业多已转移出去，而天津正处于快速发展阶段而过于追求自身经济发展，延缓了传统产业向河北的转移步伐，致使京津对河北产业辐射作用极为有限。

二　京津冀产业协同发展的重要意义

从现代产业分工的趋势看，在信息技术的快速发展和交易费用不断降低的支持下，全球产业分工交易费用降低，国际分工将由产业分工向要素分工发展，产业链分工将向更加细化的工序分工发展，产业发展趋向于集群化，生产体系趋向于模块化。而京津冀三地产业结构趋同、同质竞争现象严重，三地产业梯度落差相对较大，导致产业链条断裂，无法形成有利于区域经济发展的完整产业链条，使资源不能得到最有效的配置。

因此，面向全球谋划区域产业定位和布局，促进京津冀产业分工协作与产业转移，重构京津冀产业分工协作体系，对于京津冀真正走上协同发展并推动京津冀城市群共同崛起，具有十分重大的现实意义。

（一）生态承载力阈值要求京津冀现行产业结构和布局的重构

京津冀区域环境容量比起长三角、珠三角来相对较小，而该区域“两高一资”型产业比重过高，密度过大，布局不合理，特别是燕山以南、太行山以东的“山前经济带”空气污染严重。从2013年环保部公布的空气质量报告看，京津冀13个地级以上城市中，空气质量平均达标天数比例为37.5%，比全国74个城市的平均达标天数比例低23个百分点，其中，邢台、石家庄、邯郸、唐山、保定五个城市空气质量最差。因此，京津冀区域亟须以绿色低碳化为指向进行产业转型升级和布局优化，以打破资源环境约束，实现绿色低碳发展。

（二）京津冀建设世界级城市群的发展目标迫切需要通过产业分工协作与产业转移得到落实

当前，人口膨胀、交通拥堵等“城市病”严重制约着北京“四个中心”目标的实现，其非首都核心功能和人口疏解必须通过产业转移来实现。然而，这种转移在现实中面临多重障碍。一方面，进入后工业化时代的北京，服务业仍处于集聚阶段，而服务业是吸纳劳动力的磁石。加之北京市政府因追求地方财政收入增长而限制传统产业向外转移或产业链的向外延伸，使得北京产业转移的推力不足。另一方面，由于长期以来京津强烈的极化效应，河北省与京津之间的产业梯度差过大，产业配套和基础设施水平参差不齐，使区域产业转移和产业协作的拉力不足。此外，由于北京产业转移的战略重点和转移去向不明，津冀各市县在争取承接产业转移过程中已出现无序竞争的苗头。因此，从强化京津冀世界级城市群产业支撑的高度，进一步健全区域协同发展体制机制，优化区域产业规划和区域政策，制定产业转移的基准，明确产业转移的轻重缓急次序，确定产业承接地，以促进产业转移的平稳有序进行，保证产业布局的优化效果，就成为事关京津冀协同发展的当务之急。

（三）京津冀区域内部的无序竞争需要以产业分工协作与产业转移为突破口来化解

长期以来，由于缺乏科学合理的顶层设计和有效的协同协调机制，京津冀产业规划分治，产业合作层次浅，产业链条缺失，资源要素不对接，市场开放度和市场一体化水平不高，尚未形成层次分明的产业聚集。这一状况制约着京津冀整体产业竞争力的提升，也导致三地经济增长的相关性降低，妨碍了京津冀经济区或都市圈的共生式发展。如果说长三角、珠三角的崛起均是以对外开放为引领，京津冀三地协同发展的本质就是对内开放。从全面深化改革的角度看，京津冀地区如何破除阻碍要素流动的制度壁垒，打破相对封闭的产业结构，通过深化产业间、产业内和产品内的分工协作，构建优势互补、互动共赢的发展机制，夯实京津冀一体化发展的基础，是一个在理论上和实践中均具有重大意义的制度创新课题。

（四）应对世界第三次科技革命浪潮带来的现代产业发展新趋势，打造中国经济第三增长极，要求京津冀实现产业协同创新

京津冀是全国知识资源最密集的地区，拥有中关村国家自主创新示范区等创新源。然而，由于产业协同创新机制与政策的缺失，京津冀现有的科技资源优势远远未能转化为产业优势。津冀虽已成为中关村科技成果转化的重要基地，但在获得北京技术外溢方面落后于广东和上海。从目前京津冀三省市各自的政策来看，对于支撑区域竞争能力提升和符合城市功能定位的区域产业体系预判缺乏，对世界产业技术革命背景下产业发展的智能化、网络化、低碳化和个性化的发展要求准备不足。由此导致的产业低端粗放发展、优质

资源利用效率低等问题，削弱了首都经济圈对中国经济从大到强的支撑能力。迫切需要通过政策引领，促进京津冀区域技术转移和产业协作，构建创新共同体，形成具有国际竞争力、国内示范性的战略性新兴产业集群，提高经济发展的质量和效益，进而为建设世界级城市群提供产业支撑。

第二节 产业协同发展的相关理论

国内外研究协同发展的理论很多，与产业协同有关的理论概括起来主要有三类：协同理论、国际分工理论和产业转移理论。

一 协同理论

协同论是产业协同的理论基础。协同论（synergetics）亦称“协同学”或“协和学”，是20世纪70年代以来在多学科研究基础上逐渐形成和发展起来的一门新兴学科，是系统科学的重要分支理论。其创立者是联邦德国斯图加特大学教授、著名物理学家哈肯（Hermann Hake）。

协同论以现代科学的最新成果——系统论、信息论、控制论和突变论等为基础，吸取了结构耗散理论的大量营养，采用统计学和动力学相结合的方法，通过对不同领域的分析，提出了多维相空间理论，建立了一整套的数学模型和处理方案，在微观到宏观的过渡上，描述了各种系统和现象中从无序到有序转变的共同规律。

协同理论的主要内容可以概括为三个方面：①

一是协同效应，是协同作用的结果，是指复杂开放系统中大量子系统相互作用而产生的整体效应或集体效应。“协同效应”由伊戈尔·安索夫（H. Igor Artsoff）于20世纪60年代首次提出，标志着协同理论经济学含义的确立。安索夫认为协同是多个企业在资源共享基础上建立起的一种共生互存

① 参考搜狗百科“协同理论”词条（http：//baike. sogou. com/v180374. htm）。

关系。良好的协同可以达到“1+1>2”的效果，也就是说实现整体价值大于各独立组成部分价值的简单综合。协同是发挥资源最大效能的最佳途径。

二是伺服原理，即快变量服从慢变量，序参数支配子系统行为。所谓序参数，是指使系统中单个组元有条不紊地组织起来的无形之手。伺服原理从系统内部稳定因素和不稳定因素间的相互作用方面描述了系统的自组织过程，认为系统在接近不稳定点或临界点时，系统的动力学和凸现结构通常由少数几个集体变量即序参数决定，而系统其他变量的行为则由这些序参数支配或规定。

三是自组织原理，自组织是相对于他组织而言的，指系统在没有外部指令的条件下，其内部子系统之间能够按照某种规则自动形成一定的结构或功能，具有内在性和自生性特点。自组织原理解释了在一定的外部能量流、信息流和物质流输入的条件下，系统会通过大量子系统之间的协同作用而形成新的时间、空间或功能有序结构。

协同效应是从系统的整体性和全局性出发，研究系统各要素之间相互配合后可能产生的稳定结构；伺服原理是从一个系统中的稳定和不稳定因素之间的联系和作用来考量；自组织原理是以一个系统外部产生的能量流动为切入点，侧重分析这种能量流在进入系统内部之后，通过协同作用构架系统新的有序结构。

根据协同理论，区域协同发展就是区域内的各个子系统为了完成某一目标，在适宜的条件下，使各子系统（组元）在整体发展运行过程中协调、协作，在时间、空间和功能上实现从无序向有序结构的转变，从而产生协同效应，实现整体加强、共同发展的效果。从空间和发展格局来看，产业之间、地区之间的经济发展，从来就是不平衡的。产业协同发展就是通过这种不均衡的态势，依托相互之间内部复杂的协同关系进行产业间的互相促进，实现产业共同演化的局面。因此，区域产业协同发展应该以协同理论为基本指导思想。

二 国际分工理论

国际分工理论是产业协同发展的理论基石。从亚当·斯密（Adam Smith）的《国富论》（1776 年出版）算起，国际分工理论发展至今，已经有 200 多年的历史了，期间经过古典阶段、新古典阶段、新贸易理论和新兴古典贸易理论阶段，反映了国际贸易发展不同阶段的特点，为研究国际分工不断提供新的思路和方法。

（一）新古典理论

大卫·李嘉图（David Ricardo）在亚当·斯密的绝对优势理论基础上系统提出了比较优势理论，并由赫克歇尔（Hecksher）和俄林（Ohlin）进一步发展，总结成要素禀赋理论。这一理论流派长期以来一直居于国际分工理论的主流地位。

1. 绝对优势理论

该理论是由英国古典经济学家亚当·斯密提出的。他认为当一个国家（或个人）生产某种商品比别人有更高的生产率时，这个国家（或个人）在这种商品上就拥有绝对优势。各国（或个人）应该分工生产并出售那些具有绝对优势的产品，同时买进那些其具有绝对劣势的产品。这种基于绝对优势的国际分工和自由贸易的结果将使贸易各方都可获得贸易利益。

绝对优势理论解释了贸易的利益来源和贸易的方向。

2. 比较优势理论

与亚当·斯密不同的是，英国经济学家大卫·李嘉图认为贸易的基础以及贸易互利原则是基于比较优势而不是绝对优势。即便一国与另一国相比，在所有商品的生产上都具有绝对更低的效率，他仍能从贸易中获利。因此他提出了比较优势理论（也称比较利益理论）。

该理论将贸易的成因从绝对成本的差别推广到相对成本的差别，解决了处于不同生产力发展水平的国家，特别是落后国，均能够从国际分工和贸易中获利的问题，因而成为国际贸易理论的基石。

3. 要素禀赋理论

赫克歇尔－俄林提出的要素禀赋理论（H－O模型），构造了一个包含“两个国家、两种产品、两种生产要素”的2×2×2模型，从各国要素禀赋的差异来解释生产成本和价格的不同以及国际贸易的成因，从而奠定了现代国际贸易理论的基础。

该理论也做了很多简化的假定，尤其是假定世界经济中只有两个国家、两种同质的商品和两种同质的生产要素，各国拥有的生产要素的初始水平是既定的，彼此各不相同；同时，假定两种商品生产具有不同的要素密集度，各种商品的要素密集程度不随要素相对价格的变化而变化。在这些假设下，该理论认为，影响产品成本高低的是生产要素的相对丰裕度。如果一国某种要素的供给相对比较丰裕，其价格就会相对较低。因而生产时要大量使用这种要素的产品的成本就会相对较低。本国在这种产品生产上具有比较优势。所以一个国家将会出口那种密集使用其充裕要素的商品，而进口该国相对稀缺的要素密集型的商品。即：

如果（K/L）>（K^*/L^*），则本国资本相对充裕，应该生产资本密集型产品并出口，而外国劳动相对充裕，应该生产劳动密集型产品并出口。（其中K/L为本国的资本劳动比率，K^*/L^*为外国的资本劳动比率）。

（二）新贸易理论

“里昂惕夫之谜”的提出使得人们对赫克歇尔－俄林理论的普适性产生了怀疑，部分研究者通过放弃赫克歇尔－俄林理论的部分重要假设条件构造出了新的贸易理论。新贸易理论综合考虑了国家间需求与偏好的差异、技术水平差异、规模经济、不完全竞争及比较优势的时间维度等等，分别提出了林德理论、模仿滞后假说、产品生命周期理论、规模经济模型等，其中最有代表性或影响最大的就是规模经济模型。相对于传统的比较优势理论而言，新贸易理论在以下几个方面有了新的进展：

1. 从需求方面揭示了传统贸易理论无法解释的许多问题

需求偏好理论指出，即使不同区域之间要素禀赋条件及生产函数并无不同，但由于需求偏好的区域差异也可以引起互利的贸易。随着市场竞争的日益激烈及科技的迅速进步降低了生产成本，市场由买方转为卖方特征，需求因素对于形成区域比较优势更为重要。处于一定区域空间的企业，能否把握市场机遇，追踪甚至引导市场需求的变化，往往决定了企业的成败。

2. 强调了技术进步在比较优势选择过程中的决定作用

传统贸易理论中早已注意到技术进步的作用，但在李嘉图模型中是将技术视为外生变量，新贸易理论则认为技术的改进是企业获得动态规模经济的最重要形式，从而把技术作为内生变量促进了国际贸易的发展。技术进步提高与国际贸易的扩展存在一种互动关系，贸易不仅通过国际市场的竞争及各国努力来开发新技术新产品，也通过国际技术外溢结合互相启发的机会。技术开发不再是个别国家的行为，不再是外生的经济变量，而是直接推动贸易发展的内生变量。

3. 对政府干预的重新定位

传统贸易理论的主流观点认为：政府干预导致资源配置扭曲，造成国民福利下降，如关税及非关税壁垒限制进口，政府对出口实施补贴等，都会造成国民福利净损失。只有推行自由贸易政策，才是双赢。新贸易理论则认为，在规模经济和不完全竞争条件下，一国政府可以借助 R&D 补贴、生产补贴、进口征税、保护国内市场等手段，扶持本国战略性产业的成长，增强其国际竞争力，带动相关产业的发展，从而谋取规模利润，抢占国际竞争对手的市场份额，转移其垄断利润，提高自身的福利水平。

（三）新兴古典贸易理论

20 世纪 90 年代以来，以杨小凯、萨克斯（Sachs）为代表的经济学家建立了新兴古典经济学的分析框架，将超边际分析用到李嘉图模型、H－O 模型和规模经济模型，并引入了交易效率的概念，创建了内生贸易模型。杨小凯等认为每个人的天生条件可能相同，人们之间不一定有与生俱来的差别，即可能不存在外生比较优势。但如果每个国家专业化生产某种产品，它可以创造出原来没有的比较优势，及内生比较优势。因此分工才更本质的决定了贸易结构。而分工（专业化）程度受到交易费用的影响。

与传统的贸易理论不同，杨小凯等主要在以下几个方面有所创新：

1. 将超边际分析引入李嘉图模型

杨小凯等认为李嘉图模型由于在国家这一水平上没有纯消费者与生产者的绝对分离，即每个国家既是消费者又是生产者，所以存在着多个角点解和内点解，也就是说，在李嘉图模型中，一个国家（或个人）面临的是贸易或不贸易的决策问题，属于一个组织结构问题。而新古典的边际分析只能解决贸易多少，即资源分配问题。所以边际分析并不适用。但是如果采用超边际分析，这一问题则可以解决。

2. 区分了规模经济与专业化经济

杨小凯等继承了阿伦·杨格（Allyn Young，1928）的观点认为，马歇尔外部规模经济的概念是对古典分工经济概念的一个错误的描述。斯密的古典分工经济模型中并没有规模效应。杨把规模效应分为五类，并用经验证据否定了第Ⅰ类规模效应。

3. 内生了专业化水平

杨小凯等认为，虽然规模经济模型比传统的新古典贸易模型有很多优点，但是其最大不足是不能内生地解释国内贸易向国际贸易的转变以及个人的专业化水平。而由他们发展起来的新兴古典贸易理论，则避免了上述不足，它内生了个人的分工、专业化水平及市场一体化，被斯迈思（Smythe）称为内生贸易理论。

三 产业转移理论

国际分工理论基本都是从静态角度来解释不同地区之间产业分工的原则和规律。早在1965年，日本学者鬼域（Dniki）和宇泽（Uzawa）就创立了比较优势理论的动态模型。按照比较优势理论的动态模型，任何一国的比较优势都不是一成不变的，都将随着一国要素供求状况而发生变化。随着时间的推移，旧的比较优势将逐渐消失，新的比较优势将不断产生，当一国的比较优势发生变动之后，产业结构和贸易结构也要随之改变。这一理论将各种随时间变化的因素引入到传统的比较优势理论中，考虑到后发国家处于劣势有优势地位的资源，在未来一段时间内由于形式的变化，可能由劣势变为优势，或由优势转为劣势，而先进国家的某些资源本身也在发生变化，它们与后发国家的相对优、劣势也会出现相应的变化。

在探讨动态比较优势理论的过程当中，经济学家们得到了许多启示，并完善和提出了其他一些关于比较优势动态转移的贸易理论，主要包括三种：

（一）雁行模式理论

该理论最早由日本著名经济学家赤松要（Kaname Akamatsu）于 1932 年提出，后来日本及其他东亚国家的学者进一步发展了这一理论，用于解释东亚国际分工和产业结构发展变化的过程：继日本为东亚产业发展的领头雁，发展知识和技术密集型产业，亚洲“四小龙”跟随其后发展资本密集型产业，东盟国家及中国在“四小龙”之后发展劳动密集型产业。“雁行模式”形成东亚区域内产业循环和连锁变化的机制，使东亚各国产业不断向更高层次转换，带动各国经济的依次起飞和持续发展。

（二）阶梯比较优势论

巴拉萨（Balassa）于 1981 年根据新古典贸易理论提出了外贸优势转移假说，并在此基础上形成了阶梯比较优势论。他预期各国进出口商品结构和比较优势会随着生产要素积累的状况而改变。与传统的发达与落后两极划分法不同的是，巴拉萨认为国际分工的类型和经济发展阶段之间排列着许多阶梯。更新发展阶梯的过程是连续的而非中断的。按发展阶段划分，当今世界经济中大致存在以下几类国家和地区：属第一阶梯的发达国家；属第二阶梯的新兴工业化国家，如亚洲的“四小龙”和拉美的巴西、阿根廷和墨西哥；属第三阶梯的次级新兴工业化国家和地区，如东盟各国（新加坡除外）、中国和印度；最后是其他发展中国家和地区。根据这种阶梯划分，阶梯比较优势呈现出动态演变的过程。各国按照比较优势发展出口，能够取代已发展至更高阶梯的国家原来的出口，而进入更高的经济和贸易发展阶梯。

（三）产品生命周期理论

该理论是由哈佛大学教授雷蒙德·弗农（Raymond Vernon）1966 年提出的。产品生命周期（product life cycle），简称 PLC，是产品的市场寿命，即一种新产品从开始进入市场到被市场淘汰的整个过程。弗农认为：产品生命是指市场上的营销生命，产品和人的生命一样，要经历形成、成长、成熟、衰退这样的周期。这个周期在不同技术水平的国家里，发生的时间和过程是不一样的，期间存在一个较大的差距和时差，正是这一时差，表现为不同国家在技术上的差距，它反映了同一产品在不同国家市场上的竞争地位的差异，从而决定了国际贸易和国际投资的变化。

由弗农提出的产品生命周期理论也是一种动态比较优势理论，因为在产品生命周期的全过程中，出口品来源国不断在发生转变。最初，开发创新国出口该产品，但随后就被其他发达国家所代替，同样的，它们最终也将被发展中国家所取代。

第三节　京津冀产业协同发展的目标及模式

无论是协同理论，还是国际分工理论和产业转移理论，都为京津冀产业协同发展内涵及目标提供了理论基础。结合这些理论，本部分界定了京津冀产业协同发展的内涵，确定了其目标，并从不同角度分析了京津冀产业协同发展的模式。

一　京津冀产业协同发展的内涵

京津冀区域就是一种远离平衡态的开放系统，出现了北京“大城市病”、资源环境超载、区域发展差距悬殊等无序状态，严重制约了区域整体发展。

京津冀地区的这种状态已经持续了很长时间，在原有条件下已经达到了稳态，要想打破这种均衡，必须输入外部力量。而随着京津冀协同发展上升为重大国家战略，尤其是《京津冀协同发展规划纲要》（以下简称《纲要》）的制定和实施，必将推动这个系统结构的演变。京津冀协同发展的关键是产业协同发展，而产业转移升级也被确定为三个率先重点突破领域之一。

依据协同理论，系统内部不同地区、不同产业的各种生产要素和科技资源之间存在着互动关系，在与外界有物质或能量交换的情况下，各种资源和要素在时间与空间共同存在的相互促进、相互关联、相互影响的关系会形成拉动效应，激发产业的潜在能力，从而推动系统内双方或多方共同前进，达到个个获益、整体加强、共同发展的协同结果。根据国际分工理论，产业协同发展的基本原则是立足比较优势而进行产业链分工，实现互利共赢。根据产业转移理论，京津冀产业协同发展的根本途径是通过疏解北京非首都功能，引导不符合北京定位的产业向津冀转移，实现产业在京津冀区域的合理布局，避免重复建设和同质化竞争。

因此，京津冀产业协同发展的实质就是以京津冀区域的整体经济运行为总系统，以京津冀各自区域内的各次产业为子系统，通过各产业内部生产要素和科技资源在时间、空间和功能上的协作互动，打造面向全球市场、基于比较优势、立足产业链分工、符合互利共赢原则、布局优化合理、发展可持续的京津冀绿色低碳现代产业体系，推动三地产业共同发展、整体加强，大幅提升区域产业综合竞争力，实现京津冀城市群共同崛起的目标。

二　京津冀产业协同发展的目标

针对协同发展的不同目标，可能起决定作用的序参数是不同的，因此需要根据具体目标来确定序参数，确定需要为之输入的外部能量、信息流和物质流等，推动系统从不平衡的无序状态向协调发展的有序结构转换，并建立相对应的体制机制，最终促进京津冀三地产业协同发展。

《纲要》明确了京津冀协同发展的远期目标，即到2030年，首都核心功能更加优化，京津冀区域一体化格局基本形成，区域经济结构更加合理，生态环境质量总体良好，公共服务水平趋于均衡，成为具有较强国际竞争力和影响力的重要区域，在引领和支撑全国经济社会发展中发挥更大作用。

因此，京津冀产业协同发展具有多元目标，一是在资源环境约束下对京津冀产业进行基于生态环境保护的重新布局和选择，构建绿色低碳现代产业体系，实现三地生态环境资源的再造与再分配，为京津冀产业协同发展提供足够的生态空间与环境容量，以期在京津冀三地形成生态、社会与产业发展的新均衡；二是在破解北京“大城市病”的同时实现京津冀区域内产业在空间上的合理布局和均衡发展；三是在协同创新的基础上促进京津冀经济实力的整体提升。这些也是京津冀一体化面临的突出问题和协同发展亟须解决的问题。

三　京津冀产业协同发展的模式

区域产业协同发展模式是指区域产业在从导入到成长，再到成熟的发展过程中实现区域内部产业结构达到有序状态、产业协调发展的方式。不同区域的不同产业和不同区域的同一产业都可以实现协同发展，但是协同方式不尽相同。从不同的角度看，京津冀区域产业协同发展模式主要可以有以下几种类型：

（一）基于区域分工的产业协同发展模式

从产业发展基础角度看，京津冀处于不同的经济发展阶段，资源禀赋不同，产业结构差异较大，具备按照比较优势进行产业分工协作的条件，产业协同发展模式可以有三种：互补型分工协作模式、产业链共建协作模式和资源共享型协作模式。

1. 互补型分工协作模式。主要是针对京津冀三地不同产业之间，依据比较优势原则，充分利用各地生产要素的差异性以及产业结构上的互补性来实现产品横向分工互补，以区域内各地之间产业梯度传递为推动力，从而提升区域的整体竞争力的协同发展方式。

2. 产业链共建协作模式。主要是针对京津冀细分产业内部，依靠区域内部主导产业的带动作用，增强上下游配套产业的关联协作，形成一条或者几条组织化程度较高的产业链，并最终形成产品链完善、零部件体系配套、产业结构优化的空间布局的发展方式。

3. 资源共享型协作模式。主要针对京津冀产业发展需要的生产要素，通过完善区域内跨区域的技术、人才、金融服务等要素市场，逐步打破区域的壁垒，实现资源共享和要素市场一体化，最终走向市场化的发展方式。

（二）基于创新的产业创新协作模式

从协同创新角度，京津冀产业协同发展模式主要可以分为：产业链创新协作模式、共性技术开发创新协作模式以及“研发—成果转化”创新协作模式。

1. 产业链创新协作模式。主要适用于京津冀地区比较优势明显，并已初步形成基于产业链专业化分工格局的产业，这种模式是以产业链为纽带，推动产业链上下游的各行为主体针对不同环节的创新升级进行协同创新和技术联动，从而提升整条产业链的创新能力，降低产业链系统的研发成本，实现京津冀区域内产业链的优化升级。

2. 共性技术开发创新协作模式。主要适用于京津冀不同产业之间或同一产业不同领域之间存在着共性技术的领域，在差异化的基础上寻求共性。各地区依托其在特定优势领域形成的区位优势、技术优势以及产业基础，在京津冀区域范围内实现产业共性技术联合开发，从而提升产业技术水平，实现区域整体产业的协同发展。

3. “研发—成果转化”创新协作模式。是实现京津冀区域产业协同发展的一种重要形式，这种模式的作用机制是通过三地高校、科研机构和产业部门的有机合作，促进科研成果产业化，打破科技、经济“两张皮”现象，通过不同部门之间创新协作实现京津冀产业的创新驱动发展。

第二章　京津冀产业发展与协作现状

随着京津冀地区协同发展的稳步推进，三地间的产业功能定位及分工不断明晰，区域内新一轮产业协作得到有效开展，但仍然存在很多问题。掌握京津冀各产业发展现状和差异，找出区域内各市的优势产业，深入分析京津冀产业协作中存在的问题，对因地制宜地加快推进京津冀产业协同发展具有重要的现实意义。

第一节　京津冀产业发展现状分析

经过多年发展，京津冀地区已成为与长江三角洲、珠江三角洲并列的中国三大人口与社会经济活动的集聚区域，是中国重要的政治、经济、文化与科技中心，还是北方最大的经济核心地区，也是参与全球竞争和率先实现现代化的全球化城市区域。

一　京津冀区域经济发展的总体特征

京津冀区域包括北京、天津两个直辖市和河北省，是中国开发历史悠久的区域之一，位于华北平原北部，总面积占国土面积的2.25%，地区生产总值（以下简称GDP）占全国的比重一直保持在10%左右，是中国最重要的经济增长极。

（一）经济总体发展取得突出成就

中华人民共和国成立以来，京津冀区域的经济建设取得了长足进步（表2－1）。京津冀地区生产总值由1952年的61.17亿元上升至2016年的75624.97亿元，人均GDP则由147.53元上升至76564.73元，第一、二、三产业的发展迅速，20世纪60年代第二产业产值已经超过第一产业，21世纪初第三产业超过第二产业成为第一主导产业。

表2－1　京津冀地区改革开放以来主要国民经济指标

年份	GDP（亿元）	GDP占全国的比重(%)	生产总值(亿元)			人均GDP(元)
			第一产业	第二产业	第三产业	
1952	61.17	9.01	28.83	16.97	15.37	147.53
1955	90.20	9.90	33.97	30.44	27.04	199.14
1960	173.57	11.91	30.09	102.45	45.92	341.13
1965	148.47	8.65	46.07	68.64	35.95	271.73
1970	218.61	9.67	56.69	141.41	44.15	368.73
1975	293.77	9.75	61.07	199.26	64.72	457.17
1980	461.87	10.16	80.72	274.24	106.91	679.39
1985	829.63	9.20	151.09	452.88	225.66	1136.28
1990	1708.08	9.15	299.11	831.30	577.67	2111.21
1995	5289.19	8.70	765.64	2487.12	2036.43	6183.17
2000	9907.54	9.99	977.54	4412.09	4517.91	11088.27
2005	20887.25	11.40	1601.08	9433.14	9853.03	22270.94
2010	43732.32	10.70	2832.79	18936.31	21963.22	42723.53
2015	69358.89	9.60	3788.48	26633.73	38936.68	62244.36
2016	75624.97	10.17	3842.82	27772.72	44009.43	76564.73

注：GDP及各产业产值均按当年价格计算。数据来自《新中国六十年统计资料汇编》《中国统计年鉴2017》。

如图 2－1 所示，总体来看，京津冀地区经济增速的波动持续减小，近二十年来一直保持平稳较快增长，但是波动幅度略大于全国的平均水平。从各时间段来看，1970 年以前京津冀区域经济增速的波动幅度很大，1970—1990 年波动幅度有明显缩小，经济总量水平虽然仍然偏低，但基本处于正增长状态；1990 年以后相对平稳，基本保持在 10% 以上的高速增长，地区经济总量和人均生产总值迅速爬升，分别在 2000 年接近 10000 亿元和突破 10000 元大关。

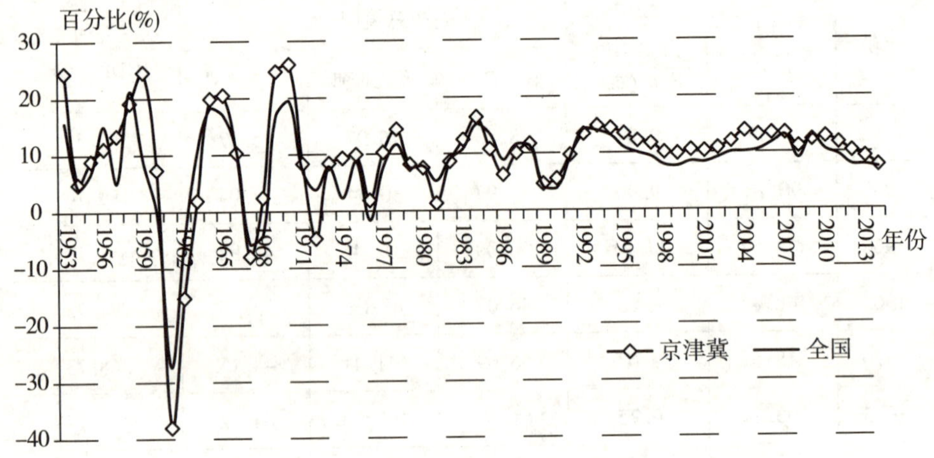

图 2－1　1952—2015 年京津冀地区 GDP 增速（可比价 1952＝100）

数据来源：《新中国六十年统计资料汇编》《中国统计年鉴 2016》。

进入 21 世纪以来，京津冀区域进入区域一体化的快速推动阶段，稳定均衡发展的理念初步呈现。尤其是 2010—2015 年，由于要逐步摆脱粗放型经济发展道路，以节能和环保成为经济和社会发展的第一要务，三省市在经济持续平稳增长的同时，经济运行质量不断提高，区域经济增长速度有所下降。

（二）产业结构向服务型经济靠拢

由图 2－2 可以看出，1952—1955 年，京津冀地区第二产业和第三产业的比重较低，京津冀区域的经济主体是第一产业。在全面工业化的总体战略下，第二产业比重迅速提升，到 20 世纪 70 年代末达到最高，比重达 60%。20 世纪80年代初开始，第二产业和第一产业的比重均不断下降，第三产业比重持续上升。尽管2000年以后京津冀地区的第二产业比重仍然高于40%，但第三产业已超过第二产业，成为第一主导产业，在区域经济中的重要性日益凸显。整体来看，第一产业在京津冀经济中的份额越来越小，第二、三产业是京津冀产业的主体。截至2014年，第二产业和第三产业比例分别由1978年的71.1%和23.7%调整为41.1%和53.2%。

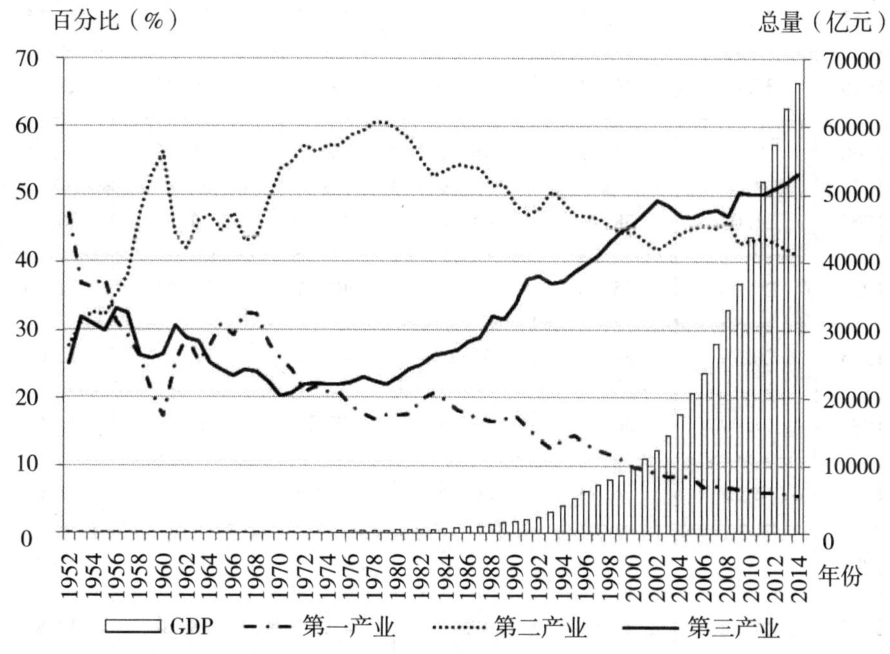

图2-2　1952—2014年京津冀地区经济阶段性发展

数据来源：《新中国六十年统计资料汇编》《中国统计年鉴2015》。

与全国相比，京津冀的三产结构在不同阶段存在一定的差异（表2-2）：京津冀地区的第一产业比重始终低于全国水平；第二产业的比重在1995年以前一直较全国偏高，尤其是1980年以前大部分时间都保持10%的占比差距，但是1980年以后差距逐步缩小，1995年以后则开始低于全国的平均水平；与此相反的，1990年以前京津冀地区的第三产业占比一直与全国相仿，1990年以后随着京津冀地区第三产业比例的上升，第三产业比重开始明显高于全国水平。可以看出，近年来京津冀地区总体上体现出较明显的服务业优势，服务主导型的区域经济特征逐渐显现。

表 2－2　　1952－2015 年京津冀及全国三产结构比较

年份	第一产业		第二产业		第三产业	
	京津冀	全国	京津冀	全国	京津冀	全国
1952	47.13	50.95	27.74	20.88	25.13	28.16
1955	37.66	46.64	32.36	24.40	29.98	28.96
1960	17.34	23.59	56.21	44.47	26.46	31.94
1965	31.03	38.26	44.76	35.07	24.21	26.67
1970	25.93	35.40	53.87	40.34	20.20	24.26
1975	20.79	32.52	57.18	45.48	22.03	22.00
1980	17.47	30.17	59.38	48.22	23.15	21.60
1985	18.21	28.44	54.58	42.89	27.21	28.67
1990	17.51	27.12	48.67	41.34	33.82	31.54
1995	14.48	19.96	47.02	47.18	38.50	32.86
2000	9.86	15.06	44.54	45.92	45.60	39.02
2005	8.29	12.24	45.02	47.68	46.69	40.08
2010	6.48	10.10	43.30	46.75	50.22	43.14
2015	5.46	8.88	38.40	40.93	56.14	50.19
2016	5.08	8.6	36.72	39.9	58.20	51.6

注：三产业比重根据当年价格计算而得。数据来自《新中国六十年统计资料汇编》《中国统计年鉴 2017》。

进一步对比京津冀、广东以及苏沪浙地区的 GDP 构成（表 2－3），京津冀地区显著呈现工业比重偏低的状态，交通运输、仓储和邮政业以及金融业则略高于其他地区，服务化特征凸显。在京津冀地区总体产业结构服务化不断凸显的同时，河北和天津的工业占比仍远高于广东和苏浙沪等地区，北京产业服务化特征更为突出。

表 2－3　　2014 年京津冀及其他重点经济发展地区 GDP 构成

地　区	北京	天津	河北	上海	江苏	浙江	广东	苏浙沪	京津冀
工业	17.6	45.0	45.3	31.2	41.4	41.7	43.0	39.7	36.3
建筑业	4.2	4.4	5.8	3.5	6.0	6.1	3.5	5.6	5.0
交通运输、仓储和邮政业	4.4	4.6	8.1	4.4	4.0	3.8	4.0	4.0	6.1
批发和零售业	11.3	12.4	7.7	15.5	10.1	12.2	11.5	11.7	10.0
住宿和餐饮业	1.7	1.5	1.4	1.5	1.7	2.2	2.0	1.8	1.5
房地产业	6.2	3.5	3.8	6.5	5.5	5.4	6.6	5.6	4.5
金融业	15.7	9.0	4.6	14.4	7.3	6.9	6.6	8.5	9.2
农林牧渔业	0.8	1.3	12.2	0.5	5.9	4.5	4.8	4.5	5.9
其他	38.0	18.3	11.2	22.3	18.2	17.1	18.1	18.6	21.5

数据来源：国家统计局网站。

（三）区域内部发展动力差异显著

北京、天津与河北三省市的自然禀赋差异巨大，产业基础也各有特点，这造成了京津冀地区内部经济发展差异显著，直接体现在三省市经济总量的差异上。河北省11地市在2000年以前基本占京津冀区域GDP总量的50%以上，但之后在逐渐下降，2015年降至42.97%，北京和天津两大城市的经济总量占京津冀全区域经济总量的55%以上（图2-3）。与此同时，三省市间的人均GDP差异也十分显著（图2-4），1975年以前，天津的人均GDP稍高于北京，但相差不大，1975年之后北京超过天津，在2007年差距最大，之后不断缩小，直至2011年天津市人均GDP超过了北京，而河北省人均GDP则与北京、天津两市差距较大，且低于全国水平，2015年人均GDP仅为40142元，不足北京、天津的38%。

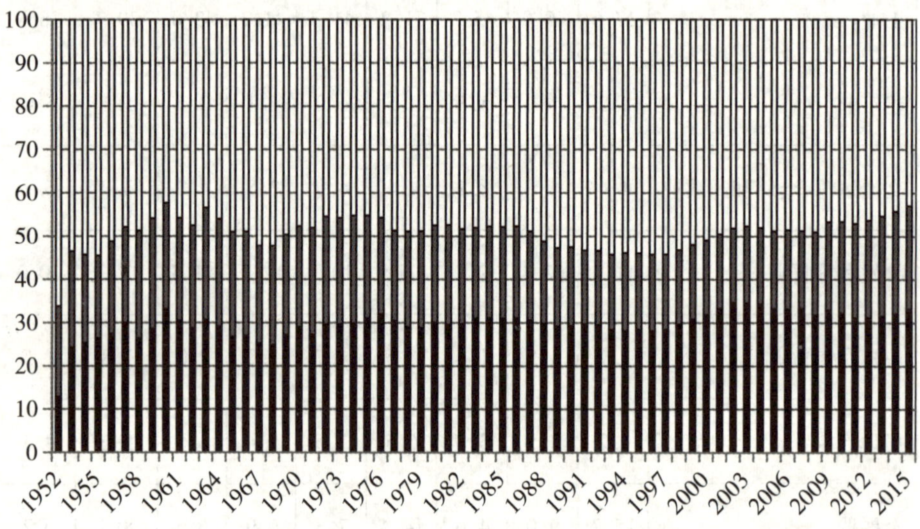

图2-3 1952—2015年间京津冀三省市的GDP份额

注：数据来自《新中国六十年统计资料汇编》和《中国统计年鉴2016》。

就经济增长速度来看，以2010—2014年间为例来看，2010年以来北京、天津、河北三省市的GDP增长率均呈现下降趋势（图2-5）。其中，天津保持最高的经济增长速度，2014年分别高出北京和河北2.7和3.5个百分点，天津在京津冀区域经济的比重进一步增加。但在2015年，北京的人均GDP增速最高，达到7.89%。

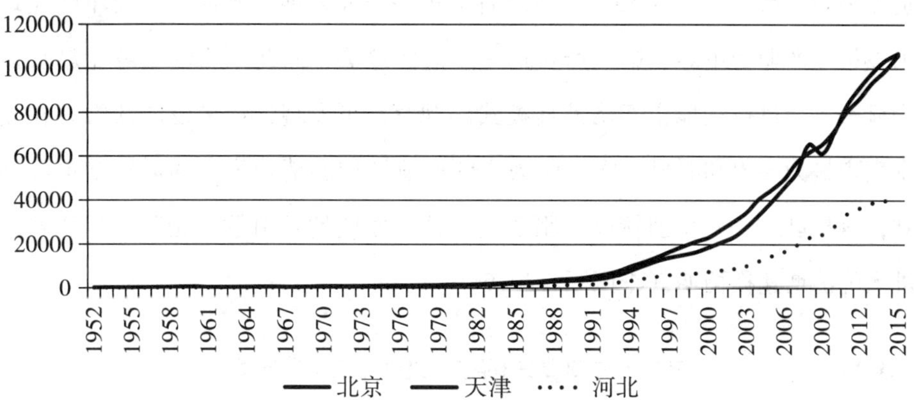

图 2－4　1952—2015 年间京津冀三省市的人均 GDP

数据来源：《新中国六十年统计资料汇编》《中国统计年鉴 2016》。

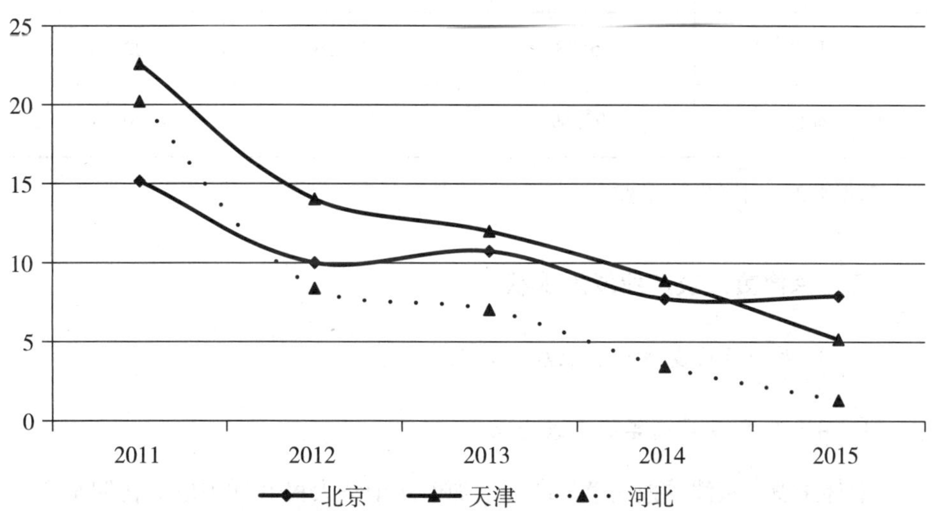

图 2－5　2010—2015 年京津冀三地 GDP 年增速

数据来源：《北京统计年鉴 2016》《天津统计年鉴 2016》《河北经济年鉴 2016》。

京津冀地区三省市产业发展动力各不相同，从 2016 年三省市各产业增加值在京津冀区域所占比例来看（表 2－4），第一产业是河北省区域发展的主要力量，京津冀区域 90% 以上的产业增加值来自该地区；第二产业主要来自河北与天津，专业化分工明显（孙久文、姚鹏，2015）；第三产业则是北京的贡献最为显著，达到近50%。河北省的第一产业发展基础深厚，天津则表现出以第二产业为主导、第三产业迅速发展的趋势，而北京市的服务化趋势最为显著。通过对三地市经济发展模式的观察，可发现，经济发展新常态在北京表现最为突出和明显，服务业为主的产业结构和消费为主的需求结构已确立，科技创新、文化创新成为驱动经济社会发展的新引擎，先于天津和河北进入经济增速换档期（李国平，2016）。

表2-4　　2016年京津冀三地各产业增加值占区域比重

地区	第一产业	第二产业	第三产业
北京	3.38	17.80	46.80
天津	5.73	27.26	22.93
河北	90.89	54.94	30.27

数据来源：国家统计局网站。

二　京津冀三次产业发展现状

（一）第一产业发展及贡献度在减弱

1. 河北省是最为重要的贡献力量

总体来看，京津冀地区第一产业增加值从中华人民共和国成立初期至今一直呈现上升趋势，2016年达到3842.82亿元，是1952年28.83亿元的133.29倍（表2-5）。与全国相比较，京津冀地区的第一产业的整体发展速度明显低于全国平均水平，其中，河北省是全国粮食主产区之一，其发展速度基本接近全国平均水平；北京和天津因城市资源优势和功能定位的影响，尽管增加值有所增加，但比重却在逐年降低，自2000年以来，第一产业占比下降至不足10%，而北京更是下降至不足2%，第一产业对于京津冀地区经济增长的贡献在逐年减弱。

表 2－5　　　　　　　　京津冀地区第一产业增加值

地区	北京	天津	河北	京津冀
1952	1.75	1.85	25.23	28.83
1955	3.44	2.35	28.18	33.97
1960	4.01	2.65	23.43	30.09
1965	4.96	3.91	37.20	46.07
1970	6.48	3.80	46.41	56.69
1975	6.04	4.37	50.66	61.07
1980	6.07	6.53	68.09	80.69
1985	17.81	12.95	120.34	151.10
1990	43.88	27.32	227.89	299.09
1995	73.50	60.80	631.34	765.64
2000	78.59	73.69	824.55	976.83
2005	97.99	112.38	1503.07	1713.44
2010	122.7	145.58	2562.81	2831.09
2014	159.00	159.72	3447.46	3766.18
2016	129.79	220.22	3492.81	3842.82

注：1952—2005 年间数据来源于《新中国六十年统计资料汇编》，2010—2016 年数据来自《北京统计年鉴 2017》《天津统计年鉴 2017》《河北经济年鉴 2017》。

京津冀地区第一产业发展对区域经济增长的贡献比例明显低于全国平均水平，这一差异在北京、天津和河北三省市间更为显著：以 2010—2014 年间为例，河北省第一产业增加值占地区生产总值的份额高于全国平均水平，但北京和天津第一产业对本市经济发展的贡献分别不足1%和2%（图2－6）。京津冀地区的第一产业发展主要集中于河北省，京、津两地第一产业仅相当于整个京津冀地区的1/10。

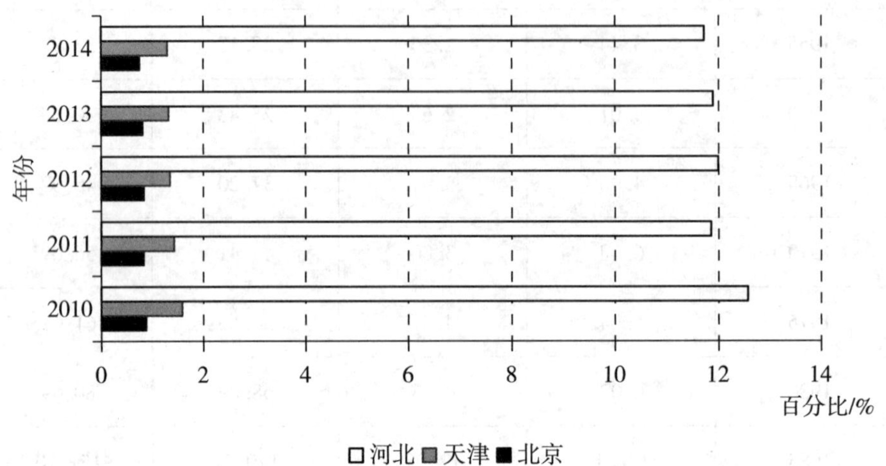

图2－6　京津冀三省市第一产业增加值占地区生产总值的份额

数据来源：《北京统计年鉴2015》《天津统计年鉴2015》《河北经济年鉴2015》。

2. 产业门类主要是农业和牧业

受限于华北平原的自然资源与农业生产条件，京津冀地区第一产业主要是农业和牧业，林业和渔业的比重很小。2014年京津冀第一产业总产值达到6856.57亿元，占全国比重为6.71%，比2010年（7.15%）有所下降，其中农业实现产值3839.3亿元，牧业实现产值2222.3亿元，两者占京津冀第一产业总产值的90%以上，占全国比重分别为7.07%和7.67%，略高于第一产业整体比重。从2000—2014年的发展趋势来看，除林业份额逐年上升外，农业、牧业、渔业、农林牧渔服务业占全国份额均出现下降趋势，林业比重则从2.71%上升至4.75%，京津冀区域林业生态建设初见成效（图2－7、表2－6）。

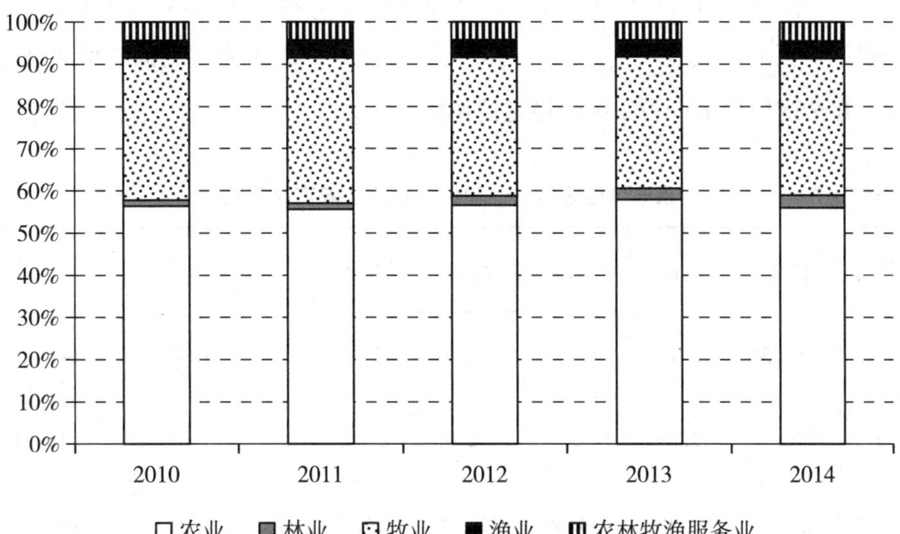

图 2－7　2010—2014 年京津冀第一产业内部结构

注：数据来源于《北京统计年鉴 2015》《天津统计年鉴 2015》《河北经济年鉴 2015》，结果由各产业产值计算而得。

表 2－6　　　　京津冀地区第一产业占全国比重

年份	第一产业	农业	林业	牧业	渔业	农林牧渔服务业
2010	7.15	7.56	2.71	8.02	3.18	8.55
2011	6.90	7.43	2.57	7.51	3.09	8.43
2012	6.83	7.37	3.93	7.38	2.90	8.18
2013	6.87	7.50	4.49	7.32	2.75	8.08
2014	6.71	7.01	4.75	7.67	2.74	7.92

数据来源：《中国统计年鉴 2015》《北京统计年鉴 2015》《天津统计年鉴 2015》《河北经济年鉴 2015》。

京津冀地区所生产的主要农业产品包括粮食、蔬菜和水果，2014 年产量均超过千万吨（表 2－7）。尤其是河北省，凭借华北平原优良的农业生产条件，在全国粮食生产中发挥着稳定的作用。

表 2－7　　京津冀地区 2010—2014 年间主要农产品产量

年份	粮食	棉花	油料	蔬菜	水果	肉类	奶类	水产品
2010	3251.34	63.22	142.53	7795.91	1223.99	505.60	582.48	147.12
2011	3456.23	72.57	143.84	8112.50	1320.03	505.52	600.33	148.02
2012	3522.16	62.20	144.69	8422.70	1396.24	531.90	612.24	159.22
2013	3635.81	50.53	152.71	8624.06	1404.79	537.08	595.69	169.32
2014	3600.06	46.92	151.40	8822.05	1523.21	553.84	624.53	173.99

数据来源：《北京统计年鉴 2015》《天津统计年鉴 2015》《河北经济年鉴 2015》。

3. 区域产业主要布局在南部地区

从京津冀地区的 13 个地市来看，第一产业增加值主要集中在南部功能拓展区和唐山市（图 2－8）。其中唐山市的第一产业增加值最高，占整个区域份额达到将近 15%；石家庄、邯郸、保定的第一产业增加值在 10%—15% 之间；承担生态涵养功能的张家口、承德两市，北京、天津两大核心城市和港口型城市秦皇岛较低。

从 2014 年各地级市第一产业增加值占本市 GDP 的比重来看，2014 年张家口市第一产业增加值占本市 GDP 的 17.8%，为各地级市中最高，其次为承德市 16.8%（图 2－9）。虽然西北部生态涵养区第一产业占区域份额较低，但是张家口、承德两市第一产业增加值对本市 GDP 的贡献较高，第一产业对市域经济发展的支撑作用仍然突出。北京、天津两市第一产业增加值占本市

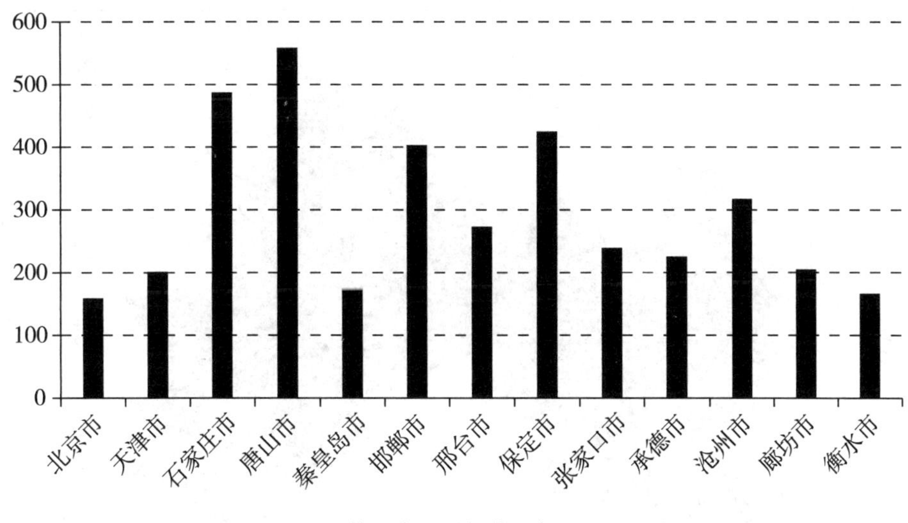

图 2－8　2014 年京津冀地级以上城市第一产业增加值

数据来源：《北京统计年鉴 2015》《天津统计年鉴 2015》《河北经济年鉴 2015》。

GDP 的比重分别仅为 0.7% 和 1.3%，可见第一产业已逐步退出北京、天津两市。从 2010—2014 年的动态变化来看，张家口、承德、邢台、秦皇岛第一产业占 GDP 比重仍呈现小幅度上升趋势，而其他城市第一产业占 GDP 比重则随着产业结构的不断调整呈下降趋势，以衡水、廊坊两市最为突出，第一产业占 GDP 比重分别下降了 5.2% 和 2.2%。

（二）第二产业发展仍保持良好势头

1. 总体保持较高的增长速度

京津冀地区第二产业发展总体呈现持续增长趋势，特别是改革开放以来一直保持着较高的增长速度，1952—2014 年，京津冀地区第二产业增加值年均增速达 12.65%（不考虑价格因素），2014 年第二产业增加值实现 27323.73 亿元。1952—1991 年间，京津冀地区第二产业产值占全国的比重主要在 11%—13% 之间波动，2003 年以来则在 10% 左右徘徊，变化幅度不大，总体来看，呈现一定的阶段性特征（图 2－10）。

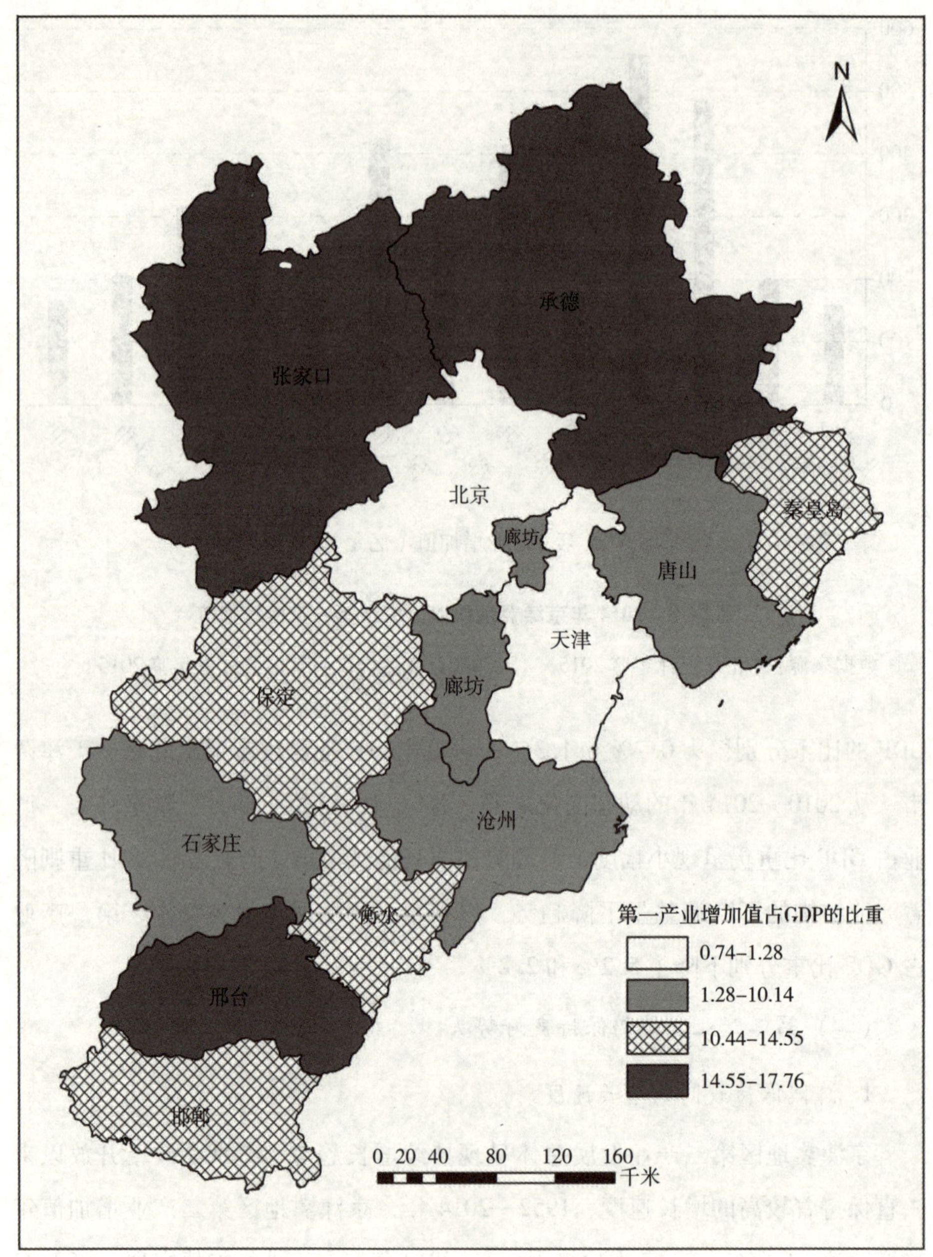

图 2－9　2014 年京津冀地级以上城市第一产业增加值占 GDP 比重（%）

数据来源：《北京统计年鉴 2015》《天津统计年鉴 2015》《河北经济年鉴 2015》。

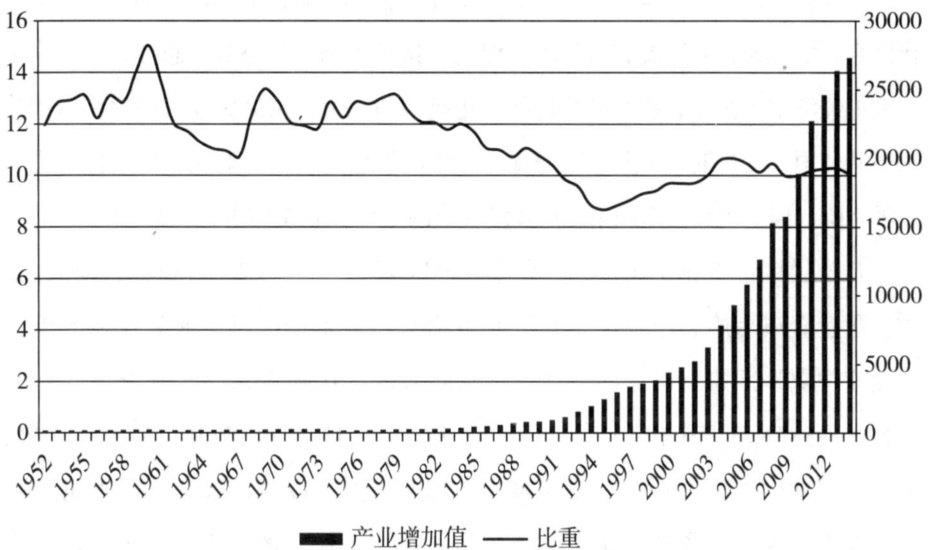

图 2-10　京津冀第二产业增加值及占全国比重

注：1952—2005 年间数据来源于《新中国六十年统计资料汇编》，2010—2014 年数据来自《北京统计年鉴 2015》《天津统计年鉴 2015》《河北经济年鉴 2015》。

第一阶段是 1952 年至 1978 年，经过若干个五年经济建设时期，中国工业已经建成涵盖冶金、钢铁、原材料、燃料动力、汽车、机械制造、化工、轻纺、有机工业、电子、航天、核工业、国防工业等大型工业基地及其间相互关联配套的完整体系。京津冀地区在其中发挥了先导作用，大型工业企业不仅得到优先建设与发展，而且产出水平在全国占据极其重要的地位。

第二阶段是 1979 年至 20 世纪 90 年代中期，京津冀地区的第二产业增加值继续高速增长，但占全国第二产业增加值的比重呈现明显的下降趋势，1995 年仅占到 8.67%。这一阶段主要由于中国改革开放政策的实施，区位优势促使东部沿海地区的经济建设成效显著，成为中国经济发展的风向标和重点地区，京津冀地区的工业发展份额反而有所下降，基本在 9% 左右。

第三阶段是 20 世纪 90 年代后期至 2014 年，京津冀地区的第二产业发展速度明显提高，随着国家相关政策的不断调整，投资环境的不断改善，工业结构得到了调整和优化，促使京津冀第二产业在全国的地位逐渐恢复，虽然2008年前后受国际金融危机的影响发展有所波动，但仍维持较为稳定的态势。总体来看，由于重要的经济主体城市北京经济结构服务化趋势的加快，京津冀地区已逐步由中华人民共和国成立初期的工业基地向服务业中心发展，第二产业在全国的比重有一定的下降，但是仍然占全国第二产业增加值的10%，在全国占有一席之地。

从规模以上工业企业来看，京津冀地区2014年各行业主营收入及其比重中，黑色金属冶炼和压延加工业以及电力、热力生产和供应业为代表的重工业是京津冀地区第二产业的主体，主营收入占比达到25.2%，在全国同行业占比分别达到21.7%和13.7%（图2－11）。同时，以汽车制造业及计算机、通信和其他电子设备制造业为代表的高端制造业，以及以农副食品加工业和食品制造业为代表的轻工业在京津冀地区第二产业中的比重也较为突出。京津冀地区铁矿、原煤、石油等丰富的矿产资源为区域矿物开采加工工业与能源生产工业提供了良好的基础，黑色金属冶炼和压延加工业始终是区域产值规模最大的行业；电力、热力生产和供应业，煤炭开采和洗选业，黑色金属矿采选业，金属制品业，石油和天然气开采业，燃气生产和供应业，开采辅助活动等行业，占全国的比重均超过10%。

2. 区域产业主要布局在中部

从第二产业的整体空间分布趋势来看，2014年京津冀地区第二产业主要分布在中部核心功能区的北京、天津两市以及唐山市，西北部生态涵养区以及港口型城市秦皇岛的第二产业增加值较低（图2－12）。

从动态变化上来看，2010—2014年间，天津市第二产业占区域份额上升较为明显，增加了3%；而随着非首都核心功能的疏解，同处于中部核心功能区的北京市不断加快退出一般制造业步伐，第二产业所占份额呈现下降趋势（图2－13）。随着产业结构的调整与产业转型升级进程的推进，东部滨海发展区的唐山、秦皇岛两市以及南部功能拓展区的邯郸、邢台、衡水的第二产业份额也呈现下降趋势。

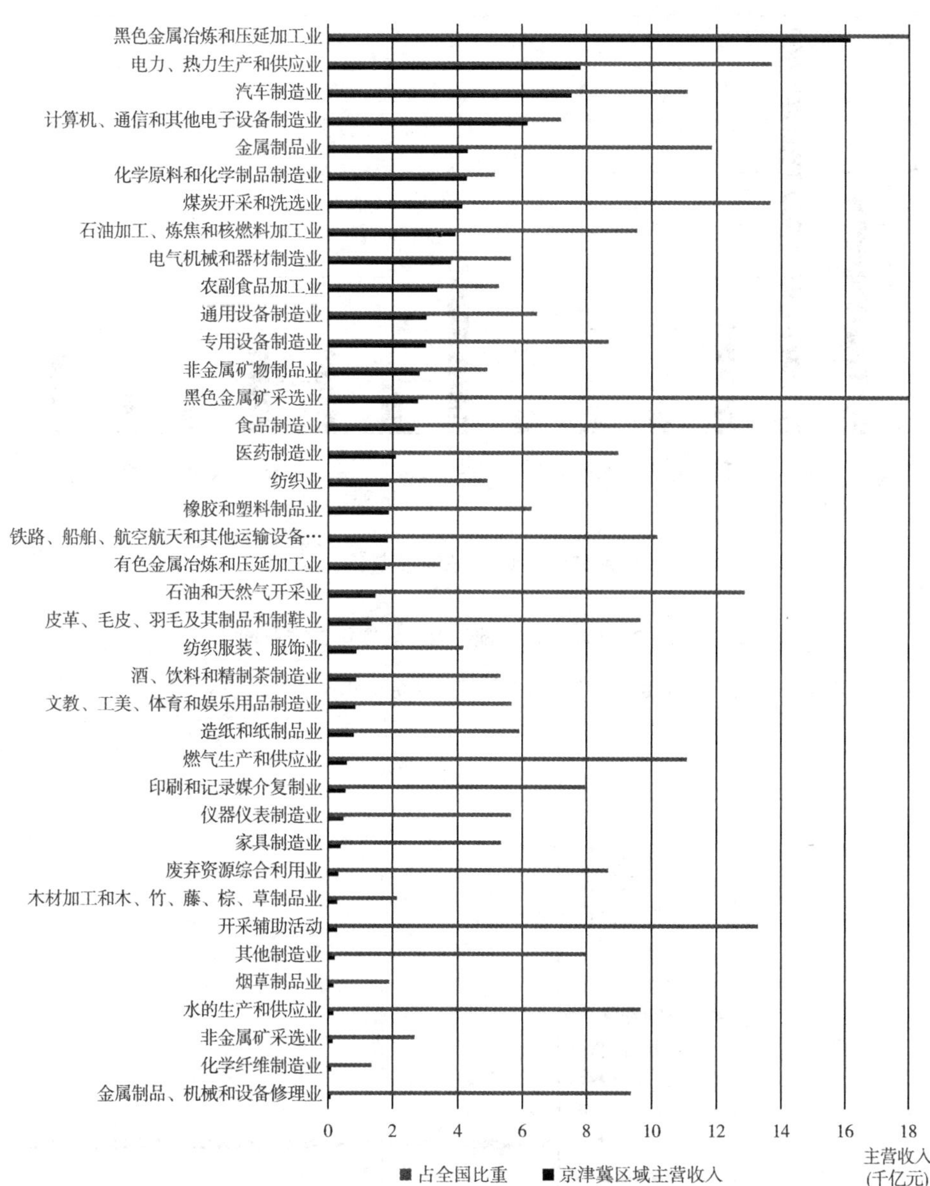

图 2－11　2014 年京津冀地区规模以上工业分行业状况

数据来源：《中国统计年鉴 2015》《北京统计年鉴 2015》《天津统计年鉴 2015》《河北经济年鉴 2015》。

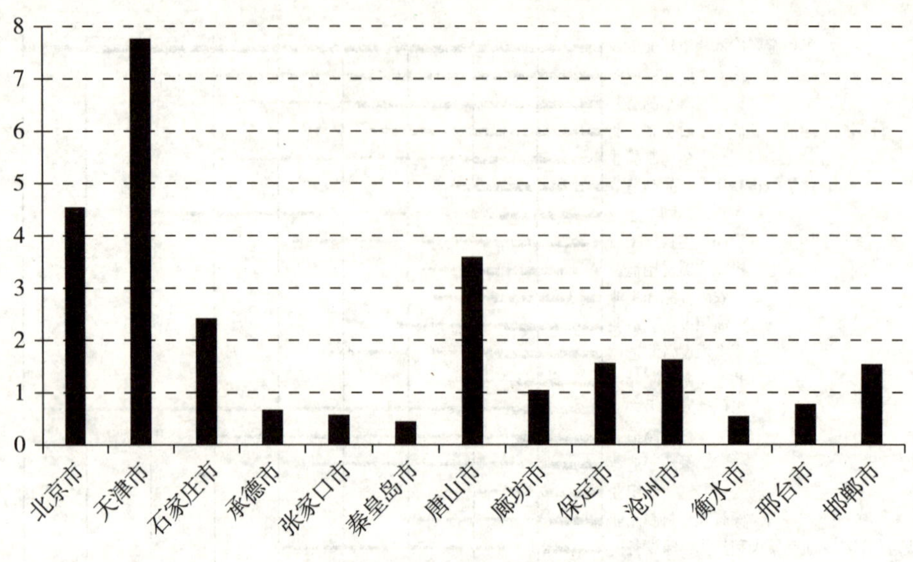

图 2-12　2014 年京津冀地级以上城市第二产业增加值

数据来源：《北京统计年鉴 2015》《天津统计年鉴 2015》《河北经济年鉴 2015》。

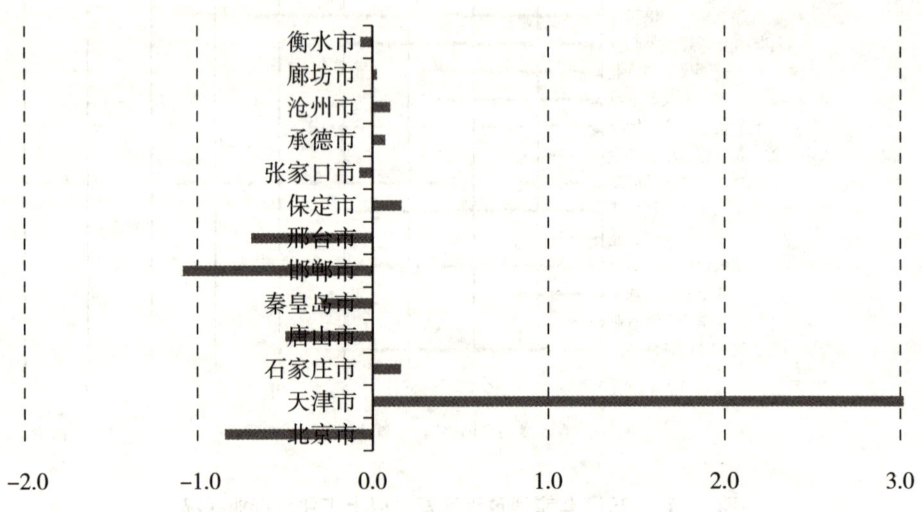

图 2-13　2010—2014 年京津冀地级以上城市第二产业占区域份额变化（%）

数据来源：《北京统计年鉴 2015》《天津统计年鉴 2015》《河北经济年鉴 2015》。

从京津冀区域各城市第二产业占 GDP 比重来看，首都北京第二产业增加值占 GDP 的比重最低（图 2－14）。除北京、张家口、秦皇岛之外，其他各城市第

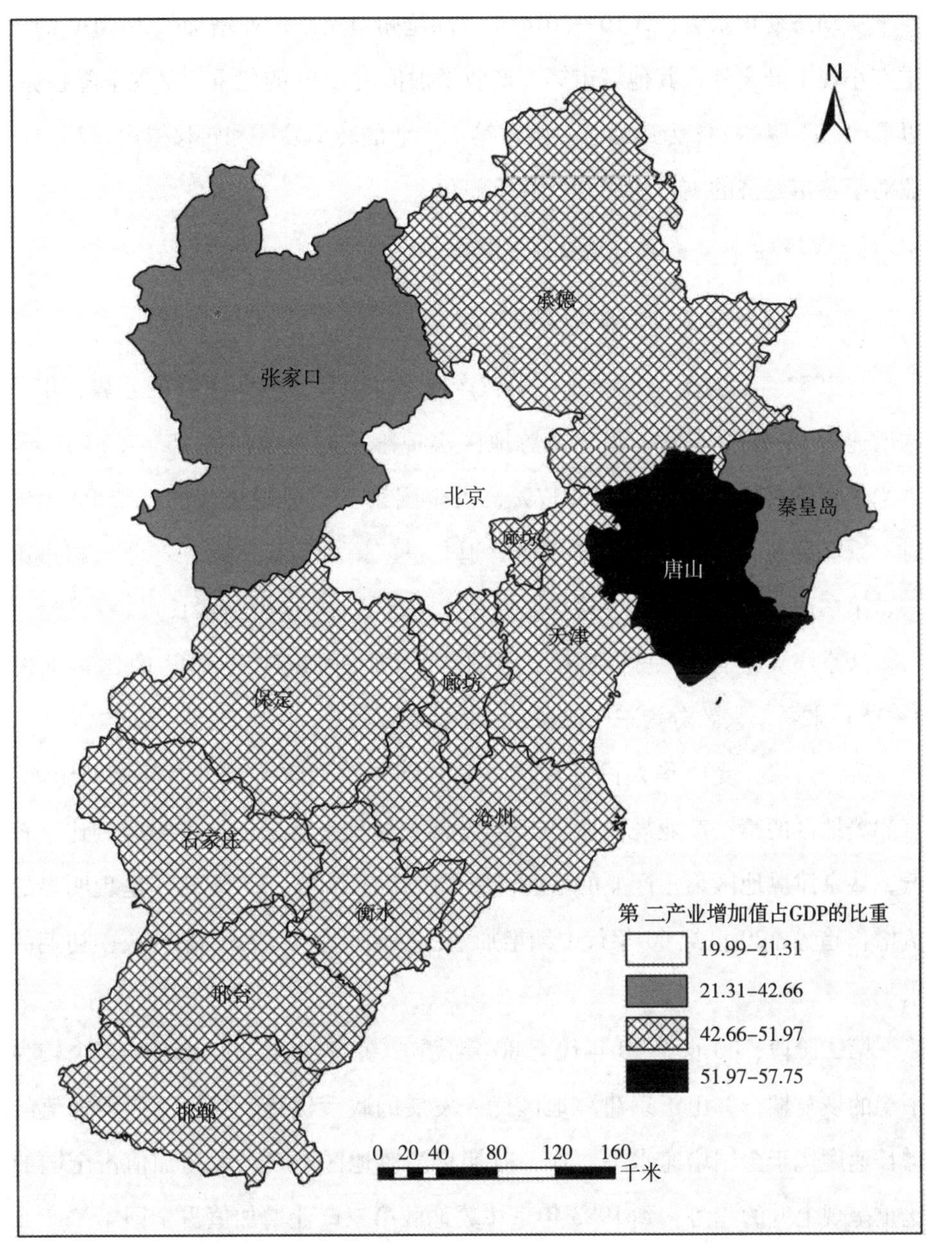

图 2－14　2014 年京津冀第二产业增加值占 GDP 比重（%）

数据来源：《北京统计年鉴 2015》《天津统计年鉴 2015》《河北经济年鉴 2015》。

二产业增加值占 GDP 比重均达到 50% 左右，其中唐山市第二产业对经济的支撑作用最为突出，达 57.8%。

从动态变化来看，2010—2014 年，除沧州市第二产业增加值占 GDP 的比重有小幅上升之外，其他城市第二产业增加值占 GDP 的比重均呈现下降趋势，以邢台市下降达 8% 为最显著。随着第二产业的转型发展和转移退出，第二产业对于各市经济的支撑作用开始有所弱化。

（三）第三产业的战略地位日益凸显

1. 第三产业成为地区发展支柱

自 1952 年以来，京津冀地区第三产业增加值呈现逐年上升的趋势，年平均增速达 13.29%，2014 年京津冀地区实现第三产业增加值 35347.20 亿元，占当年京津冀地区 GDP 的 53.17%，占全国第三产业增加值的 11.55%。同时，京津冀地区产业发展已经实现“退二进三”的目标，第三产业已超过第一、第二产业的规模总和，逐步成为京津冀地区的主要经济增长点。

从京津冀地区第三产业占全国的比重以及占该地区 GDP 的比重（图 2-15）来看，大致分为三个阶段：

第一阶段，受中华人民共和国成立初期一系列政治及自然因素的影响，京津冀地区的第三产业规模在 1970 年之前整体呈萎缩态势，占 GDP 的比重较低，从京津冀地区第三产业的增速可看出，1961 年为 -28.97%，呈现明显的负增长趋势，20 世纪 60 年代中期增加值已回落至中华人民共和国成立初期的水平。

第二阶段，20 世纪 70 年代至 80 年代初，京津冀第三产业处于一个较为平稳的恢复期，并由于京津冀地区优先发展的政策优势，第三产业增加值的增长速度优于全国增速水平，这一时期京津冀地区第三产业增加值占全国的比重呈现上升的趋势，到 1983 年京津冀地区第三产业增加值占全国第三产业增加值的比重达到中华人民共和国成立以来的最高水平 11.6%。

第三阶段，20 世纪 80 年代中期以来，受改革开放等经济政策的驱动，京

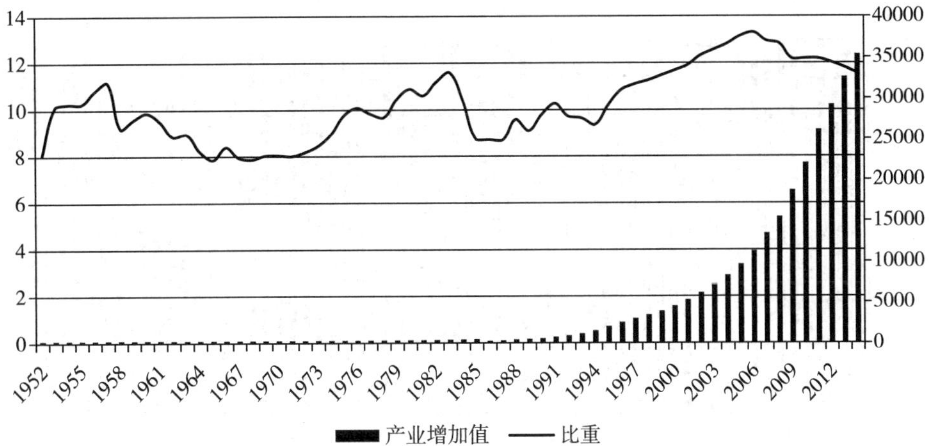

图 2-15　京津冀第三产业占 GDP 比重及占全国第三产业比重

数据来源：《新中国六十年统计资料汇编》《北京统计年鉴 2015》《天津统计年鉴 2015》《河北经济年鉴 2015》。

津冀第三产业呈现出蓬勃发展的趋势，产业规模稳步增长，占 GDP 的比重逐年攀升。总体来看，20 世纪 90 年代是京津冀地区第三产业增速最快的阶段，京津冀第三产业增速明显高于全国水平，占全国第三产业增加值的比重也不断上升。

就北京、天津、河北三地区而言，1990 年之前，三省市第三产业份额保持较稳定的格局，其中，河北第三产业规模约占京津冀地区的 40% 以上，北京占 30% 以上，天津约占不足 30%；1990 年之后，北京第三产业的发展势头明显高于天津、河北，2000 年以来一直占有 50% 左右的份额，天津降至 20% 以下，河北约占 30%—40%。目前，京津冀地区第三产业的高速发展主要来自北京的带动，受服务全国、建设世界城市的发展目标和功能定位的影响，北京还会进一步推动产业结构的调整升级，第三产业比重进一步上升，必将对京津冀地区第三产业的未来发展起到重要的引导作用。2010 年以后，京津冀地区第三产业规模始终保持平稳扩大的态势，产业增加值逐年上升的同时，增长速度则逐年降低，由将近 20% 下降至 8.5%（表 2-8）。京津冀地区第三产业在全国的比重略有下降，由 2010 年的 12.2% 下降至 2014 年的 11.6%。

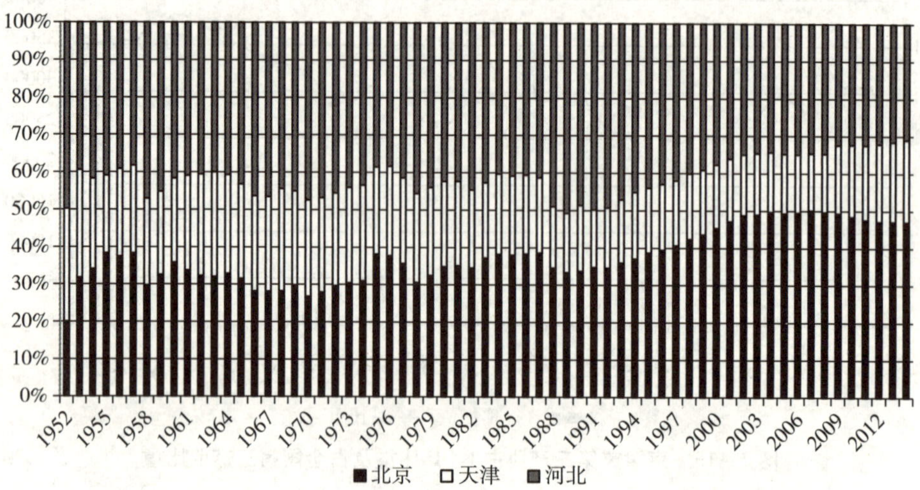

图 2-16　京、津、冀第三产业增加值占京津冀地区第三产业增加值的比重

数据来源：《新中国六十年统计资料汇编》《北京统计年鉴 2015》《天津统计年鉴 2015》《河北经济年鉴 2015》。

表 2-8　京津冀第三产业规模、占全国第三产业比重及占地区生产总值 GDP 比重

年份	第三产业增加值（万亿元）	第三产业占全国比重（%）	第三产业增加值增长率（%）
2010	2.20	12.19	27.3
2011	2.61	12.18	18.7
2012	2.92	12.02	11.7
2013	3.26	11.81	11.5
2014	3.53	11.55	8.5

数据来源：《北京统计年鉴 2015》《天津统计年鉴 2015》《河北经济年鉴 2015》。

从服务业各行业从业人员来看，教育、公共管理和社会组织、批发和零售业的从业人员比重始终是服务业就业比重最高的行业（表 2-9）。与 2010

年相比，信息传输、计算机服务和软件业，批发和零售业，金融业，房地产业，科学研究、技术服务和地质勘查业的就业人口比重均有明显提高，行业规模持续扩大。

表 2－9　　2010、2014 年京津冀地区服务业从业人员比重

	从业人员比重	
	2010 年	2014 年
交通运输、仓储和邮政业	9.75	9.46
信息传输、计算机服务和软件业	5.53	6.72
批发和零售业	9.94	10.76
住宿和餐饮业	4.11	3.88
金融业	6.43	7.28
房地产业	4.33	5.32
租赁和商务服务业	9.87	8.33
科学研究、技术服务和地质勘查业	6.72	7.76
水利、环境和公共设施管理业	2.47	2.32
居民服务和其他服务业	1.80	1.96
教育	15.77	13.98
卫生、社会保障和社会福利业	6.33	6.41
文化、体育和娱乐业	2.42	2.26
公共管理和社会组织	14.52	13.56

数据来源：《中国统计年鉴 2011》《中国统计年鉴 2015》。结果根据“年底城镇单位就业人员数”计算所得。

2. 区域产业布局以京津为主导

京津冀地区第三产业主要集中于北京、天津两市，2014 年北京市第三产业增加值达到 16627 亿元，占区域 GDP 的份额达 47%；天津市第三产业增加值达到 7759 亿元，占比 22%；除石家庄、唐山达到 6% 外，河北省其余地级市只占 1%—3%（图 2－17）。

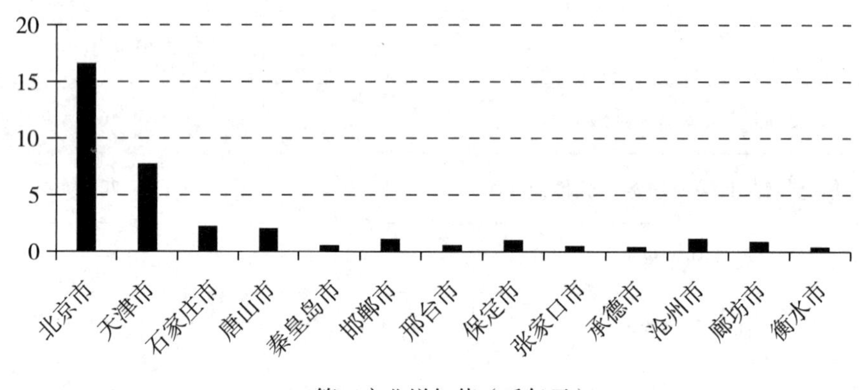

图 2－17　2014 年京津冀地级以上城市第三产业增加值

数据来源：《北京统计年鉴 2015》《天津统计年鉴 2015》《河北经济年鉴 2015》。

从第三产业占 GDP 的比重来看，北京的第三产业在整个区域仍然呈现显著突出的态势，第三产业增加值占 GDP 比重近 78%（图 2－18）。除北京外，直辖市天津、港口型城市秦皇岛以及河北省省会城市石家庄的第三产业对 GDP 贡献率也高于其他城市。2010 年以来，在第三产业成为北京市支柱产业的同时，区域其他城市的第三产业同样不断发展壮大，位于南部功能拓展区的衡水市增长幅度最大，呈现工业主导型经济向服务业主导型经济转化的发展态势（图 2－19）。

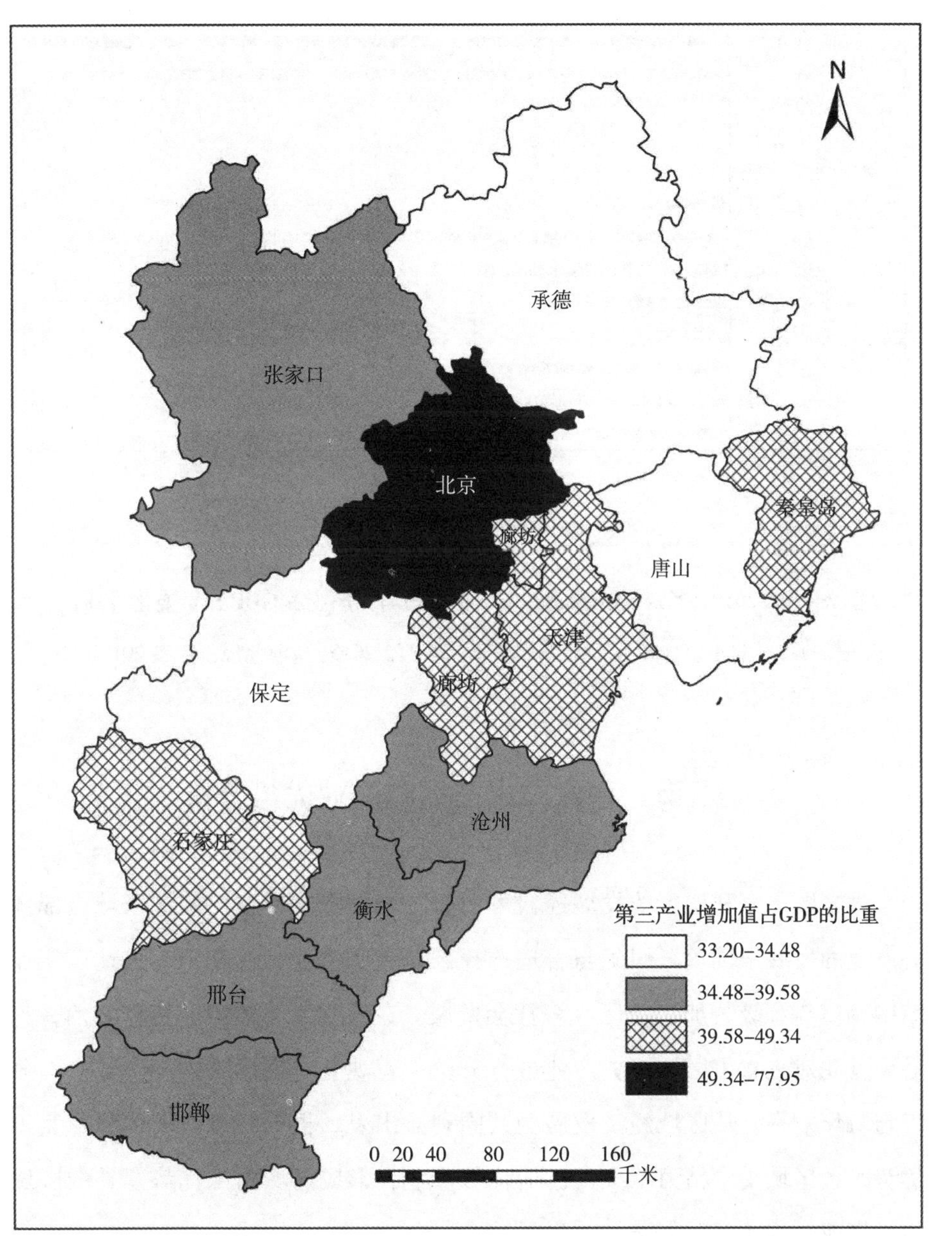

图 2－18　2014 年京津冀地级以上城市第三产业增加值占 GDP 比重（%）

数据来源：《北京统计年鉴 2015》《天津统计年鉴 2015》《河北经济年鉴 2015》。

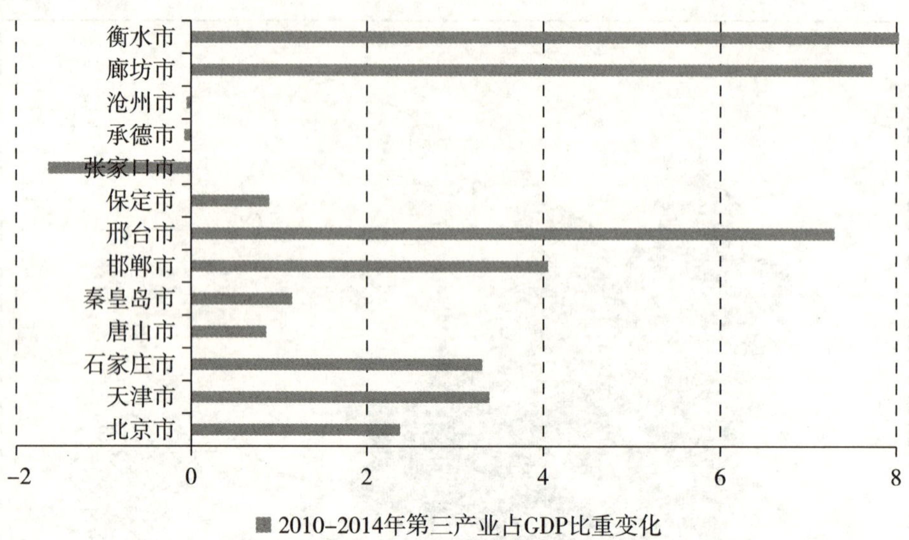

图 2－19　2010—2014 年京津冀地级以上城市第三产业占 GDP 比重变化（%）

数据来源：《北京统计年鉴 2015》《天津统计年鉴 2015》《河北经济年鉴 2015》。

第二节　京津冀十三地市产业优势分析

大多数国家和地区的发展经验表明，区域经济发展主要依靠区域内部优势产业的发展来推动。明确与合理选择区域优势产业，有助于促进地区产业结构调整与升级，加快地区经济社会发展。在研究京津冀产业协作之前，有必要首先对三省市区域优势产业进行分析，客观度量京津冀内部各城市的分工与协作效率。从区域经济发展的共同利益出发，根据各自比较优势与竞争优势，各区域集中精力壮大自己的优势产业，形成区域内部优势互补的区域主导产业结构体系和布局。

一　京津冀各城市产业优势分析

（一）评价指标选择

衡量地区优势产业的重要指标之一是区位商，计算公式如下：

$$LQ_{ij} = \frac{y_{ij}}{y_i} \Big/ \frac{Y_{ij}}{Y_j} \tag{2-1}$$

LQ_{ij}是 i 地区 j 产业的区位商，即 i 地区 j 产业的产值占该产业总产值的比重与 j 产业产值占整个区域总产值的比重之比。当 $LQ_{ij}>2$ 时，表明该地区该产业具有非常强的比较优势和竞争力；当 $LQ_{ij}>1$ 时，表明该地区该产业具有比较优势，一定程度上显示较强的竞争力；当 $LQ_{ij}=1$ 时，表明该地区该产业处于均势，产业优势并不明显；当 $LQ_{ij}<1$ 时，表明该地区该产业处于比较劣势，竞争力较弱。

（二）京津冀各城市产业优势各异

由表 2－10 可知，2010—2014 年，北京的优势产业是第三产业，天津是第二产业，石家庄、承德、张家口、唐山、廊坊、保定、沧州、衡水、邢台、邯郸的第一产业和第二产业区位商都大于 1，说明这些地市的第三产业发展相对落后，支撑地区发展的主要是第一产业和第二产业。秦皇岛的优势产业则是第一产业。

表 2－10　　京津冀 13 地市的三次产业优势分析

地区	2010 年			2014 年		
	第一产业	第二产业	第三产业	第一产业	第二产业	第三产业
北京市	0.13	0.55	1.50	0.13	0.52	1.46
天津市	0.24	1.22	0.91	0.22	1.21	0.92
石家庄市	1.68	1.13	0.80	1.64	1.15	0.82
承德市	2.42	1.19	0.66	2.92	1.23	0.62
张家口市	2.45	1.00	0.82	3.08	1.05	0.74
秦皇岛市	2.10	0.92	0.93	2.52	0.92	0.90

续 表

地区	2010 年			2014 年		
	第一产业	第二产业	第三产业	第一产业	第二产业	第三产业
唐山市	1.46	1.35	0.64	1.56	1.42	0.62
廊坊市	1.80	1.25	0.69	1.64	1.18	0.79
保定市	2.29	1.20	0.66	2.43	1.26	0.64
沧州市	1.77	1.18	0.75	1.76	1.28	0.71
衡水市	3.05	1.18	0.59	2.51	1.17	0.70
邢台市	2.42	1.29	0.57	2.88	1.16	0.67
邯郸市	2.02	1.26	0.65	2.27	1.23	0.69

数据来源：《北京统计年鉴 2015》《天津统计年鉴 2015》《河北经济年鉴 2015》和《河北经济年鉴 2011》。

比较 2010 年和 2014 年北京、天津、河北三省市各产业区位商，可发现三地主导产业差异显著，区域内部错位发展和产业分工较明显（表 2－11）。北京服务业的集聚优势最为显著，其中租赁和商务服务业，信息传输、计算机服务和软件业的比较优势最为突出，区位商高于 2 的其他优势产业还包括交通运输、仓储和邮政业，批发和零售业，住宿和餐饮业，房地产业，租赁和商务服务业，科学研究、技术服务和地质勘查业，居民服务和其他服务业，以及文化、体育和娱乐业等服务行业，标志着北京的服务业体系日趋完备，知识型和服务型特征显著。

天津的居民服务和其他服务业是比较优势最为突出的产业，科学研究、技术服务和地质勘查业也成为优势产业之一。制造业的区位商自 2010 年以来不断提高，因此，天津的产业结构开始逐步向服务业倾斜，但制造业的地位仍相当重要。

河北省优势较为突出的产业包括采矿业，电力、燃气及水的生产和供应业，金融业，水利、环境和公共设施管理业，教育，卫生、社会保障和社会福利业，公共管理和社会组织。能源导向产业是河北省的支柱产业，但随着产业结构调整的深入推进，生产性服务业和公共服务业的发展也比较明显，而生活性服务业发展相对滞后。

表 2－11　京津冀三地区主要行业的区位商（2010 年、2014 年）

序号	行业类别	北京		天津		河北	
		2010 年	2014 年	2010 年	2014 年	2010 年	2014 年
1	农、林、牧、渔业	0.17	0.27	0.12	0.11	0.44	0.45
2	采矿业	0.16	0.25	1.01	0.69	1.24	1.27
3	制造业	0.56	0.46	1.31	1.40	0.83	0.78
4	电力、燃气及水的生产和供应业	0.44	0.49	0.67	0.68	1.61	1.33
5	建筑业	0.63	0.38	0.51	0.66	0.72	0.85
6	交通运输、仓储和邮政业	1.63	1.69	1.26	1.03	1.00	0.94
7	信息传输、计算机服务和软件业	4.53	4.39	0.77	0.71	0.85	0.71
8	批发和零售业	2.09	1.97	1.47	1.20	1.06	0.89
9	住宿和餐饮业	2.70	2.53	1.47	1.27	0.54	0.60
10	金融业	1.17	1.84	0.94	0.97	1.30	1.36
11	房地产业	3.01	2.47	1.08	1.03	0.49	0.73

续 表

序号	行业类别	北京		天津		河北	
		2010 年	2014 年	2010 年	2014 年	2010 年	2014 年
12	租赁和商务服务业	5.06	3.81	1.42	0.92	0.40	0.85
13	科学研究、技术服务和地质勘查业	3.16	3.54	1.40	1.62	0.76	0.99
14	水利、环境和公共设施管理业	0.81	0.89	1.03	0.94	1.16	1.18
15	居民服务和其他服务业	2.49	2.83	7.23	9.06	0.85	0.56
16	教育	0.52	0.64	0.66	0.62	1.37	1.45
17	卫生、社会保障和社会福利业	0.66	0.76	0.90	0.71	1.10	1.22
18	文化、体育和娱乐业	2.34	2.90	0.85	0.88	0.95	1.01
19	公共管理和社会组织	0.58	0.71	0.61	0.60	1.36	1.50

数据来源：《中国统计年鉴 2011》《中国统计年鉴 2015》。

二 京津冀第二产业内部优势分析

从工业内部来看（表 2－12），北京和天津的优势产业主要集中于技术密集型现代制造业，计算机、通信和其他电子设备制造业与汽车制造业是两市共有的优势产业，依赖研发驱动的医药制造业也是北京特有的优势产业。在传统制造业方面，天津市的食品制造业是独有的隶属轻工业范畴的优势产业。河北的优势产业集中于矿产开采和加工产业与能源生产产业方面。总体看来，北京和天津两市在技术密集型产业方面具有明显优势，现代制造业成为两市第二产业的支柱，以资源为基础的矿产开采和加工产业以及能源生产产业仍然在京津冀地区产业体系中占据重要地位。京、津、冀三省市在工业优势产业方面的差异性，有利于形成地区间优势互补、错位发展的格局，为京津冀区域第二产业加快转型升级、合理空间布局奠定了良好的基础。

表 2-12　　2014 年京、津、冀三地区工业优势行业

北京		
行业门类	占工业总产值比重(%)	区位商
电力、热力生产和供应业	20.69	4.01
汽车制造业	18.67	3.05
计算机、通信和其他电子设备制造业	14.24	1.84
医药制造业	3.35	1.59
石油加工、炼焦和核燃料加工业	4.46	1.20
专用设备制造业	3.31	1.05
煤炭开采和洗选业	2.78	1.01
天津		
行业门类	占工业总产值比重(%)	区位商
石油和天然气开采业	4.16	4.03
黑色金属冶炼和压延加工业	17.26	2.57
食品制造业	4.44	2.41
煤炭开采和洗选业	6.15	2.25
金属制品业	4.61	1.40
计算机、通信和其他电子设备制造业	10.23	1.32
石油加工、炼焦和核燃料加工业	4.07	1.10
汽车制造业	6.43	1.05

续 表

河北		
行业门类	占工业总产值比重(%)	区位商
黑色金属矿采选业	4.93	5.84
黑色金属冶炼和压延加工业	23.55	3.51
电力、热力生产和供应业	6.20	1.20
石油加工、炼焦和核燃料加工业	4.00	1.08

数据来源:《北京统计年鉴2015》《天津统计年鉴2015》《河北经济年鉴2015》。使用的基础数据为三省市分行业规模以上工业企业的工业总产值。

2005年,北京市的优势行业主要是仪器仪表及文化、办公用机械制造业,印刷业和记录媒介的复制,通信设备、计算机及其他电子设备制造业,交通运输设备制造业,专用设备制造业,工艺品及其他制造业,饮料制造业和食品制造业等11个行业(按区位商从大到小排列,以下同此)。天津的优势产业为废弃资源和废旧材料回收加工业,文教体育用品制造业,通信设备、计算机及其他电子设备制造业,电气机械及器材制造业,家具制造业,金属制品业,纺织服装、鞋、帽制造业,橡胶制品业,塑料制品业,交通运输设备制造业,有色金属冶炼及压延加工业,工艺品及其他制造业,通用设备制造业,化学原料及化学制品制造业,医药制造业等15个行业。河北各地市中,石家庄、保定和廊坊的优势产业最多,分别为18、16和15个,其次是沧州(13个)、衡水(13个)、邢台(11个)、秦皇岛(10个)、承德(7个)、张家口(6个)和唐山(5个);区位商大于5的主要有石家庄的皮革、毛皮、羽毛(绒)及其制品业,秦皇岛的化学纤维制造业和农副食品加工业,邢台的纺织业,保定的有色金属冶炼及压延加工业,张家口的烟草制品业,承德的饮料制造业,衡水的橡胶制品业。

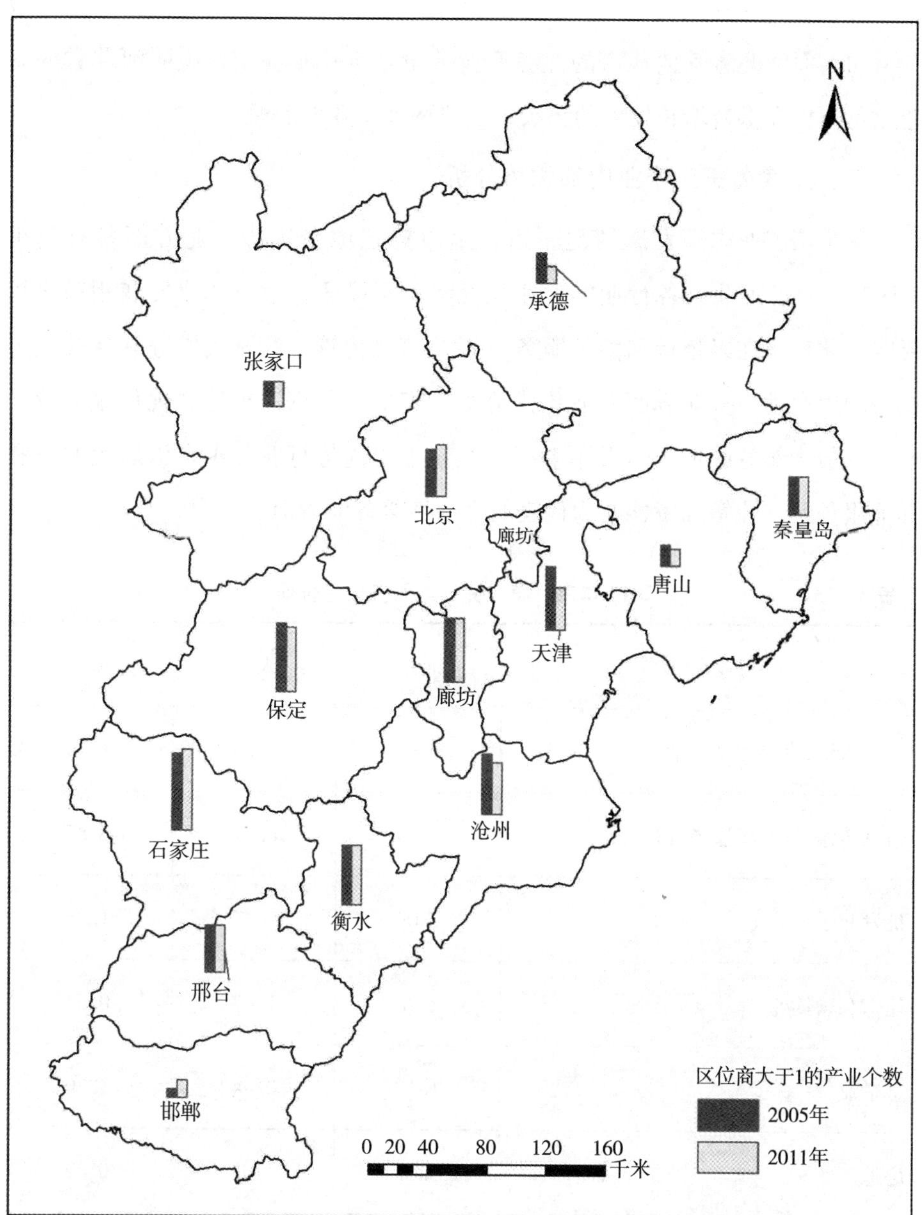

图 2－20　2005 年、2011 年京津冀 13 地市工业优势产业分布

数据来源：中国规模以上工业企业数据库。使用的基础数据为 2005 年京津冀地区 13 地市各行业规模以上工业企业的工业总产值，当区位商数值大于 1 时，标注为优势产业。

与2005年相比，2011年天津的优势产业数量在减少，邯郸的优势产业数量增加，而河北省其他地市的优势产业数量基本比较稳定，说明河北省的制造业行业仍在保持增长发展的势头，京津两地工业发展缓慢。

三　京津冀第三产业内部优势分析

从第三产业内部发展情况来看，京津冀三地在优势产业方面各有侧重（表2-13）。河北省各行业的专业化优势均不显著，第三产业发展相对比较薄弱。北京市在以租赁和商务服务业以及信息传输、计算机服务和软件业为代表的生产性服务业方面专业化优势最为突出，是京津冀地区现代服务业发展基础最为雄厚的地区。天津市第三产业主要优势行业集中在以居民服务和其他服务业、住宿和餐饮业为代表的生活性服务业方面。

表2-13　　2014年京、津、冀三地服务业区位商

行业名称	北京	天津	河北
交通运输、仓储和邮政业	1.63	1.26	1.00
信息传输、计算机服务和软件业	4.53	0.77	0.85
批发和零售业	2.09	1.47	1.06
住宿和餐饮业	2.70	1.47	0.54
金融业	1.17	0.94	1.30
房地产业	3.01	1.08	0.49
租赁和商务服务业	5.06	1.42	0.40
科学研究、技术服务和地质勘查业	3.16	1.40	0.76

续　表

行业名称	北京	天津	河北
水利、环境和公共设施管理业	0.81	1.03	1.16
居民服务和其他服务业	2.49	7.23	0.85
教育	0.52	0.66	1.37
卫生、社会保障和社会福利业	0.66	0.90	1.10
文化、体育和娱乐业	2.34	0.85	0.95
公共管理和社会组织	0.58	0.61	1.36

数据来源：《中国统计年鉴2015》，基础数据为三省市年底城镇单位就业人员数。

从京津冀地区的13个地市空间单元来看，依据各行业单位从业人员计算，结果如图2-21所示。2010年，北京、天津、石家庄、唐山的优势产业比较多，河北的邯郸、邢台、保定、张家口、承德、沧州、廊坊、衡水主要在金融业，水利、环境和公共设施管理业，教育，卫生、社会保障和社会福利业，公共管理和社会组织等行业就业上具有优势。与其他地市相比，北京市在交通运输、仓储及邮政业，信息传输、计算机服务和软件业，批发和零售业，住宿和餐饮业，房地产业，租赁和商业服务业，科学研究、技术服务和地质勘查业，文化、体育和娱乐业上具有就业优势，其中，信息传输、计算机服务和软件业，房地产业，租赁和商业服务业，科学研究、技术服务和地质勘查业在13个地市中独具优势。天津则在交通运输、仓储及邮政业，批发和零售业，住宿和餐饮业，金融业，水利、环境和公共设施管理业，居民服务和其他服务业，卫生、社会保障和社会福利业上具有就业优势。

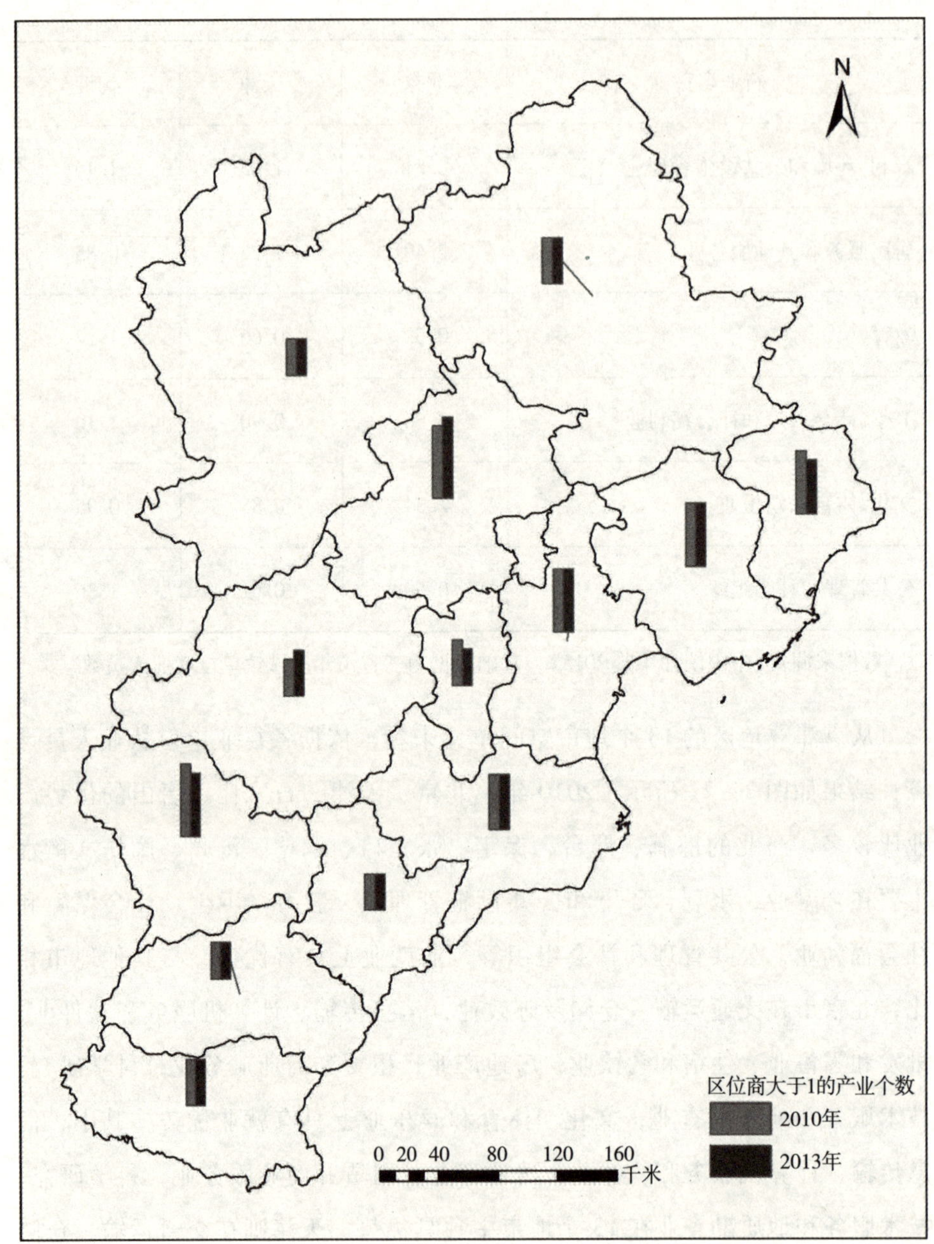

图 2－21　2010 年、2013 年京津冀 13 地市第三产业优势行业个数

数据来源：《中国城市统计年鉴 2011》《中国城市统计年鉴 2014》，基础数据为京津冀地区 13 地市分行业的单位从业人员，当区位商数值大于 1 时，标注为优势产业。

与2010年相比，北京市在2013年的就业优势产业新增金融业，天津新增房地产业，在金融业就业上则不再具有优势。河北11地市依然在金融业，水利、环境和公共设施管理业，教育，卫生、社会保障和社会福利业，公共管理和社会组织等行业就业上具有优势。除此之外，石家庄、唐山和秦皇岛在交通运输、仓储及邮政业上具有就业优势，唐山在批发和零售业上具有就业优势，沧州在租赁和商业服务业上具有就业优势，保定在科学研究、技术研究和地质勘查业上具有就业优势。

第三节　京津冀产业协作的特点及存在问题

在经济全球化与市场化改革的推动下，国内各区域间要素流动和产业协作不断加强，近些年，尤其是2010年以来，京津冀三地产业对接协作有了更快的发展，形成了成果转化基地、总部经济、园区共建、区域旅游整合和绿色农业等多种合作趋势，推动了京津冀各城市间经济联动发展，但也存在很多问题，要实现京津冀产业协同发展必须面对和解决这些问题。

一　京津冀产业协作的基本特点

总的来说，京津冀产业对接协作呈现以下特点：

（一）协作领域和形式日益多样化

20世纪80—90年代的产业合作主要是第一、二产业的合作，产业合作层次较低，产业附加值较少，产业链短，集中在能源、农产品以及劳动密集型产业领域。三地的产业合作局限于产业本身，地区合作的基础是产业链条的衔接或资源互补，缺乏其他领域的相互支撑和协作。

21世纪以来，产业对接协作突破传统的农林、化工、机械、钢铁等部门，开始向第三产业扩展，在金融、科技和商业领域都取得了突出成就。第一产业的协作主要体现为围绕果类和蔬菜标准化生产、节水生态、农产品质量安全等领域建立农业产业合作平台，河北已成为京津的“农产品供应基地”。北京和天津的一些食品、饮料企业在河北建立原材料生产基地，并出现以科技为纽带的区域合作新形式。第二产业协作体现为产业梯度转移和跨行政区产业链形成，跨地区产业分工和联动发展同步展开。产业转移主要是京津的部分劳动密集型、资源密集型企业向河北省各地市迁移；区域内存在产业链双向延伸现象，并呈现市场导向的产业分工；开发区特别是国家开发区的优惠政策大大提高了地区吸引力（王帅等，2015）。第三产业合作日益活跃并不断深化，在旅游、商贸服务、金融等产业取得积极进展。

除了投资办厂外，三省市还通过共建园区、签订合作协议与共同开发项目等形式来开展合作，共同挖掘文化旅游资源，推动高新技术产业、金融、旅游等高附加值、产业带动能力强、就业拉动显著的新兴产业合作。同时，产学研合作的领域进一步扩大，努力为富有活力、拥有尖端科技的中关村企业搭载孵化平台，推进集成电路设计、生命科学等多领域的产学研合作。政企合作也在进一步加强，如国家工信部和京津冀三地政府共同制定《京津冀产业转移指南》，提出以中关村等五区为主要依托，建成京津冀产业升级转移的重要引擎，北京中关村高新技术企业协会等单位推动的“量子计划”，通过与中关村高成长性 TOP100 企业及优质项目合作促进河北产业升级。通力合作推动实现交通改善、信息互通、利益共享、税收分成、行政简化的目标，力争为产业合作提供无障碍的区域平台，降低产业合作的成本并减少摩擦，实现从直接推动产业发展，向打造统一、高效的区域市场，降低地区生产经营活动和生产要素流动成本的跨越。

（二）协作范围遍及京津冀所有地区

以往京津冀三地产业合作主要局限在局部区域，区域一体化的特征并不明显。随着交通、通信设施不断改善，以北京为中心的放射状、环状交织的高级快速通道网的基本形成，极大提高了区域路网等级和密度，使得区域内人员、资金、技术流动更加通畅。据悉，为推动京津冀协同发展，2015 年 10 月河北省交通厅与国家开发银行河北省分行、中国农业发展银行河北省分行分别签署《开发性金融支持河北省交通事业发展合作备忘录》和《全面支持公路建设战略合作协议》。“十三五”期间，这两家银行将向河北交通建设提供至少 3000 亿元的金融资金支持（庞超，2015）。

目前，产业合作的空间范围已遍及京津冀的所有地区，并沿着几条交通快速通道，形成了特色鲜明的产业发展轴线。如以京津塘高速公路为轴线形成的“京津塘高新技术产业带”，就充分利用了沿线中关村、亦庄、廊坊开发区、天津华苑、武清开发区、塘沽高新区、泰达和津港保税区八大产业区，以及电子信息、通信、生物医药、光机电一体化、新材料、绿色能源六大支柱产业的优势，积极发展汽车、电子和高新技术产业，发展高端制造业，加快产业结构向知识密集型产业方向发展，同时大力发展信息、金融、商贸、旅游等第三产业。

产业协作示范区的建设快速推进，在吸收京津冀三地优势资源的同时，强调对周边各区域的产业推动作用。京津两市共同建设合作示范区，共同建设天津滨海中关村科技园，在开发区、保税区、高新区等地建立相应的高新企业发展基地，推动高新科技产业发展；2014 年 7 月，北京与河北正式签署 7 项协议，包括《共同打造曹妃甸协同发展示范区框架协议》《共建北京新机场临空经济合作区协议》《共同推进中关村与河北科技园区合作协议》等（河北经济网，2015），通过共建北京新机场临空经济合作区、共同打造曹妃甸协同发展示范区、共同推进中关村与河北科技园区合作等，形成网络化区域协同发展平台；天津与河北共建冀津（涉县·天铁）循环经济产业示范区，着重发展精品钢材、装备制造、精细化工、新型建材、新能源、新材料、节能环保、教育、旅游等产业（吴爱芝等，2015）。

（三）协作保障机制不断健全

京津冀三地间产业对接协作最早的形式是较为松散的地区合作协会，近年来三地愈发注重各类合作机制的完善。人才方面，按照“人尽其才，人尽其用，优势互补”的原则，推动人才的共同培养、相互交流和共同利用。通过促进区域人才的交流与共享，共建“专家资源共享服务平台”，建立区域专家资源开发合作机制，搭建共通的专家服务框架，形成区域互通的公共专家服务体系。

在科技合作领域，通过中央政府、地方政府、企业等方面的投入，形成多层次的投融资体系，以重大科技工程为突破口，提高区域科技转化率，大幅度提高区域整体竞争力，实现区域合作共享的科技投入和技术转化。在区域合作保障方面，京冀建立了区域联席会议等制度，逐步建立和完善“统一规划、协同推进”的区域工作机制，建立和健全专家决策咨询组织。生态方面，建立了生态环境保护标准及评价指标体系、生态保护监管体制和区域协商制度等。

此外，京冀还搭建信息共享平台，建立信息沟通机制；建立市场合作开发机制，共建无障碍旅游等产业合作机制，创建良好市场环境；进一步完善政策协调机制，调整政府绩效评价体系，最大限度实现互惠互利和区域协同共赢。

二　京津冀产业协作中存在的主要问题

京津冀三地产业对接协作已经取得了较为瞩目的成果，但仍存在一定的问题，具体来说，包括以下几个方面：

（一）区域一体化程度有待提高

虽然京津冀地区的区域合作起步较早，但区域协调难度较大，致使区域产业合作进展缓慢。市场一体化是区域一体化发展的重要表现方面，其实质是地区统一大市场的建立以及以商品为主要形式的生产和生活资料的自由流动。从这个层面上来说，商品市场的一体化是考察区域市场整合程度的切入点（陈红霞、李国平，2009）。

由于价格是经济的核心，价格机制的作用就在于实现社会资源的最优配置。对一个区域来说，若区域内主要商品的价格能够大体趋于均衡，就意味着区域内资源要素自由流通的能力较强。为了衡量商品市场的一体化程度，可以以区域内相邻地方一揽子商品价格的相对方差作为衡量的标准。这一指数越小，意味着两地市场间相对价格水平越趋同，说明该区域具有较高的市场一体化水平。利用京津冀区域2007年到2012年的数据，以粮食、鲜菜、饮料烟酒、服装鞋帽、中西药品、书报杂志、文化办公用品和体育娱乐用品、日用品和燃料这九类商品作为考察对象，对京津冀区域市场一体化程度进行测算，得到三地相对市场一体化的程度（图2－22）。

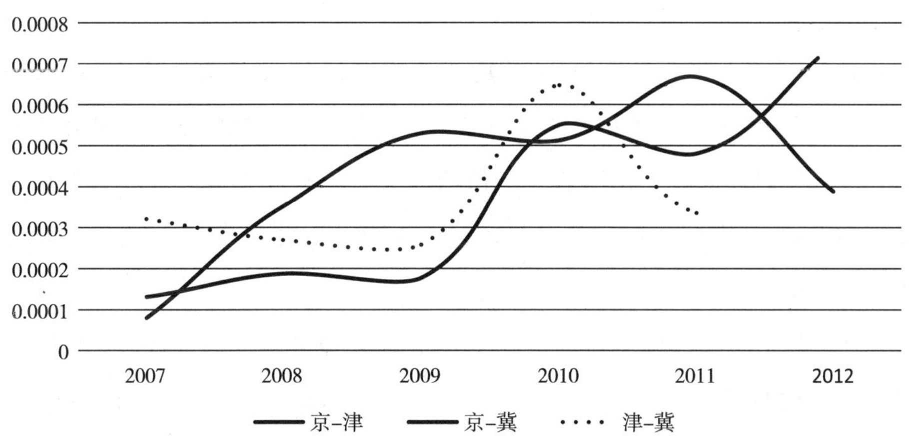

图2－22 京津冀三地市场一体化水平变动情况

根据测算结果，就市场一体化程度的高低来说，与2007年相比，2012年三地的相对价格方差均有所上升，说明市场一体化程度下降。北京—河北两地之间的市场一体化水平总体呈现下降的趋势；北京—天津两地在2011年之前市场一体化水平呈下降趋势，2012年后开始有所上升；天津—河北的市场一体化水平波动较大，2011—2012年一体化水平呈现下降趋势。也就是说，京津冀三地之间市场一体化水平仍处于较低的状态。

（二）北京的扩散和带动作用不足

目前首都经济圈在产业合作中，北京对周边地区的集聚作用大于扩散作用，没起到有效带动周围地区发展的功能。产业合作中主要表现为垂直分工，主要利用周边地区的资源环境要素，北京与河北的合作多属于此类分工模式。

如表 2 - 14 所示，从常住人口分布来看，京津冀人口分布非常不均匀，北京的平均人口密度高于天津和河北；人口密度低于 500 人/平方公里的地区主要分布在京津冀的北部地区，如秦皇岛、张家口和承德市。就人口增长趋势来看，天津常住人口的年均增速为 4.06%，是北京的近 2 倍，河北省平均为 0.68%。河北省各地市对人口的吸纳能力非常弱，省会石家庄的年均增速最高，但仅为 1.09%，其他地市普遍的人口增长率在 0.3%—0.8%之间。因此，从人口的空间分布来看，目前京津冀的空间一体化水平仍比较低。总体来说，京津冀各城市的人口密度分布差异较大，资源较丰沛的河北地区对人口的吸引力要远远小于京津地带，尤其是北京的核心地区。

从人均 GDP 的分布来看，整个京津冀地区经济发展仍呈现较大的非均衡性，人均 GDP 水平较高的地区主要分布在京津及河北的沿海地市和省会，经济发展程度较低的地区主要分布在保定、衡水、邢台、邯郸、张家口和承德。从 2010—2014 年间 GDP 年均增速（以不变价计算）看，天津市的增幅最大，北京市的经济增幅处于中等水平。保定、沧州、衡水、邢台、张家口、唐山是产值增速的低谷区，年均 GDP 增速在 2.5% 以下，邯郸、秦皇岛甚至出现负增长。但河北也有少数地区，如廊坊和承德出现了较高的经济增幅。因此，尽管前述提到京津冀三地的产业合作有所成就，但目前来看这种产业合作没有改变北京作为区域中心的虹吸效应，仍没有进入到扩散阶段。

表 2－14　　京津冀地区 13 地市的基本情况

地区	人口密度（人/平方公里）		人口年均增速(%)	人均 GDP（元,不变价）		GDP 年均增速(%)
	2010	2014	2010—2014	2010	2014	2010—2014
北京市	1195.51	1311.11	2.33	2911.07	2981.81	2.95
天津市	1086.97	1274.31	4.06	3177.37	3555.34	7.02
河北省	379.99	390.47	0.68	1148.54	1198.44	1.76
石家庄市	641.33	669.88	1.09	1354.08	1464.80	3.10
承德市	87.93	89.30	0.39	1035.73	1144.81	2.93
张家口市	117.85	119.90	0.43	899.95	917.76	0.92
秦皇岛市	397.13	407.35	0.64	1260.33	1177.78	－1.05
唐山市	562.45	576.62	0.62	2386.74	2410.32	0.87
廊坊市	678.00	703.34	0.92	1254.32	1447.35	4.60
保定市	506.33	519.70	0.65	741.16	794.51	2.42
沧州市	508.38	525.55	0.83	1249.67	1277.87	1.40
衡水市	492.43	501.80	0.47	728.84	781.36	2.24
邢台市	568.97	581.15	0.53	690.43	682.65	0.25
邯郸市	763.98	780.57	0.54	1041.60	988.25	－0.77

注：北京市数据来自《北京统计年鉴 2011》和《北京统计年鉴 2015》，天津和河北 2010 年常住人口数据来自全国第六次人口普查，其他来自《天津统计年鉴 2015》和《河北经济年鉴 2015》。

（三）深层次的产业协作比较缺乏

根据《中国高技术产业统计年鉴2014》对高技术产业（制造业）的分类，共涉及医药制造业，航空、航天器及设备制造业，电子及通信设备制造业，计算机及办公设备制造业，医疗设备及仪器仪表制造业，信息化学品制造业六类，其中，目前对信息化学品制造业未有统计数据。对京津冀三省市五类产业目前的发展进行分析，如表2－15和表2－16所示，2010年，河北省医药制造业上的投资额要远大于京津两地的总和，其次是医疗仪器设备及仪器仪表制造业，天津在航空、航天器及设备制造业上投资额较高，北京在电子及通信设备制造业上投资较高。2014年，河北省加大对高技术制造业的投资力度，大力发展医药制造业、电子及通信设备制造业、医疗仪器设备及仪器仪表制造业，天津和河北在航空、航天器及设备制造业上的投资比较接近。

从R&D经费支出看，北京在2010—2014年间的表现要好于天津和河北，在众多高技术制造业中的经费支出都要远高于天津和河北之和，河北省对医药制造业的发展支出力度比较大，近年来也开始加快对其他高技术制造业的支持，但与北京和天津的发展水平与实力仍有很大差距。

表2－15　2010年京津冀对高技术制造业的投资及R&D经费支出

区域	医药制造业		航空、航天器及设备制造业		电子及通信设备制造业		电子计算机及办公设备制造业		医疗仪器设备及仪器仪表制造业	
	投资额	R&D	投资额	R&D	投资额	R&D	投资额	R&D	投资额	R&D
全国	1941.56	140.35	262.60	109.44	3320.21	603.62	590.00	119.27	830.37	64.86
北京	12.60	3.89	6.76	14.29	107.31	15.19	3.23	10.66	7.04	4.88
天津	44.31	5.21	34.27	0.19	96.78	26.44	17.93	3.05	22.64	0.34
河北	112.00	8.29	6.15	0.87	70.57	0.80	1.66	0.00	23.74	0.99
京津冀	168.91	17.39	47.18	15.35	274.66	42.43	22.82	13.71	53.42	6.21

数据来源：《中国高技术产业统计年鉴2011》。

表 2－16　　2013 年京津冀对高技术制造业的投资及 R&D 经费支出

区域	医药制造业		航空、航天器及设备制造业		电子及通信设备制造业		计算机及办公设备制造业		医疗仪器设备及仪器仪表制造业	
	投资额	R&D	投资额	R&D	投资额	R&D	投资额	R&D	投资额	R&D
全国	4529.35	388.47	620.60	197.66	7573.37	1226.33	835.81	150.52	1998.55	200.98
北京	50.33	14.77	5.23	25.28	62.59	43.50	10.44	13.91	10.14	17.12
天津	60.00	15.67	29.08	0.21	171.97	26.68	14.99	1.21	36.55	3.36
河北	252.67	18.25	28.45	0.57	203.72	4.01	3.84	0.19	74.24	1.60
京津冀	363.01	48.69	62.76	26.06	438.27	74.20	29.27	15.32	120.93	22.08

数据来源：《中国高技术产业统计年鉴 2014》。

进一步利用联合国工业发展组织（UNIDO）提出的产业结构相似系数来测算京津冀三地高新技术产业结构的相似程度，计算公式如式 2－2 所示：

$$S_{ij} = \frac{\sum_{k=1}^{n} X_{ik} X_{jk}}{\sqrt{\sum_{k=1}^{n} X_{ik}^2 \sum_{k=1}^{n} X_{jk}^2}} \quad (0 \leq S_{ij} \leq 1) \qquad (2-2)$$

其中，S_{ij}表示 i 地区和 j 地区产业结构相似系数，X_{ik}和 X_{jK}分别表示部门 k 在地区 i 和地区 j 产业结构中的比重。S_{ij}越接近于 1，表明两地区产业结构越相似；S_{ij}越接近于 0，表明两地区产业结构差异度越高，不存在趋同发展现象。

根据该计算公式，利用《中国高技术产业统计年鉴 2014》中分地区各产业主营业务收入的相关数据，对京津冀地区的五大高技术制造业进行计算（见表 2－17）。可以看出，京津与河北之间的高新技术产业相似系数比较低，北京与天津之间的高新技术产业相似系数稍高些。因此，导致京津的高技术产业更多地把生产制造部门设在更加具有 IT 行业集聚优势的长三角和珠三角地区，而不会选择地域较为临近但相互之间产业发展差异较大的河北地区。即使发生转移，向河北发生的转移也以传统制造业为主（张贵等，2014）。

表 2－17　京津冀各省市高技术制造业产业结构相似系数

地区	北京	天津	河北
北京	1.0000		
天津	0.6706	1.0000	
河北	0.5537	0.4366	1.0000

第三章　京津冀农业协同发展

京津冀山水相依、地缘相邻，农业发展有相似之处也存在差异，这使京津冀三地在一定程度上具备了协作的基础。如果能够进一步通过区域合理分工优化资源配置，必将促进该区域农业突飞猛进地发展。京津冀协同发展战略的提出为京津冀农业协同发展创造了条件，同时，京津冀三地农业良好的分工与区域协作也必将成为京津冀协同发展的重要突破口之一。

本章以分析行政分割下京津冀农业发展存在的问题为逻辑起点，指出了协同发展背景下京津冀农业面临的机遇，分析了京津冀三地农业协作的困境。在此基础上，进一步分析了如何抓住机遇，突破困境。最后，对京津冀协作发展的趋势进行研判，并重点分析了为推进三地农业协作发展当前应着手的最重要的工作任务。

第一节　共享资源视域下的京津冀农业发展

京津冀在行政分割背景下各自发展农业会面临诸多问题，这些问题的存在减缓了该区域经济增长的速度。京津冀协同发展战略为三地农业发展提供了诸多机遇，把握并利用好这些机遇，在一定程度上能够加速京津冀农业协调发展的进程。

一　行政分割背景下京津冀农业发展存在的问题

农业是国民经济的基础，它的发展状况直接关系到人们生活水平的高低和社会的安定与否。处于华北平原的京津冀地区，农业发展具有良好的地理条件和气候条件，农产品种类丰富。河北省是全国有名的农业大省，它的农业发展不仅关系到河北省农村的发展和稳定，也直接影响北京、天津的农产品供应，对整个区域经济发展有一定的影响。由于一些历史制度沿袭和当今的财税制度等原因，三地农业发展缺乏合作，基本都是各自在资源约束条件下进行规划，这就不可避免地出现了一系列问题。

（一）农业资源浪费与紧缺并存

农业资源是一个地区农业发展的先决条件，也是多个地区协同发展的物质基础。农业资源包括了农业自然资源和农业经济资源，其中自然资源涵盖了土地资源、水资源、气候资源等，经济资源涵盖农业人员数量和质量、农业技术设施等。以水资源为例，北京和天津都极度缺水，不惜花费巨大投入进行南水北调，而河北为了追求农业的经济效益大量种植用水量大的玉米等农作物。由于节水技术没有广泛应用，河北省存在地下水浪费严重的现象。最终导致京津冀地区水资源紧张和水资源浪费现象的并存。再以土地资源为例，随着河北省工业化进程和城镇化进程的加快，大量耕地被农产品加工厂和工业企业侵占，河北省的耕地面积逐渐减少。与此并存的是，北京和天津部分郊县因为农民有可供选择的多种就业渠道而放弃农业生产，使耕地抛荒。再以新研发的农业技术为例，北京有众多科研机构，每年都有新技术问世，但技术的转化率却较低。而河北在农业生产实践中对应用型新技术的需求无法全部得到满足。如果没有行政分区，资源就会在整个自然区域内统一配置，要素会自由流动，就可以有效避免浪费与紧缺并存的问题。

（二）农业产业结构雷同

在京津冀区域内，由于合作观念的缺乏、行政壁垒和特殊的财政、金融、投资体制等方面的制度障碍，京津冀三省市在最大化自己利益的过程中，出现了明显的农业产业趋同现象。比如，国家鼓励条件适宜的地方发展休闲农业，于是京津冀三地不分消费水平、不分地域、不分交通状况，都大力发展休闲农业。忽视了休闲农业发展的收入条件、交通条件和区位条件，使得该区域内的休闲农业缺乏特色，发展缓慢，部分地区甚至出现凋敝的现象，浪费了大量的农业资源。再比如现代农业产业园区建设，京津冀三地的很多地区都在搞，忽略了产业园区的集聚效应、整合效应和范围经济。京津冀三地很多园区的建设存在盲从、跟风等现象，不仅浪费了大量耕地，且相应的投入和实际的产出差距悬殊，必将影响园区的可持续发展。

（三）农产品流通成本高

在行政分割背景下，流通资源和各种要素不能有效整合，不能形成大流通、大市场、大贸易的格局。尽管京津冀三地地域相连，有些农产品的流通渠道却迂回周转，直接增加了交通费用和流通成本。如河北的很多蔬菜不是直接运输到北京和天津销售，而是先进入山东的批发市场，然后再迂回周转。如果三地农产品流通无任何障碍，且交通条件、物流设施完备，批发市场选址科学、功能齐全，则可大大降低农产品的流通成本。如果没有行政壁垒，农业生产资料可自由流动，供应商充分竞争，不仅可以提高农产品投入品的质量，农产品的生产者还可以得到优质优价的生产资料，从而有效降低农产品的生产成本。

二　共享资源视域下的京津冀农业发展面临的机遇

京津冀协同发展战略目标的提出和一些协同发展政策的付诸实施给京津冀农业带来了巨大的发展机遇。其中最主要的有市场机遇、技术机遇和政策机遇。

（一）市场机遇

行政壁垒以及政府对微观经济活动的参与，定会造成市场行为的扭曲和市场的分割。在行政分割背景下京津冀政府对每项经济活动的决策必是基于本地利益最大化。京津冀一体化战略的提出为三地农业发展提供了巨大的市场机遇。一方面，京津地区是我国人口最密集的区域之一，据京津冀三地统计局发布的公告，2015 年末北京常住人口达 2170.5 万人，天津常住人口 1546.95 万人，河北省常住人口 7424.92 万人。巨大的人口规模需要大量农产品满足其消费需求，这为三地的农业发展提供了广阔的市场空间，为各种农产品的销售带来了巨大的市场机遇。另一方面，京津冀三地居民收入存在很大差异，致使市场需求呈层次化和多样化态势。这种不同层次的消费需求为不同类型农产品生产创造了巨大的市场空间。例如，对蔬菜的需求，既有要求物美价廉的大众消费群体，也有要求购买方便的消费群体，还有要求高品质的特定消费者。这为蔬菜的生产和销售提供了很大的市场机遇。为迎合消费需求，随即市场上便出现了零售市场销售、超市销售、会员制销售等多种蔬菜销售模式。

（二）技术机遇

农业发展离不开农业技术的应用，农业现代化需要先进农业技术的武装，这就凸现了先进农业技术开发和推广的重要性。技术开发需要雄厚的科研基础和科研团队。北京拥有 300 多个科研机构，位列全国第一，并且全市每年获国家奖励的科技成果占全国的 1/3。技术推广需要实验的平台，河北省丰富的农业资源为京津提供了农业研究的试验田。技术转化需要广阔的市场需求，河北省农用地面积 19752.65 万亩，为农业技术转化提供了广阔的市场空间。京津冀农业协同发展，不仅有助于增加京津科研机构研发的动力，而且有助于河北最先应用先进的科研技术成果，还有利于生产领域对技术的新需求及时传递到科研领域。综上所述，京津冀协同发展战略为该区域的农业发展提供了巨大的技术机遇。

（三）政策机遇

2014 年 2 月，习近平总书记主持召开京津冀协同发展座谈会，京津冀协同发展上升为重大国家战略。2014 年 3 月，“加强环渤海及京津冀地区经济协作”被写入国家政府工作报告。2015 年 4 月中共中央政治局召开会议，审议通过《京津冀协同发展规划纲要》，这昭示着京津冀协同发展的顶层设计基本完成，推动实施这一战略的总体方针已经明确。有了规划纲要，意味着京津冀地区政策互动、资源共享、市场开放会被纳入到区域整体发展全局性设计中。这为京津冀农业协同发展提供了良好的政策机遇。京津冀区域内农业资源的配置可突破原来的“一亩三分地”，农业生产要素的流通和农产品流通将没有行政障碍和壁垒，农业信息的传递和农业新技术的转化将更迅速。这种协同发展的益处不只局限于三个地区内部，从长远看还会吸引区域外的资本、先进技术进入该区域，无论是竞争还是合作都将给本区域的经济发展提速。

第二节　京津冀农业协同发展的困境与突破

京津冀协作合作提出多年，但在农业实践中没有实质性进展，这在一定程度上说明农业在协同过程中面临很大的困难。只有认识到这些困难，并明了困难存在的原因，才能提出针对性强的突破路径。

一　京津冀农业协作的困境

（一）农业协作态度存在偏差

由于京津冀长期实行行政垄断、贸易保护、市场分割以及自成体系的封闭政策，各省市在发展战略和思路上各自为政，对京津冀协作发展的态度并不一致。例如，北京的发展总是以自己为中心，要求津冀为自己提供方便和服务。天津也凭借北方经济中心的地位，以及滨海新区特殊政策和龙头大港地位，比较热衷于自身发展。京津都想当然地认为河北省经济落后于自己，与河北合作对自己基本无太多益处，因此对京津冀的协同发展缺乏热情。而河北对京津冀合作是最热切的，总期望通过与京津合作带动自身发展。受传统计划体制和行政区划的影响，三地缺乏利用市场机制推进区域合作的意识，由于市场意识淡薄，区域合作意识不强，导致各地区生产建设重复布局和产业结构趋同。又由于北京和天津在经济发展水平、人力资源、政府福利等方面都远优于河北省，致使协作的基础不平等。由于行政地位和经济实力的不同，京津冀对农业协作的态度不同，从而行动的积极性差异较大是现阶段难以突破的问题。

就农业而言，由于北京受农业资源约束性较强，在河北省和天津农业协作问题上，主要目标在于能够保持北京地区农产品的供应，并且降低远距离购买农产品的成本，保证本市居民以较低的价格买到所需的农产品。另一方面，食品安全的压力也促使北京希望从河北得到优质的农产品，而自己则倾向于发展附加值高的旅游农业和特色农业。而于河北而言，在与京津地区的关系上长期扮演服务者的角色，不断为京津提供价廉、优质的农产品，甚至舍弃自己的部分农业利益，为京津提供水资源和生态资源。最为重要的是，在这个过程中，不是靠市场解决利益分配问题，而是靠行政力量使河北丧失了部分合理的利益。河北有自己农业发展的目标，这个目标与京津目标并不能完全契合。利益目标的差异也是影响当前京津冀农业协作态度的原因。

（二）缺乏有效的农业区际合作机制

京津冀地缘相接、人缘相亲、地域一体、文化一脉，本来是一个不可分割的整体。但由于行政区划的束缚，三地之间区域竞争大于合作。对于京津冀农业协作发展来说，合作应当是共享政策，按价格机制配置资源，要素在整个区域市场内自由流动。有效的合作应该是发挥各自优势，形成互补发展。例如，河北省具有优厚的土地资源，天津市具有先进的农产品加工企业，北京具有现代农业的科技力量，如果三者能够相互协作，有效整合必将对三地经济都有益处。但是，由于各种原因，目前三地难以进行有效的合作，尽管京津冀三地交通便利，但是资源和要素的流动性较差，导致三地更多地还是寻求自身发展，合作的意识和动力较差。

近年来，虽然京津冀高层进行了双边互访和多边协商，但这种区域合作仍处于初级阶段，是一种倡导式的磋商机制。目前，区域内形式上的合作较多，实质性合作较少，倡导合作的多，执行合作的少，这是缺乏制度化的决策机制和协调机制所致。这在很大程度上限制了京津冀三地在农业领域合作的广度和深度。

（三）存在难以合作的领域

农业除了生产农产品保障人类最基本需要的经济功能外，还具有意义非凡的生态功能。农业的生态功能包括水资源涵养、土壤保护、水质净化、空气自洁、提供自然景观、循环利用能源和资源等。有时农业的经济功能和生态功能不能兼得，比如，是种植见效快、收入高的经济作物，还是种植周期长、经济价值相对较小的林木。这个问题在京津冀协同发展中是一个非常大的难题。京津为了自己城市发展需要张家口、承德一带农业的生态功能，而经济不太发达的河北更需要农业的经济功能。再比如在资源利用上，以水资源为例，密云水库是京津重要的用水来源，该水库一半水源来自张家口和承德。北京为保证自己的用水，对张家口和承德的农作物种植做了规定，限制用水量大的农产品生产，甚至还抑制水稻种植。在这种情况下，不通过市场手段给张家口和承德合理的补偿，完全靠行政命令很难有效合作。

二　京津冀农业协同发展的突破路径

行政地位不平等、协作的积极性不高、缺乏有效的合作机制以及用行政命令解决问题的方法都是京津冀协调发展的障碍和困境。面对重重困境，寻找京津冀农业协同发展的路径迫在眉睫。通过以上对困境的分析和研究，从经济利益、机制设计和制度保障三方面寻找突破路径，为解决京津冀农业难合作、难发展的问题找到方向。

（一）挖掘共同的利益诉求

经济利益增加、社会福利改进是京津冀三方展开合作最基本的动力，只有共同的利益诉求才能保证合作的可持续性。因此，突破京津冀协作的困境之一是挖掘三方共同的利益诉求，使三地有动力和强烈的意愿去合作。尽管京津冀三地农业发展目标不完全一致，发展战略和规划存在差异，但是有些诉求是相同的。比如对良好生态环境的需求，对洁净空气的需求，对安全农产品的需求，在这些领域就存在广泛合作的空间。例如，为减少空气污染，降低污水治理成本，把农产品加工企业聚集到某个区域，或称园区，这是三地共同的需求。要使在园区的企业不是为了行政命令松散地聚集，保证其可持续发展，就要引进开发新技术的研发部门，提供服务的物流部门，提供原料的生产者。这样京津冀三方都可以参与其中，展开深入的合作。

值得注意的是，既然需求是共同的，那么合作就应该是平等的，而不是一味牺牲某地区的经济利益，满足其他地区的需求。

（二）构建有效的协作机制

京津冀在协同发展过程当中，行政地位不平等和经济发展不平衡导致了京津冀地区在农业协作过程中积极性不高，如何突破困境，进行合理有效的协作是京津冀协作的关键。短期内取消行政区划不大可能，应针对合作发展的领域和合作发展的层次建立不同的协作机构，运行不同的协作机制。就协作领域而言，有生态环境协作、农业资源协作、农产品销售协作、农业技术研发协作等领域。针对不同协作领域，成立不同的协作机构，构建不同的协作机制，以保障协作的顺利进行。协作机制的构建要遵循两个原则，即公平对等和互惠互利。公平对等指京津冀三地在农业协作的进程当中，政治地位平等，是市场中平等的经济主体，不存在无偿服务。互惠互利指的是京津农业协作发展中能够取长补短，互通有无，在发挥各自优势的基础上进行专业化分工与协作，以达到多方共赢。从协作的层次来讲，有宏观、中观和微观三个层次。宏观层次的决策如环境治理，应当是由独立于三省市之上的机构进行，中观层次的决策如耕地保护由三地政府协调进行，微观层次的决策如农产品生产基地的建设由各市场主体按市场的规则进行。此外，强调发展京津冀农业的多主体协作，既发展官方的政府间的合作，也要有民间合作，更离不开各市场经济主体间的合作。

（三）成立独立的决策机构

京津冀地区共处于一个生态体系之中，共享其范围内的森林、矿产、能源、淡水等资源，可以说京津冀在资源共享、优势互补方面具有明显的优势。但是，由于历史原因、行政区划和缺乏合作的意识，京津冀三地在做规划时，始终将自身利益放在最优的位置，站在自我的角度，无法在农业合作中做到将农业发展看作区域性活动，致使一些合作难以进行，一些合作难以落实，一些合作流于形式。对于难以通过协调、协商进行合作，但是又必须合作的领域，让独立于三地政府的决策主体进行决策是不二选择。这就要求成立超脱于三地政府之上的决策机构。该独立决策机构可以克服三地合作态度的偏差和利益目标不一致问题，以资源统一配置、产业统一布局和政策同向引导为原则，对京津冀农业协作发展进行统一规划，对农业发展进行统一决策，把近期利益和长远利益相结合，把局部利益和区域的整体利益相协调。在制定农业发展目标时立足于整个区域的农业发展，在开发利用资源时考虑区域经济的长远发展，在投入资金时注意提高整个区域的现代化水平。只有这样决策，才能逐渐缩小三地农业的差距，提高区域整体经济实力，保证农业的可持续发展。

第三节　京津冀农业协同发展趋势及对策

本节首先在研究的基础上对京津冀农业协同发展的趋势进行判断，然后提出为推进京津冀农业协同发展，现阶段最主要的工作任务。

一　京津冀协同发展趋势研判

（一）三地将形成互补互促的农业产业体系

由于自然资源、劳动力资源、科技水平以及市场条件等方面的差异，京津冀三地农业资源的差异性与互补性非常突出，具有一定互补优势和潜力。北京土地资源与水资源的约束性较大，但是知识性资源较为丰富，拥有强大的农业现代化研究机构，天津是农产品的中转站且有很多规模较大的农产品加工企业，河北省拥有丰富的自然资源，有利于农产品供应和土地资源的开发。经过一段时间的协调发展，京津冀农业将形成互补互促的农业产业体系。在该体系内部，农业发展存在梯度、存在层次，产业间关系紧密，或是齐头并进或是相互拉动。农业生产的区域布局将更加合理，农产品生产基地将按市场需求进行建设，农产品市场和物流中心也将随即调整到最具区位优势的地区。

（二）三地将建成集散结合、产销对接、运输畅通的农产品流通体系

在京津冀一体化战略的推动下，在加快流通、促进经济发展的内在要求下，各种生产资料、农产品、农业信息与技术将在京津冀地区更加便利、更加迅捷、更加自由地流通。随着流通规制的主动放宽，京津冀地区的农产品流通体系会按市场规则自发调整，京津冀农产品市场将日趋多样，日益相互依存、相互融合。大型农产品物流中心和中转地批发市场集散功能充分发挥，农产品的产销更加紧密，流通效率不断提高，流通成本将日趋下降。农产品生产更能满足消费需求，市场半径的扩大会使农产品价格波动幅度变小，在一定范围内还有助于“买难卖难”问题的解决。

（三）三地将建成技术共享、开放、畅通的农业科技资源平台

农业科技资源是实现农业发展方式转变和农业可持续发展的重要因素，发展现代农业也迫切需要将农业科技资源转化为现实。只有实现农业科技资源的有效供给，才能为现代农业持续发展提供有力的支撑和保障。当前我国农业信息化正处于快速发展的关键时期，而作为农业科技信息资源载体的农业科技平台对农业信息化的发展起着至关重要的作用。农业科技资源平台能够整合现有的农业科技资源，实现资源科学、高效的使用和管理。京津冀农业信息化经过多年的发展，已经积累了大量丰富的科技信息，但目前这些信息资源分散，加工程度较低，不能提供符合农民需求的、有效的信息资源。京津冀农业协同发展必将建成农业科技平台，通过这个平台使农民能够及时、准确、有效地获取信息，通过这个平台农业技术的研发企业能及时地发布新

技术，这将大大提高农业技术的转化能力。

二　推进京津冀农业协同发展的对策

为尽快实现京津冀农业协同发展，保证该区域农业的长期发展后劲，京津冀三地该做的工作非常之多，现阶段最基本也是最主要的三项工作任务是：取缔行政分割政策，建立京津冀统一大市场；加强农业基础设施建设，提高京津冀农业综合生产能力；减少京津冀污染，保证农业的可持续发展。只有完成了这三项任务，后面的工作才能逐步开展，有序进行。

（一）取缔行政分割政策，建立京津冀统一大市场

行政分割导致的行政主导型经济是协同发展的桎梏，而为保证地方利益制定的一系列市场分割政策则是捆绑协同发展的绳索。市场分割不仅会增加农产品交易成本，还会导致农产品流通效率低下，加剧农产品浪费。因此，为保证京津冀协同发展，首先要做的是取缔一些分割市场的政策，尽快开放区域市场，把各省的优惠政策推广到整个京津冀区域，将京津冀农产品市场统一化。一方面，发挥京津两地大城市消费的带动作用，刺激农产品主产区的农业结构调整以满足市场多样化需求，同时促进农民增收。另一方面，开放的市场有利于良好的分工协作，让市场自发地推动京津冀农业协同发展。

（二）加强农业基础设施建设，提高京津冀农业综合生产能力

要提高农业综合生产能力，必须有农业基础设施的支撑。基础设施建设水平的提高将为农业生产提供必要的支持。只有农业基础设施的建设跟上农业发展的步伐，农业综合生产能力才能得以保证和进一步提高。目前，京津冀农业发展遇到了一些瓶颈，如缺水严重影响一些农产品种植，水土流失严重使农业耕地面积在缩减，一些农村交通不便致使农产品销售半径很短，一些地方信息闭塞使生产者不能根据市场需求及时调整生产结构。因此，只有加强农业基础设施建设才能有效解决这些问题，进而提高京津冀农业综合生产能力。实践中，须在缺水的地方兴修水利，在水土流失严重的地方实施水土保持工程，在交通不畅的农村修建公路，在信息闭塞的地方建设信息发布

平台。总之，哪里有制约农业生产能力提高的短板就把哪里补齐。

（三）减少京津冀污染，保证农业的可持续发展

农业的可持续发展是一个国家可持续发展的基础，农业能否长期、稳定、协调发展还会影响国民经济的发展和社会稳定。农业可持续发展就是要把农业发展、农业资源的合理开发利用和资源环境保护结合起来，尽可能地减少农业发展对农业资源环境的破坏和污染，让农业发展始终处于农业资源的良性循环之中。近几年，随着京津冀工业化的快速推进，空气污染、水资源污染越发严重。追求农业短期效益的粗放经营方式使得农产品生产过程中化肥、农药用量急剧增加。这些问题不仅对当前的农产品质量安全造成了影响，还影响到了农业的可持续发展能力。灌溉水污染、土壤板结、病虫害严重等问题使农业的良性发展越来越困难。要保证京津冀地区农业的可持续性，确保当代人和后代人对农产品的需求不断得到满足，当前最主要的任务就是减少各种污染。具体措施如下：第一，京津冀三地都改变高消耗、高污染的经济发展方式；第二，健全耕地、水资源等生态保护机制，加强自然环境修复；第三，严格控制农村工业的三废污染，以防造成农业生态条件的恶化，确保工业、农业对自然资源的合理利用，保障农业的生存与发展质量；第四，倡导农民科学使用化肥和农药，科学安排轮作和休耕，鼓励引用先进农业生产技术，保证农地的后续生产能力。

第四章　京津冀制造业协同发展

制造业作为京津冀区域的重要行业，是自主创新战略的重要载体。尤其在经济新常态下，区域经济分工日趋复杂，经济形态日趋多样化与高级化，制造业成为京津冀地区产业转型升级的重要关键。分析京津冀制造业协同发展特征及对空间的影响，对于打破京津冀制造业行业同构导致的资源错配，打造新的京津冀制造产业循环路径与网络，促使京津冀成为我国制造产业的重要增长极和参与国际竞争合作的先导区域，具有重要的现实意义。

第一节　京津冀制造业整体发展现状

一　京津冀制造业发展概况

近年来，京津冀地区制造业发展迅速，在京津冀协同发展的国家战略下，三地逐步形成自己的制造业优势，天津与河北能更好地扮演承接角色。从制造业从业人员数和制造业投资大致可以看出京津冀制造业发展概况。

（一）京津冀制造业人员数总体发展现状

从图 4－1 中可以看出，京津冀地区中天津制造业从业人员占比最多且增长趋势最为明显，2014 年是北京的 3 倍、河北的 1.8 倍。河北省制造业就业人员比例比较稳定，高于北京，2014 年是其 1.7 倍。北京的制造业从业人员比例最低且有下降趋势，近年来，北京的一些制造业逐步向天津和河北转移，重点发展服务业和高精尖产业。总体来看，京津冀比长三角、珠三角制造业从业人员比例低。只有天津可以和长三角、珠三角相持，天津的制造业市场大。

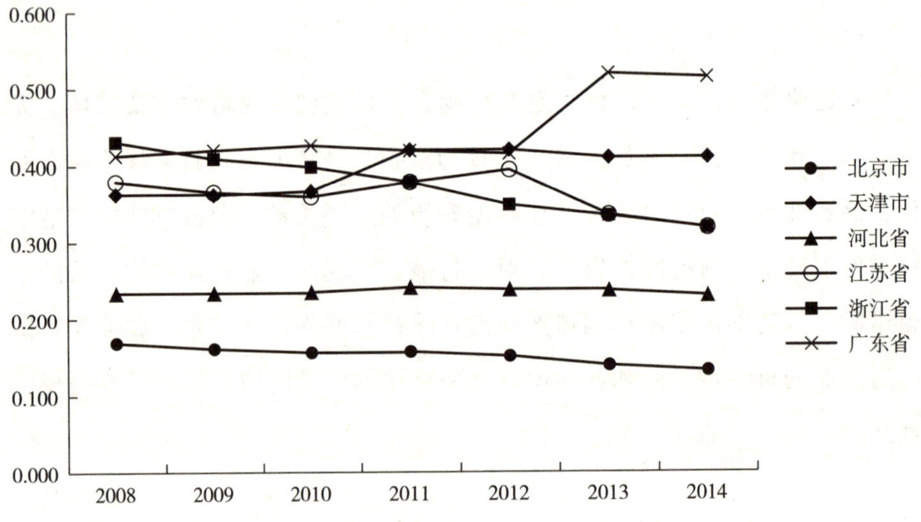

图 4－1　城镇单位就业人员制造业人员占比

数据来源：根据 2009—2015 年《中国统计年鉴》相关数据计算整理获得。

根据表 4－1，从全国来看，京津冀地区制造业平均工资与长三角和珠三角相差不大；但是京津冀内部差距很大，北京的工资最高，是河北的近两倍，天津的工资是河北的 1.5 倍，河北的工资明显偏低。但是从与城镇单位就业人员平均工资比看，河北的最高，制造业工资基本达到从业人员平均工资。

表 4-1　制造业城镇单位就业人员平均工资情况（2008—2014 年）

地区	2008 年	2009 年	2010 年	2011 年	2012 年	2013 年	2014 年
制造业城镇单位就业人员平均工资(元)							
北京市	39076	41595	48298	56742	64235	72915	80418
天津市	34095	36495	42482	49023	56786	63093	64864
河北省	21037	23870	27894	32695	36613	40169	43950
上海市	42311	46672	52163	61491	65032	71305	79795
江苏省	25688	27765	32209	37720	42641	53980	58409
浙江省	23816	25429	29671	35363	40464	45895	51295
广东省	25249	27578	31277	35772	41712	45829	52308
京津冀	31402. 67	33986. 67	39558	46153. 33	52544. 67	58725. 67	63077. 33
长三角	32481	35679	40846. 33	47736. 33	52810. 33	58189	62869. 67
珠三角	29678. 67	32769	37422	43968. 67	48095. 33	55151. 33	60718
与城镇单位就业人员平均工资之比							
北京市	0. 70	0. 72	0. 74	0. 75	0. 76	0. 78	0. 79
天津市	0. 85	0. 83	0. 83	0. 88	0. 92	0. 93	0. 89
河北省	0. 87	0. 86	0. 89	0. 93	0. 95	0. 97	0. 97
上海市	0. 81	0. 80	0. 79	0. 81	0. 83	0. 78	0. 80
江苏省	0. 82	0. 79	0. 81	0. 83	0. 84	0. 94	0. 96
浙江省	0. 71	0. 70	0. 73	0. 78	0. 81	0. 81	0. 83
广东省	0. 76	0. 76	0. 77	0. 79	0. 83	0. 86	0. 88

数据来源：2009—2015 年《中国统计年鉴》。

（二）京津冀各省市制造业投资状况

从图4－2可以看出，京津冀地区河北对制造业的投资比重最大且从2010年开始比例一直增加，到2014年占比为0.43，是北京的9.8倍，天津的1.6倍，可见河北对制造业投入的比例大，第二产业为河北主导产业。天津的投入占比也比较高，但从2011年开始下降，到2014年占比为0.27，说明天津有从第二产业到第三产业转移的特征。北京对制造业的固定资产投资比例最低，最高时才占比0.1，制造业并不是北京的主要产业。从全国来看，京津冀整体比长三角、珠三角略低，主要是北京对制造业投入较少。

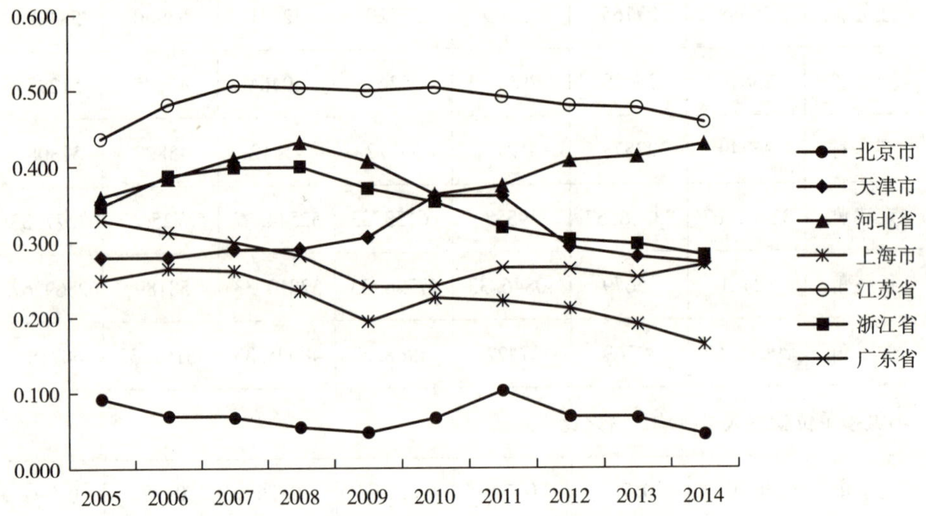

图4－2 全社会固定资产投资中制造业投资占比

数据来源：根据2006—2015年《中国统计年鉴》相关数据计算整理获得。

从表4－2可以看出，北京市的制造业新增固定资产投资先减少后增加，天津与河北省整体趋于增加，但京津冀的投资额远远低于长三角地区，长三角地区为京津冀地区的2—3倍，而从单个省市来看也远远低于长三角和珠三角的省市，说明京津冀地区的制造业和其他地区相比投入仍有很大不足。

表 4-2　　制造业新增固定资产投资情况（2005—2014 年）

地区	2005 年	2006 年	2007 年	2008 年	2009 年	2010 年	2011 年	2012 年	2013 年	2014 年
制造业新增固定资产投资（不含农户）（亿元）										
北京市	173	139	115	95	99	183	208	181	483	477
天津市	187	390	361	337	790	1061	1033	1456	1608	1854
河北省	765	1053	1486	2213	3351	3208	4577	5707	8311	9111
上海市	591	514	408	821	415	497	677	610	443	446
江苏省	1865	2165	2698	3387	4819	5491	10536	11897	14074	16316
浙江省	744	823	946	978	1045	1210	3110	3431	4326	5302
广东省	959	1418	1025	1262	1480	1485	3290	3853	4191	5790
京津冀	1124	1582	1962	2645	4240	4452	5817	7344	10402	11442
长三角	3200	3502	4053	5186	6279	7197	14323	15938	18843	22064
制造业新增固定资产投资增长率										
北京市	–	-0.20	-0.17	-0.18	0.05	0.85	0.14	-0.13	1.67	-0.01
天津市	–	1.09	-0.08	-0.07	1.34	0.34	-0.03	0.41	0.10	0.15
河北省	–	0.38	0.41	0.49	0.51	-0.04	0.43	0.25	0.46	0.10
上海市	–	-0.13	-0.21	1.01	-0.49	0.20	0.36	-0.10	-0.27	0.01
江苏省	–	0.16	0.25	0.26	0.42	0.14	0.92	0.13	0.18	0.16
浙江省	–	0.11	0.15	0.03	0.07	0.16	1.57	0.10	0.26	0.23
广东省	–	0.48	-0.28	0.23	0.17	0.00	1.22	0.17	0.09	0.38

数据来源：2006—2015 年《中国统计年鉴》。

二 京津冀制造业产值变化动态比较分析

我们以2005年与2014年京津冀制造产业产值为例，进行比较分析（见图4-3），2005年京津冀地区制造业各行业产值占全国比重最高的是黑色金属冶炼及压延加工业，比重为22.46%，通信设备、计算机及其他电子设备制造业为12.78%，石油加工、炼焦及核燃料加工业为12.23%，食品制造业为12.07%，医药制造业为11.44%；京津冀地区产值占比最低的是化学纤维制造业，仅有2.23%，排名后三位的还有烟草制品业2.75%、文体教育用品制造业3.43%。而到2014年，京津冀制造业各行业产值占全国比重排名前五位的分别是非金属矿物制品业22.67%、有食品制造业12.66%、有色金属冶炼及压延加工业11.77%、专用设备制造业11.47%和交通运输

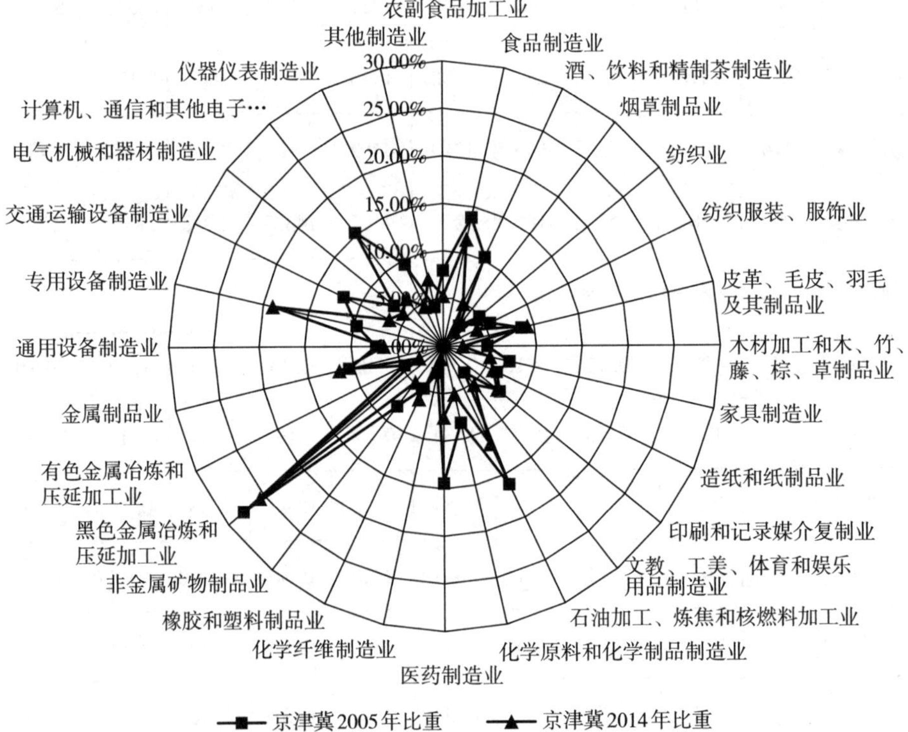

图4-3 2005、2014年京津冀地区制造业内部各行业产值占全国比重变化雷达图

数据来源：根据2006年和2015年《中国统计年鉴》相关数据计算整理获得。

设备制造业（10.13%）；产值占比排后三位的是木材加工及木、竹、藤、棕、草制品业（2.16%）、黑色金属冶炼及压延加工业（3.22%）和纺织服装、鞋、帽制造业（4.22%）。①

可以看出，在淘汰落后产能与保护生态环境的约束下，京津冀制造业各行业产值变化比较明显。2005 年到 2014 年，京津冀地区的非金属矿物制品业比重增长迅速，增长 14.62%，黑色金属冶炼及压延加工业产值比重变化幅度最大，减少 19.24%。同时其他产业变化也比较明显，变化幅度排前五的还有有色金属冶炼及压延加工业（增长 8.1%），通信设备、计算机及其他电子设备制造业（减少 5.91%）、饮料制造业（减少 3.91%）。

再比较京津冀内部各产业占京津冀地区产业比重变化。2005 年，河北产值占京津冀地区比重明显很大，其中产值在三地中占比最大的是皮革、毛皮、羽毛（绒）及其制品业 84.8%，超过 50% 的产业有 13 个，其他分别为（产值比从大到小）化学纤维制造业 76.56%，纺织业 73.81%，黑色金属冶炼及压延加工业 71.27%，烟草制品业 69.38%，木材加工及木、竹、藤、棕、草制品业 66.50%，农副食品加工业 64.98%，造纸及纸制品业 63.76%，非金属矿物制品业 60.95%，橡胶制品业 52.60%，食品制造业 50.94%，有色金属冶炼及压延加工业 50.77%，以及化学原料及化学制品制造业 50.36%。产值在三地中占比最小的是通信设备、计算机及其他电子设备制造业 1.65%。排名后三位的还有仪器仪表及文化、办公用机械制造业 8.75%，文教体育用品制造业 17.33%。

2005 年，北京在京津冀地区制造业产值占比最大的行业是仪器仪表及文化办公用机械制造业 68.99%，产值比重超过 40% 的其他行业为印刷业和记录媒介的复制 59.99%，通信设备、计算机及其他电子设备制造业 51.47%、交通运输设备制造业 46.99%，专用设备制造业 41.33%，石油加工、炼焦及核燃料加工业 40.38%。产值在三地中占比最小的是皮革、毛皮、羽毛（绒）

① 注：2014 年北京地区烟草制造业、化学纤维制造业数据未公开。

及其制品业 3.11%，排名后三位的还有木材加工及木、竹、藤、棕、草制品业 10.94%，黑色金属冶炼及压延加工业 11.34%。

2005 年，天津在京津冀地区制造业产值占比最大的行业是废弃资源和废旧材料回收加工业 59.18%，产值比重超过 40% 的其他行业为文教体育用品制造业 56.69%、通信设备、计算机及其他电子设备制造业 46.87%、电气机械及器材制造业 40.63%。产值在三地中占比最小的是烟草制品业 9.01%，其次为化学纤维制造业 11.46%，皮革、毛皮、羽毛（绒）及其制品业 12.08%。整体来看，河北的产值比重最大，黑色金属产业有较大市场，北京和天津的产业以技术密集型产业为主。

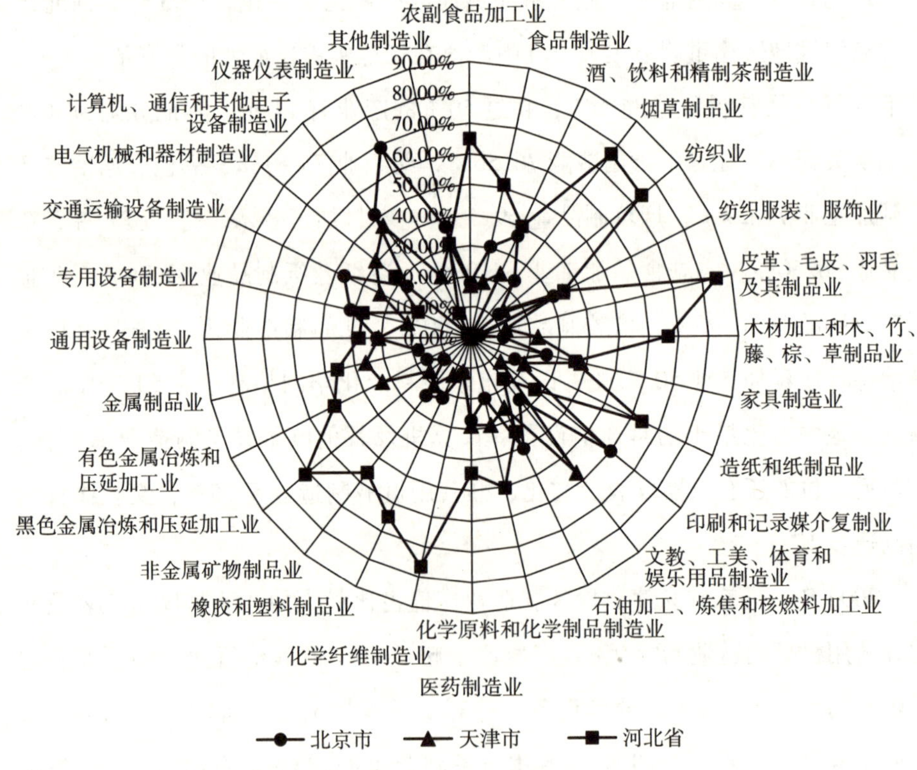

图 4-4　2005 年京津冀地区制造业内部各产业占京津冀地区产值比重雷达图

数据来源：根据 2006 年《中国统计年鉴》相关数据计算整理获得。

2014 年，河北产值占京津冀地区比重依然很大，其中产值在三地中占比最大的仍是皮革、毛皮、羽毛（绒）及其制品业（95.1%），超过 50% 的产业有 14 个，占比排名前五的产业有纺织业（93.36%）、木材加工及木、竹、藤、棕、草制品业（89.5%）、非金属矿物制品业（71.85%）、塑料制品业（70.07%）；产值在三地中占比最小的仍是通信设备、计算机及其他电子设备制造业（7.94%）。其次为仪器仪表及文化、办公用机械制造业（21.35%），工艺品及其他制造业（24.12%）。

北京在京津冀地区制造业产值占比最大的行业仍是仪器仪表及文化办公用机械制造业（63.83%），产值比重超过 40% 的其他行业还有专用设备制造业（47.94%）、通信设备、计算机及其他电子设备制造业（41.43%）；产值在三地中占比最小的仍是皮革、毛皮、羽毛（绒）及其制品业（0.82%），其次为非金属矿物制品业（0.83%），纺织业（1.12%）。

天津在京津冀地区制造业产值占比最大的行业仍是废弃资源和废旧材料回收加工业（72.24%），产值比重超过 40% 的其他行业为黑色金属冶炼及压延加工业（58.14%）、交通运输设备制造业（52.04%）、食品制造业（51.79%）、文教体育用品制造业（51.09%）、工艺品及其他制造业（49.69%）。产值在三地中占比最小的是皮革、毛皮、羽毛（绒）及其制品业（4.08%），其次为纺织业（5.51%）、木材加工及木、竹、藤、棕、草制品业（5.86%）。

从 2005 年到 2014 年，可以看出京津冀三地产值比重变化幅度超过 30% 的产业，河北为印刷业和记录媒介的复制产业（32.88%）、工艺品及其他制造业（-31.48%）、黑色金属冶炼及压延加工业（-34.02%）、石油加工、炼焦及核燃料加工业（-34.14%）；北京为石油加工、炼焦及核燃料加工业（-40.38%）、印刷业和记录媒介的复制（-37.35%）、工艺品及其他制造业（-37.10%）、天津为黑色金属冶炼及压延加工业（40.75%）、食品制造业（33.12%）、工艺品及其他制造业（-31.42%）。

整体来看，河北的制造业产值有明显增加，技术密集型产业占比开始增高；北京的制造业产值明显下降，其制造业产值在京津冀地区占比很低，但

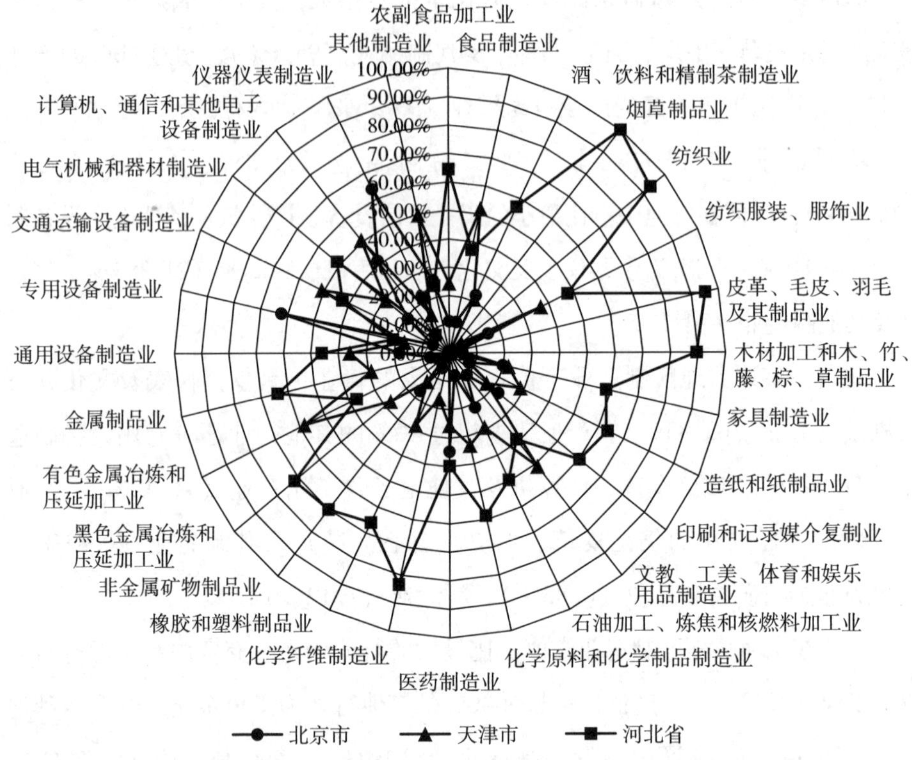

图 4－5　2014 年京津冀地区制造业内部各产业占京津冀地区产值比重雷达图

数据来源：根据 2015 年《中国统计年鉴》相关数据计算整理获得。

是高新技术产业仍然是主要市场；天津的制造业开始出现分化，资源密集型产业的产值增加很快，劳动密集型产业的产值在减少。

第二节　京津冀制造业协同发展面临的困境

协同发展是一项复杂工程，京津冀制造业在协同发展过程中仍然面临许多困境与瓶颈，有许多问题亟待处理。

一 京津冀制造业协同发展的可行性

（一）京津冀制造业互补性较强，对产业分工协作的需求迫切

从经济发展阶段来看，北京、天津、河北分别处于后工业化阶段、工业化后期阶段和工业化中期阶段，京津冀三地呈明显的梯度变化格局。北京是我国政治、文化、科技、国际交往的中心，农业所占比重较小，现代服务业和科技相对发达，2014 年第一、第二、第三产业比例为0. 8∶22. 7∶76. 5，产业结构呈现出“三二一”的模式，处于后工业时代；第二产业主要以汽车、通信、医药制造等现代制造业为主，并加大互联网金融、信息服务业、科技服务业等产业的发展。天津制造业基础雄厚，2014 年三大产业比为 1. 3∶51. 7∶47. 0，形成了航空航天、装备制造、电子信息、生物医药、新能源新材料等优势产业，此外，通信设备、计算机及其他电子设备制造业、黑色金属冶炼及压延加工业、交通运输设备制造业、废弃资源和废旧材料回收加工业等产业在全国具有明显优势，在资源吸附和聚合上具有良好的区域和产业优势。河北正处于工业化中期阶段，主导产业为第二产业，河北是我国重要的材料、能源基地，钢铁、水泥、玻璃等产能占全国重要份额。相比京津两地，河北的第一产业所占比例高，伴随压缩产能、治理污染的强约束，第二产业亟须推动原材料产业高端化、特种化、功能化转型升级，促进优势产能国际合作。因此，从制造业客观发展来看，京津冀各有其优势与劣势产业，产业梯度较为明显，且呈现互补状态，这就使得三地的产业对接与转移存在可行性。

（二）京津冀科技资源优势突出，为制造业创新发展提供了良好基础

京津冀地区集中了全国 1/3 的国家重点实验室和工程技术研究中心，拥有超过 2/3 的两院院士，聚集了以中关村国家自主创新示范区为代表的 7 个国家高新区和 7 个国家级经济技术开发区，拥有丰富密集的创新资源。北京拥有中国科学院、中国工程院的科研机构，拥有全国最大的科学技术研究基地，每年获得科研奖励约占全国的 1/3。天津市是国际港口城市，是发展较为成熟的中心性城市，在港口贸易、生产性科技研发、现代制造、物

流等方面具有独特的优势，这些为制造业创新发展提供了良好基础。然而，京津冀区域内创新分工格局尚未形成，创新链与产业链对接融合不充分，科技资源共享不足，三地科技创新协同转化与制造业转型升级任务比较艰巨。以新一代电子信息战略性新兴产业为例，京津冀地区是我国重要的电子信息产业集群之一，北京是我国电子信息制造业研发创新中心，但京津冀电子信息制造业协作体系不完善，关键核心技术与高端装备对外依存度高，研发与转化不畅，电子信息产业集群整体没有进入设计、知识产权经营等知识、技术密集型的产业环节，使得电子信息产业发展抗风险能力差、增值空间有限。

二　京津冀制造业协同发展面临的困境

（一）城市梯度层次差异较大，从空间上制约了制造业协同发展

2014 年京津冀三地 GDP 总量达到 66474.5 亿元，占全国的 10.4%，地方公共财政预算收入为 8863.8 亿元，占全国的 11.7%。但京津冀三地经济发展不平衡。2014 年，北京市人均地区生产总值为 99995 元，天津市人均地区生产总值约为 102469 元，而河北省人均地区生产总值仅为 39845.81 元，不及北京和天津的 1/2，差距比较大，这种落差阻碍了京津产业向河北有效转移。

同时，京津冀地均经济密度差距较大，2014 年河北地均经济密度为 1565 元/平方公里，仅为京津的 1/8，这一差距明显增加了资金、人才在区域间流动成本，也降低了企业在京津冀区域间转移的意愿。地区城市体系结构性失衡比较明显。北京和天津分别为京津冀特大城市，而中间层的大城市数量过少，人口在 300 万～500 万之间的城市仅有唐山市一个，城市群主要为中等城市和小城市，没有形成有效承接京津制造业的次级核心，致使人流、物流、资金流、信息流在梯度转移时，由于底层城市层级偏低无法有效承接辐射，区域间难以形成深度梯度合作。数据显示，中关村的科技成果转化中，96% 离开了京津冀，河北、天津分别拿去转化的科技成果仅占中关村所有落地成

果的2%和1.8%。相比之下，江苏省落地的科技成果，则有85%来自中关村。

（二）信息化与工业化融合程度有待提升，信息技术与制造业转型不足

由于工业发展历史悠久，京津冀制造业具备良好的基础，伴随工业化与信息化融合，信息技术已广泛应用于设计、工艺、生产等生产流程，在装备制造及机床等如数字化模具、数控机械设备方面已普遍普及，提高了制造业的自动化和智能化水平。但相比国外发达国家水平，京津冀信息化与工业化融合深度不够，尤其是高端传感器、重要操作系统和数字化基础的智能化水平还有待提高。

从京津冀协同体系来看，由于京津冀三地科技资源共享不足，缺少跨省级的信息化协同平台，北京先进的信息技术无法有效连接津冀制造产业链各环节，智能化与产业链对接不充分，同时，京津冀政府、企业、大学、科研机构间政产学研体系缺少深度合作，无法实现信息科技与制造产业链上下游、产业链之间的转化，制造业与信息化融合引致的制造业转型与整体区域创新活力无法有效释放。亟须京津冀科技、信息等创新要素相互对接和自由流动，促进钢铁、化工、建材等产业向智能化产业转型升级，推进世界级新型制造业基地建设，构建京津冀工业化与信息化融合驱动的区域现代产业体系。

（三）市场化程度较低，增长方式转型乏力

京津冀区域内行政力量干预区域经济，依托行政区构建贸易壁垒，妨碍市场体系建设，扭曲经济运行机制，致使市场信号失真，干扰宏观经济平衡，导致社会资源不能得到最优配置；浪费闲置资源和生产能力，丧失由地区分工带来的利益，使京津冀区域整体经济效益下降。由于体制机制约束，京津冀区域内行政力量干预区域经济，各级政府为实现对自身利益的追求和保护，纷纷依托行政区构建贸易壁垒，封锁市场，阻碍生产要素流动，严重削弱市场对资源实行优化配置的能力。再加上京津冀区域内计划体制惯性强，行政

审批项目过多、权力过于集中，使得最活跃的民营经济没有足够的力量打破行政区划的空间限制，无法进行跨行政区的行业集聚和整合，一体化程度滞后于长三角、珠三角地区，严重影响了京津冀整体创新活力的释放，造成京津冀区域制造产业转型乏力。

（四）协同发展中社会参与程度低，民间力量参与有限

京津冀制造产业协同发展需要多元主体的共同参与治理而不是仅凭政府力量，因此在发展过程中必须吸纳区域利益相关者的加入，民营企业的兴起、社会团体的发展，将促进整个区域协同发展。由于京津冀区域内国有经济比重过高，政府对资源的控制力强，经济的市场化程度相对较低，民营经济存在缺乏活力、所占比重较低等问题，导致民营经济不足以突破行政区划构筑的贸易壁垒。这就需要社会组织与公众积极参与弥补政府和市场的不足。京津冀区域内社会组织数量较少，2013 年京津冀社会组织有 29606 个，仅为长三角地区的 28.4%。在每万人中社会组织数方面，相较于长三角地区的 7.52 个以及珠三角地区的 4.72 个，京津冀地域仅为 3.04 个，远低于以上两个地区（见表 4－3）。作为政府和市场之间的桥梁和组带，社会组织数量的不足，导致无法有效推进制造产业有效转移与优化，无法实现京津冀制造产业协调发展的预期。

表 4－3　　表 4－3　2013 年京津冀、长三角、珠三角社会组织发展情况

	社会组织数(个)	社会组织个数/万人
京津冀	29606	3.04
长三角	104286	7.52
珠三角	41317	4.72

资料来源：《中国城市统计年鉴 2014》《中国民政统计年鉴 2014》。

第三节　京津冀制造业协同发展思路与河北省融入路径

由于京津冀三地资源禀赋、发展阶段、功能定位不同，京津冀制造业协同进程中，需要发挥各自的比较优势，围绕京津冀制造业产业转移和产业结构调整优化的重点领域展开，以“中国制造2025”计划为契机，构建开放型经济新体制，激发制造业发展活力和创新动力，以新技术、新模式、新业态的方式驱动京津冀创新发展。

一　京津冀制造业协同发展思路

（一）重塑经济增长的动力源泉，建成世界级的科技与产业创新中心

经济发展进入新常态后，必须重塑经济增长的动力源泉。当前世界，创新已成为经济发展与国际竞争的决定性因素，因此京津冀制造业协同发展应将创新作为经济增长新引擎。根据三地制造业特色与发展优势，建设京津冀协同创新示范区，构建京津冀创新资源的“汇集区”和创新成果的“扩散源”，通过示范区先行先试催生示范效应，推进产业集群和产业链群整体转移。借重京津冀创新资源，创建协同创新平台，以“科技新干线”“交通新干线”“科教共同体”等形式，形成引领京津冀协同创新与发展的“轴线”，带动技术创新、资源重组、人才培养等，推进区域间主导产业链的合作网络，打破行政限制分割，促进资源和要素自由流动，形成以差异化、高端化为特色的区域创新集群。其中，着重发展核心基础零部件/元器件、关键基础材料、先进基础工艺及产业，加快服务型制造业和生产型服务业创新发展，提升自主创新能力，占据未来市场竞争的制高点。依托产业集聚区，培育引进龙头企业和实施大项目为支撑建设集聚载体，打造先进制造业关键产品的核心竞争优势，推动京津冀制造产业重点突破和整体提升，促进经济增长方式转变。三地协同发展，以信息和网络技术为支撑，高新科技产业驱动，重塑

经济增长的动力源泉，建成世界级的技术和产业创新中心。

（二）推动工业信息化、数字化、智能化等科技创新，促进京津冀地区率先实现现代化

信息技术是新一轮科技革命中创新最活跃、渗透性最强、最广泛的领域，信息技术正在与制造、能源、材料、生物等产业深度融合，京津冀地区应密切关注全球信息化应用与发展进程，加快适应经济结构战略性调整和经济增长方式转变的需要。依托京津冀科技创新与人才优势，面向云计算、物联网、移动互联网等重点领域，打造“信息高速路”共建数据信息共享机制，加快从生产制造向基于信息和网络技术的服务型制造转变，实现对传统制造业的升级改造和新兴制造业产业的兴起。依托开发区、保税区、临港经济区、工业园区等重点功能区，推动新一代信息技术在制造装备、业务流程、生产要素等产业体系全面渗透。通过信息技术更新换代，促进企业生产制造的智能化、敏捷化、柔性化，以改造、提升京津冀传统制造业为重点，利用信息技术培育、牵引战略性新兴产业。

（三）构建差异化的区域创新体系，以科技创新支撑京津冀制造业协同与结构调整

依托京津冀三地科技创新的不同定位，建设重点产业技术研发基地，促进科技成果孵化转化能力，构建京津冀三地差异化的区域创新体系。北京重点提升原始创新和技术服务能力，打造我国自主创新的重要源头和原始创新的主要策源地，天津则重点提高应用研究与工程技术研发转化能力，河北应重点强化科技创新成果应用和示范推广能力。通过三地各自科技创新支撑产业结构调整，形成错位竞争、优势互补的产业发展格局，从注重功能集聚为主向积聚、疏解与扩散并重转型，打造立足区域、服务全国、辐射全球的优势产业集聚区。具体来看，在电子信息与通信设备、生物医药、光机电一体、新型电源与电子材料产品、新能源等战略性产业领域，形成首都科研成果研发、京津两地技术应用研究转化与高端制造的价值链对接协作，继而提高产

业结构的层次，提升高新技术产业对经济增长的贡献率，产业链向高附加值的创新链条攀升。

（四）加强“政—产—学—研”多层次合作创新，促进京津冀制造业协同发展

以全球视野谋划和推动京津冀开放式创新，共建科技合作机制，实现三地创新要素与资源共享，力求产生“1+2>3”的协同效应。通过技术创新和人力资本驱动，促进资本、人才、科技共同体发展，实现高新技术产业和生产型服务业的聚集。在新能源新材料、节能环保、高端装备制造、软件与集成电路、电子商务等探索建立推动成立产业、专业领域等多种形式联盟，包括产业联盟、技术联盟等。通过联盟成员间的合作交流和资源共享，形成大产业集群，结成经济共同体。

另一方面，研究京津冀高新技术企业互认备案、科技成果处置收益统一化、推行创新券制度等相关政策。加强创新资源利用和经济效益的统计分析与动态监测，全面提高京津冀科技资源转化的能力和水平。同时，积极探索绿色环保产业发展跨区域财税体制改革、跨区域财政转移支付制度、生态补偿机制，设立国家层面的京津冀协同创新引导资金，鼓励和引导社会资本参与战略联盟的培育与建设，促进资本与技术有效对接，形成一批具有全球竞争力、国家竞争力的特色优势产业集群。

（五）推动行政体制改革与创新，建设京津冀制造业协同发展长效机制

一个行政区域内的资源、人才、市场等经济发展的必要因素如因行政区划的限制而不足，政府在制定经济规划时，就会受到区域内各种因素的影响，无法制定出更好的经济规划。而当经济区划与行政区划联动调整，在相互之间联系紧密、优势互补的区域进行统筹规划，就可以在制定经济规划的同时，统筹各地区的资源、市场等，更好地发挥各地区优势，互补不足，合作发展。因此，京津冀协同发展需推动行政体制改革与创新，建设京津冀区域产业协同发展长效体制机制的探索区。

同时，需要充分发挥市场对资源配置的决定性作用，实现资源要素在京津冀区域内的自由流动和相互对接，以技术创新、模式创新为内核，构建以创新驱动为核心的区域制造产业体系。形成自研发设计至终端产品完整产业链的整体优势，应围绕发展潜力大、成长性强、带动作用显著的优势产业链，并建立拥有“研发—转化—生产”良性循环的区域产业生态系统；全面增强整个区域产业的综合实力、创新能力和竞争力，最终打造京津冀协同发展和区域一体化新格局。按照现有的技术链、企业群、产业带、城市群发展思路，推进北京非首都功能疏解和津冀产业对接承接，形成“研发—转化—组装—物流—配套—服务”的产业分工与布局的空间结构。

二 河北省融入京津冀制造业协同发展的新思路

（一）创新驱动，激起主体活力

作为引领社会发展强大原动力的大众创业、万众创新，有利于优化产业、企业、分配等多方面结构。为缓解就业压力，河北省应大力发展创业人才中心、创业就业平台，辅以配套政策，吸引人才创业，通过创业带动就业，就业促进创新，形成“创业—就业—创新”的良好反应链。河北省应把握信息技术与产业模式转变相结合的重要机遇，推行创业主体大众化，一方面出台配套政策和加强监管力度，鼓励新型制造产业模式并加强网络安全防范和网络交易行为规范，加强技术检验、资格认证；另一方面借鉴新型孵化模式的成功经验，建造河北省创新工业园，实现创新与创业、线上与线下、孵化与投资相结合，为创业者提供成本低廉、程序简便、主题多元的开放式发展平台。同时，构建一个多方参与的市（区、县）长联合会议，形成政府间平等协商机制。通过建立健全该会议制度，组织协商解决跨行政区域的创新要素流动问题，有效打破制度藩篱，释放创新活力，调动创新创业积极性，推动科技成果资本化、产业化，帮助河北省加速实现制造业创新转型。

（二）开放驱动，激发市场需求

为承接京津功能疏解和产业转移，河北省推出了全省对接京津功能疏解和产业转移的40个重要平台，着力打造5条京津冀协同发展产业带，以此为平台，实施产业协同创新模式推广工程：用“京津研发＋河北转化”模式，河北省积极引进并转化京津的创新成果；用“河北为主＋提升能力”模式，通过提升河北省承接能力，围绕核心产业，促进京津科技创新与河北省应用研发形成产业链，加快创新要素流转，提升核心产业竞争力；用“产业集群＋技术平台”模式，将具有发展潜力和优势明显的产业集聚，对接京津的上游产业。河北省通过提高综合承载能力、加强开发区体制机制建设以及完善服务功能，加强建设这40个重点承接平台和5条京津冀协同发展产业带，不断吸引京津产业、项目落户开发区，激发市场需求。

同时，河北省应加快融入“一带一路”大通道，探寻可发挥自身优势的机遇。“一带一路”沿线大多为普遍处在经济上升期的新兴经济体和发展中国家，这些地区基础设施建设尚不完善，需要大量钢铁、建材等基础原材料产品进行经济建设。而钢铁等基础原材料产品恰好是河北省的优势产业，因此河北省应主动融入“一带一路”，进而拉动省内优势产业的出口。

（三）改革驱动，激活制造企业新动力

1. 大力扶植中小企业发展，激发中小企业的发展活力

引导中小企业勇于创新，积极创新，增加新的经济增长动力。第一，促进生产要素的自由流动，使其能根据市场需求进行快速集聚，刺激中小企业的生产活力。第二，划分产业区域，引导相同性质的企业集聚，发挥产业集聚的作用，集中创新，突出特色，提升整体生产力。第三，打造创新新引擎，扶植新生代企业，鼓励创新，提供企业未来战略规划指导。第四，促进京冀和津冀之间制造产业链重构重组，激发“结构红利”，形成具有上下游关系或具有服务与被服务关系的产业布局，实现河北省制造产业链的升级和优化。

2. 适应制造业发展新形势、新趋势，提升河北省制造业竞争力

以“中国制造2025”计划为契机，构建开放型经济新体制，引导企业与科研机构、大专院校大力开展“产学研用”结合，通过技术创新和人力资本

驱动，促进资本、人才、科技共同体发展，实现制造业产业和生产型服务业的聚集，激发制造业发展活力和创新动力，提升河北省参与世界制造产业竞争的能力。

同时，将全球制造业发展趋势与区域协同发展相结合，逐步形成地域分工合理、产业间联系紧凑的区域制造产业链布局，并将信息技术、互联网应用于机械、钢铁等传统工业，带动传统产业结构升级，在制造业转型与技术升级中，提高企业群体的竞争效率和应对市场的反应能力，最终促使河北省成为我国制造产业的重要增长极和参与国际竞争合作的先导区域。

第五章　京津冀高新技术产业协同发展

高新技术产业是从事一种或多种高技术及其产品开发、生产和技术服务的企业群体，是区域经济发展的战略性产业，也是京津冀产业协同的重要领域。本章分析了京津冀高新技术产业发展现状，采用灰色关联度模型测度了三地高新技术产业协同程度，并提出了促进京津冀高新技术产业协同发展的对策建议。

第一节　京津冀高新技术产业发展现状分析

一　高新技术产业内涵及研究现状

（一）高新技术产业内涵

美国学者理查德·R. 纳尔逊（Richard R. Nelson）认为，高技术产业是指那些投入大量研究与开发资金，以及迅速的技术进步为标志的产业。各国在表述上略有不同：在美国，高技术产业泛指那些依赖先进的科学和工程技术的多种生产部门；日本认为以当代尖端科技和下一步科学技术为基础建立起来的技术群为高技术；在英国，高技术产业被认为是一组包含新信息技术、生物技术和许多位于科学和技术进步前沿的其他技术的产业群体；在法国，普遍认为只有当一种新产品使用生产线生产，具有高素质劳动力队伍，拥有一定的市场且已形成分支产业时，才能称之为高技术产业；在澳大利亚，科学与技术部将高技术产业定义为：投入大量研究与开发经费，与科学技术人员联系紧密，生产新产品的过程，并且有科学或技术背景企业的产业。

早在1991年3月，《国家高新技术产业开发区高新技术企业认定办法》（国发〔1991〕12号）中明确规定高新技术的范围：电子与信息技术、生物工程和新医药技术、新材料及应用技术、先进制造技术、航空航天技术、现代农业技术、新能源与高效节能技术、环境保护新技术、海洋工程技术、核应用技术、其他在传统产业改造中应用的新工艺、新技术。高新技术企业是从事一种或多种高技术及其产品开发、生产和技术服务的企业，是知识密集、技术密集的经济实体。《高新技术企业认定管理办法》（国科发火〔2016〕32号）第二条规定了高新技术企业的定义，在《国家重点支持的高新技术领域》内，持续进行研究开发与技术成果转化，形成企业核心自主知识产权，并以此为基础开展经营活动，在中国境内（不包括港、澳、台地区）注册的居民企业。

从定义的角度分析，高新技术产业包含了高技术产业与新技术产业两个既有区别又相互联系的有机组成部分。产业的“高”体现在科技含量高，是以科学最新成就为基础的尖端科技，建立在最新科学成就之上的产业。产业的“新”是以新技术为基础，新技术催生新产业，新技术的不断利用形成了相应的产业链。“新”是“高”的基础，新技术发展对高技术发展具有推动作用，高技术的发展依赖新技术。“高”是“新”的发展，一些新技术可以发展为高技术，高技术来源于新技术。

从产业的特征分析，高新技术产业概念本身是一个相对动态的概念。在不同时期，不同国家，高新技术内涵也不一样，对高新技术产业的认识也就不同。高新技术产业可以随着社会技术水平的普遍发展而转化成传统行业。高新技术产业内部，“高”与“新”也可以相互转化。正是高新技术产业的动态性，给我们的高新技术产业统计带来了一定难度。

（二）高新技术产业协同研究现状

国外的学者关于高新技术产业的研究覆盖了很多方面，涵盖了发展要素、创新模式和对经济增长的影响方面。

在高新技术产业的协同发展问题上，国内也有诸多学者进行了研究。冷梅等（2001）通过对中国台湾和日本发展高新科技产业发展经验的借鉴，认为制度创新和适度的政府介入有助于促进粤港高新科技产业的协同发展。蒋永穆、王学林（2002）提出了我国高新技术产业"协同互动式"的发展模式。于江（2008）提出高新技术产业集群式协同创新模式，就我国高新技术产业发展中存在的问题，从管理模式的角度，从企业内、外部两方面进行了分析。张淑莲和胡丹等（2011）运用系统协调度模型评价了京津冀电子及通信设备制造业的协调程度，为衡量区域产业创新系统与创新环境系统的协同度提供了重要的参考模式。张琼瑜（2011）在对高新技术产业集群的协同原理进行创新性分析的基础上，指出其实质是创新主体借助协同创新网络，不断优化创新的过程，对于集群创新来说，协同是最有效的模式。臧维等（2015）认为京津冀三地产业创新环境的有序度优于创新主体的有序度，二者均有增长，但是创新体系整体协调度较低，提出营造京津冀三地政策和资金的协同发展环境、注重京津冀三地高新技术产业互补性发展和探索京津冀三地高新技术产业间资源的高效流动等具体发展建议。

二　京津冀高技术产业发展现状分析

根据《中国高技术产业统计年鉴 2015》，高技术产业是指国民经济行业中 R&D 投入强度，即 R&D 经费支出占主营业务收入的比重相对较高的制造业行业，包括：医药制造，航空、航天器及设备制造，电子及通信设备制造，计算机及办公设备制造，医疗仪器设备及仪器仪表制造，信息化学品制造 6 大类，统计数据只有前 5 类，因此本部分主要对京津冀地区前 5 类高技术产业现状进行分析。

（一）京津冀高技术产业经营现状分析

2014 年，京津冀地区高新技术产业在调整中稳健发展，成绩可观。2014

年京津冀高技术产业从业人员年平均78850人，相比2013年增加了22999人。企业数总和达到1944家，相比2013年增加了73家；主营业务收入高达9942.253亿元，同比增长5.2%，占全国高新技术产业主营业务收入总值的7.81%；出口交货值在2014年达2738.846亿元，同2013年相比下降了2.4%，占全国总值的5.39%；2014年全年实现利润697.3亿元，比2013年下降0.1%，占全国高新技术产业的利润总额的8.61%，如表5-1所示。

表5-1　京津冀高技术产业经济指标

地区	企业数(个)		主营业务收入		利润		利税		出口交货值	
	2013	2014	2013	2014	2013	2014	2013	2014	2013	2014
全国	26894	27939	116048.9	127367.7	7233.7	8095.2	11117.0	12188.6	49285.1	50765.2
北京	782	805	3826.1	4151.6	292.4	277.3	402.7	405.5	1118.8	1031.6
天津	585	583	4243.5	4282.0	297.9	281.8	546.6	454.6	1537.7	1561.5
河北	504	556	1381.0	1508.7	107.8	138.2	155.9	193.0	150.5	145.7

数据来源：《中国高技术产业统计年鉴2015》。

注：本章其他图和表，其数据来源若没有特别指出，均来自《中国高技术产业统计年鉴2015》。

从企业数量分析，2014年北京市大中型高技术企业为195家，比上年下降6.70%，占当年企业总数的2.45%；2014年天津市大中型高技术企业为181家，比上年下降1.63%，占当年企业总数的2.27%；2014年河北省大中型高技术企业有94家，比上年增加8.05%，占企业总数的1.18%。由此可见，京津冀的高技术企业结构有所调整，大中型企业所占比重下降。

从主营业务收入来看，2014年天津市全年高技术产业主营业务收入总值为4282亿元，在整个京津冀区域中比重最大，为43%；其次为北京市，主营业务收入总值为4151.6亿元，占比41.76%；最低的是河北省，主营业务收入总值为1508.7亿元，占比15.24%。但从增幅来看，河北省增长率最高，同比增长了9.25个百分点，其次为北京市，同比增长8.51个百分点，最后为天津市，仅为0.9%。由此可见，由于非首都功能疏解，河北省高新技术产业处于高速增长状态，总量与京津尚有较大差距但在缩小。

（二）京津冀高技术产业结构

高新技术产业结构反映了高新技术各产业之间的数量比例关系、经济技术联系和相互作用关系，合理化的产业结构有相互协调的产业关系，有较强的产业结构转换能力和良好的适应性，能适应市场需求变化，并带来最佳效益。

1. 全国高技术产业结构

2014年我国高技术行业主营业务收入占比最大的为电子及通信设备制造业，其主营业务收入占全国比重为53.06%，是我国高新技术产业规模最大的行业；其次是计算机及办公设备制造业，占比18.45%，规模不足电子及通信设备制造业的一半；再次为医药制造业，占比18.33%，与计算机及办公设备制造业占比相差无几；然后为医疗仪器设备及仪器仪表制造业，占比7.78%，不足医药制造业的一半；最后是航空、航天及设备制造业，仅占全国比重的2.38%（见图5-1）。

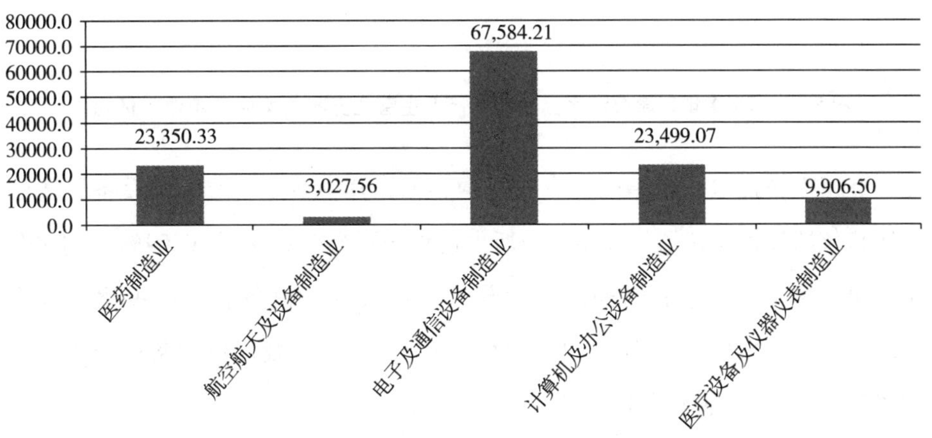

图5-1　2014年全国高技术产业结构（单位：亿元）

2. 京津冀高技术产业结构

如图 5 - 2 所示，2014 年京津冀高新技术产业主营业务收入占比最大的是电子及通信设备制造业，总值为 5399.5 亿元，占京津冀总数的 54.31%；其次为医药制造业，总值为 2095.1 亿元，占京津冀总数的 21.07%；计算机及办公设备制造业主营业务收入总值 1031.2 亿元，占比 10.37%；航空、航天及设备制造业主营业务收入总值为 785.1 亿元，占比 7.90%；医疗仪器设备及仪器仪表制造业主营业务收入总值为 631.3 亿元，占比 6.35%。

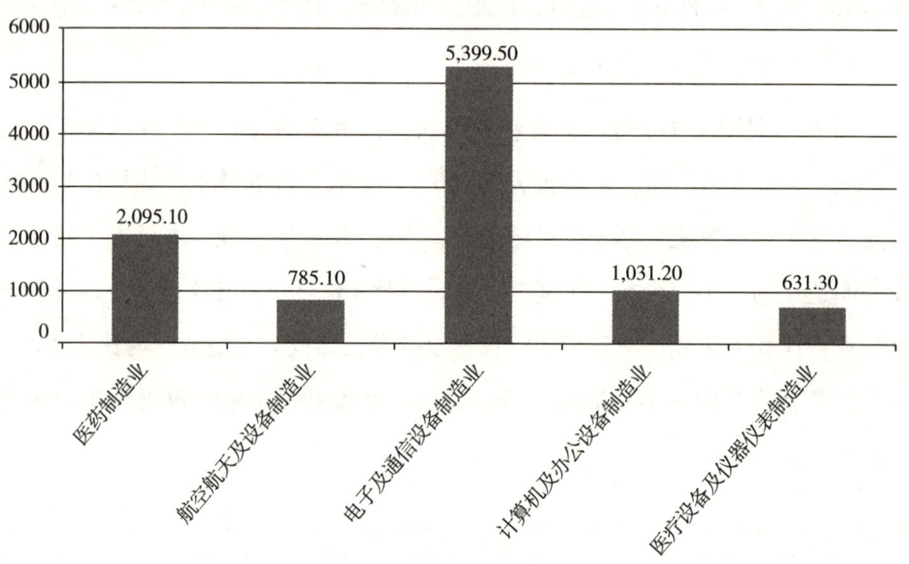

图 5 - 2　2014 年京津冀地区高新技术产业主营业务收入构成（单位：亿元）

北京市高技术产业结构基本与全国相似，其中航空、航天及设备制造业和医疗仪器设备及仪器仪表制造业所占比重分别为 4.43% 和 10.04%，均比全国多出约两个百分点；医药制造业与计算机及办公设备制造业占比分别为 15.96% 和 16.62%，均小于全国约两个百分点，电子及通信设备制造业占比 52.95%，与全国基本持平。

天津市高技术产业结构与全国相差较大，航空、航天及设备制造业占比 13.62%，高于全国 11 个百分点，电子及通信设备制造业占比 63.70%，高于全国水平10个百分点，医疗仪器设备及仪器仪表制造业占比2.41%，低于全国5个百分点；医药制造业占比12.58%，低于全国6个百分点，计算机及办公设备制造业占比7.69%，低于全国11个百分点。

河北省的高新技术产业结构与全国的差别更加明显，医药制造业占比59.24%，高于全国41个百分点，是河北省主要的高新技术产业行业；电子及通信设备制造业占比31.39%，低于全国22个百分点；计算机及办公设备制造业占比0.8%，低于全国18个百分点；航空、航天及设备制造业占比1.21%，低于全国1个百分点；医疗仪器设备及仪器仪表制造业占比7.36%，与全国基本持平。

（三）京津冀高技术产业R&D活动情况

R&D资源作为高新技术产业发展的重要生产要素，对高新技术产业的作用是至关重要的，这里，我们主要分析R&D活动人员和经费支出情况。

1. 全国R&D活动人员情况

2014年，就全国R&D活动人员统计情况来分析，有R&D活动的企业数占高新技术产业企业总数的38.56%，北京市有450家，占北京市企业总数的55.9%，高于全国17.34个百分点；天津市有242家，占天津市高新技术产业企业总数的41.51%，略高于全国平均水平；河北省有175家，占企业总数的31.47%，低于全国约7个百分点。由此可见，在京津冀区域企业R&D活动最活跃的地区为北京市，而河北省则较为落后（见表5-2）。

全国范围研究人员占R&D人员占统计情况来分析，研究人员占R&D人员的32.79%，北京市研究人员占R&D人员的31.86%，而天津市该比重为24.76%，河北省为46.07%，优势较为显著，说明在R&D人员结构中，京津冀地区的研究人员占比除了河北省都处于较低水平。

表 5－2　　京津冀高技术产业 R&D 活动人员情况

地区	有 R&D 活动的企业数（个）	R&D 人员（人）			R&D 人员折合全时当量（人年）
			全时人员	研究人员	
全国	10774	893959	683151	293137	701440
北京市	450	32779	28303	10443	23741
天津市	242	19743	15025	4888	16062
河北省	175	15063	11000	6939	10956

2. R&D 经费支出情况

从 R&D 经费支出结构来看，2014 年京津冀 R&D 经费总支出 2215764 万元，其中 R&D 经费内部支出为 1915067 万元，占比 86.43%；R&D 经费内部支出中，北京市为 1107598 万元，占比 57.84%，天津市为 509798 万元，占比 26.62%，河北省为 297671 万元，占比 15.54%（详见表 5－3）。

表 5－3　　2014 年京津冀高技术产业 R&D 经费使用情况

地区	R&D 经费内部支出						R&D 经费外部支出	R&D 经费内部支出占比
		人员劳务费	仪器和设备	政府资金	企业资金	企业资金占比		
全国	22742749	8345650	2128305	1785786	20565513	90.43%	1419662	
北京市	1107598	433020	44951	177454	869408	78.49%	221762	57.84%
天津市	509798	183273	81325	2967	438041	85.92%	41730	26.62%
河北省	297671	75022	38322	30015	263891	88.65%	37205	15.54%
京津冀合计	1915067	691315	164598	230436	1571340	82.05%	300697	

再考察R&D经费内部支出增速，2012—2014年，京津冀高技术产业R&D经费的投入保持高速增长，就三年整体来说，河北省的增长幅度最大，高达92.95%，尤其在2013年同比增长40.46%；其次为天津市，总增长幅度为30.03%，年均增速14.03%；增长幅度最小的是北京市，整体增长20.10%，年均增长9.74%（见表5－4）。

表5－4　　2012年至2014年京津冀高技术产业R&D经费内部支出

年份	北京市		天津市		河北省	
	数量(万元)	增长率	数量(万元)	增长率	数量(万元)	增长率
2012	922229		392072	—	154272	—
2013	1065430	15.53%	451315	15.11%	216687	40.46%
2014	1107598	3.96%	509798	12.96%	297671	37.37%

从支出主体结构分布上说，全国来看企业已经成为技术创新的主体，企业资金占R&D经费内部支出的比重为90.43%。京津冀地区企业资金的比重为82.05%，低于全国水平8.38个百分点。其中，河北省企业R&D内部支出投入占比最大，为88.65%，低于全国平均水平1.78个百分点；其次是天津市，占比85.92%，低于全国平均水平4.51个百分点；而北京市企业资金占R&D经费内部支出的比重仅有78.49%，低于全国平均水平11.93个百分点。由此看来，河北省企业自主创新力度在京津冀地区最强（详见表5－3）。

表 5-5　　2014 年京津冀高技术产业 R&D 经费使用情况

地区	R&D 经费内部支出					R&D 经费外部支出
		人员劳务费	仪器和设备	政府资金	企业资金	
全国	22742749	8345650	2128305	1785786	20565513	1419662
北京市	1107598	433020	44951	177454	869408	221762
天津市	509798	183273	81325	22967	438041	41730
河北省	297671	75022	38322	30015	263891	37205

综上所述，京津冀高技术产业 R&D 活动比较活跃，北京市和天津市的资源投入水平较高，而河北省的各项指标稍显落后，但河北省的企业创新主体地位相对凸显，表现出一定的先进性。

（四）京津冀高新技术产业技术交流合作

1. 技术交易

京津冀是丝绸之路经济带北线的起点，已成为我国技术交易最活跃的地区之一。2014 年，京津冀地区技术市场成交额占全国总额的 41.45%，领先全国其他地区。其中北京市成交额为 3137.19 亿元，同比增长 10.01%，占京津冀成交额总量的 88.25%；天津市和河北省成交总额分别为 388.56 亿元和 29.22 亿元，所占比重分别为 10.93% 和 0.82%。由此可见，京津冀区域的技术交易市场活跃，尤其是北京市在技术合作上领导地位明显。

2014 年，在自愿协商、互利共赢的基础上，北京市产权交易所、天津市产权交易中心、河北省产权交易中心共同创建了京津冀产权市场发展联盟，搭建了京津冀第一个联合技术交易平台。以全国的技术合同网上登记系统能够查询的统计数据为依据，可以看到，全国范围内，2014 年的技术合同成交的总价值金额为8577亿元，和2013年相比，增长了14.8%，增长幅度显著。尤其是河北省，其成交总额达到了182.95亿元，占全国总数的2.13%，但同2013年相比增长了42.87%，增幅依然大大高于全国平均水平。其中，河北省与北京市之间的交易最为突出，其技术交易成交总额达到了65.7亿元，占到了河北省对外技术交易成交总额的35.91%。

2. 技术获取与改造

全国来看，引进技术、消化吸收、购买国内技术、技术改造经费支出占高新技术产业技术获取和技术改造经费的比例分别为12.47%、3.41%、10.13%和73.99%。技术创新来源主要以技术改造为主，其次为引进技术经费支出。而在北京市，其比例为73.78%、0.90%、7.27%和18.05%，对比看出，北京市在引进技术方面的支出最为突出，其高新技术产业创新来源集中在引进外来技术方面；天津市的相关比例为56.25%、2.11%、0.68%和40.97%，和北京市相似，天津市高新技术产业创新来源也以引进技术为主，但技术改造也占比较高；而河北省的相关比例为5.25%、9.10%、15.06%和70.58%，基本和全国平均水平相似，技术创新主要来自于技术改造（见表5－6）。

表5－6　　京津冀高技术产业技术获取和技术改造情况

地区	引进技术经费支出	消化吸收经费支出	购买国内技术经费支出	技术改造经费支出
全　国	631031	172664	512561	3744940
北京市	56578	693	5572	13838
天津市	38479	1440	463	28022
河北省	3807	6596	10915	51153

（五）京津冀高新技术产业区合作

中国高新技术产业开发区，简称“国家高新区”“国家级高新区”，属于中华人民共和国国务院批准成立的国家级科技工业园区，是中国在一些知识与技术密集的大中城市和沿海地区建立的发展高新技术的产业开发区。高新区以智力密集和开放环境条件为依托，主要依靠国内的科技和经济实力，充分吸收和借鉴国外先进科技资源、资金和管理手段，通过实施高新技术产业的优惠政策和各项改革措施，实现软硬环境的局部优化，最大限度地把科技成果转化为现实生产力而建立起来。

1. 国家高新区布局

京津冀共有国家高新区 7 家，占全国总数的 6.14%，其中包括北京市中关村科技园区、天津市滨海高新技术产业园区和河北省的五家，分别为承德高新技术产业开发区、石家庄高新技术产业开发区、燕郊高新技术产业开发区、保定高新技术产业开发区和唐山高新技术产业开发区。

北京市中关村科技园区是中国高科技产业中心，是中国第一个国家级高新技术产业开发区，第一个国家自主创新示范区，第一个“国家级”人才特区，是我国体制机制创新的试验田，包括东城园、西城园、朝阳园、海淀园、丰台园、石景山园、门头沟园、房山园、通州园、顺义园、大兴—亦庄园、昌平园、平谷园、怀柔园、密云园、延庆园等园区。该区主要以互联网行业为主，包括周边的相关产业，例如移动通信、移动互联网产业等。除此之外，在此聚集的高新技术产业还包括轨道交通、生物和健康、节能环保、卫星应用等其他四大优势产业集群，除此之外，该地区还有四大潜力产业集群，包括新能源和新能源汽车、集成电路、高端装备与通用航空和新材料。配套的高端现代服务业也在繁荣发展，在北京市中关村构建出了“一区多园”的发展格局，园区特色明显，随着合作和辐射范围的扩大，中关村已经成为了首都跨行政区的高端产业功能区。

天津市滨海高新技术产业园区包括六大组成部分，分别为塘沽海洋科技工业园、南开科技园、华苑产业区、滨海高新区、武清开发区和北辰科技工业园，其中，华苑科技园、滨海科技园是天津市高新区的核心区域。天津市滨海高新区已形成新能源、软件及高端信息制造、生物技术和现代医药等具有较强竞争力的优势主导产业。

河北省在五家国家级高新区的基础上，又加大力度建设了固安高新技术产业开发区、定州高新技术产业开发区、栾城高新技术产业开发区等18家省级高新区。近年来河北省以培育战略性新兴产业为主，将推进企业自主创新作为工作重点，目前高新技术产业呈现良好发展势头。经过近年的发展，目前河北省高新区主导产业优势地位更加突出，高端技术装备制造领域表现突出。全省高新技术产业主要集中在高端装备制造、生物和电子信息三大领域。

2. 国家级经济技术开发区布局

国家级经济技术开发区是中国对外开放地区的重要组成部分，集中力量建设完善的基础设施，创建符合国际水准的投资环境，通过吸收、利用外资，形成以高新技术产业为主的现代工业结构，成为所在城市及周围地区发展对外经济贸易的重点区域，有利于促进区域经济协调发展，有利于国有经济结构的进一步优化，进一步提高吸收外商投资的质量，引进更多的先进技术。

北京经济技术开发区也称亦庄开发区，由科学规划的产业区、高配置的商务区及高品质的生活区构成，是北京重点发展的三个新城之一，定位为京津城际发展走廊上的高新技术产业和先进制造业基地，并承担“疏解中心城人口和功能、聚集新的产业、带动区域发展”的重任。北京经济技术开发区已聚集了来自30多个国家和地区的4800多家企业，其中包括77家世界500强企业投资的108个项目，以及一批优质内资项目；并基于这些重点项目，成功打造了若干产业集群：以诺基亚（注：诺基亚已经被微软收购）为龙头的移动通信产业集群、以京东方为龙头的显示器产业集群、以中芯国际为龙头的集成电路产业集群、以北京奔驰为龙头的汽车制造产业集群，以及以拜耳为代表的生物制药产业集群、以 SMC 和 ABB 为代表的装备制造产业集群、以 GE 为龙头的医疗设备产业集群、以国富安为代表的信息安全产业集群和以金风科技为代表的新能源产业集群。2015 年北京经济技术开发区地区生产总值实现 1081.4 亿元，比上年增长 8.4%。

天津经济技术开发区是天津滨海新区的重要组成部分，也是国家综合配套改革试验区的一部分，同时还是中国首批国家级经济技术开发区之一。目前，天津经济技术开发区已有 3300 多家外商投资企业落户，投资总额超过 150 亿美元。以摩托罗拉、雀巢、SEW、诺和诺德等跨国企业为代表，形成了电子通信、食品、机械、生物医药四大支柱产业，经济飞速发展，人均生产总值已达中等发达国家水平，综合实力在全国国家级经济技术开发区中排名第一，成为“滨海新区”的龙头和天津市重要的经济增长点。联合国工业开发组织世界范围评选出的一百个工业发展最快的地区中，天津经济技术开发区也榜上有名。

河北省有秦皇岛、廊坊、沧州临港、石家庄、曹妃甸和邯郸六个国家级经济技术开发区。秦皇岛经济技术开发区是 1984 年经国务院批准设立的全国首批、河北省首家国家级经济技术开发区，建成了集国家级出口加工区、国家级大学科技园、国家级创业服务中心于一体的现代化、多功能、综合性、绿色生态产业园区。2015 年，开发区实现地区生产总值 265 亿元，占全市的 21.3%；完成规上工业增加值 169.9 亿元，占全市的 51.2%，成为全市工业的“半壁江山”；实际利用外资 1.89 亿美元，占全市 36%；进出口总额 31.79 亿美元，占全市的 69%。较好地发挥了“窗口、示范、辐射、带动”作用，成为秦皇岛市最具活力的经济增长极。廊坊经济技术开发区 2009 年成为国家级开发区，汇聚了 31 个国家和地区的企业，引进了 27 家世界 500 强企业和一批知名跨国公司，入驻的主要有神州数码、中国联通、维特根、好丽友、同方川崎等企业。沧州临港经济技术开发区全力构建中国长江以北重要化工产业基地和国家级循环经济示范区，2015 年签约京津产业转移项目 61

个，总投资200余亿元，名副其实地成为京津产业转移先行区和示范区。石家庄经济技术开发区是河北省承接非首都功能疏解的“微中心”之一，全区规划面积26.26平方公里，注册企业715家，工业总投资达600多亿元，建成较大规模项目163个，形成了以华药、石药、四药等知名医药企业为代表的生物医药产业集群，以新宏昌天马、中农博远、太行机械为代表的装备制造产业集群，以石家庄卷烟厂、青岛啤酒、可口可乐、益海粮油为代表的轻工食品产业集群和以四方通信、河冶科技为代表的战略新兴产业集群，产业结构优化，发展动力强劲，已经成为藁城区经济增长的重要引擎。曹妃甸国家经济技术开发区始建于2003年，累计投入资金4000多亿元，共有首钢京唐、华润电力等135个重大项目建成投产，先后被列为国家首批循环经济试点产业园区、国家级经济技术开发区、国家级石化产业基地、中日韩循环经济示范基地、综合保税区和国家智慧城市试点，实现了由不足4平方公里的一叶小岛到世界级大港的华丽转身。邯郸经济开发区于2000年9月经省政府批准设立，2013年10月升级为国家级，拥有国家新材料产业基地、国家新型工业化产业示范基地、国家科技兴贸创新基地等11个发展平台。2015年，全区主营业务收入1598亿元，总量位列全省第二；GDP实现239亿元，财政收入14.5亿元，分别是建区时的259倍和65倍，综合评价连续八年位居全省开发区十强，先后被省委、省政府评为经济发展先进开发区、项目建设先进集体、国别产业园建设先进单位。

3. 园区合作

园区之间融合深度是决定区域内合作深度与合作质量的关键所在。京津冀高新技术产业园区依托自身的产业优势与创新资源，立足京津冀三地高新技术产业基础和创新合作需求，加强不同地区之间和各个高新区之间的交流与合作，实现了京津冀三地政策资源、技术资源、自然资源、创新资源的优化配置，提升了京津冀的发展质量和创新能力。

从京津冀高新技术产业协同发展角度看，北京市高新区目前将产业辐射与区域产业链接措施齐头并进，发挥核心城市的带动作用，引领区域内高新技术产业的发展；天津市凭借区位优势，借力北京市的创新资源，同时充分发挥自身的产业基础，大力提升创新能力和产业层级，京津两地共同建设国家自主创新示范区，发挥强烈的互补效用；对于河北省来说，高新区的软环境优化和管理模式的创新正在进行。由于发展程度和发展时间的限制，河北省的高新区产业结构与发展层级和中关村的产业之间存在着较大的落差，因此尚未具备充足的承接产业转移的能力。除此之外，河北省重硬件轻软件的发展弊病也依然存在。

在京津冀地区，新兴产业园区并不少见，如：北京的中关村高科技园区、软件产业生产基地、信息产业基地、汽车产业基地等；天津的中海油能源生产基地、航天产业基地、临港化工产业基地等；河北省的软件产业基地、动漫产业生产基地，石家庄国家生物产业基地、纺织服装产业基地，唐山国家钢铁材料产业基地、精品钢材基地、新型化工基地、陶瓷产业基地等。

产业园区的布局，很大程度上与自身定位的精准密不可分。例如，作为京津产业带与河北省环京津产业带交会点的廊坊，依靠其优越的地理位置，依据与北京的协同关系，大力发展战略性新兴产业。廊坊市提出“北京研发、廊坊孵化”的差异化发展之路，依靠北京尤其是依托其优势产业发展自己，从而融入北京的产业集群，实现与北京的协同发展。廊坊已经形成了电子信息、现代装备制造、生物医药等一系列新兴产业园区。此外，廊坊依托北京和天津两地高校丰富的科技和人才资源走“产、学、研”结合之路。清华大学、北京大学以及中科院都在廊坊建立了孵化基地。统计数据显示，廊坊90%的科技型企业与京津高校院所建立了合作关系，每年引进高科技项目和成果500多项，加快形成具有廊坊特色的产业集群。

第二节　京津冀高新技术产业协同度分析

京津冀高新技术产业协同程度是影响京津冀协同发展国家战略有效实施的重要因素。必须在深入了解京津冀高新技术产业发展协同程度的基础上，方能提出全面促进京津冀区域内高新技术产业的协同发展的对策。

一　京津冀高新技术产业总体协同程度分析

测定协同度的模型有很多，主要有复合系统协调模型、耦合协同度、熵变方程法、区间值判断法和灰色关联度模型等方法。灰色关联度模型本质是反映系统或系统内的各因素随时间变化时，其变化方向和速度的关联程度，可以方便地分析主导因素和潜在因素，分清优势与劣势，为分析评价系统发展提供了相关的信息。相对于计量回归、数据包络分析等统计学常见方法，灰色关联分析法避开了数据量要求较大、数据分布特征要求明显的难题，对于多因素非典型的数据特征分析来说，灰色关联分析法要求的数据量较小，原理简单明晰，并且适合多种类的动态分析。因此，选取灰色关联度模型对于京津冀三地的高新技术产业主营业务收入总值和分行业的数据关系进行实证检验，以确定京津冀间产业协同发展的程度和产业间的协同程度。

（一）样本选取

为了使用灰色关联度模型分析京津冀三地之间高新技术产业发展协同程度，以京津冀高技术产业主营业务总收入为参考数列，以京津冀各自的高技术产业主营业务总收入为比较数列，以此来分析三地高新技术产业发展与京津冀区域整体发展的协同程度。

选取京津冀高技术产业主营业务收入总值作为原始数据，采用灰色关联系数作为协同程度量化指标，对京津冀三地高新产业协同程度进行分析。

表 5 - 7　　京津冀高技术产业主营业务收入

年份	京津冀总值	北京市	天津市	河北省
2000	1831. 1	1018. 9	656. 5	155. 7
2001	2201. 2	1225. 2	775. 7	200. 3
2002	2309. 5	1121. 9	953. 3	234. 3
2003	2584. 3	1256. 5	1056. 9	270. 9
2004	3329. 1	1571. 6	1505. 3	252. 2
2005	4377. 7	2168. 5	1909. 0	300. 2
2006	5495. 2	2831. 9	2336. 0	327. 3
2007	5932. 3	3362. 1	2147. 0	423. 2
2008	5686. 6	3182. 1	1965. 2	539. 3
2009	5559. 8	3019. 2	1918. 3	622. 3
2010	6508	3333. 8	2291. 1	883. 1
2011	7065. 1	3326. 3	2697. 4	1041. 4
2012	8301. 3	3569. 9	3526. 9	1204. 5
2013	9450. 6	3826. 1	4243. 5	1381. 0
2014	9942. 3	4151. 6	4282. 0	1508. 7

数据来源：2002—2015 年《中国高技术产业统计年鉴》。

（二）无量纲化处理

经过无量纲化处理，得到数据表 5 - 8：

表 5－8　　京津冀高技术产业主营业务收入无量纲化处理后数据

年份	京津冀总值	北京市	天津市	河北省
2000	0. 340885	0. 392231	0. 305215	0. 249936
2001	0. 409784	0. 471647	0. 360633	0. 321529
2002	0. 429946	0. 431881	0. 443202	0. 376108
2003	0. 481104	0. 483696	0. 491367	0. 434859
2004	0. 619759	0. 604995	0. 699834	0. 404841
2005	0. 81497	0. 834775	0. 887519	0. 481893
2006	1. 023009	1. 090154	1. 086037	0. 525395
2007	1. 104381	1. 294257	0. 998168	0. 679337
2008	1. 05864	1. 224965	0. 913647	0. 865706
2009	1. 035035	1. 162256	0. 891843	0. 998941
2010	1. 211556	1. 283363	1. 065162	1. 417587
2011	1. 315268	1. 280476	1. 254056	1. 671696
2012	1. 545404	1. 374251	1. 639702	1. 933511
2013	1. 759362	1. 472876	1. 972858	2. 216836
2014	1. 850899	1. 598179	1. 990758	2. 421825

（三）关联度计算

将经过处理后的京津冀高技术产业主营业务收入总值作为参考数列，将与整体做关联度比较的京津冀三省市的处理后数据值作为比较数列，由于分辨系数 ρ 越小越能提高关联系数间的差异，这里取 0. 2，计算出三省市主营业务收入与区域总值之间的灰色关联系数，并再次以三省市间两两数列分别作为参考数列和比较数列，分别计算出三省市与区域整体的灰色关联度以及两两之间的灰色关联度，求得各地高技术产业发展的灰色关联度结果如（表5－9）。

表5－9　　京津冀高技术产业发展灰色关联度

	京津冀总值	北京市	天津市	河北省
京津冀总值	1	0. 63046	0. 607139	0. 395743
北京市		1	0. 602083	0. 411655
天津市			1	0. 546971
河北省				1

（四）关联度分析

根据表5－9分析，京津冀三省市与该区域整体的高新技术产业发展协同程度来说，京津冀与该区域总值的关联度大小依次递减，北京市与区域整体的高新技术产业协同发展程度最高，其灰色关联度为0. 63046；天津市与区域整体的高新技术产业协同发展程度较高，其灰色关联度为0. 607139；河北省与区域整体的高新技术产业协同发展程度较低，其灰色关联度为0. 395743。该结果表明，京津的高新技术产业发展与区域整体的关联程度较高，分别形成了良好的互动关系，能够通过协同效应有效地带动该区域整体的高新技术产业发展，其中与区域整体的协同发展程度最高的是北京，其次是天津。河北省与区域高新技术产业发展的关联程度最低，协同作用处于相对较低的水平，说明与区域产业的协同互动关系明显弱于北京市和天津市。

北京与天津高新技术产业灰色关联度为0. 602083，北京与河北高新技术产业灰色关联度为0.411655；天津与河北高新技术产业灰色关联度为0.546971。这说明北京与天津的高新技术产业关联度较高，京津两市间的产业发展差距较小；天津市与河北的灰色关联度稍低于京津之间，北京市与河北省的灰色关联度最低。由此可见，河北省不仅与整个区域的灰色关联度明显低于京津两地，而河北省与北京市和天津市两市的协同程度也较低，说明河北省高新技术产业与京津两地的产业协同与互动相对较弱，河北省的高新技术产业发展与京津协同较弱，尚未能够融入区域的整体发展环境中。

二　京津冀高新技术细分行业协同程度分析

（一）样本选取

选取京津冀高新技术的医药制造业、航空航天及设备制造业、电子及通信设备制造业、计算机及办公设备制造业、医疗设备及仪器仪表制造业等行业的主营业务收入为原始数据，采用灰色关联系数作为协同程度度量化指标，对京津冀三地高新技术细分行业协同程度进行分析。

表5－10　京津冀高技术分行业主营业务收入

	医药制造业			航空航天及设备制造业		
年份	北京市	天津市	河北省	北京市	天津市	河北省
2000	66.5	67.1	112.7	22.8	0.2	3.5
2001	67	106	152.6	22.2	0.3	3.9
2002	92.9	129.4	184.8	25.1	0.3	4.4
2003	102.2	149.9	211.5	30.1	0.4	5.2
2004	115.2	131.5	181.9	36.1	1.6	4.1
2005	128.3	190.8	219.6	43.8	2.3	5.5

续 表

	医药制造业			航空航天及设备制造业		
年份	北京市	天津市	河北省	北京市	天津市	河北省
2006	143.2	216.8	225.4	53.2	3.1	6.1
2007	197.9	217.7	288.7	59.9	3.7	6.6
2008	253.3	224.9	351.4	62.7	3.4	7
2009	307.6	278.9	380	66.3	102.5	9.5
2010	369.2	314.7	525	82.8	152.7	11.8
2011	437.2	368.9	632.6	94.4	226.4	12
2012	525.7	457.5	744.8	136.2	257.5	12.9
2013	628	524	856.9	151.5	445.2	18.3
2014	662.6	538.8	893.7	183.8	583.1	18.2

数据来源：2001—2015 年《中国高技术产业统计年鉴》。

表 5-10 续　　京津冀高技术行业主营业务收入

	电子及通信设备制造业			计算机及办公设备制造业			医疗设备及仪器仪表制造业		
年份	北京市	天津市	河北省	北京市	天津市	河北省	北京市	天津市	河北省
2000	658.5	524.7	34.1	219.4	48.3	0.1	51.8	16.2	5.4
2001	755.5	591.1	35.2	317	58.8	0.3	63.6	19.6	8.4
2002	634.8	731.8	35.4	280.4	70.2	0.4	88.8	21.5	9.3

续　表

	电子及通信设备制造业			计算机及办公设备制造业			医疗设备及仪器仪表制造业		
年份	北京市	天津市	河北省	北京市	天津市	河北省	北京市	天津市	河北省
2003	668.9	770.4	40	347.8	107.9	0.6	107.7	28.2	13.6
2004	906	1196.1	49	379.3	147.4	0.7	135	28.8	16.4
2005	1344.6	1544.2	50.2	477.4	135.2	2.9	174.4	36.5	22.1
2006	1840.5	1939.8	62.8	584	134.5	4.1	210.9	41.7	28.8
2007	2291.3	1708.7	83.8	571.3	172.6	5.4	241.7	44.2	38.8
2008	2099	1498.7	134.4	541.8	183.1	7.4	225.4	55.1	39.1
2009	1807.5	1396.3	160.5	558.4	101.6	13.4	279.4	65.9	59
2010	1886	1639.5	246.1	688.9	102.3	20.8	306.9	81.9	79.4
2011	1699.3	1961.1	295.7	765.4	64.6	10.6	339.1	76.3	90.5
2012	1778.6	2580.8	351.3	766.9	139.1	10.1	362.6	92.1	85.4
2013	1952.6	2934.9	395.6	698.5	252.8	11.2	395.6	86.5	99
2014	2198.2	2727.8	473.5	690	329.1	12.1	416.9	103.3	111.1

数据来源：2001—2015年《中国高技术产业统计年鉴》。

（二）无量纲化处理

经过无量纲化处理步骤，得到数据如表5－11：

表5－11　　京津冀高技术行业主营业务收入无量纲处理后数据

	医药制造业			航空航天及设备制造业		
年份	北京市	天津市	河北省	北京市	天津市	河北省
2000	0.243	0.257	0.284	0.319	0.002	0.407
2001	0.245	0.406	0.384	0.311	0.003	0.453
2002	0.340	0.496	0.465	0.352	0.003	0.512
2003	0.374	0.574	0.532	0.422	0.003	0.605
2004	0.422	0.504	0.458	0.506	0.013	0.477
2005	0.470	0.731	0.553	0.614	0.019	0.640
2006	0.524	0.830	0.567	0.745	0.026	0.709
2007	0.725	0.834	0.726	0.839	0.031	0.767
2008	0.927	0.861	0.884	0.878	0.029	0.814
2009	1.126	1.068	0.956	0.929	0.862	1.105
2010	1.352	1.205	1.321	1.160	1.285	1.372
2011	1.601	1.413	1.592	1.322	1.905	1.395
2012	1.925	1.752	1.874	1.908	2.167	1.500
2013	2.299	2.007	2.156	2.122	3.746	2.128
2014	2.426	2.063	2.249	2.574	4.906	2.116

表 5-11 续 京津冀高技术行业主营业务收入无量纲处理后数据

	电子及通信设备制造业			计算机及办公设备制造业			医疗设备及仪器仪表制造业		
年份	北京市	天津市	河北省	北京市	天津市	河北省	北京市	天津市	河北省
2000	0.439	0.331	0.209	0.417	0.354	0.015	0.229	0.305	0.115
2001	0.503	0.373	0.216	0.603	0.431	0.045	0.281	0.369	0.178
2002	0.423	0.462	0.217	0.533	0.514	0.060	0.392	0.404	0.198
2003	0.446	0.487	0.245	0.662	0.790	0.090	0.475	0.530	0.289
2004	0.603	0.756	0.300	0.721	1.080	0.105	0.596	0.541	0.348
2005	0.896	0.975	0.308	0.908	0.990	0.435	0.769	0.686	0.469
2006	1.226	1.225	0.385	1.111	0.985	0.614	0.930	0.784	0.612
2007	1.526	1.079	0.514	1.087	1.264	0.809	1.066	0.831	0.824
2008	1.398	0.947	0.824	1.030	1.341	1.109	0.994	1.036	0.830
2009	1.204	0.882	0.984	1.062	0.744	2.008	1.233	1.239	1.253
2010	1.256	1.036	1.508	1.310	0.749	3.117	1.354	1.540	1.686
2011	1.132	1.239	1.812	1.456	0.473	1.588	1.496	1.435	1.922
2012	1.185	1.630	2.153	1.459	1.019	1.513	1.600	1.732	1.814
2013	1.301	1.854	2.424	1.329	1.852	1.678	1.745	1.626	2.103
2014	1.464	1.723	2.902	1.312	2.411	1.813	1.839	1.942	2.359

（三）关联度计算

将经过处理后的京津冀高技术行业主营业务收入分别作为参考数列和比较数列，分辨系数ρ仍然取0.2，分别计算出三省市高新技术行业主营业务收入之间的灰色关联系数，求得各地高技术行业发展的灰色关联度结果见表5－12。

表5－12　　　　京津冀高技术行业发展灰色关联度

地区关联	医药制造业	航空航天及设备制造业	电子及通信设备制造业	计算机及办公设备制造业	医疗设备及仪器仪表制造业
北京—天津	0.366626	0.504766	0.628682	0.616217	0.612147
北京—河北	0.556229	0.805786	0.390576	0.510008	0.365406
天津—河北	0.58181	0.57171	0.582539	0.635632	0.421006

（四）关联度分析

根据表5－12分析，京津冀三地的高技术行业之间的灰色关联度高低不一，在航空航天及设备制造业方面，北京市和河北省的关联度较高，达到0.805786，处于高度协同状态。

1. 区域间高新技术行业协同程度分析

北京市与天津市之间高新技术行业的协同程度中，电子及通信设备制造业、计算机及办公设备制造业、医疗仪器设备及仪器仪表制造业、航空航天器及设备制造业协同发展程度均处于较高水平，分别为0.628682、0.616217、0.612147、0.504766，但医药制造业相对协同程度较低，关联度为0.366626。

北京市与河北省之间高新技术行业的协同程度中，航空航天器及设备制造业协同发展程度处于高度关联状态，高达0.805786；医药制造业、计算机及办公设备制造业协同发展程度均处于较高关联水平，分别为0.556229和0.510008；医疗仪器设备及仪器仪表制造业和电子及通信设备制造业协同程度相对较低，关联度分别为0.365406和0.390576。

天津市与河北省之间高新技术行业的协同程度中，计算机及办公设备制造业、电子及通信设备制造业、医药制造业和航空航天器及设备制造业协同发展程度均处于较高关联状态，分别为0.635632、0.582539、0.58181和0.57171，医疗仪器设备及仪器仪表制造业协同程度相对较低，关联度为0.421006。

2. 高技术行业间协同程度分析

京津冀之间产业协同发展程度最高的是航空航天器及设备制造业，其中北京市和河北的协同程度最高，灰色关联度为0.805786，其次是天津和河北的协同程度，灰色关联度为0.57171，最低的是北京和天津的协同程度，灰色关联度仅为0.504766。上文分析显示，该行业的整体发展规模不大，产值占比和增速对整个高新技术产业的影响都较小。

在医药制造业中，津冀的协同程度是最高的，灰色关联度达到0.58181，其次是京冀间，为0.556229，而京津之间的灰色关联度仅有0.366626。结合实际发展情况，医药制造业是河北省的优势产业，2014年其主营业务收入占京津冀该行业总和的42.66%，占河北省高新技术产业主营业务收入总值的59.24%，而京津两地在该行业上表现并不突出。

电子及通信设备制造业在三地的高新技术产业中主营业务收入占比均较高，在北京市、天津市和河北省的占比分别为52.94%、63.70%和31.39%，而三地间该行业整体的协同发展程度较低，其中北京市和天津市的协同程度最高，但灰色关联度也仅为0.628682。京津冀三地间电子及通信设备制造业的协同程度差异较大，其灰色关联度最高为京津间，达到0.628682，最低为京冀间，仅有0.390576，说明该产业在京津冀的发展较为分散，没有形成有效的产业集聚和协作效应。

计算机及办公设备制造业协同程度较高，其中天津和河北的协同程度最高，灰色关联度为0.635632，其次是北京和天津的协同程度，灰色关联度为0.616217，最低的是北京市和河北之间，灰色关联度仅为0.510008。该行业在三地的高新技术产业中主营业务收入占比均较低，在北京市、天津市和河北省的占比分别为16.62%、7.69%和0.80%，对整个高新技术产业的影响都较小。

河北省的医疗仪器设备及仪器仪表制造业与京津两地的协同程度较低，灰色关联度为0.365406和0.421006，说明河北省与京津两地的产业协作和交流不畅，而京津之间的灰色关联度达到0.612147，与河北省相比其产业协作与交流程度较高。

三 影响京津冀高新技术产业协同发展的因素分析

根据京津冀高新技术产业和细分行业协同程度分析结果，京津冀高新技术产业发展存在着较大的差异，天津市和河北省都没有有效地借助区位优势来承接北京市高新技术企业的生产加工环节的转移，本部分从微观和宏观两方面分析京津冀高新技术产业发展不协同产生的原因。

（一）微观分析

1. 高新技术产业结构趋同

选用国际较为公认的相似结构系数分析京津冀高新技术产业结构分布的趋同性。结合研究京津冀高新技术产业结构的目标，结构相似系数公式如下：

$$S_{ij} = \frac{\sum_n X_{in} X_{jn}}{\sqrt{\sum_n X_{in}^2 \sum_n X_{jn}^2}} \tag{5-1}$$

其中，S_{ij}是某产业在 i 地区和 j 地区的高新技术产业结构相似系数；X_{in}是 n 高新技术产业在 i 地区的主营业务收入占 i 地区高新技术产业总收入的比重，X_{jn}是 n 高新技术产业在 j 地区的主营业务收入占 j 地区高新技术产业总收入的比重。

结构相似系数介于 0 到 1 之间，其值越大则表明两地产业结构越相似，区域分工程度越低。从动态来看，如果系数不断上升则产业结构有趋同的趋势，反之则趋异。这里选取 2011 年到 2014 年京津冀高技术产业各行业的主营业务数据为原始数据，计算结果如表5－13。

表5－13　　2011—2014年京津冀高技术产业结构相似系数

年份	京津	京冀	津冀
2011	0.92	0.60	0.58
2012	0.93	0.62	0.58
2013	0.95	0.65	0.57
2014	0.96	0.68	0.62

表5－14　2011—2014年京津冀各行业主营业务收入占高技术总和的比例

年份	省市	医药制造业	航空航天及设备制造业	电子及通信设备制造业	计算机及办公设备制造业	医疗设备及仪器仪表制造业
2011	北京市	13.11%	2.83%	50.95%	22.95%	10.17%
	天津市	13.68%	8.39%	72.71%	2.39%	2.83%
	河北省	60.75%	1.15%	28.39%	1.02%	8.69%
2012	北京市	14.73%	3.82%	49.82%	21.48%	10.16%
	天津市	12.97%	7.30%	73.17%	3.94%	2.61%
	河北省	61.83%	1.07%	29.17%	0.84%	7.09%
2013	北京市	16.41%	3.96%	51.03%	18.26%	10.34%
	天津市	12.35%	10.49%	69.16%	5.96%	2.04%
	河北省	62.05%	1.33%	28.65%	0.81%	7.17%

续 表

年份	省　市	医药制造业	航空航天及设备制造业	电子及通信设备制造业	计算机及办公设备制造业	医疗设备及仪器仪表制造业
2014	北京市	15.96%	4.43%	52.95%	16.62%	10.04%
	天津市	12.58%	13.62%	63.70%	7.69%	2.41%
	河北省	59.24%	1.21%	31.39%	0.80%	7.36%

根据表5－13和表5－14分析，北京和天津市两地的高新技术产业结构高度相似，当产业结构系数等于1时表示两地产业结构完全雷同，而北京市和天津市两地的产业结构系数从2011年的0.92上升到2014年的0.96，这意味着两地的区域分工程度基本不明显且有趋同趋势。从主营业务收入占该地区高新技术产业总收入的比例来看，北京市和天津市的电子及通信设备制造业均是当地占比最大的高新技术产业，其中北京市电子及通信设备制造业的主营业务收入连续三年占高新技术产业总收入的50%左右，2011—2014年分别为50.94%、49.82%、51.03%和52.95%。天津市电子及通信设备制造业在高新技术产业的占比更大，2011—2014年，该产业在天津市高新技术产业总主营业务收入的占比分别为72.71%、73.17%、69.16%和63.70%。

河北省与北京市和天津市的产业结构相似系数相对较小，说明河北省与天津市和北京市的产业结构相似程度低于京津之间。在北京市和天津市占比较大的电子及通信设备制造业在河北省的主营业务收入占比保持在30%左右，2011年到2014年的占比分别为28.39%、29.17%、28.65%和31.39%。而在河北省主营业务收入占比最大的行业为医药制造业，主营业务收入占比则保持在60%左右，2011年到2014年该行业的主营业务收入占比分别为60.74%、61.83%、62.05%和59.24%。

总之，围绕着以电子及通信设备制造业为主导的北京市、天津市高新技术产业群和河北省在产业梯度上存在着断档现象，在产业链条上也难以有效对接，因此未能形成对河北省的产业转移和带动效应，导致产业合作程度较低。北京市和天津市的产业技术和创新能力对河北的转移和辐射效应极其有限，京津冀之间的合作机制和模式也尚未有效形成，导致产业结构趋同程度较高，竞争激烈，区域内高新技术产业协同发展受阻。

2. 科技资源投入不均

科技资源投入是高新技术产业发展的动力，区域间科技资源的不均衡分布是直接导致产业发展不协调的重要原因。为了深入有效地分析京津冀科技资源分布的均衡性，考虑到京津冀区域之间的差异，这里参考纪玉伟的研究成果，使用梯形面积法计算京津冀高新技术产业的科技资源基尼系数，来研究分析京津冀科技资源分布问题。计算公式如下：

$$G = 1 - \sum_{i=1}^{n} (X_i - X_{i-1})(Y_i + X_{i-1}) \qquad (5-2)$$

其中，G 为基尼系数，X_i 是 i 地区高新技术产业主营业务收入占该区域的比例；Y_i 是科技资源占有量的累计百分比。初始值 $X_0 = 0$、$Y_0 = 0$。

2011—2014 年京津冀各高新技术产业主营业务收入、固定资产投资、R&D 人员和 R&D 经费内部支出数据如表 5－15，根据公式 5－2 测算的基尼系数如表 5－16。

表 5－15　2011—2014 年京津冀各行业主营业务收入占高技术产业总和的比例

年份	省市	主营业务（亿元）	固定资产投资（亿元）	R&D 经费内部支出（亿元）	R&D 人员（人）
2011	北京市	3326. 3	266. 55	74. 19908	22814
	天津市	2697. 4	350. 27	32. 14775	13228
	河北省	1041. 4	288. 36	11. 82436	8532

续　表

年份	省市	主营业务（亿元）	固定资产投资（亿元）	R&D 经费内部支出（亿元）	R&D 人员（人）
2012	北京市	3569.9	136.59	92.22290	27821
	天津市	3526.9	314.07	39.20720	14456
	河北省	1204.5	454.16	15.42720	9718
2013	北京市	3826.1	138.73	106.54304	31646
	天津市	4243.5	312.59	45.13154	16113
	河北省	1381.0	562.92	21.66872	11869
2014	北京市	4151.6	105.89	110.7598	32779
	天津市	4282	323.46	50.9798	19743
	河北省	1508.7	710.02	29.7671	15063

注：数据来源 2012—2015 年《中国高技术产业统计年鉴》。

表 5－16　　京津冀高新技术科技资源空间基尼系数

年份	固定资产投资	R&D 经费内部支出	R&D 人员
2011	0.33	0.41	0.38
2012	0.29	0.40	0.38
2013	0.27	0.38	0.37
2014	0.26	0.38	0.36

根据表 5－16 可以看出，京津冀区域的固定资产投资总额、R&D 人员、R&D 经费内部支出三方面科技资源的基尼系数较高，但均呈下降趋势，说明

分布不均衡但趋于缓和。具体而言，京津冀三地高新技术产业的固定资产投资基尼系数在0.3左右，分布相对平衡，仍在逐步改善，由2011年的0.33下降到2014年的0.26；R&D人员整体处于相对不均衡状态，基尼系数在0.3－0.4之间，但在缓慢减小；R&D经费内部支出基尼系数最高，说明分布最不均衡，但也在缓慢减小，由2011年的0.41下降到2014年的0.38。

综述所述，京津冀区域内高新技术产业发展协同程度存在差距的重要原因，是河北省科技资源的投入量难以有效增加，难以缩小与京津高新技术产业之间的差距。虽然河北高新技术科技资源各项投入的绝对增长率都比较可观，但是就区域内发展程度和所处阶段来说，河北省的各项科技资源的投入都处于一个较低的、非均衡水平。

3. 区域优势产业的集聚效应弱

京津冀高新技术优势产业的集聚效应未得到有效发挥，是导致该区域内产业发展不协同的关键因素之一。由于京津冀三地的优势产业各自集聚，区域内高新技术产业的集聚效应和知识溢出效应表现并不明显，区域内的资源和产业辐射力度均没有得到有效的发挥。

这里选用哈盖特（P. Haggett）提出的区位商模型考察测度京津冀高新技术产业集聚效应情况。数学公式如下：

$$LQ_{ij} = \frac{L_{ij}/\sum_{j=1}^{m} l_{ij}}{\sum_{i=1}^{n} L_{ij}/\sum_{i=1}^{n}\sum_{j=1}^{m} L_{ij}} \tag{5-3}$$

其中，LQ_{ij}是J区域第i个高新技术行业的区域商；L_{ij}是J区域第i个高新技术行业的主营业务收入；$\Sigma_{j=1}^{m}$是J区域全部高新技术行业的主营业务收入之和；$\Sigma_{i=1}^{n} L_{ij}$是全国第i个高新技术行业的主营业务收入之和；$\Sigma_{i=1}^{n}\Sigma_{j=1}^{m} L_{ij}$是全国所有区域所有高新技术行业的主营业务收入之和。

一般地，如果高新技术行业的区位商大于1.5，则该产业在当地就具有明显的比较优势。这里选取2011年到2014年全国和京津冀高新技术产业各行业的主营业务收入为原始数据，计算结果如表5－17。

表 5－17　2011—2014 年京津冀高新技术行业区位商

年份	省市	医药制造业	航空航天及设备制造业	电子及通信设备制造业	计算机及办公设备制造业	医疗设备及仪器仪表制造业
2011	北京市	0.79	1.28	1.03	0.94	1.32
	天津市	0.83	3.8	1.47	0.1	0.37
	河北省	3.67	0.52	0.58	0.04	1.13
2012	北京市	0.87	1.67	0.97	1.00	1.34
	天津市	0.77	3.21	1.42	0.18	0.34
	河北省	3.65	0.47	0.57	0.04	0.93
2013	北京市	0.97	1.74	0.99	0.85	1.36
	天津市	0.73	4.61	1.34	0.28	0.27
	河北省	3.66	0.58	0.55	0.04	0.94
2014	北京市	0.94	1.94	1.03	0.77	1.32
	天津市	0.74	5.98	1.23	0.36	0.32
	河北省	3.49	0.53	0.61	0.04	0.97

数据来源：2012—2015 年《中国高技术产业统计年鉴》。

根据表 5－17 的计算结果可知，京津冀各地的优势产业各有不同，优势产业各自集聚现象较为突出：

北京市在航空航天制造业和医疗设备及仪器仪表制造业上优势明显，专业化程度保持稳定增长，航空航天制造业区位商由 2011 年的 1.28 逐年稳步上升至 2014 年的 1.94，医疗设备及仪器仪表制造业区位商保持在 1.32—1.36 之间，奠定了其稳定的优势产业地位。

天津市在航空航天制造业和电子及通信设备制造业上长期保持优势地位，电子及通信设备制造业区位商保持在1.23到1.47之间，航空航天制造业区位商由2011年的3.8逐年稳步上升至2014年的5.98，属于明显专业化程度较高的产业，是天津市五大高新技术产业中最突出的一项。

河北省长期在医药制造业上保持产业优势，其区位商保持在3.49到3.67之间，其专业化程度显著领先于北京市和天津市，是河北省高新技术产业产业集聚水平最高的行业。

由上述分析可知三地的优势行业，北京市主要发展航空航天制造业和医疗设备及仪器仪表制造业，这两个行业在当地的专业化程度较高，在全国具有较强的竞争力；天津市主要发展航空航天制造业和电子及通信设备制造业，尤其是航空航天制造业的专业化程度明显高于北京市；而河北省的高新技术产业的优势行业仅有医药制造业，已经成为河北省高新技术产业中的支柱行业。河北省除医药制造业以外的其他四个行业的专业化程度都相对较弱，尤其是之前拥有产业优势的医疗设备及仪器仪表制造业近年来表现平庸，明显低于全国平均水平。京津优势产业集聚效应未有效发挥，河北省也未有效利用京津两地的资源优势，从而导致京津冀高新技术产业的协同发展程度较低。

（二）宏观分析

1. 京津冀资源要素流动不顺畅

实现京津冀区域高新技术产业在竞争中不断加强协同合作的重要途径是生产要素的合理化、跨域性、竞争性的流动。珠三角地区的生产要素流动是改革开放后以市场为导向形成的，长三角的生产要素流动主要是随着改革的进行，市场化力量的逐步推动，促进政府将权力适当地下放，并且地区间的合作日益密切，使得市场间的联系和交流也逐渐加强，因此长三角的生产要素流动机制逐步完善。就京津冀地区而言，在制度建设、信息化建设、市场交易成本等方面依然有待完善，这是京津冀高新技术产业要素合理流动和区域协同发展的“瓶颈”。

2. 京津冀协同机制不健全

对于京津冀高新技术产业来说，影响区域内发展效率和协同程度的重要制度原因是区域协同合作机制不健全。与珠三角和长三角地区相比，京津冀区域内国有企业在高新技术产业中的比重较大，各地的政府部门对人力、资金和科研资源的控制也相对较强，对于企业经营活动的干预力度也较大，高新技术企业缺少应有的活力。

如何充分调动区域内各个组织成员与各个地方职能机构的积极性，是京津冀区域高新技术产业协同发展的最大难点，尤其是涉及区域协同发展的利益分配问题。由于京津冀地区发展的历史原因，高新技术产业的合作深度都相对有限，导致了区域内高新技术产业发展基础差距较大。京津冀地区的生产要素和科技资源难以科学化、合理化、自由化流动，相关资源的优化配置也难以实现。政府在区域合作中尚未突出企业的主体地位和市场在资源合理配置中的基础性作用，同时没有规范保护企业在区域合作中的合法权益。

第三节　推进京津冀高新技术产业协同发展的对策建议

根据前两节的分析，导致京津冀高新技术产业协同程度不高的原因既有微观方面因素，也有宏观方面因素。综合考虑京津冀资源要素合理流动机制，解决协同差异要从加快行政体制改革入手，兼顾产业集聚效应，加大高新技术产业的研发投入的同时更要完善国家高新区联盟建设，逐步推进京津冀高新技术产业协同发展的步伐。

一　加快京津冀资源要素合理流动

京津冀三地亟须遵循功能定位，强化各自分工，在竞合关系的深度调整中进一步推动区域资源要素的合理流动。对于京津冀高新技术产业来说，尤其要推动区域创新资源的合理流动，以实现协同发展。

（一）结构性资源“互动式”转移与承接

考虑到北京高新技术产业的自身配套条件完备、人才智力支撑雄厚、创新成本较低、产业发展空间充足，而天津与河北的产业配套体系尚不健全，过度强调产业资源的单向疏解与转移，可能产生“水土不服”，降低已有产业要素的配置效率和产出效益。因此，结构性资源的转移顺序应是逐步由外围环境的完善走向核心要素的自发流动，在产业发展的外部环境制约不断消除、金融配套条件不断夯实的基础上，以产业要素自身追利本性驱使与市场最优化配置为前提，引导和保障产业资源要素的合理流动，进而完成产业资源要素的“互动式”转移与承接。

（二）创新资源流动要充分发挥政府作用

京津冀三地在创新服务平台建设和人才培养与引进方面，要加强孵化与产业化平台建设，打造“个性化”金融服务，构建人才引进“绿色通道”，通过金融支持的“常态化”和“定制化”，为其他依托创新资源流动的要素提供可预期的发展空间和机遇。

二　完善京津冀高新技术产业协同机制

京津冀务必加快行政体制改革，建立科技创新体系，改进体制、机制和产业结构等诸多方面的问题。

（一）打破行政框架约束

京津冀三地都面临着调整高新技术产业传统结构、提高产业发展水平、促进区域互动性协同发展的重要需求。强势的集聚与扩散效应依赖于区域产业一体化的基础，才能推动更大空间范围内新型工业化的进程。要加快京津冀区域内高新技术产业协同发展，势必要打破行政区划的框架约束，跳出画地为牢、人为阻隔的局面。提高区域内高新技术产业发展效率和协同程度，势必要加快行政体制改革，推行顶层设计理念，把区域的整体发展纳入综合布局中来，以市场的需求为导向，整合科技资源，加快建设产学研联盟的创新科技体系，来促进区域内的技术创新。

（二）建立科技创新体系

创新体系的建设核心为技术创新，还包括体制创新，也包括管理创新和组织创新。在体制创新方面，京津冀需要合力拓展市场合作的广度和深度，共同营造有竞争力的投资、科研和发展环境。在管理创新方面，把市场接纳应用成果的程度作为风向标，反映科技成果的价值，促进科研能力转化为现实生产力，真正发挥技术这一生产要素的重要作用，调动创新积极性，鼓励和激发创新热情。在组织创新方面，促进形成区域性开放式的研究网络，鼓励有实力的企业设立研发机构，充分利用高校的人才资源、设施资源，重点支持一批从事社会公益研究、基础研究和前沿高技术研究的科研院所，将三方有机结合，建立企业、高校、科研院所联合创新、产学研一体化的研发机构，提高研发能力，实现科技与经济的融合。通过加强技术创新在各环节的合作性，同时优化创新资源的合理化分配，从而实现综合创新能力和效率两方面的快速提升，形成具有开放性、流动性、竞争性和协作性的运行机制。

（三）重构高新技术产业分工格局

京津冀高新技术产业结构构建，应以新型产业分工为基础，强调部门内部分工，突出产品专业化和功能专业化，形成错位竞争、链式发展的整体优势。北京产业的层次较高，是区域内高新技术产业链的研究开发中心、技术创新中心、营销中心及管理控制中心。天津的优势在于拥有先进的制造技术和完备的制造业基础，处于高新技术产业链条的中端位置；河北省具有低商务成本优势和基础制造业优势，处于高新技术产业链和价值链的低端环节。同时，北京正处于非首都功能和一般性制造业向周边疏解的阶段，而天津正处于打造先进制造业研发基地的关键时期，河北也正处于产业转型升级，打造商贸物流基地的重要时期，北京产业的“疏”与津冀产业的“聚”，也恰好为区域产业整合、重构区域产业链提供了重要契机和发展空间。因此，以新型产业分工为基础，京津冀高新技术产业完全有可能形成错位竞争、优势互补、共赢发展的区域产业分工新格局。

三　有效发挥京津冀高新技术产业集聚效应

改善优势产业割裂、产业结构趋同的另一措施在于积极促进和引导主导产业带动产业集聚，同时推进产业的合理化梯度转移。发挥主导产业的带动作用也是促进产业集聚化的有力措施，高新技术产业的梯度转移也是区域内产业协同发展的必然趋势。

（一）大力促进京津冀高新技术产业集聚

促进产业集聚就要以高新技术产业园为主要载体，重点发展具有战略意义的高新技术产业，特别是新兴产业，完善和提高高新区的功能，改善园区发展建设的软环境；另一方面，要积极发挥国家级高新区的引领和带动作用，调整优化园区内高新技术产业结构，来推动园区内战略性新兴产业的发展。利用生产的外部性效应来提高高新技术产业的发展效率和协同程度。对于北京市来说，航空航天制造业和医疗设备及仪器仪表制造业在当地的专业化程度较高，在全国具有较强的竞争力；天津市两大主导产业航空航天制造业和电子及通信设备制造业，尤其是航空航天制造业的专业化程度显著，而河北省的高新技术产业的优势行业主要集中在医药制造业。各地应主抓主导产业，保持主导产业的竞争优势，并且以大型企业为主体，完善主导产业的全产业链体系，达到辐射中小型企业联动发展的目的，在京津冀区域内建立各具特色性、多样性、优势性的高新技术产业集群。

（二）推进产业梯度转移

京津冀三地产业发展水平内部落差巨大，北京高新技术产业实力远高于天津和河北。因此，京津冀高新技术产业链构建的关键在于“垫高”河北的高新技术产业发展水平，形成区域内合理的梯度差，借北京非首都功能疏解之机，实现高新技术产业的梯度转移。从空间布局上看，北京市内的疏解重点应放在城市发展新区，以促进“产城融合”；天津重点在于通过承接非首都功能，缓解滨海新区“一枝独大”现象，促进天津高新技术产业的相对均衡发展；河北由于面积大、人口多，在承接非首都功能疏解上应选择优势地区和优势园区进行承接，重点依托石家庄、唐山、保定、廊坊和邯郸进行承接，注重在打造产业轴的同时，打造城镇轴和人口聚集轴。

四　建立京津冀国家高新区联盟

京津冀国家高新区联盟是落实京津冀协同发展国家战略的重要手段，是按照中央和京津冀三省市关于加强京津冀协同发展的总体要求，本着优势互补、互利共赢、平等协商、市场主导的原则，创新合作机制，拓展合作领域，建立长期稳定的合作关系，坚持“立足各自比较优势、立足现代产业体系分工要求、立足区域优势互补原则、立足合作共赢理念”，率先探索，引领创新，服务发展，提升实力，在全国率先形成以创新驱动为内核、以一体化发展为特色的园区合作发展范式。

（一）设计实施产业链协同创新

京津冀三地的7家国家高新区在优势领域强强联合，推进相关高新区主导产业实现突破性飞跃发展，吸引高技术成果实现本地化发展，产业链进一步延伸耦合。一是协同突破产业关键技术，主要利用中关村在生物医药、电子信息和装备制造方面的研发优势，推动河北相关高新区在支柱产业关键技术方面实现突破，支持各地企业、高校和科研院所联合开展关键技术研究和技术标准制定，共同申请国家重大科技计划和产业化项目，联合建设实验室、工程中心、中试基地、科技成果转化基地。二是加强产业链延伸与耦合，利用中关村知识外溢优势以及区位辐射优势，在更大的范围、更广的领域满足市场需求、创造市场需求，实现产业链的延伸。三是引导中关村优质科教资源入驻天津和河北的高新区，建立工作室、工作站、实验室等，推动人才引进和交流，改善和提高河北高新区的创新环境和科教水平。

（二）共同打造开放式创新平台

京津冀国家高新区要打破传统的封闭式创新模式，推动创新资源、产业资源、空间资源、政策资源在京津冀三地间的优化配置和高效流动，加强中关村和天津滨海新区对外的高端辐射和溢出，提升京津冀大区域创新能力与发展质量。一是京津冀三地的国家高新区要共同建设园区信息平台、仪器设备共享平台、人才交流平台、项目发布平台、科技成果对接平台、技术转移平台、院士工作站、博士工作站等。二是借鉴北京的激励政策，发挥市场机制，研究制定相关支持政策，让天津和河北企业加入北京的创新联盟，发挥国家高新区的综合优势，营造良好的企业发展环境。三是成立以北京为主的协同创新研究院和7家国家高新区龙头企业发起的研发行业协同创新中心。

（三）协同培育新模式新业态

一是注重发展“互联网+科技服务业”的发展模式，加快检验检测、创业孵化、知识产权、科技咨询、科技金融等科技服务业发展。二是推进服务创新。推动线上线下、区内区外的集成式整合，由生产领域延伸至服务领域，以服务创新推进柔性、敏捷、个性化生产。三是加强服务融合创新，共建产业技术创新联盟。

第六章　京津冀文化产业协同发展

实现文化产业协同发展，是京津冀三地落实文化强国战略，实现“文化自信”目标，坚持创新、协调、绿色、开放、共享五大发展理念，协作推动文化产业成为国民经济支柱型产业的重要举措。长期以来，京津冀三地文化产业发展各自为战、各成体系，致使区域凝聚力和整体竞争力缺乏，制约了三地文化产业更好地集约发展。只有正视三地的差异和存在的问题，并认真分析、深入探索，找到适合产业特点的协同发展路径，才能更好地发挥京津冀地区文化的引领作用。

第一节　京津冀文化产业协同发展现状

自 2014 年 8 月起，京津冀三地相继签署《京津冀三地文化领域协同发展战略框架协议》等文件，初步构建了京津冀文化协同发展框架体系，逐渐明确了协作的指导思想、基本原则、合作内容、战略合作组织机制等重点问题，搭建了合作的平台基础，对于促进京津冀创新要素资源共享、优势互补、合作共赢具有重要的战略意义，也标志着三地文化产业对接与协调发展将迈向更深和更广层次。

一　京津冀文化产业协同发展的基础条件

京津冀区域文化资源极为丰厚，三地文化历史传承和演变既具有同源性，又存在异质性，这就从根本上为协同发展提供了可能性和必要性，特别是随着京津冀协同发展上升为重大国家战略，多种政策的支持为三地文化产业的协同发展带来了更多历史性机遇。

（一）区域经济协同是京津冀文化产业协同的前提

“和合”文化是中华文化的精髓，中国自古重视天地人和，既追求和而不同的个性境界，又强调协力同心重大局的精神风貌。“协同”出自《汉书》，为“协调共同”之意，这一理念成就了中华民族源远流长的文明史。京津冀三地处于京畿福地，文明程度很高，具有推动文化产业协同发展的良好基础、巨大潜力和现实需要。

在《京津冀协同发展规划纲要》中，文化协同是京津冀协同发展的一项重要内容，是举文化之力推进京津冀协同发展的战略支点。文化产业成为经济科学发展、绿色发展、创新发展的核心引擎。习近平总书记非常重视文化在当前全球化时代的独特意义，多次指出没有文化支撑的事业难以持续长久，特别是在 2014 年 6 月 6 日，他出席巴黎联合国教科文组织会议，在总部发表演讲时指出，“没有文明的继承和发展，没有文化的弘扬和繁荣，就没有中国梦的实现”。无独有偶，学界关于文化之于区域经济发展的重要作用的研究早已深入开展，北京师范大学北京文化发展研究院执行院长刘勇，作为北京市社科联决策咨询课题——“文化认同对京津冀协同发展的促进作用研究”的首席专家，他强调了文化的作用：“经济卓有成效，但文化跟不上不行，会出大问题”[①]。由此可见，区域文化发展与经济发展、地域文化特色密切相关，需要协调推进。

雄安新区的崛起，为区域一体化开拓了新思路。雄安乃古雄州、安州之域，不仅是历史悠久、文化璀璨、地灵人杰、物华天宝的良好沃土，更是华北生态与人文交融的宝地、是华夏粟作农业肇兴地和古代茶马互市、

① 赵婀娜、丁乐：《京津冀三地协同发展 文化可一马当先》，《人民日报》2015 年 7 月 16 日第 17 版。

丝绸之路交会地。燕赵著名历史文化学者梁勇从总结了雄安的区域文化特点："河湖水系，天人合一、边塞文化，悲喜交集、商贸文脉，源远流长、精神气质，豪侠仗义、民俗风情，绚丽多彩、红色文化，隽永豪放"。从历史和现实要求预测，将来雄安一定是一个国际化的文化创意之都、文化创意高地，将会产生强大的溢出效应，带动周边、全河北、京津冀的文化创意产业发展。

（二）区域合作和竞争是京津冀文化产业协同发展的内生动力

一直以来，区域合作与竞争是京津冀区域经济发展面临的难题。当前，我国文化产业主要集中在经济发达的三个区域，其中，珠三角和长三角文化产业协同发展快于京津冀地区。长三角和珠三角区域实力的持续提升，分别得益于上海文化和岭南文化的强劲凝聚力；与此相比，京津冀三地战略地位、经济发展水平差异等问题，给三地文化产业资源整合造成了一定的困难，也为区域协作留下了提升的可能空间。

为推动区域文化产业合作走上快车道，由京津冀三地政府主管部门牵头签署的《京津冀三地文化领域协同发展战略框架协议》，主要集中于区域文化发展布局、现代公共文化服务体系建设、演艺文化交流与合作、文化产业协作发展、优秀传统文化的保护与利用、文化旅游融合发展、区域文化市场、文化人才的交流培训八个方面，希望通过协调谋划，促进京津冀文化资源整合和文化产业合作的有序展开和深入对接。许多研究者也认为三地竞争与合作，需要充分挖掘京津冀三地文化产业资源的差异性和独特性，"打破壁垒、突出优势"①，共同处理好协同性与差异性的关系，以合理分工、错位发展、梯度布局的思路谋求丰富资源的有效整合。只有建立在京津冀区域经济一体化的基础上，遵照开放、共享、互补的原则，整合区域内文化产业资源，才有利于提高京津冀地区整体经济实力。

---

① 李慧：《京津冀文化产业协同要把握四个关系》，《光明日报》2016年1月8日第2版。

（三）政策支持是京津冀文化产业协同发展的重要保证

2009年国务院发布《文化产业振兴规划》，明确指出了文化产业作为国家战略性新兴产业的地位。之后，党的十八大指出，发展文化产业“必须坚持把社会效益放在首位、社会效益和经济效益相统一，推动文化产业跨越式发展，为推动科学发展提供重要支撑”，要求“文化产业成为国民经济支柱型产业”，这也是“十三五”文化发展的任务。

在国家政策体系内，京津冀三地分别制定了鼓励文化产业发展的规划和政策。北京市先后出台了《北京市促进文化创意产业发展的若干政策》《北京市文化创意产业集聚区认定和管理办法（试行）》等政策文件。天津市下发了《天津市文化产业振兴规划》，制定了《天津市文化服务、文化产业转型升级工程》《关于促进天津市文化贸易发展的实施意见》《天津市关于推进文化和旅游融合发展的实施意见》《文化体制改革中经营性文化事业单位转制为企业的实施意见》等文化产业相关促进政策。河北省颁布了《河北省文化大省规划纲要（2005—2010年）》《关于促进文化产业发展的实施意见》《河北省文化产业发展十三五规划》《关于推动全省文化产业加快发展的若干意见》等，明确提出文化产业被确定为影响未来发展的战略产业。

（四）京津冀文化产业发展为协同提供了有力支撑

统计数据显示，近年来京津冀三地文化产业增加值及总量基本呈逐年上涨趋势。如2013年，三地文化产业增加值共计达到4426.7亿元，约占全国文化产业增加值的20.7%，同比之下，珠三角地区文化产业增加值约为2706亿元，约占全国的12.6%，长三角地区文化产业增加值约为4880亿元，占全国的22.8%。总体看，京津冀地区文化产业发展在全国也处于相对优势地位，有很大发展潜能。

表 6-1　　京津冀三地近年来文化产业发展有关指标

区域	文化产业法人单位(万个)(2013)	就业人员(万人)(2013)	文化产业增加值(亿元)(2012)	占 GDP 比重(%)(2012)	文化产业园区(个)(2014)
北京	9.8	94.5	1474.9	8.25	30
天津	2.2	36.1	503.4	3.90	37
河北	2.9	48.5	726.3	2.73	30

注：以上数据来自京津冀三地经济年鉴。

同时，北京、天津和河北拥有各自独特的文化资源，都形成了各自的特色文化产业、优势领域和优势环节，凸显了三地差异化的文化品质。这也为京津冀文化产业协同发展提供了有力支撑。

二　京津冀三地文化产业发展现状

京津冀三地文化资源互补性较强，已经初步形成了产业梯度，在一体化协同发展背景下，三地文化产业具有协同发展的基础，各自有独特的优势和不同的发展机缘，具有很强的市场腹地空间。“根据不同的发展程度，目前京津冀已经初步形成了‘领跑—跟随—追赶’的局面。北京依托其首都的资源优势，文化产业各门类全面发展，已经率先成为国民经济的支柱型产业。天津立足于城市发展和文化特征，已初步形成了高端演出、动漫电影、民俗艺术以及海洋文化等多品类共同发展的态势。河北省则凭借着浓厚的文化底蕴，非物质文化遗产项目的产业化将成为他们突围的‘法宝’。”①

（一）北京文化产业已成支柱产业，且处在产业链上游

早在 2005 年，北京市委市政府已经明确提出要大力发展文化创意产业，因为北京不仅历史文化习俗、建筑等遗存丰裕，且在资本、技术、人才等文

① 刘杰：《京津冀新文化产业的“三国策”》，《新金融观察》2015 年 12 月 21 日第 23 版。

化生产要素方面十分富集，一直以来都是京津冀地区乃至全国文化产业发展的龙头。从图 6－1 可以看出，近 5 年来北京文化创意产业呈上升的趋势，产业增加值从 2010 年的 1697.7 亿元增加到 2015 年的 3179.3 亿元，占全市 GDP 比重从 12.1% 提高到 13.4%，年均增长速度高达 12.6%，仅次于金融业，成为第二大支柱产业。2016 年文化创意产业实现增加值 3570.5 亿元，年增 12.3%，依然稳居全国首位。这意味着北京市文化创意产业已经进入了连年高速增长的“新常态”。

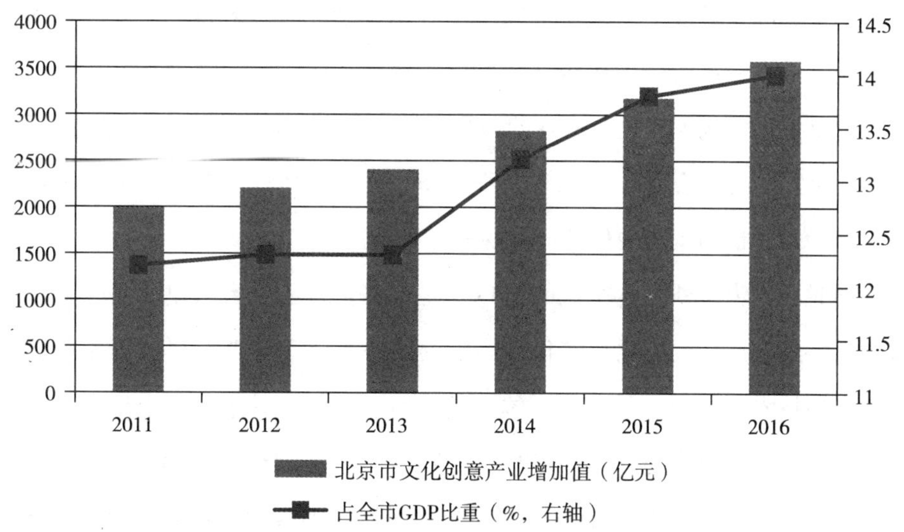

图 6－1　北京市文化创意产业增加值及占 GDP 比重①

利用高端研发优势，依托集聚区和众多文化产业园区及示范基地建设，北京市初步形成了以软件网络和计算机服务业为主，由文化艺术、新闻出版、广播影视、设计服务、艺术品交易和会展等行业共同构成的文化创意产业结构体系。尤其是集聚发展特点突出，据统计，北京全市共有 30 多个市级集聚区，涵盖了文化创意产业 9 大领域，其中，CBD 国际传媒产业集聚区、中关

① 《北京市“十三五”文化创意产业发展形势展望》，2016 年 10 月 31 日中城国合规划设计研究院（https://www.wenji8.com/p/21aaoIW.html）。

村创意产业集聚区、798艺术区等集聚效应显著。而且北京名牌企业较多，特别是保利文化集团、光线传媒、万达文化、中国对外文化集团、中国电影股份公司等。

特别要指出的是，北京作为全国的文化中心，在产业链中一直占据着内容制作及展示传播等高端环节，不仅在文化艺术、新闻出版、广播影视和文化旅游等传统领域积聚了显著的资源及品牌优势，在数字动漫、网络传媒、创意设计等新兴文化业态方面亦十分发达，吸引了丰富的文化创意人才、资本等要素资源，形成了优质要素集聚发展态势，对周边区域产生了巨大的辐射作用，具有一定的带动次级文化发展的潜能。同时，近年来北京特别重视产业融合发展，例如文化与科技的融合加快了信息产业、新媒体产业等发展；文化与金融业态融合优化了融资大小环境；文化创意产业与制造业、现代服务业的融合，带动了相关传统产业的转型升级。

同时，作为对外文化交流的窗口，北京文化贸易成为京津冀对外贸易发展新的增长亮点，因为北京有很多高端的服务平台型企业可以辐射京津冀地区，通过技术原创内容的平台、技术的平台、产品交易平台、走出去的平台来统筹京津冀区域内的资源，有助于天津和河北的文化产品和服务市场贯通，实现三地资源优化配置，并使三地企业的项目流动起来，打通产业链，推动区域协同发展，发挥引领作用。

（二）天津高端文化产业体系形成，“津”派文化特色明显

天津市作为北方地区经贸往来和对外开放的腹地，拥有天然的环渤海地理环境优势，便捷的海运、空港条件为发展高端文化装备制造业提供了有利条件；同时，天津是戏剧、曲艺之乡，作为文化名城艺术门类齐全，具有深厚独特的“津派”文化底蕴。随着文化体制改革深入推进，市场体系逐渐完善。

2016年10月30日发布的《创意城市蓝皮书——天津文化创业产业发展报告》显示，2014年天津市文化创意产业增加值达到710多亿元，文化创意

产业从业人员已超过40万人。2015年，天津市文化创意产业增加值超过GDP的4.7%，已经接近支柱产业。从产业结构看，咨询策划、电信软件、设计服务三大门类增加值占天津市创意产业的比重分别达到33%、30%和21%，合计达到84%，成为支撑天津文化创意产业发展的主导力量。①

天津市“一线三点五团”② 的文化创意产业体系基本建成，产业集聚效应初步显现。在国家动漫产业综合示范园、中国3D影视创意园区、国家影视网络动漫实验园、国家影视网络动漫研究院等国家级项目带动下，天津市文化产业集聚效应越来越明显。产业环节集中在内容创意、制作复制、发行展示等领域，其文化艺术产业、软件互联网、广告会展等特色产业优势明显。其文化产业主要包括广播影视、出版发行、演艺娱乐、文化旅游、数字内容和动漫、文化会展、艺术品交易、文化创意八大业态。一批龙头企业迅速成长，如北方电影集团、神界漫画、卡通先生影业、猛犸科技、福丰达等；和平区6号院、河北区3526创意工场、红桥区“意库”创意产业园等20余个创意产业基地初具规模，生产了一批创意产品，例如漫画版《四大名著》、国内首款心理调节类游戏“快乐芯”等。

（三）河北文化发展先天基础雄厚，文化制造业创新潜力巨大

作为一个有着悠久历史文化内涵的大省，河北存在着极具地方特色的文化资源，特别是在土地面积和人口数量上占绝对优势，潜在的文化消费市场巨大，在文化产业发展上先天基础雄厚，可以说未来前景广阔。当前，河北文化发展仍在探索中，规模不断扩大，已形成了门类齐全的文化产业体系。河北省文化产业发展“十三五”规划再次明确要求要重点发展文化旅游业、出版印刷发行业、文化娱乐与演艺、文化产品生产及销售业、动漫游戏等行业为主导的特色文化产业，产业环节主要集中在生产复制、文化消费等中间

---

① 谢思全主编：《创意城市蓝皮书：天津文化创意产业发展报告》，社会科学文献出版社2016年版。

② “一线”即海河和南北运河文化产业带；“三点”中心城区、蓟县、滨海新区核心区；“五团”即重点打造杨柳青、团泊、津南、武清、宝坻等文化创意产业组团。

环节，尤其在文化制造业创新发展方面具有较大潜力。近年来，市场主体不断壮大，品牌影响力和竞争力持续提升。一年一度的张北草原音乐节就是很好的实证，它集坝上草原风情游和摇滚狂欢于一体。张家口又将借助与北京共同成功筹办2022年冬奥会的契机，积极打造享誉国际的历史文化名城。

但是，河北文化产业发展较京津稍显滞后，文化产业整体实力与作为经济总量大省、文化资源大省和拥有“两环”区位优势省份的地位相比，还不够相称、不够协调。河北品牌影响力不足，市场主体吸引力弱，消费能力增速较慢。河北文化旅游、演艺娱乐等领域开发层次较浅，品牌影响力较弱，盈利水平不高；虽然文化产业园一涌而起，但是各地普遍重视硬件建设，忽视服务配套，产业后劲不足，发展难有起色。虽然已有百年巧匠、古城香业等文化企业龙头在新三板上市，但影响力不大；除河北出版传媒集团、西柏坡、吴桥杂技、曲阳石雕、国华影视基地、香河家具展城、大厂赵德平评剧团、丰宁大汗行宫、京北第一草原、滕氏布糊画、金山岭长城、野三坡百里峡的名声远播京津之外，真正有文化影响力、经济拉动力的精品、名品还乏善可陈，更未形成品牌企业集聚辐射力，相比于京、津，河北省缺乏深具文化凝聚力、特色凸显、外向度较高的龙头企业，难以引领文化消费潮流，和京津地区的诸多名牌实力差距很大。

三　京津冀文化产业协同发展进展

文化协同作为协同发展的重要内容，近几年京津冀三地政府、业界和学界加大联动合作、统一谋划的力度，为合作打下了良好的基础，三地协同取得了重大进展，协同格局已具雏形。

（一）政策不断出台，协同进程加快

为推动三地文化协同，京津冀三地继签署《京津冀三地文化领域协同发展战略框架协议》后，还签署了几份专业性协议，如《京津冀演艺领域深化合作协议》《京津冀三省（市）群众艺术馆（中心）协同发展合作协议》《京津冀三地文化产业协会框架合作协议》《京津冀三地文化人才交流与合作框架

协议》《京津冀旅游协同发展示范区合作宣言》《环渤海地区合作发展纲要》。尤其值得肯定的是，除政府管理部门签订了协议、纲要等以外，三地还采取了行动，制定了相应的政策措施，在优势互补、共建共享、统一开放的原则下，有序开展了多种合作活动，积极探索推动三地文化发展同城化谋划、联动式合作、协同化发展的有效路径。2017 年 8 月 28 日成立的京津冀文化产业协同发展中心，采取“政府支持、协会主导、市场运作”的运营模式，搭建了推动三地协同发展的公共服务平台。

（二）合作不断加深，协同发展格局初现

借助良好的基础，京津冀文化产业合作之路已渐次铺开，三方政府部门积极召开会议，策划活动，举办论坛，京津冀三地合作共推项目，推动政府间、行业间签订多层次的合作框架。

1. 政府推动的多层级联动活动

2015 年 11 月 2 日，第十届中国（北京）国际文化创意产业博览会开幕，京津冀三地首次进行文化产业联展，并以京津冀“协同发展，合作共赢”为主题举办了一场“京津冀文化产业项目推介会”，集中推出了 100 个京津冀优秀文化产业项目，范围涵盖了文化艺术、文化旅游、文化科技等众多领域，涉及园区建设、平台开发、IP 授权等诸多内容。这一联展的举办，聚集了三地优秀资源、展示了三地产业之实力，在一定范围内搭建了三地文创集聚区对话、合作的平台，为促进三地产业协同创新、资源整合、布局优化提供了新动力、新机遇，也为推动全国文化产业形成带状发展格局进行了探索。特别值得一提的是，在这次文博会上，河北首次推出了特地为京津冀文化协同发展设计的标示“j j j”，由京津冀汉语拼音三个声母“j”组成，其寓意是：齐头并进、协同共同、相互融合；并且以红蓝绿三色分别代表北京、天津、河北，标志着三地在文化底蕴上同根、同源、同脉，又各具风采。第十一届中国（北京）国际文化产业博览会上，北京市文化局、天津市文广局、河北省文化厅再一次举行了京津冀文化协同发展区开馆仪式暨京津冀文化产业项

目签约仪式。此次签约拓展了合作领域，如，签署《京津冀动漫游戏产业一带一路国际合作平台框架协议》，北京与首都图书馆、天津博物馆、河北博物院共同签署《京津冀文化文物单位文化创意产品开发合作框架协议》，天津四达时代集团与北京动漫游戏产业建立联盟，天津神界漫画有限公司还与北京动漫游戏产业联盟共同签署《京津两地春节动漫文化推广战略合作协议》等。

图6-2　第十一届中国（北京）国际文化产业博览会京津冀文化协同发展区①

此前，在文化旅游业的专项活动也渐次展开。2015 年 9 月，“铭记历史 圆梦中华”——2015 首届京津冀红色旅游联展由北京市旅游委、天津市旅游局、河北省旅游局等部门共同举办，通过京津冀三地旅游部门携手打造京津冀红色旅游圈，正式推出包括天津盘山烈士陵园、天津杨柳青博物馆等数十家红色景区、景点在内的 10 条红色主题景点旅游线路。天津市协同北京市、河北省统筹谋划休闲农业一体化发展，加快大运河文化资源的跨区域保护

① 张帆：《北京文博会 27 日开幕京津冀文化协同亮点抢眼》，2016 年 10 月 28 日，天津日报（http：//tj. people. com. cn/n2/2016/1028/c375366 - 29220283. html）。

和开发，力争打造出一条亮丽的京津冀运河文化休闲观光带。同年 11 月 23 日举行的第三届京津冀文化创意产业合作暨项目推介会，推介了包括北方乌镇——古北水镇等 100 多个文化项目。

地方性的活动也纷纷举办。河北省第四届特博会于 2015 年 10 月 16 日至 18 日在石家庄市西兆通国际贸易城——乐城举办，为促进河北的优势资源与京津的创意、资金、人才等优势更好对接，特博会特邀京津两地的文化企业与艺术名家参展，形成京津冀文化资源融合共享的新平台。在 11 月 24 日的京津冀文化创意产业项目合作推介会上，邯郸向来自北京的 30 余家文化企业和投资公司展示了 110 亿元以上的重点投资项目，包括永年广府古城城内综合改造、磁县磁州窑文化创意产业园、临漳中华智圣鬼谷子产业园等 12 个文化产业项目。

2016 年 9 月 29 日在北戴河，京津冀三地的 288 家参展商共同为市民和游客呈现了一场文化艺术的精彩展出；9 月 30 日石家庄国际动漫节上，专门设立京津冀文化展区，展示三地的创意作品并多方位交流产业发展经验。同年 10 月 21 至 24 日，“京津冀传统工艺暨文化创意产品展览展销会”在沧州国际会展中心举办，分别进行了“京津冀传统工艺展销区——体现传统工艺走进现代生活”“京津冀文化创意产品展——体现现代设计走进传统工艺”“京津冀食品非遗类项目展销”，展出并现场制作演示了京津冀三地雕塑剪刻、印制绘画、锻冶烧造、织染等编扎优秀传统美术、传统技艺类非遗项目 120 余项，食品非遗类项目 65 项，以及三地的博物院和图书馆、文化信息资源共享中心等单位研发的文创产品、河北优秀非遗衍生品，特别是设立了“互联网 + 非遗展区”。这为激励三地文化创意设计单位和人员，促进文化文物单位加强文化创意产品开发，搭建了传统工艺与艺术、学术、现代科技、现代设计的桥梁。

2. 社会机构开展多种形式活动

2011 年 9 月 4 日至 5 日，由北京、天津、河北社科联、科协共同主办，河北省社科联承办的“让文化引领未来——‘十二五’京津冀文化产业协同发展研究”主题论坛，在河北省会石家庄举行，通过三地专家的研讨，更多人认识到了文化协同在总体协同中的重要性。随后，由河北省文化厅提议并组织的“京津冀文化产业协同发展研究论坛”，同年12月16日在河北省涿州市举行。2014年12月2日，天津市工商业联合会、天津市人民政府合作交流办公室联合主办，天津市文化传媒商会承办了第二届“京津冀协同发展”论坛，围绕“品牌与文化传媒融合之路”这一主题，政府部门、研究机构、企业以及商会等近200余家单位负责人，就京津冀地区文化传媒行业发展以及未来文化传媒行业发展趋势等话题，进行了广泛深入的探讨。2015年12月13日上午，国家行政学院社会和文化教研部、文化政策与管理研究中心，共同主办了“落实五中全会精神，推动京津冀文化产业协同发展”研讨会。

在技术合作方面，河北省承德市人民政府与北京印刷学院行动较快，2015年6月签署了战略合作框架协议，在文化创意产业发展上积极发挥双方优势，探索研究“共同出题、共同组织、共同研究、共享成果”的合作机制与模式。2016年3月在京发布的《承德传奇》，是基于承德的人文历史和旅游资源而开发的休闲类移动网络游戏，既是承德市推动文化创意产业的一大创新，也是隶属于北京印刷学院的北京艺术与科学电子出版社探索数字转型的新尝试，对宣传承德文化、发掘文化IP资源具有极大的推动作用，对区域的文化创意产业协同发展具有示范引领作用。

3. 企业跨地合作经营不断创新

近年来，京津冀三地不仅展开了文化部门之间的合作，而且大力推进文化企业间的合作，企业主体参与热情逐渐高涨，比如，腾讯网站开辟大燕网并推介京津冀项目，北京举办海淀区项目推介，天津、承德进行三地文化产业融资路演等活动。从成效看，天津中国自贸区物都国际商品交易中心投资了中华传统文化时尚精品展示交易中心，展开了与河北邯郸聚福园茶文化有限公司的合作尝试；在资本运作层面，北京东方嘉诚文化产业发展有限公司与天津 C92 创意产业聚集区一期及所属项目公司达成并购协议。北京华宇传奇文化传媒有限公司与河北省邯郸市峰峰矿区区委宣传部联合，计划投拍电影《磁州窑》。北京中宣文广资产管理（北京）有限公司跨地域经营，不仅在河北经营了固安大剧院和大厂民族宫，还推出了河北梆子戏剧、中外经典歌剧赏析等节目，演出收入颇丰。

2015 年 6 月 17 日，《京津冀三地文化产业协会框架合作协议》的签署，是三地协会首次联手，从行业组织角度推动京津冀文化产业发展；同时，三地优秀文化企业联合发起自发组建的京津冀文化产业联盟，于 2015 年 12 月 16 日天津滨海新区国家动漫园正式成立，同时演艺联盟也开始组建，并举办以“融合互补，协同发展”为主题的交流活动。按照倡议，该联盟成立后将致力于加强三地文化产业资源的协同开发、管理和利用。“根据联盟倡议，未来京津冀文化产业联盟将促进资源共享，加强三地互补性补充的政策；加速跨界文化创意产业的共赢，推动文化、科技、旅游、金融的深度融合；拓宽文创园区企业项目间的合作渠道，共同开拓文化产业广阔的市场；引导实施一批有特色的文化产业项目，打造三地文化品牌形象；培育扶持中小微企业，共同打造在全中国有重要影响力的京津冀文化特色产业。”①

2016 年 9 月 2 日，由河北省文化体制改革和发展工作领导小组办公室、北京市国有文化资产监督管理办公室、天津市文化体制改革和发展工作领导小组办公室共同指导，承德“21 世纪避暑山庄”文化旅游产业园区、北京市朝阳区文创实验区企业信用促进会、天津棉三创意企业管理服务有限公司等京津冀三地各 10 家国家级、省市级文化产业园区单位，联合倡议发起的京津冀文化产业园区（企业）联盟在北京市朝阳区郎园 Vintage 成立②。联盟将联合三地的文化产业园区，通过开展行业培训、宣传推广、调查研究、高峰论

① 王瑞丰：《京津冀文化产业联盟成立 推动三地文化产业发展》，今晚网（http：//www.jwb.com.cn/kx/201512/t20151217_ 4583731.html）。

② 刘成群：《京津冀文化产业园区（企业）联盟在京成立》，2016 年 09 月 03 日，河北新闻网（http：//www.he.xinhuanet.com/sToutiao/20160903/3422873_ c.html）。

坛、实地参观访问、政策宣讲等活动，为园区提供资源对接、项目推介、信息咨询、招商引资等专业服务，实现信息共享与合作共赢。

第二节 京津冀文化产业协同发展困境及问题

作为协同发展的重要内容，文化领域合作的实践探索非常艰难，不仅面临地域限制、行政分割、利益分配等现实问题，还有观念、理念以及习惯势力等思想认识难题，政府和企业在理念、市场环境和科技、文化、战略几个层面所进行的对话发展、对接发展、对路发展还很不足，协同发展必须突破生产要素流动和资源整合的困局。

一 京津冀文化产业协同发展面临的困境

根据文化部中国艺术科技研究所《中国新型城镇化文化建设指数》的研究，新型城镇化文化建设指数得分的标准差分别为京津冀（5.33）、珠三角（4.54）、长三角（3.10），京津冀的差异性最大、协同度最差，长三角的差异性最小、协同度最高。① 长期以来京津冀三地文化产业发展各自为战、各说各话，产业结构各成体系，区域凝聚力和整体竞争力缺乏，制约了三地文化产业更好集约发展，巨大的资源整合潜力有待进一步挖掘，有效的合作机制亟待进一步建立。

（一）文化协同发展路径不够明晰

2004年，国家发改委主持下形成的“2.12廊坊共识”，是推进京津冀经济协同发展战略一个重要的“里程碑”②。京津冀协同发展成为了我国经济社会发展“第三增长极”全面开进的一个基础支撑和基本动力。然而，文化建

---

① 许立勇：《京津冀协同不能承受文化之“轻”》，2015年09月18日，求是网（http：//www.qstheory.cn/culture/2015－09/18/c_1116601260.htm）。

② 京津冀有关负责人第一次在河北省廊坊市就推进京津冀经济一体化的一些原则问题达成“廊坊共识”。

设的协同发展，却始终处在徘徊不定、线路不清的状态。

表现在文化产业的发展振兴上，突出的问题包括：一是三地“一盘棋”发展的战略思路长期缺位，“廊坊共识”和其他一些京津冀协同发展战略在文化发展方面基本上止于以经济发展为主、社会发展附带，还并没有形成京津冀文化产业协同发展的总体思路；二是京津冀在文化产业具体的发展实践上，没有形成产业上中下游的贯通发展关系，北京的创意与科研优势、天津的项目与生产优势、河北的资源与人力优势，还没有在产业自身链条的向上和向下的延伸中获得科学、合理的整合与配置；三是缺乏京津冀文化企业的强强联合和优势互补，不能进行企业间、产业上的合并重组和转型升级，不能着眼于国内乃至国际间文化企业发展的高端，来谋求产业园区的战略布局和项目集约的综合效应。

（二）文化产业发展差距较大、差异化问题严重

由于受资金实力、科技水平、市场运作和创新能力等因素制约，河北省文化产业发展水平与先进的京津两地相比还存在阶段性差距。近年来，河北省文化产业增加值虽然增长迅速，但因基础薄弱，与京津的差距依然显著。至2015年年底，河北省文化产业增加值为960亿元，占GDP的比重仅为3.22%，而北京、天津文化产业增加值分别为3179.3亿元和784亿元，占GDP的比重分别为13.8%和4.74%，均高于河北省。

北京自2005年率先提出大力发展文化创意产业战略以来，增加值从2005年的674亿元发展到2014年年底的2794亿元，年均增长20.3%；同时，文化创意产业增加值占GDP的比重已从9.7%提高到13.1%；而且，文化创意产业创新驱动发展的特征十分明显，软件、互联网成为北京文化创意产业的主要细分领域。天津市文化产业增加值年均增长达22%，2013年为1070亿元，占全市GDP比重达到7.5%；2014年降到710亿元，占比为4.52%；2015年为784亿元，占比为4.74%。由此可见，缩小京津冀的文化产业发展差距是解决“协同发展”问题的关键。

表 6－2　　2006—2015 年全国、京津冀文化创意产业增加值

年份	2006	2007	2008	2009	2010	2011	2012	2013	2014	2015
全国	5123	6412	7630	8400	1.1 万	1.3 万	1.8 万	2.1 万	23940	27235
北京	823.2	1008.3	1346.4	1489.9	1697.7	1938.6	2189.2	2406.7	2794.3	3179.3
天津	102.9	115.83	195.98	235	303	392.7	463.5	1070	710	784
河北	234.8	340	385	470	500	537.6	726.3	950	847	960

在京津冀文化产业协同发展并不具备战略安排和没有形成一定规模的条件下，“差异化发展战略”就成为这些地方谋求自主发展的首要选择。其中，环京津区域直接涉及张家口、承德、廊坊、唐山、保定、沧州等设区市。虽然这些地方的文化产业发展较快，也表现出与京津对接、互补的良好态势，但在总体上还只是在文化旅游、市场拓展等方面寻求突破。如张家口的“非遗与古城文化”和“坝上文化”、承德的“避暑山庄文化”和“民族文化”、廊坊的“会展文化”、唐山的“工业文化”和“海洋文化”、保定的“红色文化”和“古城文化”、沧州的“运河文化”等，基本上都是一种属地化的文化旅游（休闲）经济发展的产业定位，是通过在京津两地的市场开拓和增加其本身属地消费收入来实现进一步发展。

面对当下这些“差异化”发展实际，三地都应该向着在产业链条的形成中谋求特色化和不可或缺的方向发展，应该向重视创意内容、高附加值的方向发展，应该向产业分化与细化、项目集约的方向发展，应该向产业强强联合、强弱互补而共同开拓国内、国际市场的方向发展。

（三）区域经济实力不均衡，缺少龙头带动企业

文化产业要快速发展，龙头企业和产业品牌的培育至关重要。京津冀区域还未形成像珠三角、长三角那样具有强大辐射作用的经济中心，核心城市与周边联系较少，辐射能力弱，必须面对的现实是，北京经济发展并没有带

动京津冀地区经济的繁荣。同时，三地在人力资源、教育、基础设施建设等方面差距较大。从京津冀文化产业的整体发展情况来看，北京与天津、河北文化企业相比，文化龙头企业的带动作用较强，北京大型文化企业在促进文化产业发展中起到了主导作用。2015 年第七届全国“文化企业 30 强”，北京的文化企业占 10 席，河北唯有河北出版传媒集团有限责任公司一家上榜，而天津则榜上无名。天津和河北文化产业发展缺少大型龙头文化企业的带动，影响了区域经济的发展和文化整体实力的提升。

二　京津冀文化产业协同发展存在的问题

（一）顶层设计和区域文化产业合作发展规划有待完善

虽然环京津文化产业的发展越来越注重借势和借力、越来越重视与京津两地文化产业的关联和互动，但在中长期发展规划上的前瞻性认识和战略决策，以及产业本身的发展上需要有一个较长的时间周期。现在的情况是，既在环京津的张家口、承德、廊坊、唐山、保定、沧州等地方之间，还没有形成文化产业的优势互补、项目集约、联动发展和特色推进，又没有与京津两地的文化产业形成协同发展的总体态势和基本格局，因此也就不大可能在京津冀文化产业协同发展条件下，来谋求环京津文化产业的创新发展和跨越发展。

京津冀在文化产业的发展过程中先后制定了各自区域的文化产业规划纲要，但是缺乏跨区域、整体性协调的文化产业发展总体规划，导致在文化产业的发展过程中极可能出现行政分割和相互掣肘的问题，使京津冀文化产业的整体发展受到制约。三地都不同程度存在着两个问题：一是向内发展有余、外向对接不够。文化产业发展是长久、长远的发展，既要充分挖掘特色、放大本地优势，又要与京津两地市场需求与消费变化进行充分对接，真正将环京津的地缘优势纳入这些地方文化产业中长期发展的总体思路之中，如京北的自然生态资源、京南的古城文化遗产、津南的运河文化遗址等，应在总体发展中将这些优势在京津两地凸显出来。二是传统发展强劲、现代发展不够。环京津的大部分地方还是强调挖掘、发展地方的文化遗产和旅游资源，大多只是对属地内几座山、几条河、几处遗址（遗产）等的一地一时的现成利用，而对京津两地市场（包括落地到京津的国外游客市场）的现代消费需求并不十分了然，对未来环京津市场拓展对策极其缺乏。

（二）京津冀文化产业协同发展机制不完善，联动不足

首先，政策法规建设滞后，缺少完善的市场规范，鼓励文化产业发展的配套法规还零散不成体系。特别是京津冀区域合作中很多政策缺乏连续性，有些政策的时效性太强，有些政策的属地性太强，造成了区域可持续发展的困境。其次，文化管理体制改革滞后，管理条块分割，文化产业整体市场化程度不高，还未能有效将文化资源全部转化为文化资本。此外，人才资源优化配置机制欠缺，人力资源结构不合理，缺乏有效的激励机制。

（三）文化资源开发不充分，缺乏统筹规划

京津冀具有各自不同的自然与人文历史资源，通过现代科技和开发模式相结合建立起了不同的文化产业格局，但总体上看，三地丰富的文化资源还没有运用现代科技和营销模式进行充分的挖掘与开发利用，更没有在发挥各自优势基础上相互合作，取得区域最佳整体效益。京津冀文化资源各异，如北京的皇家历史文化，天津的曲艺、手工艺，河北的邯郸赵国历史文化等。长期以来，由于行政分割造成三地文化产业发展各成体系，文化资源开发缺乏统筹设计，产业对接不足，未能实现效益最大化。比如河北虽文化资源丰富，但有些文化资源闲置，价值开发不足，市场影响力弱，文化产业发展落后。

第三节　京津冀文化产业协同发展的愿景及战略选择

尽管京津冀三地文化产业协同发展基础坚实、前景广阔，但要实现在产业协同发展的突破，必须破除槛限，推进京津冀文化旅游业、文化生产制造业、文化表演业、文化传媒业等协同发展，在资源共享、优势互补、合作共

赢的思路下，进行统筹规划。因此，京津冀三地必须对文化产业进行整体谋划，建立联动机制，采取务实举措，推进协同发展①。三省市政府主动推动协同发展，应该积极从理念层、传播层、产业层对接，促使三地既成为国内文化产业发展的集聚地，又凸显各自特色和优势，形成互补式的文化发展格局。

一　京津冀文化产业协同发展的愿景

京津冀协同发展难于珠三角、长三角之处，主要在于三地区域功能差异太大，长期以来形成的各种非市场化流通屏障，特别是观念层面差异根深蒂固。要破解诸多协同障碍，首先应确定协同的思路，即“目标同向、措施一体、优势互补、互利共赢”；其次应明确协同目标和愿景，即“不是一家胜似一家，共建相随齐步、同呼吸共小康、天蓝水清地富有、宜居易游文化兴的美丽京畿福地”。表现在文化产业领域则应是京津冀各自功能分明，文化共建共享；文化市场机制完善，资本、人才、文化资源等要素流动通畅；文化特色突出，产业价值链优化。

（一）区域文化功能定位明确，文化协同的方向愈加精准

根据《京津冀协同发展规划纲要》的整体定位②和三地功能定位，必须认真挖掘三地文化发展的特色与优势，厘清互补机理，寻找关联性可能，自觉地进行有效整合。

京津冀针对各自定位分别制定了规划布局，为具体文化产业实践指明了方向（见表6－3）。北京是“未来五年北京市文化创意产业布局将围绕有序疏解非首都功能，提升中心城区文化创意资源向远郊区和津冀地区辐射带动能力，着力推动文化要素资源有序流动，加快形成分工合理、重点突出、各具特色的文化创意产业空间新格局，进一步推动京津冀区域文化创意产业协

---

① 张国强：《京津冀文化产业协同发展的路径》，《河北日报》2016年5月18日第7版。

② 京津冀整体定位是“以首都为核心的世界级城市群、区域整体协同发展改革引领区、全国创新驱动经济增长新引擎、生态修复环境改善示范区”。

同发展”①。在文化发展“十三五”规划中，天津市提出，“统筹规划区域文化发展布局。建立跨区域文化合作会商机制，打造京津冀文化产品综合展示交易平台、文化服务平台，实现资源共享、优势互补、协作发展”“大力发展文化贸易，建设国家对外文化贸易基地”。《河北省文化产业发展“十三五”规划》明确结合河北省“三区一基地”的功能定位，以京津冀协同发展为龙头，构建“两区四带”② 文化产业发展格局。

表 6-3　京津冀文化产业发展方向

	功能定位	独特文化资源	文化产业发展方向
北京	全国政治中心、文化中心、国际交往中心、科技创新中心	文化资源充沛、产业丰富，文化创意世界领先	高端设计之都、国际大型赛事、国际大型文化展会
天津	全国先进制造研发基地、北方国际航运核心区、金融创新运营示范区、改革开放先行区	历史积淀深厚，在文化创意产业发展了一批很有竞争力的文化产业群	高端制造业、文化贸易基地、文化企业航母、国际文化企业总部
河北	全国现代商贸物流重要基地、产业转型升级试验区、新型城镇化与城乡统筹示范区、京津冀生态环境支撑区	作为京畿福地，文化底蕴深厚，非物质文化遗产和物质文化遗产丰富	文化设备智造业、休闲娱乐消费市场、文化供给“超市”、发展体验经济、活动经济

（二）生产要素、资源流通越来越顺畅

打通要素自由流动的通道是京津冀协同发展核心③，建立文化产业建设人才、资本、文化资源 IP 的流动共享机制，实现区域文化资源的有效配置，是

① 中城国合规划设计研究院：《北京市“十三五”文化创意产业发展形势展望》，2016 年 10 月 31 日中城国合规划设计研究院（https：//www. wenji8. com/p/21aaoIW. html）。

② 以京津冀文化产业协同发展区、冀中南文化产业转型引领区为主体，以沿海文化产业带、太行山文化产业带、长城文化产业带、大运河文化产业带为支撑。

③ 王一鸣：《打通要素自由流动的通道是京津冀协同发展核心》，2015 年 8 月 1 日，财经网（http：//economy. caijing. com. cn/20150801/3938285. shtml）。

实现京津冀文化产业协同发展的基础保障。

人才合理流动机制是人才资源共享的保障。2011 年 4 月 26 日廊坊会议上，京津冀签署了《京津冀区域人才合作框架协议书》，三方约定在人才流动、智力资源共享、培养等方面紧密合作、加强联系。2016 年 5 月 27 日，京津冀文化厅局签署《京津冀三地文化人才交流与合作框架协议》，承诺为京津冀文化协同发展提供智力支持和人才支撑，包括全力推进三地文化人才交流与合作，强化人才资源统筹、加大人才交流培养、创新人才互动模式、探索人才共建共享合作机制。[①] 经过不断探索，在人才交流合作方面取得了以下几方面进展：首先，基本打破地域限制，通过博览会、戏剧节、艺术展等平台展示三地人才创意成果。第二，文化人才合作应更加精准，人才交流合作机制细化。第三，更深入创新人才的联合培养模式，“京津冀文化人才联培工程”得以实施，开始依托三省市重点院校、研究机构等智力资源，建设文化创意人才培训基地，加强文化企业和文化管理人员在职培训。第四，开始建立专家人才资源库。三地人员可以共同参与课题研究、著述创作、学术研讨、国际交流、剧目联合创排、剧目创作评论、非物质文化遗产保护、图书情报研究等方面的合作。

文化资本要素市场和文化产业投融资机制趋于完善。三地投融资政策基本打破区域壁垒，采取的减税、贴息等财税金融优惠政策初见成效。“银企文融合工程”实施顺利，不同的协同阶段合作方式日益灵活多样化。融资担保、小额贷款机构逐步建立完善，定期组织银企文对接活动，为文化企业融资搭建平台；文化企业无形资产评估办法出台，文化产权交易顺畅。各类符合条件的文化企业在境内外多层次资本市场募集资本，进入动漫游戏、节庆会展、文化旅游等重点领域的资本得到扶持，初步形成多渠道、多元化投融资格局，

---

① 具体内容：三地将在协议基础上，建立长期的文化人才互派工作机制；鼓励、支持各业务领域老艺术家、文化名家面向三地收徒授艺；人才培训计划相互开放和对接；利用资源优势，筹划建设人才培养和实训基地；组织三地人员共同参与课题研究、剧目联合创排等项目；联合建立相关专家人才资源库；通过联合组织汇报展演、成果展览集中检验人才交流成果。

为文化产业发展提供了资金保障和创新动力。

燕赵文化内涵得以传播传承，优秀资源价值IP开发科学，价值实现合作方式不断完善。区域文化研究在不断加强，将助推京津冀文化产业发展①。大运河、长城文化在京津冀三地都占有很重要的位置，借助国家传承优秀文化的战略，加强大运河、长城文化产业带建设，创新传播传承方式。百年巧匠和故宫的合作方式得到推广，三地博物馆的文化资源开发和价值延伸在三地都得以实现。

（三）文化产业价值链不断优化

在京津冀三地文化产业的合作中，外在表现是价值链不断优化的趋势。由区域竞争力战略学家迈克尔·波特（Michale E. Ponter）教授的价值链理论可知，产业价值链构建的主要诉求是价值最大化，在各环节价值共享的基础上，重视产业链分工协作，将区域关联文化企业贯通产业链。三地将会依据各自的比较优势，在合理分工、优势互补及互利互惠的原则下，策划和实施区域重大文化产业项目，通过项目合作对接、园区共建等形式，进一步提升区域文化产业链的关联度和互补性，充分发挥文化产业链中创意策划、文本内容加工复制及营销推广等环节的市场特性，不断推动区域文化产业转移和对接。

在业态上需统筹谋划，北京适宜于将影视、动漫及演艺行业的部分产业链分工分散至天津、河北区域。在动漫业，北京、天津的国家动漫产业园应创新发展，发挥设计和高端制造业的优势。在京津冀旅游市场，应加快一体化步伐，完善规划，建设标准，突破政策障碍，实现市场资源共通。首先三地要开通旅游直通车，使用统一的旅游地图，设置京津冀旅游交通标志牌，投放京津冀自驾车旅游护照和旅游一卡通等；在建立了京东休闲旅游示范区、京西南生态旅游带、京南休闲购物旅游区、滨海休闲旅游带后，同一示范区

---

① 陈旭霞：《加快提升京津冀区域一体化发展的文化支撑力》，《滨海新区特色文化高端论坛》2007年8月27日。

的成员共同开发整体的旅游线路，由单一景区、景点拓展到旅游线路，再拓展成旅游带、旅游圈；将河北张家口承办冬奥会、西柏坡的辐射影响发挥到极致，实现冰雪运动和文艺演出与旅游、会展、商贸等产业在三地的深度融合。

此外，创新园区合作的方式有助于价值链优化，京津冀三地的文化产业园区之间可以深入开展品牌共赢、资源共享及项目共建活动。在具体协同发展模式中，可能会出现“总部—生产基地模式”“创意策划—成果转化模式”“主副（新旧）园区模式”等①。

二　推进京津冀文化产业协同发展的对策建议

京津冀三地必须对文化产业进行整体谋划，建立联动机制，采取务实举措，推进协同发展②。三省市政府主动推动协同发展，应该积极从理念层、传播层、产业层等层面对接，促使三地成为国内文化产业发展的集聚地，又凸显各自特色和优势，实现互补式的文化发展格局。

（一）明确对京津冀文化协同发展战略意义和主要内容的认识

为更好发挥文化产业的协同作用，当前必须解决三地思想观念上存在的巨大差异，以及在资本、人才流动、管理、运作、品牌等方面的深度合作问题。理念上，政府要加深对协同发展、集聚发展、融合发展的认识。

首先要充分认识文化对协同的引领作用。美国著名学者约瑟夫·奈（Joseph Nye）在20世纪90年代初提出的“软实力”概念，特别强调了价值取向、文化目标、政策方针、制度设计等表现出来的凝聚力、影响力。当下，作为软实力的主要内容——文化的核心作用即是体现在这一“化”字，其特殊作用可集中于两点，一方面以文化产业协同发展为契机和试点示范带动，对于调整经济结构和空间结构、转变经济发展方式、促进京津冀区域经济、文化交流合作等方面的协同发展，将发挥重要的先导作用；与此同时，

① 郭万超，马明：《京津冀文化产业协同发展的路径选择》，《中国文化报》2015年07月26日第4版。

② 张国强：《京津冀文化产业协同发展的路径》，《河北日报》2016年5月18日第7版。

京津冀文化产业协同发展还将进一步引领经济发展新常态，全面对接雄安新区建设、“一带一路”等重大国家战略举措。

更要认识到，把京津冀协同发展战略的认识上升到国家战略层面，并把“文化自信”作为基础来看待并勇于弘扬，是习近平总书记强国战略的重要内容。2016 年 10 月 14 日，在文化部文化产业司召开的京津冀文化产业协同发展规划编制工作座谈会上，时任文化部部长助理的于群对规划编制工作进行的部署中，强调“推动京津冀文化产业协同发展是落实京津冀协同发展国家战略的题中应有之义，文化部对此高度重视，参与各方应进一步统一思想、提高认识，充分认识推动京津冀文化产业协同发展的重要意义，形成更有效的工作机制，充分调动政府部门、市场主体、专家学者等各方参与，共同做好京津冀文化产业协同发展的顶层设计。”① 学者刘勇认为，三地还没有真正统一观念，达到文化自觉，这就迫切需要自觉打破自家“一亩三分地”的思维定式，努力发挥环渤海地区的经济合作发展协调作用，促使京津冀城市群这个经济圈的崛起，通过这种崛起来带动北方的经济、来连接南北的发展。也有研究者从国家大局着眼强调：“京津冀三地须站在党和国家事业发展全局的高度，站在时代发展大局的高度，站在充分认识文化建设的战略高度，着力协同推进文化设施相连相通、文化产业互补互促、文化资源对接对流、文化服务共建共享、文化环境联整联治，确保为促进全面建成社会主义文化强国奠定坚实基础。”②

其次要强力推进产业层面的协同。产业链协同作为协同的主要内容，必须得到强调。“如果说京津冀一体化是一个系统工程，那么产业发展布局一体化，加强三地产业协同，则是这个系统中最为关键的问题。当前的京津冀产业发展一体化现状，距离真正的产业协同还有不少差距。京津冀地

---

① 文华：《京津冀文化产业协同发展规划编制工作座谈会召开》，《中国文化报》2016 年 10 月 17 日第 1 版。

② 王华彪：《以务实举措推进京津冀文化产业协同发展》，《第九届河北省社会科学学术年会论文集》2014 年第 185—191 页。

区市场分割指数，长时期一直高于长三角地区和珠三角地区，原因除了京津冀地区的国有企业尤其是央企比重较大，还包括区域产业分工协作和整合缺乏动力。”[①] 文化产业作为一个新兴的产业领域，在发展的过程当中也逐渐暴露出与许多经济发展相类似的一些问题，也就是时任文化部文化产业司司长吴江波所说的“地区间缺乏协调，导致缺少差异化的发展战略”“发展思路单一，产业结构雷同也造成了重复建设和资源浪费等情况”[②] 等问题。

第三要认识到品牌协同是文化灵魂层面的协同。树立“三地一体”的燕赵文化牌，充分发挥地域相连、人缘相亲、民俗相通、文脉相近的优势。全国政协文史和学习委员会刘德旺副主任认为，“京津冀区域实际是燕赵文化区域，虽历经变革，但包含北京、天津和河北在内的地方文化不会因行政区划而截然分开。推进京津冀协同发展是三省市的共同愿望，但实现文化协同发展，三地自身很难统揽，必须站在区域合作与发展的顶层，树立一盘棋的战略思想，制定国家纲要，细化三地规划，进行有效衔接，增强三地文化发展规划的科学性和可操作性”[③]。“慷慨燕赵，和合京畿”的内涵应加强研究并广为传播。再有，《畿辅通志》《畿辅先哲传》等大量关于京津冀历史的文献资料需要发掘、整理和研究。尤其是，河北一直将长城作为自身的文化标识，其实长城也是北京的共有文化资源，其著名的文化载体不仅有金山岭长城、老龙头，还有著名的八达岭长城、慕田峪长城。

（二）加强文化协同发展的顶层设计

京津冀文化协同发展最核心的问题在于如何在顶层设计上定好位、布好局。按照国家构建京津冀“一核、双城、三轴、四区、多节点”的空间总体

① 晏然：《京津冀协同需要加快产业一体化（新论）》，《人民日报》2017 年 3 月 28 日第 5 版。
② 刘杰：《京津冀新文化产业的“三国策”》，《新金融观察》2015 年 12 月 21 日第 23 版。
③ 刘德旺：《京津冀文化协同的难点在均衡发展》，《光明日报》2015 年 06 月 08 日第 11 版。

格局[①]，结合各地实际，按照科学发展观的要求，设计文化产业协同路径，统筹规划三地文化产业，实现资源更合理、更充分、更有效的配置。三地应以合作共赢的理念大力推进区域协同进程，制定与规划配套的推进政策和措施，增强文化发展规划的系统性、协调性和可操作性，实现京津冀三地同频共振。北京交通大学学者唐永忠认为，京津冀区文化协同发展的内涵可以按6个维度展开："文化体系的层次维度、文化发展的阶段维度、文化商品的周转维度、文化产业的辐射维度、文化群体的欣赏维度、文化活动的心理维度。"[②]确实，三地文化协同是一个系统工程，不仅要创新京津冀文化产业协同体制机制，还要创新发展组织领导机制。

一是创新文化产业体制机制。所谓文化产业体制机制创新应包涵三层含义，一是变革原有制度模式，以新的制度规范将产业的内涵和发展原则、组织构架、运作机制、管理模式等固定下来；二是深化人才发展体制机制改革，以制度化的方式为产业未来发展和优秀人才（包括优秀经营人才）引进打开空间，打破人才流动的地域限制；三是改革产权制度，提升产业品级，推动现代企业制度建设，产权变革是文化产业制度创新的基础。唯有加快文化产业的体制改革，夯实文化产业发展的基础，才能实现京津冀文化产业可持续协同发展。为此，要处理好顶层设计与自由竞争的关系，要实现政府力量和市场力量有机结合。[③] 2016年10月14日，在《京津冀文化产业协同发展规划》编制工作座谈会上，文化部部长助理于群强调："京津冀文化产业协同发

---

① 一核是指北京把有序疏解北京非首都功能，优化提升首都核心功能，解决北京大城市病问题作为京津冀协同发展的首要任务。双城是指北京、天津，这是京津冀协同发展的主要引擎，要进一步强化京津联动，全方位拓展合作广度和深度，加快同城化发展，共同发挥高端引领和辐射带动作用。三轴指的是京津、京石、京唐秦三个产业发展带和城镇聚集轴，这是支撑京津冀协同发展的总体框架。四区分别是中部核心功能区、东部滨海发展区、南部功能拓展区和西北部生态涵养区，每个功能区都有明确的空间范围和发展重点。多节点，包括石家庄、唐山、保定、邯郸等区域性中心城市和张家口、承德、廊坊、秦皇岛、沧州、邢台、衡水等节点城市，重点是提高其城市综合承载能力和服务能力，有序推动产业和人口聚集。

② 唐永忠：《京津冀区域文化产业发展的文化内涵研究》，《2011京津冀区域协作论坛论文集》，41-46页，2011年6月。

③ 李慧：《京津冀文化产业协同要把握四个关系》，《光明日报》2016年1月8日第2版。

展规划编制要充分尊重和把握市场规律、文化产业发展规律和人民群众精神文化需求变化趋势，注重发挥市场在资源配置中的作用和更好发挥政府作用，通过规划制定引导和促进京津冀文化产业协同发展”。

二是创新京津冀文化产业协同发展组织领导机制，建立健全三地政府间文化产业发展联席会议制度，并逐步完善相关的利益协调机制。同时，应成立由三地文化部门主管领导牵头的京津冀文化合作协调工作小组，负责各项具体工作任务的落实，掌握并定期通报进展情况，及时研究和解决协同发展中遇到的矛盾和问题。

特别需注意，顶层设计也要避免一些极可能出现的新问题。天津市南开区副区长罗进飞认为京津冀文化产业协调发展要努力规避以下 4 大问题：“第一，要挖掘和坚守文化特色，避免同质化；第二，要着眼文化的政治性，避免消费唯一导向；第三，协同推进文化产业发展，要避免政策壁垒。第四，要推动项目合作，实现协作共赢。”①

（三）培育文化协同发展创新平台

京津冀三地应扩大视野，根据京津冀文化产业协同的统一要求，打破行政壁垒，建立起有效的文化资源整合机制，以项目合作为切入点，搭建企业、园区协同创新平台。借助平台，采用“多源多用”的发展模式，利用京津冀多样的文化资源，确定多个来源，带动相关子项目的发展，延长文化产业价值链。

创新资源开发共享平台，加强园区、文化企业建设。应以京津冀在全国首屈一指的旅游资源、教育资源、出版资源、科学文化资源、演出文化资源、影视文化资源等为依托，“谋划建设一批主业突出、特色鲜明的文化产业园区或示范基地，推进大项目好项目和特色文化企业进园区，提高文化产业规模化、集约化和专业化水平，形成一批特色文化产业集群和一批影视、文化创

① 罗进飞：《京津冀文化产业协调发展要规避 4 大问题》，《中国出版传媒商报》，2015 年 11 月 10 日第 8 版。

意基地”①。

文化产业园区应充分挖掘京津冀三地文化产业资源的差异性和独特性，合理分工、错位发展，实现创新合作方式，并带动相关产业可持续发展。“北京的尚8等园区引到天津、河北，实现资源的交换、优势的互补；还有京杭大运河资源，不能只局限于各地方沿河岸简单的休憩，还要围绕京杭大运河节点打造水系特色的文化产业带，这不但需要良好的顶层设计，还需要城市之间深化合作、有机分工、互通有无。”② 河北要善于利用2022年京张冬奥会的机会，围绕张家口特有的民俗传统、文化生态、人文历史等主题，挖掘潜在价值，策划京津生态旅游项目和品牌活动，着力建设特色产业聚集区，推动培育“京津冀文化产业协同发展创新区”。

推动大型知名文化企业协同发展。大型知名文化企业是文化产业集聚的核心力量，在发展产业和繁荣市场方面发挥主导作用。特别是在“互联网+”背景下，三地要更加注重对新兴业态的发展。首先要力推国有大型文化企业进行跨地区、跨行业、跨所有制兼并重组，组建一批具有龙头带动作用的大型企业集团。其次，引导民资开发新业态文化价值开发品牌。随着京津冀文化产业政策的进一步开放，民间资本、资源可能会进入动漫、影视制作和文化旅游等文化产业领域，通过利用大型知名文化企业的市场、技术和品牌等优势，开发知名度较高的产业品牌和产品，促进整个文化产业的可持续发展。怀柔、涿州、北戴河等影视基地很可能成为立足国内、辐射亚洲、面向国际的国家级影视基地、动漫创作基地。这些大型文化企业的业务扩张，会推动产业链条延伸和产业规模扩张，促进文化精品的集群化开发和规模化生产，大大提升京津冀文化产业协同发展的层次和水平。③

推动项目合作向深入、精准发展。文化产品和生产要素资源通过实施一

---

① 张国强：《京津冀文化产业协同发展的路径》，《河北日报》2016年5月18日第7版。

② 罗进飞：《京津冀文化产业协调发展要规避4大问题》，《中国出版传媒商报》，2015年11月10日第8版。

③ 张国强：《京津冀文化产业协同发展的路径》，《河北日报》，2016年5月18日第7版。

系列突出京津冀协同发展的重大合作项目得以整合，通过项目的结合推进区域链贯通。京津高端优势资源通过跨行业、跨媒介、核心竞争力强的集团公司，在市场需求大、运行机制活、经济效益佳、关联作用强的产业领域，通过技术共享、人才跨区域流通等渠道，共建特色休闲文化基地、体育产业融合基地，推动实现横向错位差异化发展、纵向链条式协同发展的格局。

（四）以科技兴业，推动行业融合和产业链对接

整合京津冀区域内外著名高校、科研院所的科技资源，大力推动文化产业与高科技的互动融合，提升科技对文化产业协同发展的支撑力度。将现代信息手段和时代元素融入文化产业发展中，以数字化为基础，借助大数据、智能化、移动互联网、云计算（简称“大智移云”）技术，在文化领域开展技术集成创新、产业模式创新，拓展文化业态协同创新空间。

以科技引导文化产业与装备制造业、消费品工业、建筑业、信息业、旅游业、农业和体育产业等业态的融合，促进京津冀三地协同创新，推动产业结构优化升级。挖掘整合优势生产要素价值，以数字手段促使影视服务、演艺娱乐、主题公园旅游、动漫游戏等文化业态与体育、农业、生产销售等相关产业协调发展，催生文化协同新业态和京津冀新增长点。如利用京张冬奥会承办的良机，在北京至河北张家口文化旅游沿线，依托张家口的文化生态、土地资源的优势对接北京、天津的经济、人才、创意科技金融资源优势，在民俗游、生态游以及其他创意产业中融入VR等虚拟数字技术，增强体验的代入感。

以科技推动产业转型为抓手，培育京津冀文化价值开发新空间。认真落实《国务院关于推进文化创意和设计服务与相关产业融合发展的若干意见》（国发〔2014〕10号），强化科技在文化创意和设计服务中的促进作用，利用“大智移云”技术促进文化与金融、旅游、体育、商务等产业的双向深度融合，必须重视与信息产业的衔接，创新产品，打造文化“超市”。在三地分别制定的融合实施意见的基础上，制定协同发展整体规划，打造“文化+科技”

融合工程，培育融合性新型市场主体，开发生产适应三地市场需求的产品，探索成立 1 ~3 家京津冀文化协同与科技融合发展试验区。以科技融合推动“京津创造 + 河北制造”文化产业链的对接，理顺研发、孵化、转化的协同路径。

（五）加快文化产业对外开放，提升文化产品外向度

加强京津冀对外文化贸易合作，加大文化产业“引进来”和“走出去”的开放力度。利用北京天竺综合保税区、天津自贸区等对外贸易平台，搭建文化产品和服务对外展示销售平台，扩大京津冀优质文化产品国际影响力和市场占有量。

一是要认真贯彻落实、国务院《关于加快发展对外文化贸易的意见》，鼓励和支持国有、民营等各种所有制文化企业从事对外文化贸易业务，鼓励和引导文化企业加大创新力度，拓展文化出口平台和渠道，全面提升三地文化产品外向度。二是要加快文化贸易平台建设。《关于促进天津市文化贸易发展的实施意见》（津商务服贸〔2014〕1 号）提出，用 5 年到 8 年时间，建设 1 ~2 个文化贸易基地，积极推动旅游、餐饮、中医药与文化贸易相结合，共同发展，搭建文化“走出去”的平台。三是要充分利用深圳文博会、北京文博会、厦门文博会等全国性展销平台，积极拓展吴桥·国际杂技艺术节、“5·18”廊坊经贸洽谈会、河北特色文化产品博览交易会等省市级平台，吸引国内外有实力的文化企业来京津冀投资兴业，鼓励三地文化资源和文化名企扩大合作力度，合力打造外向型文化品牌。

第七章　京津冀旅游业协同发展

旅游业带动效应大，就业机会多，在区域协同过程中，旅游业往往是先锋队，是最容易切入的协同领域。处于中国旅游业发展龙头地位的北京、天津以及河北三个行政区，占据政治中心、文化中心的先天优势地位，各类旅游资源丰富，是我国北方最重要的旅游经济区。长期以来，如何更好地实现京津冀旅游业协同发展是业界一直在探讨的问题。

第一节　京津冀旅游业协同发展现状

京津冀旅游业协同发展特指京津冀各旅游区之间的产业联系，这种联系在抽象意义上表现为各地之间在一定环境中按某种机制和模式形成的关系，通过协同产生新能量，目标是整体利益最大化和全局共赢。

一　京津冀旅游业协同发展的基础

区域旅游协同的顺利开展不是只靠愿望就能够实现的，需要满足一些条件作为实现的基础，包括社会经济的空间联系密切、旅游协同环境友好、存在广泛的旅游市场交流等方面。

（一）京津冀旅游业协同发展的条件

京津冀三地地域相邻、唇齿相依、人缘相亲、文化相近，基础设施相连，社会经济交流密切，使得本区具备了旅游协同发展的天然基础，满足旅游协同发展的各项条件。

1. 京津冀空间联系密切

从地理位置上可以清楚地看出，京津冀三地紧密相邻，虽然各有疆界，但你中有我，我中有你，或交叉，或怀抱，是彼此难分的区域，形成一个紧密联系的空间网络，在全国来说，这样的区域也是唯一的。这样的格局，对发展区域旅游共生来说是非常有益的。在中国经济版图中，京津冀是我国政治、文化中心和经济最发达的地区之一，是我国参与国际竞争和现代化建设的重要支撑地区。从这个意义上讲，加快京津冀协同发展，不仅是京、津、冀三地自身发展的需要，更是推进我国积极参与国际竞争、促进区域协调发展的战略需要。另外，京津冀区域地理位置得天独厚，具有明显的区位与交通优势，区域交通网络较为完善，铁路、公路以及航空将京津冀三地紧密联系在一起，为开展彼此间的旅游协同奠定了坚实的基础。

2. 京津冀旅游市场巨大

整体来看，京津冀三地旅游市场和旅游规模巨大，旅游市场已经比较成熟，产品丰富，旅游设施比较齐全，旅游服务较为便利，旅游知名度不仅在国内很高，在国际上也已经得到了很大关注。从经济发展上，京津冀之间不仅在发展条件上具有差异性、产业结构具有错位性，而且社会经济发展处于不同阶段、辐射范围具有不同层次性，居民消费和收入也有差异性。这些多层面的关系，从不同角度反映和强化了三地的互补性，是实现京津冀长短互补、共赢发展的最佳利益结合点和重要现实基础。

3. 京津冀旅游协同环境友好

协同环境是协同关系存在发展的重要外部条件，对协同的持续稳定发展具有重要意义。区域旅游协作发展已经成为旅游业发展的趋势，国内各地区也已经看到合作带来的共赢，于是在各个方面开始寻求区域合作，为游客提供便利，这也符合旅游市场的发展规律。京津冀旅游资源丰富，类型多样，旅游开发水平、旅游产品种类特色等方面存在着一定的差异，有利于构成相互补充的旅游线路和旅游产品。该区域整体上的差异性和多层次性，强化了相互关联程度。因此，协同发展旅游业、共同分享区域内部客源市场，不仅能降低游客的出游成本，提高出游效率，增加旅游企业的收入，而且还会减少因信息不对称造成的较高的公共管理成本，从而形成一个多方共赢的局面。

（二）京津冀旅游资源规模与特征

1. 京津冀旅游资源规模

旅游资源的形成与演化受到自然环境、历史文化和社会与经济环境的共同作用和影响。作为文脉相通、山川相连的旅游区域，京津冀拥有类型齐全、特色鲜明的旅游资源优势，具有协同发展的良好资源基础和条件。按照国家标准《旅游资源分类、调查与评价》（GB/T18972－2003）对京津冀的旅游资源进行统计分析发现，三地的旅游资源囊括了旅游资源中的所有主类和亚类，在旅游资源基本类型中的比例占到95%。具体的各类旅游资源方面，京津冀三地共有世界遗产8项，并且都是世界文化遗产，占到全国的1/3。另外，拥有国家重点文物保护单位437处、国家历史文化名城7座、工农业旅游示范点65处，各类旅游景区中有国家级风景名胜区13处、世界地质公园两处、国家地质公园17处、国家森林公园43处、国家自然保护区18处，4A级以上旅游景区225处。

2. 京津冀旅游资源特征

京津冀旅游资源呈现出数量众多、类型齐全的特点，尤其以文化旅游资源见长，有利于构成相互补充的旅游线路和旅游产品。在地域分布上，三地旅游资源各具特色，且存在着差异性和互补性，北京和天津的人文旅游资源相对有优势，而河北省的自然资源较为丰富，具备了京津冀旅游资源一体化发展的基础。

二 京津冀旅游业协同发展的历史过程

(一) 京津冀旅游业协同发展的渊源

京津冀旅游协同发展的天然基础优越，20 世纪 80 年代中期，京津冀就已经提出区域旅游合作发展，是全国最早提出区域旅游合作的地区。早在 1984 年，河北省旅游局就提出了“立足本省、依托北京、突出重点、带活全局”的发展思路。旅游资源的开发也率先在环京津区地区展开，从那时起京津冀就出现了协同发展的雏形。1985 年，京东旅游区正式成立，该旅游区包括河北省的清东陵、北京平谷的金海湖和天津的盘山、黄崖关、蓟县等旅游景区，这是京津冀三地首次的合作，虽然后来因为多种因素没能够坚持下去，但对三地旅游协同作出了前期的探索和尝试。

1987 年，北京旅游学会发起召开了第一次“京津冀区域旅游合作研讨会”，在三地旅游学会的共同努力下，研讨会由三省市发展为 1993 年的北方七省市（北京、天津、河北、辽宁、山东、山西、内蒙古）和后来的北方十省市（北京、天津、山东、山西、河南、河北、内蒙古、辽宁、吉林、黑龙江）旅游局局长“旅游峰会”的相继召开，遗憾的是会中的思路及不少有益建议大多不能变为现实①。1996 年，国家旅游局领导的与会促成了北方十省市旅游交易会的召开，每年举办一次，延续至 2017 年已是第 22 届。这是仅次于国家旅游局组织的国际旅游交易会和国内旅游交易会，吸引了众多海内外旅游商和旅游企业的广泛关注和积极参与。在此期间，河北省旅游局为了扩大京津冀三地的合作，分别于 1996 年与北京旅游局，1997 年与天津旅游局签署了合作协议。但是，总的说来，还没有实质性的发展。

(二) 京津冀旅游业协同发展的推进

2004 年，国家发改委地区司主持召开京津冀区域合作战略研讨会，会议

---

① 刘德谦：《关于京津冀旅游协同发展的回望》，《旅游学刊》2014 年第 11 期。

达成《廊坊共识》，在此推动下，2005 年 12 月，“中国北方环渤海旅游区域合作论坛”在河北省承德市召开，北京、承德、秦皇岛等 11 个城市签署了“旅游合作框架协议”，标志着以北京为中心的环渤海旅游区合作机制的正式建立。在之后举办的京津冀区域发展研究联席会议上，旅游发展被列为推动京津冀区域协同的五大领域之一。2007 年 4 月，天津召开了“京津冀旅游合作会议”，京津冀三地签订了《京津冀旅游合作协议》。2009 年，京津冀三地旅游局签署了“京津冀旅游合作协议”，举行了“北京名胜风景区文化休闲年票”活动，三地旅游部门热烈响应，三地部分景区开始实施。2011 年，“京津冀区域合作高端会议”在廊坊市召开，就首都经济圈和京津冀一体化进行深入交流和探讨，使得京津冀区域合作又上升了一步。从此期间的合作进程看，三地合作进程比较缓慢，尽管三地达成共识且呼声很高，但是合作仍然是在形式、重研讨，缺乏实际操作性的举措。2014 年，在京津冀协同发展上升为国家战略的大背景下，京津冀三地政府紧紧抓住这一机遇，展开旅游合作发展进程，实现京津冀旅游协同的步伐才真正地大步迈开。

三　京津冀旅游业协同发展的进展

京津冀旅游业协同发展的实质性进展是伴随国家提出京津冀旅游业协同发展战略而进行的，三地的旅游管理部门及国家旅游局对协同的进展起到决定性作用。为了贯彻落实习近平总书记关于推动京津冀协同发展的重要讲话精神，按照京津冀三地党委、政府工作部署要求，2014 年 4 月，三地旅游部门在京召开了京津冀旅游协同发展座谈会。三地旅游部门在京津冀轮流召开的京津冀旅游协同发展工作会议，使得京津冀旅游协同发展进入到崭新的阶段，达到了新的高度。

（一）基本形成了旅游业协同发展的共识

在京津冀旅游协同发展第一次座谈会上，三省市旅游局就形成了旅游业协同发展的共识，就如何贯彻落实习总书记关于推动京津冀协同发展重要精神，配合实施京津冀协同发展战略进行探讨，确定了京津冀旅游协同发展的宏观蓝图和总体目标。三地共同认识到，旅游业是京津冀协同发展的先头部队，旅游合作应先行动起来，发挥战略性支柱作用，先从有基础、易操作的合作领域入手，每年推进几项合作内容，力争将旅游业建设成为京津冀协同发展的重要突破口。

（二）旅游业协同发展的组织保障逐步确立

组织保障的确立对京津冀旅游协同的实施起到重要作用。三地旅游部门在协同工作开展之初就逐步建立了京津冀旅游协同发展工作协调机制，该机制确定设立京津冀旅游协同发展工作协调领导小组及办公室，这个组织是在地方党委政府领导下开展工作，明确协调领导小组的主要工作职责是：协商制定京津冀旅游协同发展战略目标，明确工作任务，督查工作进度，及时了解和掌握旅游协同发展中存在的问题，提出解决建议。明确提出要采取统筹协调和临时协调的工作方式，定期或不定期召开专题会议，明确了三方共同遵循的议事规则和工作制度，三地旅游部门轮流承办并主持工作会议。

（三）制定一系列旅游发展规划和政策

京津冀围绕协调机制一体化、市场营销一体化、管理服务一体化、规划布局一体化的“四个一体化”的目标举措，编制了或计划编制一批旅游规划，并制定了诸多旅游发展政策。在多次召开的旅游协同发展座谈会上，三地签署通过了《京津冀旅游协同发展行动计划（2016－2018年）》《京津冀乡村旅游共建共享共识》《京津冀旅游集散中心直通车同业协会项目合作意向书》和《京冀自驾游房车露营协会旅游战略合作意向书》等，已启动编制《冬奥旅游带规划》《京东休闲旅游示范区建设规划》《京北生态（冰雪）旅游圈建设规划》和《京西南生态旅游带建设规划》等。

（四）建立旅游业协同发展示范区

在区域战略的实施上，依托京津冀协同发展的战略布局，京津冀三地携手开展了若干试点示范工程，突出全域旅游发展理念，共建旅游协同发展示范区，在示范区的引领带动下，培育推广具体区域和行业组织的联合体，最终形成完整的合作体系。首先是北京市平谷区、天津市蓟县和河北省遵化市、三河市、兴隆县携手打造的京东休闲旅游区，推进相邻区县旅游一体化进程。之后又提出多个共建工程或旅游区，包括密云、延庆、承德、张家口共建京北生态（冰雪）旅游圈，房山、保定共建京西南生态旅游带，武清、廊坊共建京南休闲购物旅游区，滨海新区、唐山、沧州共建滨海休闲旅游带等等。旅游示范区涉及的17个市（区、县）旅游部门联合发表了《京津冀旅游协同发展示范区合作宣言》。

（五）开展多元化的对接活动和服务

京津冀三地旅游部门联动，开展了多样化的便利游客和服务旅游企业的服务活动。在交通方面，建立了京津冀旅游直通车发展协作机制，北京市、天津市旅游集散中心先后开通至避暑山庄、北戴河、白洋淀、野三坡、山海关等景区的旅游直通车10多条，开通了贯穿京津冀的“大好河山号”“衡水湖号”“西柏坡号”“正定号”旅游专列，拉近了三地的距离，为京津冀游客出行提供了更多选择。服务产业发展方面，北京产权交易所与河北省旅游局、天津市旅游局签订了合作协议，京津冀三地的旅游资源交易平台正式形成，将进一步促进旅游资源融资，推进旅游产业发展。另外，成立京津冀乡村旅游产业联盟，共同开发乡村休闲度假产品，推出串联三地旅游景点的旅游线路，联合开展旅游项目招商引资活动。逐步健全旅游质监执法互动协作机制，强化旅游市场执法检查合作，创造良好的区域旅游市场环境。

第二节　京津冀旅游业协同发展的困境及问题

虽然京津冀旅游业协同发展取得了很大进展，但是协同发展过程中也面临众多困境，存在很多问题，正视并解决这些问题是推进旅游业深度协同发展的基础和前提。

一　京津冀旅游业的发展水平

京津冀与全国旅游业的发展过程基本保持一致的步调，伴随着改革开放以来全国旅游业的大发展，京津冀地区在国内、入境旅游业方面也取得了巨大的成绩。

（一）京津冀旅游业规模

在长期的发展过程中，北京、天津自然发展成为了京津冀的旅游中心城市，秦皇岛和承德为次一级的旅游城市，石家庄、唐山、保定等城市在旅游发展方面再次之。

1. 入境旅游业

入境旅游在国际旅游市场中占有很重要的位置，入境旅游人数以及国际旅游收入是衡量一个国家旅游实力的重要指标。改革开放以来，我国的国际旅游业取得了突飞猛进的发展。伴随着全国入境旅游业的发展，京津冀地区总体保持着高于全国的增长速度，接待的入境旅游者中以外国旅游者为主，占85%以上。2014年，京津冀地区共接待入境旅游者856万人次，占全国总量的6.66%；其中外国旅游者744万人次，占全国总量的28%以上。从近几年京津冀各地接待外国旅游者数量的对比来看，北京接待人次数最多，占总量的一半以上，总体表现出波动性上升的趋势，天津和河北整体保持着增长态势，尤其是天津市近年来接待的外国旅游者数量年年增加。

衡量区域入境旅游实力的另一个重要指标是国际旅游外汇收入。近些年来，京津冀旅游业取得的外汇收入逐年增加，在全国的地位比较稳定。2014年，京津冀地区的旅游外汇收入为81.34亿美元，占全国旅游外汇总收入的14.29%。京津冀各地近几年旅游外汇收入的变化情况，与其接待入境旅游者的变化趋势相似，北京的旅游外汇收入占到60%左右，有波动性上升的特点；天津的旅游外汇收入占到1/3左右，增长的速度很快；河北省所占比例很低，增长的速度一般。

2. 国内旅游业

在国内旅游发展方面，京津冀有着独特的优势。从历年趋势看，京津冀接待的国内旅游者人次数逐步增加，但在全国的比例平稳中有所下降。2014年，京津冀地区共接待国内旅游者6.22亿人次，占全国总量的17.24%。京津冀历年的国内旅游收入变化基本与国内旅游人数同步，在全国的比例平稳中有所下降。但收入的增长率略高于人数的增长率，且京津冀国内旅游收入在全国的比例明显高于国内旅游者在全国的比例。2014年，京津冀地区国内旅游收入总量8465.29亿元，占全国总量的27.93%。

从京津冀近十年接待国内旅游者的对比情况看，前期北京在京津冀国内旅游者接待数量方面占据主导地位，但伴随着其较缓慢的增长速度，在京津冀中所占比例也逐步下降；而天津和河北在接待国内旅游者方面保持着较高的增长，尤其是河北省增长速度非常快，在2009年首次超过北京，并到2014年占到京津冀总量的一半以上。从京津冀国内旅游收入的对比情况看，各地的增长速度都较快。北京的国内旅游收入始终是最多的，但其所占比例在缓慢下降。虽然河北省在2014年接待的国内旅游者人数上占比很高，但收入上只占到30%，人均消费还有待提高。

（二）京津冀旅游企业发展

区别于传统制造业，旅游产业具有明显的特殊性，不是严格意义上的“生产相同产品的单个企业的集合”，而是各个其他产业中某一部分产品和劳务的多重“集合”①。传统制造业生产的最终产品是完整的单一产品，而旅游产业生产的最终产品是组合性产品，是由旅行社、旅游饭店、旅游景区、旅游交通、旅游购物、旅游娱乐等不同类型企业分别提供的。其中旅游饭店、旅行社和旅游景区是旅游企业的典型。

① 张凌云：《试论有关旅游产业在地区经济发展中地位和产业政策的几个问题》，《旅游学刊》2000年第1期。

1. 旅行社业

旅行社是旅游业的集中代表，不仅从事旅游产品的设计、组合，同时也是旅游产品的营销者，是整个旅游经济活动的重要组织者，其发展规模、经营水平及其在旅游产业结构中的比重，直接对旅游经济发展产生至关重要的影响。

在过去十多年的发展过程中，京津冀地区旅行社企业数量保持着稳定增长，2001 年京津冀共有旅行社企业 1147 家，之后的几年里不断增长，2013 年增加至 2799 家，在全国的比例保持稳定。从京津冀旅行社的营业收入来看，情况比较乐观，近十余年来增长了 3 倍多，在全国的地位有一定波动，但基本保持稳定。

从各地来看，京津冀旅行社企业数量占比重最大的是河北省，其次是北京。另外，各地旅行社数量的变化趋势基本一致。各地旅行社的营业收入，与数量情况形成了鲜明的对比。历年的统计显示，北京市的旅行社营业收入占京津冀的总量接近 90%，而津冀旅行社的营业收入基本相当，各占 5% 左右。京津冀旅行社数量分布不均，营业收入更是差异巨大。

2. 星级饭店业

在过去十多年的发展过程中，京津冀星级饭店的发展规模上波动较大。星级饭店的数量及客房数在 2001—2008 年保持较好的增长，2009 年有所下降，2010 年大幅度下降，2011 年之后的几年里有所回升，增减数量不大。而占全国的比重上，2001—2009 年形成了与规模相反的趋势，一直是下降趋势，2011 年之后比重上升。但京津冀地区星级饭店的平均出租率一直低于全国水平。

饭店的星级结构反映了饭店业市场在规模、市场份额等方面的关系及竞争。过去十年中，京津冀地区五星级、四星级饭店的数量始终保持着增长态势，分别从 2004 年的占 3.82%、10.98% 到 2013 年占比达到 7.76%、23.97%；与之形成逆势的一星级、二星级饭店的数量始终保持着减少趋势，分别从2004年的占5.29%、41.37%到2013年占比降至1.52%、20.59%；三星级饭店的数量在一定范围内（37%—41%）上下变化。

从各地星级饭店的历年数量变化情况来看，京津冀各星级饭店都比较明显地集中于北京，北京的星级饭店数量占总数的55%左右，最高的年份占到68%，尤其是五星级、一星级饭店的3/4集中在北京。与天津相比，河北省的各星级饭店数量都较多，但五星级、一星级饭店的差距较少，其他星级的差距较大。

3. 旅游景区业

在各类旅游活动目的地及景区、景点中，A级景区是其中的核心组成部分。我国旅游景区质量等级划分为五级，从高到低依次为AAAAA、AAAA、AAA、AA、A级。中国旅游统计年鉴中对景区基本情况进行连续统计始于2010年，对京津冀2010—2013年旅游景区情况的分析可以看出，京津冀旅游景区数量和营业收入呈现稳步上升趋势，但在全国的比重逐年下降；接待旅游者人次上，波动较大，下降明显，在全国的比重也是下降的；旅游景区门票收入及其在全国的比重波动也很大。同时，值得注意的是，京津冀旅游景区的门票收入在营业收入中的比例呈现明显的下降趋势。

（三）京津冀旅游的游客满意度

全国游客满意度调查是国家旅游局委托中国旅游研究院开展的一项连续性工作，自2009年开始每个季度进行一次。在调查样本选择上，2009年第一、二季度是在全国31个省、自治区、直辖市选择40个样本城市开展的，第三季度增加至50个样本城市，2012年样本城市数量又增加到60个。

自调查以来，京津冀地区列入全国游客满意度调查的样本城市包括北京、天津、石家庄、承德、秦皇岛共5个城市。2010—2014年度，各市的全年游客满意度指标及其在全国样本城市中的排名情况如表7－1所示。

表 7-1 2010—2014 年京津冀 5 市全年游客满意度情况

年份	全国满意度	北京		天津		石家庄		秦皇岛		承德	
		满意度	排名	满意度	排名	满意度	排名	满意度	排名	满意度	排名
2010	78.95	81.01	3	77.75	11	69.70	45	71.33	36	74.67	20
2011	78.61	81.78	9	78.17	22	75.79	37	70.30	49	73.90	44
2012	80.06	82.73	11	79.96	25	74.68	53	76.18	45	76.69	43
2013	74.88	75.67	9	72.03	27	65.98	58	68.74	51	70.58	42
2014	74.10	75.97	13	73.14	32	70.36	53	71.80	45	72.25	41

资料来源：根据中国旅游研究院网站历年资料整理。

从统计结果可以看出，京津冀地区游客满意度的调查结果不尽如人意。整体来看，京津冀 5 市的游客满意度水平自高到低分别为北京、天津、承德、秦皇岛、石家庄。历年数据显示，北京始终处于全国平均水平之上，但其排名有下降的倾向；天津一直略低于全国平均水平；河北省的三个城市的游客满意度明显较低，2011 年的秦皇岛和 2013 年的石家庄甚至处于全国倒数第二和第三的位置，并且 5 年中，石家庄有 4 次、秦皇岛有 2 次位列游客满意度调查全国样本城市的倒数十名内。

二　京津冀旅游业协同发展的困境

（一）旅游业发展水平不均衡

在京津冀协同的过程中，包括旅游业在内的诸多要素都存在着区域分布不均衡的情况。从旅游产业规模和各类旅游企业的分析可以看出，北京属于较为成熟的旅游客源地，旅游者对旅游目的地的选择相对成熟和理性，是京津冀旅游区域中绝对核心城市，但是其对津冀地区的辐射作用尚有不足，周边地区旅游发展相对迟缓；天津的经济实力与北京相近，但是其旅游资源还没有得到有效开发，旅游发展潜力未得到充分释放；而河北经济实力相对薄弱，尽管旅游资源也非常丰富，但其开发程度不高，缺少旅游精品，尤其是国际影响力较弱，出现了旅游资源禀赋和旅游发展不匹配的状况，一定程度上不能满足成熟旅游者的需求。三地旅游协同从一开始就处于一种不平衡的状态，不利于区域旅游协同的长期和深入发展。

（二）旅游业协同机制的实质性推进还需时日

旅游业原本就具有很强的分工协同特性，而互利机制的形成和维系依赖于旅游协同各方的互惠互利和共赢。京津冀三地对发展旅游均有意向，但在各自的旅游发展战略中关于区域旅游的思路却缺少足够的契合。对于区内旅游市场来说，京津冀区内旅游市场规模和结构都很不平衡，三地还未形成互为市场的格局，津冀强调的是自身的区位和资源优势，考虑的是如何发挥自己的差别优势，主要关注的是北京的客源市场，都希望在北京旅游市场占有更大的份额，但是北京作为全国政治、经济、文化的中心，有着天然的优势，无须依赖河北与天津输送客源，对津冀缺乏相应的依赖，在资源、市场、基础设施、品牌等方面尚无战略层面的考虑，不利于区域旅游协同的长期和深入发展。

（三）旅游企业还未成为参与协同的主体

京津冀旅游协同的推动多是以政府开会的形式呈现在民众视野中，重会议、重研讨，区域旅游市场的主角即大量的各类旅游企业还没上场，还没有成为旅游协同的主体。由于三地旅游发展面临的问题不同，各地自会选择各自发展的重心，各自确定的旅游发展目标和中心工作也就不尽相同，虽然政府的呼声很高，但区域旅游的市场化程度还不高，旅游企业的运行也难以挣脱地域行政管辖的划分，企业参与性还不强，就算旅游企业之间存在着协同关系，也仅是短期的，甚至是一次性的，缺乏稳定、长期、深入、规范的协同，而且旅游企业之间也没有强强联合的倾向，反而是各种恶性竞争到处存在，这些都不利于三地旅游业的协同发展。

（四）旅游协同发展的环境压力依然很大

一方面，由于京津冀特别是河北省产业结构以重工业为主，资源消耗大，环境压力大，造成了包括大气雾霾在内的多种环境要素破坏，不利于区域旅游业的协同发展。另一方面，长期以来，京津冀三地的旅游产品开发都是各自进行，在发展的过程中，由于过度开发，对旅游环境造成严重破坏，不仅包括旅游资源的过度开发，旅游活动的粗放式管理，还包括在游客游览过程中造成的废弃物、污水、噪音等的污染，轻则造成各景区美观上的损害，重则可能会破坏生态系统，造成无法弥补的后果。

（五）旅游业与相关产业协同发展难度大

旅游业关联产业多，与其他产业紧密协调，高度依存。京津冀旅游协同需要有旅游相关产业构成的区域旅游系统作为支撑。但是京津冀旅游协同不仅是构建旅游交通网络，以方便旅游进入并确保其畅通无阻，也依赖于众多旅游相关及支持性产业的联动，更依赖于区域内旅游及相关行业管理体制、服务标准和运作的协同。由于行政区划的空间限制、条块分割的财政体制和区域发展的不平衡，对京津冀旅游及相关行业的社会资源进行跨区域集聚和整合的难度相当大，京津冀在旅游与其他要素协同方面的力度明显不足。

三　京津冀旅游业协同发展存在的问题

（一）旅游产品同质化严重

相比于长三角和珠三角地区，京津冀三地文化同根同源，自然单元相似，旅游产品的同质化严重，在资源上互补性不足，在市场上互动性不足。长期以来，在行政区经济的影响下，区域内旅游资源的开发和利用缺乏统一规划，使得三地的旅游产品建设往往只从地方利益的角度出发，导致旅游项目的重复，造成一定程度的人力、物力、财力的浪费。京津冀当前的旅游产品格局依然是观光产品多、度假产品少，这种重复建设，使得各地旅游产品之间替代性强、互补性弱，加剧了三地旅游业的同质竞争。如何基于各地的特性而进行旅游资源的深度开发，形成良好的错位发展的局面是今后产品开发的方向。

（二）旅游业整体服务水平偏低

无论从游客的满意度，还是面对游客的旅游设施来看，京津冀旅游业整体服务还处于偏低的水平。发展旅游，交通为先，交通通信设施的完备只是为京津冀旅游发展提供了基础条件，还明显滞后。公路交通关卡林立、互设障碍；海上交通、机场缺乏协作；通信网络、旅游信息设施建设等方面还缺乏协调。倡导多年的京津冀交界处相互设置道路旅游交通标志牌，仍没有很大进展，京津冀限号的城市规定各异，异地自驾出游受制约，旅游交通一体化进程还有待加快。另外，京津冀三地很多景区配套设施严重缺乏，服务意识不足，旅游配套要素不完善且没有形成产业链条，使游客怨声载道，满意度差。对于京津冀，尤其是河北省，提升旅游业整体服务水平还任重道远。二地应积极致力于加强城市基础性公共服务的建设，提升城市整体的基础设施配套完善程度，使游客的旅游活动更加便利；另外，继续坚持包括空气质量、园林绿化在内的城市生态环境建设和文化氛围打造，营造更好的、更加可以预期的异地生活环境和服务。

（三）缺少整合的旅游线路

旅游协同发展带给游客的明显便利体现在一体化的旅游产品和旅游线路上。京津冀协同发展以来，推出了一些旅游专列和旅游直通车，但京津冀三地的旅行社和全国各地的旅行社在设计旅游线路时很少考虑将三地的旅游产品整合，形成能够串联三地的旅游线路，不能满足游客的需求，也不能体现出旅游协同的特征。在当前条件下，京津冀三地应形成统一的线路规划，整合相似资源和产品，形成系列旅游产品体系，打造三地共享的旅游品牌。

（四）旅游业的协同宣传不足

京津冀旅游协同发展一旦开始启动，就必须加强宣传，提高知名度。而且宣传的内容需要更新，宣传对象的范围也要相应地扩大。然而在京津冀旅游协同发展实际运行中，京津冀三地对于旅游产品的协同宣传很少，没有针对系列的旅游产品优势和特色进行设计宣传。虽然有京津冀旅游网，但是网站的内容多是关于三地各自的旅游介绍和外出的旅游产品，没有明显的关于三地旅游协同产品的相关宣传，没有景点之间合作的设计。京津冀三地要站在一个新的高度去宣传，树立三地整合的观念和走出去的宣传理念，加强旅游业的协同宣传。

第三节　推进京津冀旅游业协同发展的对策建议

针对京津冀旅游业协同发展中面临的困境和存在的问题，可以从制度、市场和技术三个层面发力，逐步完善旅游业协同发展的体制机制，为京津冀旅游业深度协同扫清障碍。

一　制度层面建设路径

（一）明确协同发展思路

紧抓京津冀一体化战略带来的发展契机，以差异化发展为前提，制定区域旅游发展政策和旅游规划，减少旅游同质化竞争，避免区域内部恶性竞争。京津周边的城市与京津建立长期的旅游合作机制，与北京和天津进行整体营销推广以增强市场竞争力，如张家口应抓住与北京共同举办冬奥会的机遇，发展草原冰雪运动休闲游；作为京津冀边缘地区的邯郸、沧州、衡水、邢台内部联系少，应改善仅与北京和石家庄联系相对紧密的现状，形成区域联动的旅游流网络，提升城市间旅游合作潜力和旅游发展的协同效应。

京津冀旅游业协同发展要以供给侧结构性改革为主线，以项目建设、市场活动、试点建设、精准扶贫为抓手，推动京津冀旅游协同发展工作深入开展。联合开展京津冀旅游新玩法、房车巡游红色之旅等旅游宣传推广活动，多措并举完善旅游服务设施。加快建设京津冀旅游资源交易平台，推进旅游项目招商、旅游企业融资、旅游企业股权交易、旅游实物资产交易等。整合京津冀旅游项目资源，拓展京津冀旅游项目投融资渠道，促进旅游资源和资本的结合，吸引民营资本、国际资本参与重大旅游项目开发，打造具有国际竞争力的京津冀旅游项目。

（二）建立区域协调机制

京津冀旅游业协同发展面临着前所未有的机遇，但目前仍然存在着一些基础性缺陷，如行政地位不平等，高层合作磋商协调机制少。京津冀旅游资源、人才、基础设施等的配置是否可以共享共担，整体合作的理念和合力能否达成一致，京津冀的旅游产品市场、旅游要素市场布局是否合理化等，这些都成为京津冀旅游业协同发展必须克服的地方障碍。克服这种障碍要依赖于京津冀相关部门的有力合作，且不能停留在原来只协商不决策的非制度化层面，必须加强京津冀旅游业协同发展的组织建设工作，让京津冀旅游业合作具有组织和制度上的保证，确保京津冀旅游业协同发展的各项问题能及时有效地作出决策，并加强决策的权威性和稳定性，保证决策被有效地执行和监督，确保决策效果，促进地方政府合作的有效开展。

构建京津冀旅游业协同发展合作组织。京津冀旅游业协同发展基本上是一种由地方政府倡导的非制度化的合作协调机制，缺乏法律效力和稳定性。为推动京津冀旅游业协同发展进程，亟须一种能有效协调京津冀各种事务的地方合作机制，这种机制既要组织化、制度化，同时又要具有一定的法律效力。构建京津冀旅游业协同发展协调委员会，委员会成员可由京津冀相关部门领导组成，从而使京津冀旅游业协同发展组织化、制度化。建立京津冀旅游业协同发展理事会，由河北的 11 个地市与北京、天津的旅游局局长组成，针对京津冀旅游业协同发展过程中出现的事务进行决策，制定具体解决方案。同时，建立京津冀旅游业协同发展区域理事会，由京津冀旅游局的相关行政人员组成，此部门的作用在于制定京津冀旅游业协同发展的相关规划，对涉及京津冀旅游业整个区域层面的协同发展问题进行协商表决，如京津冀区域内旅游产业整合问题，旅游资源、人才、基础设施配置问题，环境综合治理问题，交通问题等。

（三）开展协同示范工程

在京津冀开展京津冀旅游业协同发展试点示范工程。京津冀协同发展理事会研究制定共建方案，编制建设规划，联合争取国家支持，联合出台发展政策，联合开展招商引资，联合进行认定授牌，联合推动宣传推介，打造京津冀旅游合作落地新标杆，激发京津冀旅游业发展活力。加快平谷、蓟县、三河、兴隆创建京津冀旅游业协同发展示范区。京津冀旅游业要携手开展试点示范工程，共建旅游协同发展示范区。重点在平谷、宝坻、蓟县、兴隆、遵化、三河共建京东休闲旅游示范区；密云、延庆、承德、张家口共建京北生态冰雪旅游圈，其中延庆、张家口共建京张体育文化旅游带；房山、保定共建京西南生态旅游带，其中包含京西百渡休闲度假区；武清、廊坊共建京南休闲购物旅游区；滨海新区、唐山、沧州共建滨海休闲旅游带。

依托京津冀协同发展大战略布局，结合各地旅游功能定位、旅游产业布局和经济发展水平，选择区域黏度相对较大、市场相对活跃、合作相对畅通、要素相对完善的区域，优先启动协同发展示范区，在京津冀旅游协同发展上先行先试，形成带动效应。在京津冀旅游发展的道路上，京津冀继续增开旅游专列，优化京津冀旅游交通服务体系，持续扩大京津冀自驾车旅游护照、一卡通发行范围及数量，推动实行旅游同城化优惠措施，建立京津冀乡村旅游协同发展平台，共同推进建立跨省市的旅游专业协会、联合会和同业联盟，协同打造京津冀旅游大数据分析平台，逐步完善京津冀旅游行业管理体系，加快京津冀旅游人才队伍建设。同时，系统打造京津冀旅游品牌形象，联合举办大型旅游活动，扩大“部分外国人过境免签政策”的适用范围，实现京津冀相关口岸过境免签政策联动。

（四）完善旅游基础设施

旅游业是综合性产业，其发展需要的设施除供水、供电、交通和绿化等以外，还需要餐饮、住宿、旅行社、停车场、加油站、车辆维修间、商店、公共厕所、垃圾桶、旅游专车、通信、娱乐等设施，这些配套基础设施可以满足游客食、住、行、游、购、娱等多方面的需求。完善的配套设施建设，可以为游客打造良好的旅游环境，使得游客在游览时感受到舒适和愉悦，这是游客选择旅游的本质目的。在这方面加大投资力度，是旅游业发展的必然要求。京津冀政府应出台相关的政策予以支持，吸引投资者眼球，引进资金，为投资者建立一个良好的投资开发环境。有了投资者的支持，就可以为完善配套设施提供资金和技术等支持，从而可以为游客提供良好的旅游环境。

京津冀旅游协同发展要想顺利有效发展，必须要加快旅游景区所在城市的机场建设、高速铁路建设以及高速公路建设，只有快速便捷的交通，才能使旅游者进得来、出得去。京津冀旅游协同发展之后，首先要取消京津冀之间高速公路上的重重关卡，各个景区之间必须要有畅通的高速公路以便京津冀旅游专车通行，这样游客可以从自己便利的城市出发，乘坐到旅游专车，而且旅游专车在去往景区的路上花费时间较短，可以节省游客的时间，提高旅游效率和效果。当然，完善的交通，还应该是每个景区通往其他城市的铁路、公路、航空等都比较发达。这需要京津冀政府加强合作，每年从各自地方财政支出中拿出一定比例用于交通以及其他基础设施建设上，特别是这种旅游资源丰富集中的地区，按照“景随路转，路为景开”的要求，在交通基础设施建设上给予倾斜。至少是要有发达的公路建设，便于京津冀旅游专车的运行。加快推进京津冀城际铁路互联互通，城际铁路网以北京、天津、石家庄为核心形成四纵四横一环线，规划 24 条城际铁路线逐步建成。

二　市场层面发展路径

（一）建立区域统一市场

建立京津冀旅游业区域统一市场，减少行政干预对京津冀区域内要素流动的各种阻碍。促进京津冀区域资本整合、区域技术合作和人才流动，建立统一开放的人力资源、资本、技术、产权交易等各类要素市场，实现生产要素跨区域合理流动和资源优化配置，并建立与国际接轨的统一市场规则等。同时，整合区域旅游资源。京津冀实现旅游业协同发展，必须要从实质上进行合作，对京津冀所有的旅游资源进行整合，消除区域内资源之间的恶性竞争，一切为了整体利益而服务。京津冀应该将所有旅游资源根据不同的特色、类型进行分类、整合，将同类型的旅游资源能合并的合并，不能合并的进行选择，对其中规模大、市场前景好、知名度高、优质的景点进行集中打造，这样也使得原来的重复建设现象得到彻底根除。京津冀旅游资源具有互补性，这为其进行分类提供了便利，在进行资源整合时就要突出北京的人文文化遗产方面的优势，天津的商业、港口等方面的优势以及河北自然风光方面的优势，将所有的资源实现合理整合、相互充实，从而实现共赢。

开通京津冀旅游直通车。京津开通到邯郸、邢台、石家庄、保定、张家口和承德等城市的旅游直通车。北京和天津的旅游集散中心开通至河北的旅游直通车，包括避暑山庄、北戴河、白洋淀、野三坡、山海关等景区，开通北京至河北的公交线路。同时，开通京津冀旅游专列。加快津冀旅游项目北京产权交易所挂牌。加速京津冀旅游项目在北京产权交易所的北京旅游资源交易平台挂牌，同时加快北京产权交易所与河北省旅游局和天津市旅游局签署战略合作协议，为京津冀旅游资源市场提供包括投资、融资、流转、顾问服务在内的各类与旅游相关的综合服务，根据服务的进展专门开设京津冀旅游协作板块。加快北京市旅游委与张家口市政府签署奥运旅游协同发展对接协议，两地将在规划、宣传、设施、市场和培训 5 个方面实现对接，包括共同编制京张冬奥旅游行动计划，共同推出奥运旅游一卡通等。同时，在北京旅游线路中已加入崇礼滑雪、蔚县过年等元素。

（二）加大宣传营销力度

京津冀旅游协同发展实施效果要想收到满意的答卷，绝对不能忽视网络的宣传作用。京津冀应该开通旅游合作官方网站，将其打造成为京津冀旅游信息互动平台，这个平台上要有京津冀旅游景点的详细情况，有最佳的旅游线路供游客选择，游客可以通过官网进行各个旅游线路的网上购票，还可以进行网上咨询。信息互动平台的建立，会使京津冀区域旅游线路得以推广，区域旅游客流得以形成，区域联合旅游形象在世界范围内得到大力推广。

在京津冀各个城市及区域外其他城市的人群聚集区充分利用广告、媒体等手段加以宣传，或印刷旅游宣传手册，或播放旅游宣传片，或举办大型宣传活动等，将京津冀旅游线路、价格、官方网址及官网上的所有信息等公布出来，供有兴趣的游客了解并选择。由政府出面进行的宣传，力度大，可信度强，更易受到游客的欢迎和信任。宣传的内容和形式都要有所创新，如宣传手册从封面到内容的排版都要进行精心设计，使游客愿意仔细阅读手册内容；宣传片里的内容要多样化、多视角，使游客通过宣传片可以看到京津冀不同地区的不同文化，同时提高趣味性；大型宣传活动也应该有所创新，可以利用各种节假日以及传统文化与习俗进行宣传。

（三）促进旅游企业对接

目前，京津冀除了北京和天津有规模较大的旅游企业之外，大部分地区都没有这种大型旅游企业，而且绝大部分旅游企业规模小、抗风险能力低、市场竞争力差、相互之间合作基础差等，这对旅游业协同发展是非常不利的。一方面，加强京津冀旅游企业的纵向合作，包括两个或两个以上景区间的合作、景区与旅行社间的合作、景区与酒店间的合作、景区与其他商业企业间的合作等，这些企业间的京津冀跨区域合作，创造了旅游产业价值链的联合。另一方面，提升京津冀旅游企业间的横向合作，因为企业最接近旅游者，对旅游者的需求把握最为准确，因此这样的区域联合也最具有稳定性。同时，选择恰当的利益分配机制，充分调动景区管理者的积极性和主动性，是其合作面临的重要课题。对于新建的旅游项目，更应该注重互补性和联合性的原则。

京津冀要发挥政府的宏观调控作用，配合着市场机制的作用，对京津冀旅游企业进行整合，保留大型旅游企业，重点整合中小型旅游企业，通过兼并、收购、重组等方式对中小型旅游企业进行整合，实现旅游企业集团化。旅行社实现整合之后，各个不同的大型旅行社主要负责京津冀的不同旅游线路，使得游客可以根据旅游线路选择旅行社；酒店或者旅馆实现整合之后，打造星级服务条件，改善居住环境，提高服务质量。购物、娱乐等其他旅游企业所要达到的目的都是物美价廉，服务周到，环境良好，专业化、集团化，使得游客不仅对景点满意，还对景点周边的配套资源印象良好，从而促进京津冀旅游业的整体发展。

（四）提升区域旅游服务

优质的服务才能带来优质的形象，旅游业是典型的形象产业，知名度就是生产力，品牌就是效益，是一个产业的生命力，打造出自己的品牌可以说是成功的标志。旅游形象是旅游业成熟的标志，是游客对旅游地及旅游资源的价值和潜力的一种综合性认识，具有一定的主观性，良好的旅游形象是塑造优质的旅游品牌的前提和基础。优质的旅游品牌是提升旅游业竞争力的重要因素，旅游品牌的塑造有助于旅游资源知名度的提高以及吸引力的增加。一个地区的旅游业要想实现可持续发展，保持旺盛的生命力，就必须要打造优质的旅游品牌，提升整体的旅游形象。

京津冀旅游协同发展要顺利推进，必须提高服务质量，打造优质服务，消除服务态度差等恶劣现象。不断增加服务项目，完善服务体系。京津冀区域应该多设立旅游咨询服务中心，不仅在官网上有专门的客服人员，还要在京津冀的各个旅游专线点、火车站、汽车站、高速公路休息区以及其他人群聚集区设立旅游咨询服务中心，随时为游客提供咨询服务以及处理投诉问题等；加快改善工作人员的服务态度，提高其服务意识。京津冀地区应该培养或引进一批有素质、懂管理的专门人才，最好还是热爱旅游事业、对京津冀旅游协同发展有认同感的人才，这样的工作人员从意识上就会重视服务质量，自然会提供优质的服务；建立旅游人才管理体系，从制度上来约束工作人员的服务，提高京津冀旅游服务质量，为游客提供舒适的旅游环境。

（五）加强旅游线路设计

线路的设计要尽量覆盖北京、天津和河北省，实行跨省旅游通畅便利；

尽量是自然景观、民俗风情、历史文化景观分开搭配，一条线路里既要有自然景观、民俗风情，也要有历史文化景观；每条线路都要有个最具特色的成熟旅游产品，以成熟产品带动新生旅游产品，提高新生旅游产品的知名度；随机搭配组合，可以由游客自己选择旅游景点，由工作人员进行价格的计算及线路的设计，从而产生新的线路，这样的线路可能人员比较分散，每个景区必须配备多辆随机专车，这样可以使同一景区的游客乘坐同一专车，到达某个景区之后，再同下一个景区的游客一起乘坐其他的专车。总之，京津冀旅游线路的宗旨是一切以游客为便利。

结合京津冀旅游线路设计，打造精品景点，充分挖掘旅游资源本身的特色，再从服务、细节上来为其进行塑造和包装，使其成为独一无二的景点，给游客留下独特的旅游印象，使得回头游客不断，新生游客增多，从而提高其知名度，促进旅游业的持续稳定发展。京津冀旅游要重视不同旅游线路中精品景点的塑造以及不同线路自身的整体特色，使得游客不论选择哪条线路，都有不同的旅游风格和旅游特色，这样游客才会想体验另外的旅游线路带来的不同感受，从而使得回头客不断增多，知名度不断提高，旅游业发展态势不断增强。京津冀区域打造精品景点，就要充分熟悉自身所拥有旅游资源的特色，分类归整，将海、林、山、河、湖、泉、草原等自然风光类与如名人故居、历史建筑、红色文化等人文历史类资源进行整体塑造，如海的风光，在河北的秦皇岛有北戴河风光，在天津也有海洋风光，这样就可以选择其中相对更有特色的一个进行全新打造，集合京津冀所有的资源进行包装，将其打造成为京津冀区域内海洋风光的典型和精品。

三　技术层面发展路径

（一）加快发展生态旅游

生态旅游是生态文明建设的有效载体和重要抓手。京津冀在生态建设和环境保护逐渐成为新常态的背景下，旅游的生态效应将得到极大的释放，旅游将成为生态文明建设的重要支撑。生态旅游的环境效益明显，旅游业万元产值能耗约为全国单位GDP能耗的1/6和单位工业增加值能耗的1/11。随着旅游者文明水平的提升及旅游方式的不断改进，旅游业万元产值能耗将不断降低。因为，生态环境是旅游赖以发展的基础和内在动力，良好的自然环境是吸引旅游者前来的主要因素之一，也是旅游业可持续发展的基本条件。要发展旅游首先就要保护环境，为天空添蓝、为大地添绿、为海河添清，为游客提供一个安全、安心、安逸的观光休闲环境，借生态文明建设的东风，强力推进旅游产业发展。

以太行山、燕山、渤海等京津冀生态资源为基础，选择旅游资源富集、品牌优势显著、交通基础条件较好的区域，突破行政区划限制，建立合作框架和机制，加强区域合作和资源共享，实现错位发展、集群发展。要加强旅游标准、管理和服务对接，实现跨区域联动发展，依托国家重点生态工程，加强生态建设和环境保护，带动区域京津冀旅游业协同发展。依托重点生态旅游目的地、精品生态旅游线路和国家生态风景区，建设自驾车、房车停靠式营地和综合型营地。鼓励生态旅游宣教中心、生态停车场、生态厕所、绿色饭店、生态绿道等生态设施建设。重点建设燕山太行山生态旅游协作区和环渤海生态旅游协作区。其中，燕山太行山生态旅游协作区重点发展山水休闲游、康体健身游、自然探险游、生态科普游等产品。结合京津等周边城市消费趋势，重点推出适合自驾、生态休闲游的短期旅游线路，构建自驾车、房车营地体系。

（二）加速发展智慧旅游

大力实施“互联网+旅游”战略，加强智慧旅游工作的组织领导，建设京津冀旅游业协同发展智慧旅游平台，加快推进智慧旅游公共信息服务平台、智慧旅游全媒体营销平台、智慧旅游管理平台建设。积极开展京津冀智慧旅游试点县、智慧景区、智慧酒店、智慧旅行社、智慧旅游乡村建设工作。鼓励京津冀景区、酒店、旅行社等旅游企业落实“旅游+互联网”行动计划，全面提升京津冀智慧旅游服务水平。积极探索整合私家车、闲置房产等社会资源，规范发展在线旅游租车和在线度假租赁等新业态。鼓励旅游企业利用互联网平台，参与京津冀智慧旅游建设和经营；创新发展在线旅游购物和餐饮服务平台，积极推广“线上下单，线下购物”的在线旅游购物模式和手机餐厅服务模式。

打造智慧旅游景区。京津冀所有国家4A级以上景区建成Wi－Fi覆盖系统、电子票务系统、无线导览系统、视频监控系统。建设旅游监管平台。京津冀旅游业点多、面广、战线长，行业管理任务重，必须运用信息化手段，实现主动的全过程监控，真正实现对京津冀旅游产业和旅游市场的有效监管。开发手机客户端。开发京津冀旅游手机APP，引入动态数据，增加个性功能，改善用户体验，使之更好地发挥推介旅游景点、服务游客的作用。同时，开发建设商务型的京津冀旅游微信公众服务平台，为广大游客提供更多的信息查询和在线消费渠道。不断壮大旅游电子商务。依托当地有实力的电商，整合京津冀旅游产品，开发建设旅游电商平台，积极培育旅游电商新业态、新产品，做活做足旅游电商经济。

（三）大力发展全域旅游

京津冀旅游业已进入全民旅游、个人游、自助游新阶段，传统的以抓点方式为特征的景点旅游模式，已经不能适应现代大旅游发展的需要，必须加快实现从景点旅游向全域旅游的转变。必须以发展京津冀全域旅游为战略举措，以旅游功能区建设为抓手，充分发挥已有的5A旅游区和具有显著潜力的优质旅游区的带动作用，将优质旅游区作为旅游功能区核心，整合京津冀周边旅游资源重点县的旅游业发展要素，形成点线面结合的旅游产业发展格局。

首先，加快京津冀旅游业从粗放低效旅游向精细高效旅游转变。加大供给侧结构性改革，增加有效供给，引导旅游需求，实现旅游供求的积极平衡，加大旅游与农业、林业、工业、商贸、金融、文化、体育、医药等产业的融合力度，形成综合新产能。其次，加快京津冀旅游业从单一景点景区建设和管理到综合目的地统筹发展转变。破除景点景区内外的体制壁垒和管理围墙，实行多规合一，实行公共服务一体化，旅游监管全覆盖，实现产品营销与目的地推广的有效结合。旅游基础设施和公共服务建设从景点景区拓展到全域。第三，加速京津冀旅游业从门票经济向产业经济转变。实行分类改革，公益性景区要实行低价或免费开放，市场性投资开发的景点景区门票价格也要限高，遏制景点景区门票价格上涨过快势头，打击乱涨价和价格欺诈行为，从旅游过度依赖门票收入的阶段走出来。

第八章　非首都功能疏解与河北承接研究

有序疏解北京非首都功能是京津冀协同发展战略的核心、关键环节和重中之重，是实现京津冀产业协同发展的重要途径，在治理北京“大城市病”的同时，可以推进城市内部功能重组，形成新的增长空间，将探路跨省级行政区区域合作新模式，为人口密集地区集约发展与协同发展提供借鉴。

第一节　非首都功能疏解的三个基本问题

推进非首都功能疏解，首先要搞清楚三个基本问题，即哪些功能属于非首都功能，为什么要疏解以及疏解到何处。厘清以上三个问题，一方面有利于确定疏解对象，避免出现“该疏解的留下来，该保留的却被输出去”的尴尬；另一方面，便于承接方根据疏解对象的性质特征，制定适用承接方案，有效提升承接能力，最终实现疏解与承接的有效对接。

一　正确理解非首都功能的内涵

城市功能是指城市在国家或区域的政治、经济、文化生活中所负担的任务和作用，是城市存在的本质特征，是城市系统对外部环境的作用和秩序（张复明，2012）。现代城市是多功能的综合体，城市发展的过程就是城市功能不断变化完善的过程。

（一）从北京功能定位演变和功能发挥效果看非首都功能

从功能维度看，世界各国首都城市可以分为两类：一类是单一功能首都，即首都城市为单一功能的政治中心，同时首都邻近区域存在经济中心，为首都提供经济支持，如华盛顿与纽约、渥太华与多伦多等；另一类是复合功能首都，即首都城市的发展以政治、经济、文化、科技等复合功能中心为目标，成为所在城市群的核心城市，如东京、巴黎等。

北京是中华人民共和国的首都，与国内其他城市相比，北京最大的不同就在于“首都”两个字。从北京城市功能与首都功能的关系看，北京的城市功能可分为两类：一是城市的一般功能，每个城市都具备的共有功能；二是城市的特殊功能，是某一城市所特有的，如作为首都行使的功能（于化龙，2015）。从北京的发展轨迹看，其属于复合功能首都城市。首都北京的功能定位随着我国经济社会的发展及环境的变化，历经多次调整：由新中国成立之初至1980年的“全国政治、经济和文化中心”，到1983年的“政治中心、国际交往中心、历史文化名城”和“继续发展经济事业”，再到2005年的“国家首都、世界城市、文化名城、宜居城市”和“绿色北京、人文北京、科技北京”的变化，反映了我国经济发展方式逐渐转变和社会发展变化的历史进程对北京作为首都的城市功能要求。2015年4月30日中央政治局审议通过的《京津冀协同发展规划纲要》（以下简称《纲要》）中，北京的功能定位被确定为“全国政治中心、文化中心、国际交往中心、科技创新中心”，这就明确了北京的首都功能。

京津冀协同发展战略下北京首都功能定位，显示了北京作为首都城市的特性。其中，没有提到经济中心功能，并不是说对于首都北京来说发展经济不重要，只是经济功能同其他功能相比，是处于次要和从属地位的。其一，经济的发展必然带来人口的集中及占地的增加，这与北京目前业已膨胀的人口和饱和的用地形势相冲突；其二，在城市承载能力有限的情况下，强调经济功能势必会影响和削弱政治和文化中心功能；其三，作为能源、资源尤其是水资源严重匮乏的城市，强调北京的经济功能很勉强。这就意味着北京作为一般城市的经济功能将被弱化，而作为国家首都的政治和社会功能要不断加强。

正常地发挥城市功能，是一个城市存在和发展的必备条件。尽管良好的集聚扩散功能是城市发展的基础条件，但是目前北京的集聚功能过度，扩散功能不明显，不仅使北京承载了巨大的发展压力，超越了一个健康城市载体功能的界限，而且影响了首都功能的正常有效发挥。换句话说，只要是会对首都功能的发挥产生潜在负面影响的北京功能都应列入非首都功能（张可云，2016）。

在现有条件下，北京作为首都的一些功能的正常发挥需要采用一些非常规的手段来保证。一个明显的例子，北京作为国际交往中心，召开 APEC 会议是其首都功能的正常体现，却需要通过行政手段让周边省份企业大面积停产、汽车限行等来保障。正如习近平总书记在中央财经领导小组会议第九次会议上所指出的“作为一个有 13 亿人口大国的首都，不应承担也没有足够的能力承担过多的功能”。因此，为了保证首都功能的正常发挥，就需要从北京现在承载的城市功能中将与首都战略定位不符的部分剥离出去，回归其作为首都所拥有的特殊功能。

（二）非首都功能疏解的对象

城市性质功能决定了城市经济社会发展的方向和格局。《纲要》明确指出，综合考虑与首都功能定位和核心功能的紧密关系及疏解难易程度，优先重点疏解北京四类非首都功能，包括：

1. 一般性产业特别是高消耗产业和科技创新成果转化型企业

被疏解的一般性制造业主要分为两类，第一类是高污染、高耗能的产业，这类产业对资源有要求，对环境有破坏，既不符合要素成本较高的现实，也不符合北京的产业发展所处的阶段，从长远看发展的潜力也不容乐观。对于这类产业需要实行就地淘汰的方法，虽然会损害短期利益，但从长远来看，可以为北京的产业转型升级和生态环境改善发挥促进作用；第二类是科技创新成果转化型企业，这类企业要求其与北京这个“科技创新中心”距离不能太远，为了支撑京津冀地区成为“全国创新驱动经济增长新引擎”，必然需要对此类企业进行搬迁并选择合适的承接地，这样对北京进行“减负”的同时，也能对其“科技创新中心”的定位形成强有力的支撑。

2. 区域性物流基地、区域性专业市场等部分第三产业

区域性批发市场具有聚人多、占地多等特点，其既是交通严重拥堵点，也是典型的非首都功能的体现。以作为首都核心功能区的西城区为例，拥有30万平方米的动物园批发市场2013年税收仅1327万元，而拥有1.18万平方公里的金融街核心区税收达2996亿元。而动物园批发市场有3万多从业人员，日均人流量6万—7万人，高峰时达10万余人，且80%以上的业务都是服务外埠地区。由此，将区域性物流基地和专业市场的部分功能有序疏解出京是缓解北京人口压力的有效途径。

3. 部分教育、医疗、培训机构等社会公共服务功能

北京市具有直辖市和首都的双重身份，要求其同时满足北京市民与全国人民的社会公共服务需求，因而其全国性的社会公共服务需求已经远远超越了其他城市。以教育为例，全国112所“211”工程大学当中有26所位于北京，占据了全国优质高等教育资源的近1/4。再如医疗卫生，全市88家三级医院年诊疗人次超过2亿，儿童医院、天坛医院等全国知名医院中，来自全国的患者就诊比例超过70%，周边省份就医患者占56%，其中河北占1/4。这些社会公共服务功能凭借其人才、资本、技术等优势，满足全国人民需求的同时，也聚集了越来越多的人口。因此，外迁部分社会公共服务是疏解北京非首都功能的重要举措之一。

4. 部分行政性、事业性服务机构

北京市既是全国政治中心，又是北京市市政府的所在地，这两类政治系统的行政性、事业性服务机构都聚集在了北京，以北京动物园批发市场所在

的西城区为例，既是中南海所在地，又汇集了“一行三会”等最高金融决策机构，同时聚集了什刹海、前门、大栅栏等历史名区，一定程度上造成了人口的过度聚集。2015 年 7 月，北京市政府明确在通州建立市行政副中心，北京市委十一届八次会议明确北京各市属行政事业单位将在 2017 年整体或部分迁入。除去市级的行政事业单位向通州行政副中心搬迁以外，一些国家级非核心的行政与事业单位也考虑向副中心进行疏解。

从上述四类非首都功能可以看出，非首都功能疏解分为两类：第一类是经济功能的疏解，这类功能疏解的关键是产业转移；第二类是社会功能的疏解，社会功能的疏解需要依靠制度创新来完成，这是一个循序渐进的过程。非首都功能疏解的重点应当首先推进产业转移，并且通过产业转移倒逼体制机制的改革，带动社会功能的疏解。

二　非首都功能疏解的必要性与迫切性

非首都功能疏解是北京市在新常态下，借京津冀协同发展重大国家战略的机遇，优化城市功能结构和布局，治理大城市病的有效途径。同时，作为世界级城市群的核心，需要通过功能疏解实现自身“减负”和区域城市规模体系的合理化。习近平总书记在 2016 年中央经济工作会上强调疏解北京非首都功能是京津冀协同发展战略的核心问题，北京市委书记蔡奇在 2017 年《政府工作报告》中的“七个就是①”阐释了疏解北京非首都功能的重大意义。

（一）新常态下加快首都发展模式转变的客观要求

改革开放以来，北京市的经济取得迅速发展，GDP 由 1978 年的 108.8 亿元增长至 2016 年的 24899.3 亿元，2016 年全市人均地区生产总值达到 11.5 万元。此过程中，特别是新世纪之前粗放式的经济发展模式，使北京付出了严重的环境代价。2007 年，北京市借助举办奥运会的良好契机，将以首钢为

---

① “七个就是”即疏解非首都功能就是供给侧结构性改革，就是调结构、转方式，就是腾笼换鸟，就是提升城市发展质量，就是改善人居环境，就是缓解人口资源环境的突出矛盾，就是更好地履行作为国家首都的职责。

代表的一部分高污染、高耗能企业搬迁出去，从此拉开了北京产业转型升级的帷幕。随着产业转型升级的步伐，北京市的三产结构在2007年为1.0:25.5:73.5，2015年已经调整为0.5:19.2:80.3，第三产业比重超过80%，已进入后工业化时期。伴随着以经济增速放缓为主要特征的经济新常态的到来（2008年北京GDP增速为9.1%，2011年下降到8.1%，到2016年为6.7%），产业结构调整的空间逐渐缩小。北京市通过单纯的外迁第二产业调整产业结构的做法，不仅面临着极大的经济风险，而且随着产业结构调整进入瓶颈期，其边际效益在不断下降。因此，仅仅通过经济功能的疏解来解决北京经济发展模式面临的问题是远远不够的。

在新常态下，为实现北京的可持续发展，必须坚持创新、协调、绿色、开放、共享五大发展理念，完善和推动科学化的顶层设计，从“五位一体”的高度考虑，通过减负来优化资源的配置效率，达到“提质增效”的目的。也就是说，在明确首都功能的同时，对非首都功能进行疏解，以达到合理配置资源的目的。同时通过政策引导、创新驱动，更有效地利用非首都功能疏解腾挪出的空间，从而实现北京的产业结构优化升级。

（二）过度集聚引发的“大城市病”亟待治理

北京是我国的首都，也是国内最发达的城市之一，集聚优势突出，因此导致人口的极速膨胀和经济社会活动的空前活跃。但是由于聚集了过多的城市功能，导致北京“大城市病”日趋恶化：人口过度膨胀，交通日益拥堵，大气污染严重，房价持续高涨，基础设施供给相对不足。从人口看，2016年末北京常住人口达2172.9万人，其中常住外来人口为807.5万人，占常住人口的37.2%，常住人口密度高达1324人/平方公里。“十二五”期间，北京常住人口年均增长50万人以上，人口无序增长使城市不堪重负。从交通看，2014年北京市机动车就达到了561万辆，中心城区交通日出行总量达到了4464万人次，早晚高峰期平均时速25.8公里，工作日拥堵持续时间接近2小时，全市71%的产业活动和71.8%的从业人员集中在城六区。而巨大的经济社会发展压力导致人与自然关系紧张，资源枯竭、环境恶化，生态承载力接近极限。2014 年北京市水资源总量降至 21.6 亿立方米，人均水资源量只有 100 立方米，不及全国平均水平的 1/20。北京市约 70% 的电、40% 的成品油、98% 的煤炭、100% 的石油和天然气均需外部供应。

北京“大城市病”形成的原因有两个：一方面，由于北京聚集了大量的劳动密集型和资源密集型产业，如批发市场与重化工业等，这些产业在为北京创造 GDP 的同时，也带来了人口的聚集和环境的污染；另一方面，从北京的社会功能来看，北京市拥有首都与一般城市的双重身份，因此其必须满足北京市及全国的医疗、教育等公共服务的需求，由此引发人口与资源的聚集，导致“大城市病”愈发严重。这不仅限制了北京作为一般城市的发展，也阻碍了首都功能的发挥。疏解北京非首都功能的核心在于人口的疏解，而人口疏解的核心在于人口载体的疏解，北京应当优先疏解与首都功能定位不符的、人口聚集作用大的功能，这是缓解北京“大城市病”的关键举措。

（三）京津冀协同发展的必然要求

近年来，我国区域发展不平衡的问题逐渐暴露出来。珠三角城市群、长三角城市群以及京津冀城市群是目前我国三大城市群，但在这三个城市群之间存在区域发展不平衡的问题，京津冀城市群在经济发展水平、集聚扩散能力等方面与珠三角城市群和长三角城市群还有相当大的差距。根据 2015 年的统计数据，长三角、珠三角、京津冀三个区域的国内生产总值分别为 137967.4 亿元、85329.9 亿元和 69321.9 亿元①，差距明显。从全国发展一盘棋的角度出发，迫切要求加快京津冀区域发展。

① 长三角区域生产总值为上海、江苏、浙江三省市 GDP 合计值，珠三角区域生产总值为香港、澳门、广州、深圳、珠海、东莞、佛山、江门、肇庆、中山、惠州 11 个城市和地区 GDP 合计值，京津冀区域生产总值为北京、天津、河北三省市 GDP 合计值；各省（市、地区）GDP 数据来自相应地区 2015 年统计公报；GDP 数值为按当年价格计算；香港、澳门 GDP 数据按当年价格与 2015 年 12 月 31 日当日人民币兑港元、澳门元平均汇率折合计算。

导致京津冀地区相对落后的原因抛开自然、历史等方面的因素之外，其区域内部功能失调导致的经济发展不平衡是重要原因之一。京津冀地区包括北京市、天津市以及河北省的11个地市，这13座城市无论是从经济总量还是城市功能来看，差距都非常大。以经济总量为例，2015年北京市GDP为22968.6亿元，比区域内排名第二的天津市高出38.88%，是经济总量最小的衡水市（2015年GDP为1220.0亿元）的18.83倍。值得注意的是，京津冀区域人口空间分布的不均衡呈加剧趋势。2005—2014年，北京人口占区域总人口的比重从16.31%上升到19.47%，而河北则从72.64%下降到66.81%（李国平，2016）。京津冀城市间个体功能的失衡导致京津冀地区整体功能发挥不足，从而限制了区域各城市内部之间的良性互动发展，无法形成正常的集聚扩散循环。由于城市能级的巨大落差，北京市科技成果大多流向京津冀区域外，对京津带动有限。因此，为实现京津冀区域内部的协调发展，需通过北京非首都功能的疏解，合理配置资源，从而实现区域内的良性互动发展，改变京津冀内部各城市间经济发展不平衡的现状。

三　非首都功能承接地分析

解决了“疏解什么”和“为何要疏解”，还需要明确“疏解到哪里”。非首都功能疏解的成功与否，不仅取决于疏解，更在于有没有合适的地区承接这些功能，也就是要解决具体“疏解到什么地方”的问题，既要“疏得出”、又能“接得住”，还能“落得稳”。

（一）北京行政副中心及周边新城

北京郊区县是非首都功能的重要承接地，中心城区需要疏解的教育、医疗机构等会优先考虑远郊区县。除行政副中心通州外，北京现有10个新城，包括亦庄、大兴、顺义、昌平等，这些新城对内要承接中心城区疏解的人口和产业，对外发挥反磁力基地的作用，会把外部向北京中心城区聚集的人口和产业阻截，形成新的增长点，并以中心城区为核心形成新的都市圈通州行政副中心功能定位主要是有序推动市属行政事业单位及相关服务部门的疏解转移。为了使疏解人口“留得住”，北京市提出要促进通州的“产城融合”和“职住均衡”，提高公共服务水平。到2017年，北京市属行政事业单位整体或部分迁入工作将取得实质性进展，远期将带动约40万疏解人口。10个新城以及新机场地区等3个重要城镇，也将承接中心城功能和疏解人口。2014年和2015年，北京市连续发布了《北京市新增产业的禁止和限制目录》，明确了新增产业的底线，实施了严格的产业准入标准。在“城六区”受到禁限的新增产业，将会考虑落户京郊。与此同时，各郊区县也下大气力提高承载能力，缩小医疗、教育等方面的差距，促进均衡发展。如丰台区通过高校名校和教研机构“外引”已引来了北京师范大学、首都师范大学、首都经贸大学、首都医科大学、北京舞蹈学院；人大附、清华附、民大附、北京四中、北京八中、十一学校、北京小学、北大附小、芳草地国际学校；中国教科院、北京教科院、北京教育学院等在区域内开办了多达28所品牌分校。

（二）天津和河北

从区位特征看，河北、天津毗邻北京，会成为疏解非首都功能的首选。同时，由于部分功能的市场性特征明显，津冀在承接非首都功能方面还会存在激烈的竞争。

先看天津。天津地处渤海湾，位于环渤海经济带和京津冀城市群的交会点，是陆上距离首都北京最近的出海口。再加上近年来滨海新区和天津自贸区的政策优势，天津在承接非首都功能方面形成了一定比较优势。2014年8月，北京、天津签署了六项区域合作协议及备忘录，涉及交通、科技、环保、市场一体化等领域。2015年7月，天津市第十届委员会第七次全体会议通过了《天津市贯彻落实〈京津冀协同发展规划纲要〉实施方案》，作为北方唯一的自贸试验区，天津自贸区总体方案开篇就论述了其设立的独特使命，即在“新形势下全面深化改革、扩大开放和加快推进京津冀协同发展战略”。滨海新区2015年实际利用内资1071亿元，其中来自北京的资金占到位额的一半。中铁、中铝、中船、神华、北车等众多北京企业均在新区设立公司，大唐、华能、华电、国电 4 家电力集团在新区设立的融资租赁总部在 2015 年全部完成增资。

再看河北。2014 年 7 月，北京、河北签署了 7 份区域合作协议及备忘录，涉及经济合作区、市场一体化、交通一体化、生态环境建设等方面。2015 年 7 月，河北省第八届委员会第十一次会议审议通过了《中共河北省委、河北省人民政府关于贯彻落实〈京津冀协同发展规划纲要〉的实施意见》，提出要以服务北京非首都功能疏解为基本出发点，推出了全省对接京津功能疏解和产业转移的五大类 40 个重要平台。雄安新区的设立，就是将其作为北京非首都功能集中承载地来定位的。面对京津冀协同发展的重大机遇，各地市也表现出了极大的热情。石家庄市围绕打造世界级城市群第三极的定位，把高新区、经济技术开发区、装备制造基地、信息产业基地等作为重要承接点，打造承接北京非首都功能疏解的主平台。廊坊市是河北连接京津的前沿，提出了打造北京非首都功能集中承载地的定位，力争发挥独特作用。早在 2014 年 4 月，廊坊市政府就与北京市西城区政府签署合作发展框架协议，将全市 29 个省级以上园区分批打造成功能不同、层次多样、各有侧重、独具特色的承接平台。保定市作为京津冀中部核心功能区的区域性中心城市，具有区位、交通、土地、人力资源等优势，在承接非首都功能疏解方面，探索出六种区域合作模式，即园区共建、筑巢引凤、政企牵手、企业联姻、托管合作、创新联盟等模式。其他各市也紧抓京津冀协同发展重大机遇，积极展开非首都功能的承接工作。

（三）津冀以外的全国各地

京津冀协同发展重大国家战略的机遇不仅仅属于京津冀三地，全国乃至全世界都将其看成是一个机遇。对于非首都功能疏解而言，津冀是首选地，但不是必选地，因此各地纷纷加入了非首都功能“蛋糕”的争抢，其中内蒙古、河南、山东、山西等地表现可圈可点。仅动物园批发市场就有天津西青、石家庄、廊坊永清、白沟、沧州、鄂尔多斯东胜区等争抢承接疏解，有些地区为了吸引商户入驻，提出了相当优惠的政策①。先看内蒙古，北京和内蒙古的区域合作已达20年之久，“十二五”期间，双方在农牧业、能源、交通、旅游多个领域开展合作，内蒙古共引进北京市合作项目1930多个，京能、京东方、北控、首创等一大批北京企业项目相继落户内蒙古，到位资金5600多亿元，北京成为内蒙古第一大投资来源地。2016年3月7日，昌平区与乌兰察布市专门就功能疏解和产业转移召开了对接会，乌兰察布市也向昌平产业转移伸出了橄榄枝。2016年，该市各级各部门到北京开展产业对接活动近650次，签约项目139项，签约额792.86亿元，其中落地项目119项，签约额522.08亿元。再看河南，2016年8月22日，北京与河南签署了《全面深化京豫合作战略协议》，河南表达了具有承接北京非首都功能的有利条件和现实需要，希望能够积极承接北京向外转移高校和职业院校的强烈意愿。再如山东省德州市，山东省委办公厅、省政府办公厅专门出台了《关于支持德州加快融入京津冀协同发展的意见》，提出支持德州成为疏解北京非首都功能的微中心，并将德州定位于产业承接转移基地、科技成果转化基地、优质农产品供应基地、优质劳动力输送基地、京津冀南部重要生态功能区，有150多家企业与京津地区关联企业结成合作伙伴，中纺、中节能、中建材、中化工、中商等央企在德州投资建厂。2015年11月18日，德州经济技术开发区项目东区更名为德州市京津冀协同发展产业合作区，作为德州市实现京津冀协同发展的主战场。在经济下行压力较大的情形下，面对非首都功能疏解的“大蛋糕”，全国各地都充满了期许，竞争程度可见一斑。

---

① 东胜区提出：2017年1月1日前入驻的商户可享受5年免租政策；为入驻商户及从业人员免费提供城市公租房；入驻商户及从业人员享受本地城镇居民医疗保险待遇；入驻商户及从业人员子女入园入学享受同城待遇；给予入驻商户一定物流补贴；对个体工商户实行定额税，按照最低标准执行，规模企业所得税区级留成部分全部返还等。

第二节　非首都功能疏解与河北承接进展

疏解非首都功能是北京市全面落实京津冀协同发展重大国家战略的关键环节和重中之重。2013 年年底以来，北京市严格控制增量，有序疏解存量，坚持分类施策、内外联动、梯次推进，有序、有效、有力推动疏解了一批非首都功能重点项目。与此同时，河北省多措并举，积极承接，已取得了阶段性成果，为开创京津冀协同发展新格局和完成阶段性任务奠定了良好基础。

一　北京非首都功能疏解稳步推进

北京市有关部门聚焦四类优先疏解领域，制定实施了贯彻《京津冀协同发展规划纲要》的意见等一揽子政策文件，明确了非首都功能疏解近期、中期、远期任务，构建了上下联动的工作体系，主动对接国家相关规划，分领域制定实施疏解方案，全力推进非首都功能疏解，取得了明显进展和成效。

（一）一般制造业关停退出、转型升级与转移疏解进度超前

北京市按照分类疏解存量的原则，对高能耗、高水耗、有污染的项目，运用目录引导、资金奖励、差别化价格等市场手段，就地清理淘汰。制定实施《北京工业污染行业、生产工艺调整退出及设备淘汰目录（2014 年版）》，同时制定《关于落实清洁空气行动计划进一步规范污染扰民企业搬迁政策有关事项的通知》，综合运用经济措施倒逼一般制造业和污染企业关停退出。截至 2017 年 6 月底，累计关停退出一般制造业企业 1836 家，仅 2017 年上半年就退出一般制造业企业 495 家。落实《调结构转方式发展高效节水农业的意见》，严控高耗水农业发展，2015 年减少小麦生产面积 19 万亩，生猪、肉禽生产规模分别下降 5%、10%。对有条件通过技术改造符合城市定位的项目进行转型升级，如对四大热电中心的“煤改气”。对有经济带动作用的项目进行转移疏解，截至 2015 年，北京向河北疏解转移的工业项目超过 80 个，总投

资超过1200亿元，达产以后可形成2500亿元的产能。

（二）商品交易市场疏解有序

北京市按照“升级为导向、建关相结合”的原则，实行“撤一补一”的方式，在2014年拆并中心城商品交易市场36个、升级改造34家的基础上，2015年调整疏解150家商品交易市场，其中，清退拆除市场80个，涉及营业面积56万平方米、摊位1.2万个；对70个市场进行转型升级，涉及营业面积54万平方米，摊位9000余个。2016年调整和疏解商品交易市场117个，涉及建筑面积160万平方米，涉及商户2.8万户。大红门、动物园、天意等区域性批发市场疏解腾退成效显著，推动城六区重点区域以点带面联动疏解。

（三）教育、医疗等公共资源疏解稳步推进

通过采取整体搬迁、对口支援、共建共管和办分校（院）等多种方式，实现教育、医疗等公共资源疏解。截至2015年年底，北京城市学院、北京建筑大学、北京工商大学6600余名学生分别迁入顺义、大兴、良乡新校区，西城区4所职业高中整合为一所职教学校，已腾退5处校址共4.3万平方米。北京电影学院怀柔新校区、北京信息科技大学昌平新校区等项目有序推进。天坛医院2017年年底将竣工进入试运行，同仁医院亦庄院区二期建设进展顺利。北京中医医院垡头院区、口腔医院迁建等项目前期工作加快推进（北京市发改委，2017）。

（四）行政事业性服务机构疏解进展顺利

2015年7月11日，中共北京市委十一届七次全会表决通过了《中共北京市委北京市人民政府关于贯彻<京津冀协同发展规划纲要>的意见》，通州正式成为北京市行政副中心。城市副中心总体城市设计和6个重点地区详细城市设计已通过专家评审。2017年共安排255项重大工程项目，截至4月底，新开工27项，在施140项，完成投资163.5亿元，年底四大市级机关和相关市属行政部门率先启动搬迁。

表 8-1　　　　2015 年北京非首都功能疏解成绩单

疏解类别	具体疏解成绩
批发功能疏解	动物园地区批发市场:共完成撤市 12.6 万平方米,升级 8 万平方米。累计撤市闭市 7 个市场主体,实现疏解产业升级 20.6 万平方米。
	大红门地区批发市场:升级改造、调整外迁、撤并拆除步伐加快,已关停方仕鞋城等 7 家市场,腾退建筑面积 15.5 万平方米,疏解商户 4081 户;改造升级天雅女装等 8 家市场,减少摊位 841 个。
	天意小商品批发市场:业主方收回天恒大厦 3800 平方米使用权,完成东天意市场清理腾退,疏解摊位 350 个,疏解从业人员 1050 人。
	西直河石材市场:拆除 180 万平方米,复垦土地和绿化建设 2045 亩,减少商户和流动人口 3 万人。
	新发地批发市场:仓储物流功能加快外迁,首批 300 余家商户签约落户河北省高碑店市。
	雅宝路地区市场:启动转型升级,1400 余个摊位、4.4 万平方米经营面积将疏解,其中,朝外雅宝商城已清退 1.1 万平方米,引入生活服务型企业。
	百荣世贸市场:拆除违章建筑,年内将外迁商户 730 个,疏解外来人口 3150 人。
	落实《调结构转方式发展高效节水农业的意见》,全市小麦生产面积减少 19 万亩。
高耗水农业疏解	生猪全市出栏量 290 万头,生产规模调减 5%。
	规模畜禽养殖场从 1907 家减少至 1886 家,畜禽出栏量不足 6800 万只,生产规模调减 10%。

续　表

疏解类别	具体疏解成绩
高耗水农业疏解	环京"菜篮子"生产基地扩大到70余万亩,年供菜量300万吨,占全市消费量的三分之一左右。
	市行政副中心行政核心区土地拆迁腾退已经完成,规划设计方案制定完成,行政办公区起步区已经开工建设。北关大道、南环环隧等36个项目已经开工,张采路、朝阳北路东延等11个项目已完成立项,外环路西段、张家湾再生水厂配套管网等39个项目正在办理前期手续。
行政事业性服务机构疏解	北京建筑大学大兴校区二期项目1.4万平方米学生宿舍已竣工,2015年实现不少于1100余名学生疏解至大兴校区。
教育功能疏解	北京城市学院,5000余名学生和1000余名教职工已于2015年9月迁入顺义区杨镇新校区。
	北京工商大学良乡校区新迁入500余名学生。
	北京市外事学校等4所职业高中整合为一所职教学校,拟整体外迁,已腾退5处校址4.3万平方米。
	天坛医院整体迁建工程主体结构已于2015年5月封顶。
医疗资源疏解	同仁医院亦庄院区二期工程已完成初步设计批复。
	北大医院大兴院区项目正在办理环评等手续。
	友谊医院顺义院区项目完成规划选址,取得机构设置批复。
	通州市行政副中心土地搬迁腾退已经完成,通州新城86个重大基础设施项目中已开工29个。

资料来源：北京市统计局、国家统计局北京市调查总队。①

① 说明：目前尚未建立关于非首都功能疏解的专门统计制度，非首都功能疏解的情况散布于各类新闻中，上表依据北京市统计局、国家统计局北京市调查总队提供的2015年非首都功能疏解情况，内容汇总相对权威完整，但尚未能查询到2016年的情况，特此说明。

随着功能疏解的推进，北京人口调控取得明显成效。常住人口增量从2011年的56.7万人降至2016年的2.4万人，增速从2011年的2.9%降至2016年的0.1%。北京市统计局一项问卷调查表明，商品交易市场周边的社区居民对居住环境的满意率达84.1%，比搬迁或关闭之前提升了20个百分点以上，这说明市场疏解有效改善了人居环境，提升了居民的生活品质（北京市统计局、国家统计局北京调查总队，2015）。

二　河北承接非首都功能进展积极有序

河北全面落实《京津冀协同发展规划纲要》，按照“三区一基地”的功能定位，积极承接北京非首都功能，加强平台建设，与北京先后开展多次专题对接会，共同研究制定促进京冀区域性批发市场疏解和承接的支持政策，取得积极成效。

（一）雄安新区集中承接地建设稳步推进

2017年4月，党中央国务院决定在河北省雄县、容城、安新3县及周边部分区域设立雄安新区，集中承接北京非首都功能，并将其作为“千年大计、国家大事”，意在打造贯彻新发展理念的创新发展示范区。

表8-2　　雄安新区主要工作推进概况（截至2017年8月）

时间	部门或重要人物	事　件
4月1日	党中央、国务院	设立雄安新区
4月1日	河北省委	召开全省领导干部会议，全面落实党中央、国务院关于设立河北雄安新区的重大决策部署
4月3—4日	河北省委书记赵克志，河北省委副书记、省政府党组书记许勤	召开会议，深入核心区，实地察看概貌，听取新区筹委会工作开展情况和下步工作打算

续　表

时间	部门或重要人物	事　件
4曰5日	河北省委书记赵克志	就热点问题接受新华社记者专访
4月6日	京津冀协同发展领导小组	学习贯彻习近平总书记关于京津冀协同发展的重要讲话和指示精神，传达《中共中央国务院关于设立河北雄安新区的通知》，研究部署下一阶段重点工作
4月7日	河北省委	召开常委会(扩大)会议，研究贯彻落实意见
4月8日	河北省委	召开理论中心组学习会，围绕做好雄安新区规划建设工作进行深入研讨
4月12日	雄安新区临时党委、筹委会	印发《关于坚持“以人民为中心”认真做好企业搬迁安置工作》明白纸，提出将积极做好企业搬迁安置工作
4月14日	中共中央政治局常委、国务院副总理、京津冀协同发展领导小组组长张高丽	就设立雄安新区接受新华社记者独家专访，指出设立雄安新区最重要的定位、最主要的目的就是打造北京非首都功能疏解集中承载地
4月15日	国务院国资委	对全力支持雄安新区建设作出全面部署，将指导推动中央企业超前谋划项目布局，积极推动符合雄安新区定位和战略发展需要的央企在京单位有序迁入
4月18日	天津市委书记李鸿忠、市长王东峰	考察新区规划建设，签署《关于积极推进河北雄安新区建设发展战略合作协议》
4月19日	河北省委书记赵克志、省委副书记、代省长许勤	学习借鉴北京城市副中心和怀柔雁栖湖规划建设管理的成功经验和创新做法，做好雄安新区起步阶段的各项工作
4月20—21日	河北省委	召开九届三次全会，通过了《中共河北省委关于深化学习贯彻习近平总书记重要讲话精神全力做好当前雄安新区规划建设工作的决议》

续 表

时间	部门或重要人物	事 件
4月24日	交通运输部	举行工作交流座谈会,就新区交通运输规划建设进行交流对接
4月26日	雄安新区	召开首场新闻发布会,新区将重点推动六项工作,包括规划编制、行政管理体制改革等
4月27日	河北省省长许勤	主持召开省政府党组会议,学习习近平总书记在雄安新区规划建设工作座谈会上的重要讲话精神,全力推动雄安新区规划建设各项工作
5月2日	财政部	举行工作交流座谈会,就雄安新区规划建设进行深入对接
5月8日	河北省委	召开常委会(扩大)会议,传达学习习近平总书记关于雄安新区的重要指示精神,传达学习张高丽副总理在河北雄安新区规划建设工作会议上的讲话精神,研究河北省贯彻落实意见
5月9日	河北省委书记赵克志	在《人民日报》发表署名文章《稳扎稳打系好雄安新区规划建设第一颗扣子》,阐释了省委对学习贯彻习近平总书记重要讲话精神来做好雄安新区规划建设工作的深刻认识
5月11日	北京大学	就雄安新区规划建设对接座谈,达成五点共识,包括北大光华管理学院在雄安新区建立培训中心
6月12日	河北省省长许勤	召开省长办公会议,研究雄安新区及周边水环境污染综合治理等工作
6月19日	北京服装学院	与容城县政府共建的北京服装学院容城时尚产业园正式投入运营

续　表

时间	部门或重要人物	事　　件
6月26日	雄安新区	启动城市设计国际咨询建议书征询公告发布
6月26日	雄安新区	组织就业培训暨劳务用工对接会,75家中央和地方企业开展劳务用工对接协作活动
7月6日		北京开往雄安新区的动车首开
7月18日	河北省政府	中国雄安建设投资集团有限公司完成工商注册登记,初期注册资本100亿元人民币
8月3日	北京市通州区	将进一步加强合作,建立交流机制,共谋发展
8月9日	河北省委宣传部	召开河北雄安新区宣传工作会议
8月9—10日	中国电信	举办了中国电信雄安国家骨干网暨5G创新示范网启动大会
8月10日	中国中车集团	举行对接会,双方将在交通规划建设、推动绿色智慧城市建设、新能源汽车发展等方面展开合作
8月11日	河北省省长许勤	调研白洋淀流域上游
8月17日	北京市人民政府、河北省人民政府	签署《关于共同推进河北雄安新区规划战略合作协议》,北京将在工作机制、科技创新、交通、生态、产业、公共服务、规划、干部人才交流8个合作领域支持雄安新区建设

资料来源：河北新闻网。

（二）共建产业园区承接进展顺利

产业园区是为促进某一产业发展为目标而创立的特殊区位环境，是区域经济发展、产业调整升级的重要空间聚集形式，担负着聚集创新资源、培育新兴产业、推动城市化建设等一系列的重要使命，能够有效地创造聚集力，通过共享资源、克服外部负效应，带动关联产业的发展，从而有效地推动产业集群的形成。因此，通过共建产业园区来承接首都一般性制造业的转移，能够使转移企业更好的存活，并促进承接地区的产业转型升级和经济发展。2014—2016 年三年间，河北与京津合作共建各类科技产业园区 55 个，共引来 1300 多家京津高新技术产业落户，京津研发、河北转化的创新链条正在加速形成。

表 8-3　部分产业园区概况

园区名称	成立时间	主要情况
中关村海淀园秦皇岛分园	2014 年 5 月 11 日	创新“4:4:2”分配机制，已经吸引 83 家企业入驻，落户秦皇岛的中关村高新技术项目已达近百个
京冀曹妃甸协同发展示范区	2014 年 7 月	全区开工北京项目 54 个，总投资 1730.84 亿元。北京安贞、妇产医院曹妃甸合作医院已经挂牌开诊，北京企业整体搬迁到曹妃甸，可保留北京名号。北京景山学校曹妃甸学校已于 2016 年 9 月正式开学
北京·沧州渤海新区生物医药产业园	2015 年 1 月 19 日	就生物医药进行全产业链合作，共同建设国际一流的生物医药产业园。首批入驻的 22 家企业在现场签约入驻，总投资 61 亿元。这也是北京医药生产企业首次集体向河北迁移
沧州经济开发区北京现代沧州工厂	2015 年 4 月 3 日	北京现代首个在北京以外建厂生产的整车工厂，直接带动就业 6000 人以上，带动整车零部件、服务贸易、汽车金融及相关产业超过 1000 亿。2016 年 10 月 18 日，沧州工厂正式竣工投产
保定·中关村创新中心	2015 年 4 月 28 日	国内首个京津冀区域合作创新中心，由北京中关村信息谷资产管理有限公司运营，通过植入中关村基因，在全国乃至全球范围内配置创新资源，营造跨区域的创新创业生态系统

续　表

园区名称	成立时间	主要情况
北京亦庄·永清高新技术产业开发区	2015 年 6 月 17 日	大基康明、惠买在线、坤鼎投资、聚信产融投资和宝健日用品五家公司已入驻高新区，计划总投资 45 亿元
中关村科技园区丰台园保定满城分园	2015 年 7 月 18 日	总规划面积 24.37 平方公里，紧邻保定国家高新技术开发区，为京津保金三角核心地带
云计算与数据中心产业基地	2015 年 10 月 14 日	计划总投资 48.5 亿元，占地面积 450 亩，建筑面积 20 万平方米，云计算产业园项目不仅可为张北带来年产值约为 29.4 亿元、税前利润约 8.7 亿元等良好经济效益
北京海德润生物医药园	2016 年 1 月 19 日	建设了面积 650 亩的北京生物医药科技产业园和北京食品加工及冷链物流产业园，已经吸纳北京海德润、百德福、唐山玛多咖等多家生物技术类企业入驻生物医药园
石家庄（正定）中关村集成电路产业基地	2016 年 11 月 16 日	规划面积 70.5 平方公里，聚力泛半导体和智能硬件两大优势产业，积极培育新能源汽车、高端装备制造、节能环保、现代物流四大潜力产业

资料来源：河北新闻网。

（三）区域性物流基地与批发市场承接态势良好

随着京津冀协同发展深入推进，北京新发地、大红门等区域性物流基地、专业市场加速向河北转移。2016 年年初，河北省政府印发《河北省建设全国现代商贸物流重要基地规划（2016—2020 年）》。围绕建设全国重要商贸物流基地，全省各地把现代商贸物流作为产业发展的重要方向，谋划实施了空港海港、大宗商品、制造业、农产品等特色商贸物流工程，迎接 2017 年年底北京批发业态疏解的收官之战。

表 8－4　河北物流基地与批发市场承接情况

物流基地或批发市场	时间	事　项
居然之家京津冀家居产业园	2015 年 12 月 21 日	一期规划占地约 6500 亩，总建筑面积 600 万平方米，总投资约 200 亿元，由设计创意园、工业园、物流园、专业市场、国际展览中心、检测认证中心、配套服务中心七大功能板块组成，2018 年年底之前运营，将疏散人口 10 万人以上
京津冀（固安）国际商贸城	2016 年 11 月 3 日	项目一期于 2016 年 8 月动工，以智慧商贸、智慧物流为支撑，涵盖时尚文创产业、文化旅游产业，融合智慧商务、会议会展、动漫文创、非遗文化、休闲购物等多种功能于一体
石家庄乐城国际贸易城	2017 年 4 月 20 日	共有六个场馆承接北京商户，营业面积达 220 万平方米，已有 1800 余家商家签约，约 100 家商户入驻
燕郊东贸国际服装城	2017 年 5 月 13 日	已有约 1500 家商户从北京“动批”和大红门服装批发市场搬迁；承接天兰天尾货市场，成为华北地区最大的尾货市场
高碑店马连道国际茶业园	2017 年 5 月 19 日	承接北京乃至华北地区的茶叶批发、仓储物流和初加工的功能，同时利用“马连道”品牌的知名度，吸引饮品和食品的龙头企业入驻
沧州明珠商贸城一期		已累计签约 7000 余户北京商户，入驻营业已超 800 户
高碑店京开市场	2017 年 6 月 8 日	高碑店承接北京农批产业疏解的首个项目，成为保障首都食品供应的重要窗口，聚集了 1300 余家商户
白沟新城		已迎来 600 多个北京商户入驻，规划了箱包区、针纺区、小商品区、大红门服装城四个专区 40 万平方米，对接天意、百荣、丹陛华的商户
廊坊永清北京鑫海商贸城一期	2017 年 8 月	距北京仅 39 公里，距北京新机场只有 15 公里，总占地 2000 余亩，总建筑体量 200 万平方米，总投资 100 亿元，集商贸交易区、中心商务区、品牌运营中心、陆地港综合区及综合办公配套住宅区为一体

资料来源：首都之窗网站 www. beijing. gov. cn。

(四)部分教育、医疗机构承接取得实质性进展

通过共建分校、共享教育资源等方式实现教育资源的承接。河北省与北京市、区两级签署教育合作协议21个，实施合作项目30余个。组建了京津冀地区4个高等教育联盟、两个协同发展研究机构、3个特色职教集团，景山学校曹妃甸分校2016年9月顺利开学，北京五中、八一学校、史家小学廊坊和保定分校建设有序推进。

医疗卫生协作成效明显。河北13家医院与北京市属11家医院和1家企业医院开展合作办医，开展了北京—燕达、北京—曹妃甸、北京—张家口、北京—承德四个重点医疗合作项目，医疗机构临床检验结果互认试点工作全面启动，首批互认项目27项，纳入互认医疗结构132家，京津冀三省市分别有69家、37家、26家。首批X射线摄影、CT、核磁共振等17项医学影像检查资料在102家实现互认，京津冀三省市分别为31家、26家、45家。

表8-5　　京津冀高校联盟

联盟名称	组成单位
京津冀协同创新联盟(工业)	北京工业大学、天津工业大学、河北工业大学
京津冀建筑类高校协同创新联盟	北京建筑大学、天津城建大学、河北建筑工程学院
京津冀高等医学教育协同发展战略合作	首都医科大学、北京协和医学院、天津医科大学、河北医科大学
京津冀轻工类高校协同创新联盟	北京工商大学、天津科技大学、河北科技大学

续 表

联盟名称	组成单位
京津冀教育协同发展研究院	首都师范大学牵头,协同联合教育部国家教育发展研究中心、中国教育科学研究院、北京教育科学研究院、天津市教育科学研究院、北京教育学院等国家与省级教育科研单位,北京师范大学、北京大学、清华大学、天津师范大学、河北大学、河北师范大学、首都经贸大学等高等院校,京津冀三地各级各类中小学、幼儿园等机构
京津冀教育协同发展研究中心	北京教育科学研究院、天津教育科学研究院、河北省教育科学研究所
京津冀职教集团	北京商贸职教集团、天津商务职业学院、河北商贸学校
外事服务职业教育集团	北京市外事学校、石家庄市旅游学校、天津市中华职业中等专业学校、张家口市职业教育中心、张家口市崇礼区职业教育中心、北京饭店、北京贵宾楼饭店和民族饭店
京津冀“互联网 +”职业教育集团	丰台区政府、河北省张家口市政府、市教育局

资料来源：北京市人民政府新闻办公室“习近平总书记视察北京三周年来北京市新举措新变化新成果”新闻发布会，2017 -2 -17。

第三节　河北承接非首都功能的条件分析

河北作为北京近邻，在非首都功能承接中扮演着主阵地的重要角色。面对非首都功能转移的大好机遇和迫切需求，需要客观分析作为承接方的条件，为精准承接提供决策参考。

一　河北省物流业发展为要素流动提供了保障

一个地区的物流发展水平直接关系着区域间人流、物流的往来和市场环境的完善。经过多年的发展，商贸物流业已成为河北省现代服务业中的第一产业，为京津冀区域要素流动提供了强有力的支撑。

（一）交通物流基础条件明显改善

2014 年河北省交通建设步伐加快，京港澳高速公路改扩建工程提前通车，正定国际机场、邯郸机场改扩建工程投入使用。全年交通基础设施建设完成投资 909.5 亿元，新增通车里程 269 公里，河北省高速公路通车总里程达到 5888 公里，跃居全国第二位，仅次于广东省。港口建设投资共计完成 171 亿元，新增生产性泊位 25 个，共计达到 183 个；货物通过能力达到 9.2 亿吨，跃升为全国第二名，集装箱通过能力达到 295 万标准箱。

（二）网络电商物流需求保持了高速增长

在电子商务快速发展的带动下，河北省电商物流进入了快速增长时期。2014 年河北省快递业务总量完成 3.4 亿件，排名由全国第十位上升到第九位；河北省邮政业务收入达 85.9 亿元，同比增长 17.8%。其中快递业务收入为 41.1 亿元，同比增长 41.2%。石家庄、保定和廊坊市的快递业务量均进入全国城市前 50 名。未来一段时期，河北省的网络购物特别是移动购物仍将保持高速增长，不仅将进一步加大对物流服务的需求，而且还会对物流服务的规模和质量提出更高的要求。

（三）政策环境持续改善

2014 年 9 月 12 日国务院正式发布了《物流业发展中长期规划》，把物流业定位于支撑国民经济发展的基础性、战略性产业，是物流业产业地位进一步提升的重要标志。同年 12 月 9 日，河北省人民政府发布了《关于促进物流业加快发展的若干意见》，涉及税收、融资、土地等方面的一系列优惠政策出台。此外，京津冀签署了多项物流合作协议，为三地物流业协同发展创造了巨大的空间。政策环境进一步改善，为行业发展提供了强劲的动力。

2014 年经河北省政府批准设立的 32 个省级物流产业聚集区，已有 24 个批准了总体规划（见表 8－6）并进入建设运营阶段。获批的物流产业聚集区总规划面积为 326.54 平方公里，正在建设中的起步规划面积为 72.79 平方公里。这些物流产业聚集区已初显物流业服务支撑功能和带动辐射作用，对河北省的经济发展起到了明显的促进作用。

表 8－6　河北省 24 个省级物流产业聚集区名单及所在地

名　称	所在地
石家庄市南部综合物流产业聚集区	石家庄市裕华区
正定商贸物流产业聚集区	石家庄市正定县
保定白沟物流产业聚集区	保定市白沟镇
安平县国际丝网物流聚集区	衡水市安平县
张家口通泰物流产业聚集区	张家口市主城区
沧州渤海新区物流产业聚集区	沧州市渤海新区
沧州市沧东物流产业聚集区	沧州市新华区
肃宁县物流产业聚集区	沧州市肃宁县
河北青龙物流产业聚集区	秦皇岛市青龙满族自治县
秦皇岛临港物流园区	秦皇岛市海港区
邯郸新兴国际商贸物流产业聚集区	邯郸市主城区东南部
邢台综合物流产业聚集区	邢台市桥西区
唐山海港物流产业聚集区	唐山市海港开发区
曹妃甸物流产业聚集区	唐山市曹妃甸区

续　表

名　　称	所在地
唐海曹妃甸新区临港产业园区	唐山市曹妃甸区
唐山丰润区北方现代物流城	唐山市丰润区
迁安北方钢铁物流产业聚集区	唐山市迁安市
唐山路南现代物流产业聚集区	唐山市路南区
唐山西部商贸物流园区	唐山市中心城区西部
唐山市滦县物流产业聚集区	唐山市滦县
永清铁海物流产业聚集区	廊坊市永清县里澜城镇
霸州市胜芳国际物流园区	廊坊市霸州市
承德三岔口钢材综合物流园区	承德市双滦区
承德华北物流产业聚集区	承德市平泉县

（四）重点物流企业运行良好

河北省物流业发展伴随着全省经济结构调整步伐的加快，逐步由传统物流阶段向一体化物流阶段过渡，物流企业主动适应经济发展“新常态”，通过模式创新、流程再造和服务延伸等方式深化体制改革，加快向现代物流企业转型，重点物流企业运行良好。开滦集团不断拓展深化现代服务业，优化物流产业结构，创新商业运营模式，防范资金风险，大力发展非煤物流、实体物流和物流金融。通过明确发展定位，调整物流产业结构，加快物流重点项目建设，构建综合物流产业体系，形成了多种物流业态竞相发展的格局。2014 年开滦集团物流产业收入达 1318 亿元，利润为 2.58 亿元，同比提高 11%；实体物流规模同比提高 5.32 个百分点；非煤物流比重达到 61.48%，同比提高6.24个百分点。河北港口集团依托港口主业，大力发展衍生产业，拓展和延伸产业链，在转型发展上稳中求进。近年来，河北港口集团物流事业部、秦皇岛海运煤炭市场、秦皇岛睿港煤炭物流公司、邯郸国际陆港物流园区等一批新兴物流链管理运行机构如雨后春笋般应运而生，物流建设成为港口集团转型发展的重要支撑。2014年河北港口集团完成港口吞吐量为3.82亿吨，实现营业收入145亿元、利润总额21.6亿元，总资产达到570亿元，均创历史最高水平。

二　河北省社会公共服务承接条件分析

社会公共服务内涵广泛，但民众普遍关注和重视的集中在医疗和教育方面。正是北京与周边地区尤其是河北在医疗和教育方面的巨大鸿沟，在人们追求高水平医疗和教育的意愿下，造成北京背负了沉重的人口负担，且难以在短时间内实现疏解。

（一）京津冀高等教育发展情况

北京市作为首都，是全国的政治中心、文化中心和国际交往中心，高等教育始终走在全国各城市的前列。作为全国直辖市之一的天津市，近年来通过大力实施科教兴市和人才强市战略，使得天津市的教育改革和发展取得了巨大的成就。

尽管河北省高等教育投入日益增长，办学条件得到显著改善，办学水平不断提高等等，但与北京市、天津市相比，河北省现阶段的高等教育发展还不能完全适应经济社会发展和人民群众接受良好教育的需求。

1. 京津冀高等教育资源现状

京津冀区域本专科院校呈现出北京市本科院校最多、河北省专科院校最多的特征。北京市本科院校66所，专科院校25所；天津市本科院校29所，专科院校26所；河北省本科院校58所，专科院校60所。河北省的本科院校数量虽与北京市差距较小，还高出天津不少，但本科院校数量占本地区高等院校总数的比重与京津还有不小差距。

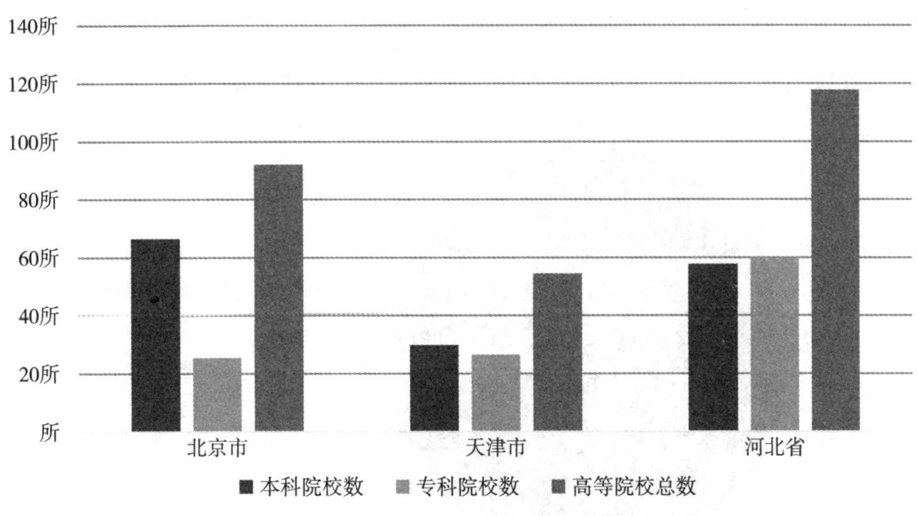

图8－1　2014年京津冀高等院校规模

京津冀区域“985”工程高校数量占全国总数的25.64%，拥有国内顶尖优质高等院校的规模超过全国的1/4，其中北京市拥有8所“985”工程高校，占全国总数的20.51%，天津市的“985”工程高校有2所，占全国总数的5.13%，河北省则没有“985”工程的高校，而全国平均每省（市）拥有1.26所。

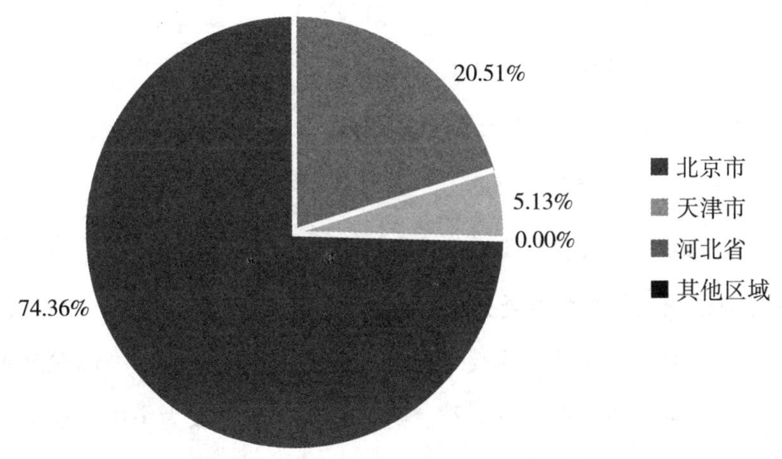

图8－2　京津冀区域“985”工程高校数量

京津冀区域高水平院校在全国占有巨大优势，处于全国高层次高等教育资源的“高地”。京津冀区域“211”工程院校数占全国总数的29%，其中北京占

24%，天津占4%，河北仅占1%。表明京津冀院校水平虽领先全国其他区域，但这些优质教育资源主要集中在北京，河北则处于教育资源的“洼地”地位。

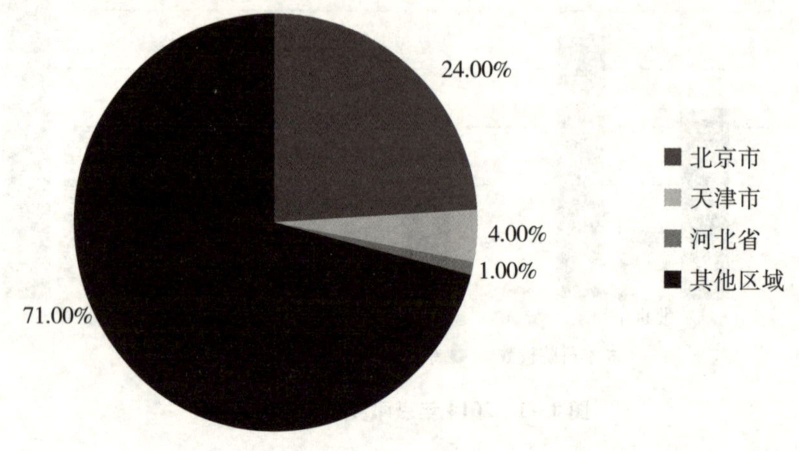

图8－3　京津冀区域“211”工程高校数量

综上，从全国范围来看，京津冀区域优质高等教育资源占有绝对优势，呈现出层次高、规模大、分布相对集中的特点，这些都是京津冀打造高等教育强区域的优势。同时应看到区域内部优质高等教育资源分布集聚程度高，区域内部省（市）的优质高等教育资源水平差距较大，北京市处于优质高等教育资源的“高地”，河北省则处于“洼地”。

2. 京津冀高等教育结构现状

（1）京津冀区域高校科类结构

京津冀区域高等教育科类齐全，各地区除综合类院校以外，北京理工类、财经类、语言类和艺术类高等教育科类相对集中，天津理工类高等教育科类相对集中，而河北理工类、医药类、财经类、师范类较为集中，这基本与当前区域经济社会发展相适应。

（2）京津冀高等教育师资结构现状

京津冀区域内三省（市）的师资结构差距较大。北京市的师资结构中，具有高级职称的教师人数远远高于全国平均水平，而具有初级职称和无职称

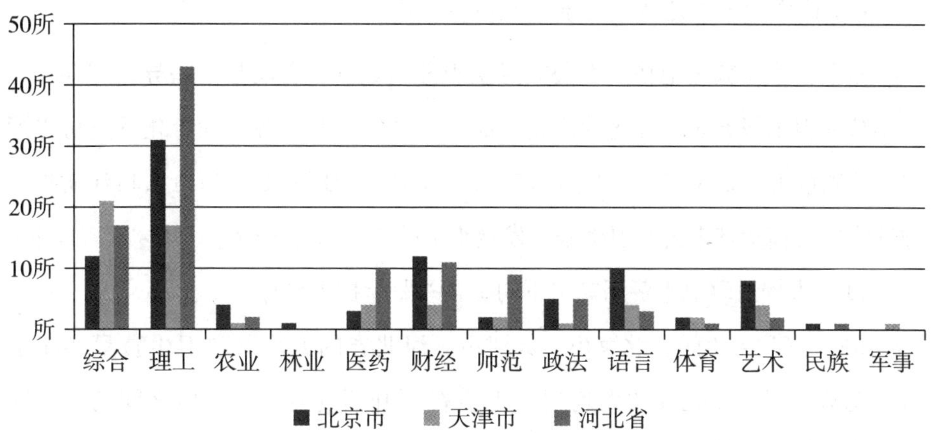

图8-4　京津冀高等教育科类结构情况

的教师人数要低于全国平均水平；河北省教师队伍中具有副高级职称和中级职称的教师是主力军，具有初级职称和无职称的教师人数要高于全国平均水平；天津市因为高等学校总体规模低于全国平均水平，师资队伍人数也相应地低于全国平均水平，但在师资结构中具有高级职称和中级职称的教师仍是主力。可以得出，京津冀区域高等教育师资结构呈现出北京市师资总体处于较高水平，河北省师资总体处于较低水平。

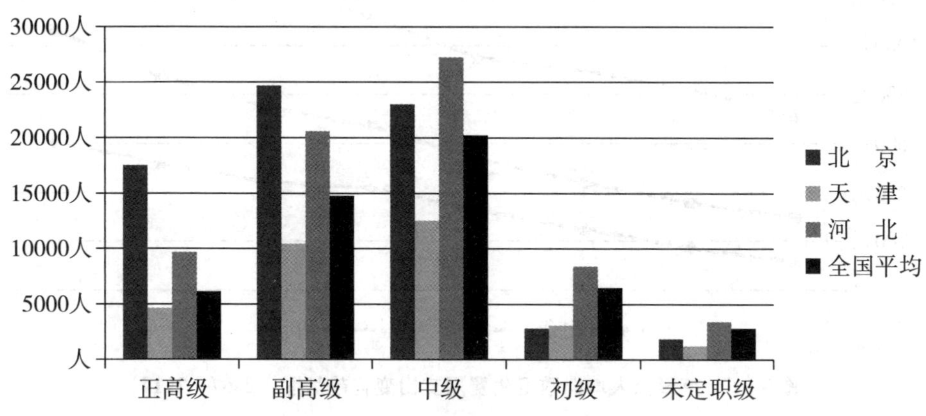

图8-5　京津冀高等教育教师结构现状

（二）京津冀三地基本公共卫生服务概况

现阶段京津冀三地在基本公共卫生服务领域存在着明显的差异，即存在着基本公共卫生服务非均等化的问题。地区间基本公共服务非均等化程度可以通过人均财政卫生费用支出、每万人口职业医师（助理）数、每万人口注册护士数三个主要衡量基本公共卫生服务发展水平的统计指标来衡量，具体表现如下：

（1）人均财政卫生费用支出不均衡且差距呈扩大趋势

2007—2014 年间，北京市、天津市、河北省的人均财政卫生费呈逐年上升的趋势。但是河北省的人均财政卫生费上升幅度有限，三地之间的人均财政卫生费差距日益扩大。2014 年，北京市人均财政卫生费为 1497. 6 元，天津市人均财政卫生费为 1063. 5 元，河北省整体人均财政卫生费是 605. 1 元，与北京市相比低 892. 5 元，与天津市相比低 458. 4 元，是天津市人均财政卫生费的 57%，仅为北京市人均财政卫生费的 40%。由此可见，从基础公共卫生服务的投入来看，京津冀三省市人均财政卫生费存在严重的不均衡问题，且彼此间的差距呈日益扩大的趋势。

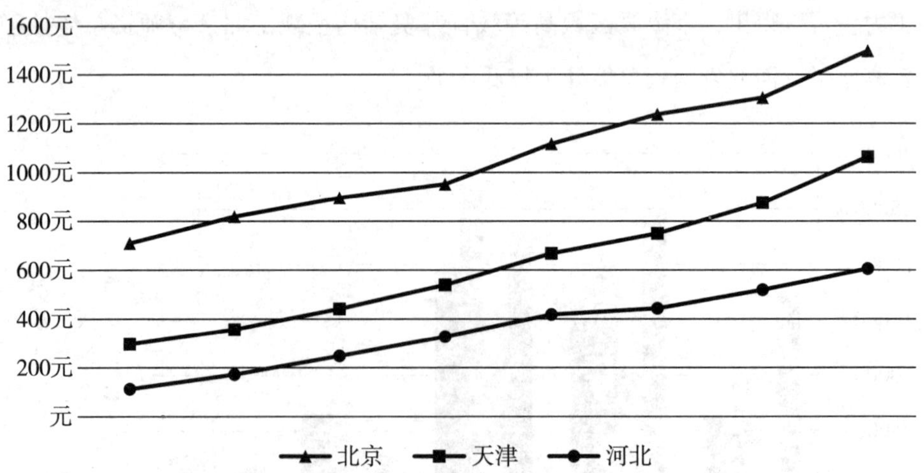

图 8－6　京津冀人均财政卫生费用支出变化趋势图（2007—2014）

（2）人均职业医师数差距明显且无改变趋势

各地区每万人拥有的职业医师（助理）数是由职业医师（助理）数除以

地区总人口数得出的，这一指标可以衡量出人均占有医疗卫生服务的情况。如图 8 - 7 所示，2014 年北京市每万人拥有的职业医师（助理）数为 37. 13 人，天津市为 22 人，河北省为 21. 46 人，河北省与北京相比差距较大，且从 2005 年至 2014 年 10 年间差距虽然没有扩大，但仍无缩小趋势。

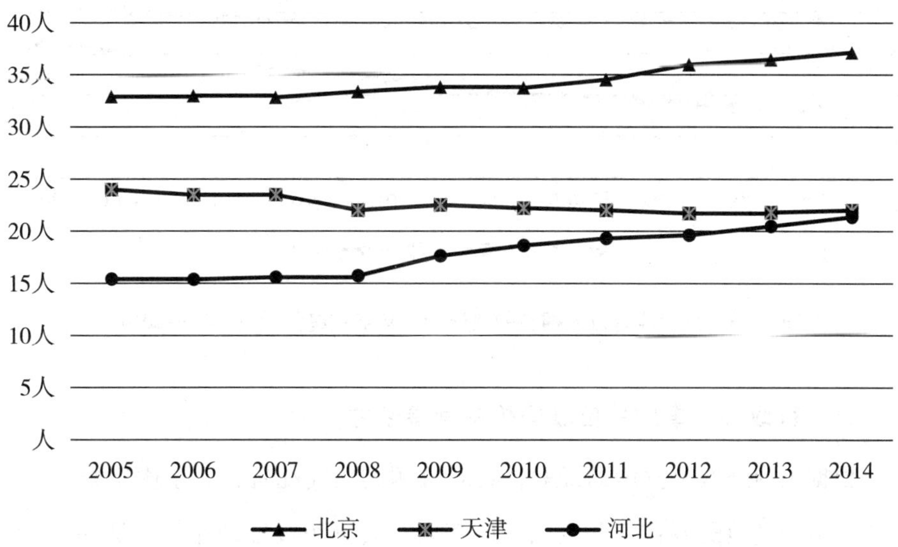

图 8 - 7　京津冀每万人拥有的职业医师（助理）数变化趋势图（2005—2014）

（3）人均注册护士数不均衡且差距呈扩大趋势

2005—2014 年间，北京市、天津市、河北省的每万人拥有的注册护士数呈逐年上升的趋势，但是河北省的每万人拥有的注册护士数上升幅度始终有限，三地之间的每万人拥有的注册护士数差距日益扩大。2014 年，北京市每万人拥有的注册护士数为 41. 1 人，天津市每万人拥有的注册护士数为 20. 8 人，河北省整体每万人拥有的注册护士数是 16. 5 人，与北京市相比低了 24. 6 人，仅为北京市每万人拥有的注册护士数的 40% 。由此可见，从基础公共卫生服务的投入来看，京津冀三省市每万人拥有的注册护士数存在严重的不均衡问题，彼此间的差距呈日益扩大的趋势，这已经严重影响了各地卫生服务的均衡发展。

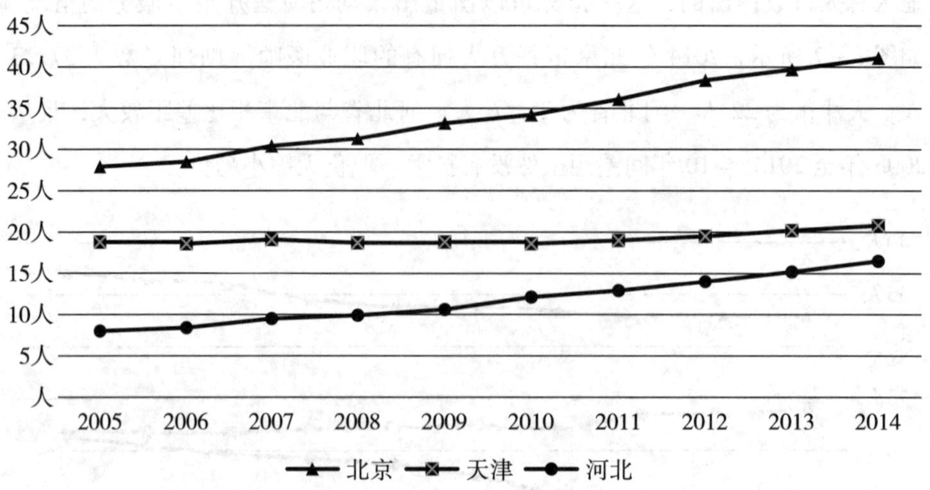

图 8-8　京津冀每万人拥有的注册护士数变化趋势图（2005—2014）

三　行政性、事业单位服务机构承接条件分析

根据国内外城市发展的经验，行政资源的空间配置，对于优化城市空间格局、引导其他资源在某些空间上的集聚，具有积极推动作用。例如，1991年东京将都政府办公机构——东京都厅搬迁到东京三个“副都心”之一的新宿区内，在新宿副中心规划建设了“行政与商务新都心”，从而吸引大量办公及商业设施在其附近集聚发展，为新宿副中心建设提供了强大动力。

因此，疏解非首都功能，会选择率先推动行政部门中具有较强配置能力的资源由中心城向周边区县疏解，形成示范效应，进而带动其他社会资源的疏解。通过对区县功能定位、区位条件、空间资源、文化生态资源等方面的分析，可考虑优先推动行政资源由中心城向通州副中心集中疏解，进而带动教育、医疗、培训等其他非首都功能加快向通州疏解和聚集，形成非首都功能疏解的集中承接地。

2015 年 11 月 25 日，北京市市委十一届八次全会正式公布了北京行政功能搬到通州的消息。会上提出，确保 2017 年市属行政事业单位整体或部分迁入通州区有实质性进展，要求科学规划，倒排工期，建设好增量，调整好存量，探索积累经验。根据北京市政府公开资料，通州行政副中心的功能定位是行政办公、文化旅游、部分商务配套，将严格控制建设规模和开发强度。

因此，从现有的政府对非首都功能中行政事业单位的做法来看，绝大多数的机构将会被疏解到通州，因此河北省承接北京市属行政事业单位既不符合现有做法，也不符合未来趋势。

第四节　提升河北非首都功能承接能力对策建议

推进非首都功能疏解既要发挥疏解方政府在顶层设计、规划引导、组织实施等构成的疏解“推力”，更要提高承接地的“引力”，缩小疏解地域承接地的落差，从而增强疏解对象的“动力”，最终形成“合力”，从而实现非首都功能疏解的稳态化和长效化。

一　河北省承接北京非首都功能的原则

产业转移是经济发展过程中的重要环节，是京津冀区域实现协同发展的必然结果。北京具有转移趋势的产业多是劳动密集型、资源密集型或资源依赖型产业，河北在承接这些产业时应该合理选择，否则会给自身带来消极影响。因此，河北省在承接产业转移时要坚决避免对环境、资源造成负面影响，做到“有所为，有所不为”。因此，在承接产业转移的过程中必须遵循以下原则。

（一）坚持可持续发展原则

北京的一些劳动密集型产业、资源密集型产业或资源依赖型产业大多已不具备发展潜力或者存在污染环境的问题，而成为北京产业转移的首选。河北省在承接产业转移过程中，要坚持资源和环境的可持续发展，不要盲目追求 GDP 的增长，着眼于眼前利益，而造成河北资源的浪费和环境的污染。对于承接的产业，河北省应该对有潜在污染危险的产业先治理再承接，对资源密集型产业先升级再承接，使承接后的产业能够促进河北省的经济发展，实现产业的可持续发展。河北省在承接北京产业的同时，要充分考虑资源和环境的承载能力，制定承接产业的门槛，最终实现北京产业的有效转移和河北省经济水平的快速发展。

（二）坚持产业结构优化升级原则

河北省承接产业转移要注重产业升级，引进关联度大、产业链长的项目，吸收利用先进的科学技术，利用自身的比较优势和产业基础，发展相关产业，促进河北省的产业结构升级。要在充分发挥自身资源、土地优势，在遵循经济发展和产业集聚的客观规律的基础上，促进北京和河北间产业的有效对接，实现两区域合作，优势互补，共同发展。区域的合理布局要充分利用各地现有的产业基础和资源优势，因地制宜，合理选择承接的产业，确定承接产业转移的措施，引进既能适应河北省产业发展，又能带动其他产业发展的项目和产业，避免了资源的浪费和项目的重建，最终实现河北产业的优化升级。

（三）坚持关联强度原则

由于生产产品的工艺和技术复杂程度不同，不同产业与其他产业之间形成不同程度的关联，产业集群就是指具有不同程度关联的产业之间相互关联、相互依存的极其复杂的产业群体。社会生产中不同部门之间和不同产业之间的技术结构以及产品的需求结构，是社会生产力发展的一种空间结构状态即产业关联。产业之间这种技术结构和产品的需求结构的扩散程度以及相互依存、相互推动、共同发展的程度称之为产业关联度。为了促进北京产业快速转移到河北，应当注重转移具有高关联度的产业，由于这些产业有较高的关联度，有助于带动其他产业的转移，同时这些产业派生出的作用可能促进其他产业发展，这样不仅可以促进河北省产业的发展，而且也有效避免了当要素条件发生变化后，出现产业链断裂的问题。

（四）坚持因地制宜、特色发展的原则

河北省各个县市在经济发展水平、产业结构和资源禀赋等方面都存在着

不同程度的差异，所以从经济发展的角度来说，特色化和差异化就是各个县市经济发展的竞争优势。在承接北京产业转移过程中，河北省各个县市在实现对资源高效利用和可持续发展的同时，应该充分发挥自身区域的竞争优势。因此，河北省一定要在发展自身资源优势的基础上，充分发挥企业、劳动力、土地等生产要素充裕的优势，吸引产业转移，转变产业的发展方式，延长产业链，促进产业的专业化、区域化，把自身在地理上的优势转变为经济发展的优势。通过承接的产业使传统产业和特色产业相辅相成，促进产业的壮大和发展，从而提高产业的市场竞争力和知名度。同时利用转移产业带来的先进技术，逐步建立新的符合当地特色的支柱产业，增强产业竞争力。

二　河北省承接北京非首都功能的建议

（一）构建综合性工业园区承接平台

产业园区是推进工业化和城市化的重要力量，也是推动产业集聚和发展特色产业的群体的重要平台，同时也是承接产业转移、招商引资的重要条件。在承接产业转移过程中，应该制定合理的土地规划，实现优质的空间结构和较高的土地利用率，并且加大基础设施建设，配套完善的基础设施建筑，合理优化产业布局形成合理的产业链结构。同时需要在招商引资方法上进行创新：一是建立招商引资领导机制，实行小组分工，领导负责制。将招商引资目标地区划分为各个小板块，并针对每个板块成立专门的招商引资小组，由相关领导亲自负责，带领各小组主动走出去，将外资引进来。二是建立招商引资考核机制，在进行招商引资过程中，应根据各招商引资板块的具体情况制定绩效目标，规范考核方法，对率先完成的小组给予一定的奖励。三是建立招商引资档案管理机制，为每项招商引资项目制定单独的档案，详细记录此次招商引资过程，总结成功经验与失败教训，档案管理机制的建立不仅有利于及时发现并改进招商引资过程中的问题，还将为今后的相关项目提供学习借鉴作用。这样才能成为一个具有良好发展环境、较高产业聚集水平的综合性的工业园区。

（二）建立科技创新产业园区

产业转移能够给承接地带来先进的技术和管理经验，增强企业自主创新能力，最终实现承接地技术水平的提高。河北地区技术水平较低、创新能力不足，在承接北京地区产业转移的过程中，要注重先进技术的吸收和引进，并且实现北京地区技术研发的成果转化。同时需要完善的制度环境作支撑，完善的制度环境可以对产业转移过程中各方权益进行保障，消除因地区保护、乱收费等不合理行为而造成的企业进入障碍。因此，需要加快制度改革，建立合理的制度环境，为此需要做到：一是制定规范的行政审批程序，提高行政效率，减少产业转移过程中产生的交易成本；二是严格消除地方保护主义，使外来企业享受公平、公正、公开待遇，培养企业的本地化情节，增强企业信心；三是逐步减少不必要的收费，规范每项收费标准，防止出现各别地区胡乱增加收费项目的现象，维护外来企业的切实利益。河北省可以建立若干特色产业园区，这既有利于承接北京高科技项目的产业转移，又能学习先进的科学管理经验，实现人才、技术、管理经验的跨区域流动，推动技术创新，提高创新能力。

（三）加速构建一体化综合交通体系

河北省紧靠京津地区，为其承接京津地区的产业转移创造了机会。构建一体化综合交通体系是实现京津冀协同发展，疏解北京非首都功能的重中之重。为此，河北省应加快构建一体化综合交通网络体系，以铁路和公路等为重点，完善综合运输通道和区际交通骨干网络，构建运输便捷、布局完善、管理协调的综合交通运输网络。交通体系的建设会大大降低运输成本，实现三地不同资源的流动和信息的共享。

在交通体系建设过程中需要：一是创新投融资体制，探索建立多元化、可持续的交通投融资模式。以“轨道交通 + 土地”共同开发的模式作为重点，促进轨道交通与土地综合开发相结合，将轨道交通与土地综合开发的利用需求纳入土地利用总体规划和城市规划中统筹考虑。二是鼓励和吸引社会资本参与交通基础设施建设和运营。通过健全和完善 PPP 制度框架和法规体系、建立优秀的信用约束和风险分担机制、完善市场准入及退出机制、加快机构及人才队伍建设等措施，开拓多元化的交通投融资渠道。三是加强在土地、资金方面的政策支持。土地方面，以严格保障耕地总量和保护生态环境为前提，建立耕地占补平衡指标统一交易平台，在京津冀全域范围探索试行跨省域、数量和质量并重的耕地异地占补平衡政策。资金方面，在京津冀城市群发展初期，设立京津冀区域交通一体化发展基金，对区域交通基础设施建设予以资金支持，尤其是轨道交通，可设立京津冀轨道交通发展专项基金，促进区域轨道交通大力发展。

（四）加强产业集群建设

河北省在产业基础方面，结构层次低，发展质量差，与北京存在较大的落差。基础设施不健全的问题严重阻碍着高素质人才引进河北。因此，河北省在承接产业转移时，应该加大基础设施建设，制定在土地、资金等方面的优惠政策，吸引高素质人才的加入，吸引北京地区的产业转移。河北省承接产业转移是向产业集聚方向发展，实现产业的加工配套。目前，河北省产业集聚规模小并且发展不平衡，难以形成产业集聚，远不能满足京津产业转移的要求。所以，在承接北京产业转移时，河北要注重引进符合本地优势的产业集群，形成良好的马太效应，延长产业链条，优化产业结构，最终促进产业的转型升级。

承接产业转移并不是将产业引入后便万事大吉，要想承接的产业产生预期效应，还必要从长期发展的角度，对引入的产业进行培养。因此从产业培养的角度出发，应注重以下几个方面：一是明确产业定位，根据不同地区的要素禀赋，制定相应的产业发展规划，以当地具有特色或比较优势的产业作为主导产业，适当降低此类产业的准入门槛，并在后期重点扶植。二是引入配套产业，以完善产业链为目的，加大对主导产业相关产业，尤其是上下游产业的引入，并在产业布局上尽量使其距离相近，以减少运输成本，实现规模经济。三是打造名牌产业，集合力量引进若干个大规模项目，加大资金与技术的投入，注重创新，将其打造成为具有地方特色的名牌产业。

（五）充分发挥市场驱动作用

必须通过市场调节功能，发挥价格、供求和竞争相互之间的作用，引导社会资源的优化配置。河北省市场化程度较低，很多大型企业属于国有或者国家控股，资产的处置权归政府所有，而且很多企业间缺乏明确分工协议，导致无序竞争。所以在河北省承接北京产业转移过程中，应该加快市场化改革的进程，引入价格竞争机制，培育市场新主体，提高市场的开放程度，实现公平竞争。与此同时，河北省政府要注重市场制度的建设，完善市场准入、监管等规则，引导生产要素的有效转移，充分发挥好整合政府和市场的作用。河北省应该充分利用京津冀协同发展的机遇，发挥自身地理优势，积极引进资本、技术和管理人才等生产要素，实现生产要素的跨地区流动，促进本地区经济的快速发展。与此同时，河北省应该根据各个地区自身的优势，因地制宜，吸引先进的生产要素到河北，促进河北省产业结构的升级，实现河北省经济的发展。为了达到加快产业转移的目的，河北和北京两地政府要增加交流和合作，促进两地资源的充分利用，减少地方保护主义对市场机制作用的阻碍，最终达到破除行政壁垒、完善市场制度的目的。

（六）转变政府职能促进转移功能落地

政府应该创造良好的政策环境，降低区域间交易和沟通的成本，引导产业转移，使资本的利用率达到最大，最终实现资源的优化配置。为此，政府要加快职能转变，增强服务意识，落实政策支持，全力助推河北省产业承接产业转移工作。

在河北省承接产业转移过程中，要把好环境的关卡。在考虑自身发展的同时，学会甄别承接不同企业，以河北省承接的产业可持续发展为前提，兼顾经济发展与环境保护。由于产业转移具有“二重性”，所以河北省要避免将高消耗、高污染行业转入，造成本省资源的不合理利用，最终造成生态环境的破坏。河北省应始终坚持以科学发展观为指导，以可持续发展为目标，实现河北省经济发展和生态环境保护的双赢。

（七）缩小京津冀区域间基本公共服务差距

实现基本公共服务均等化任重而道远，目前在京津冀范围内整体推进的环境尚不成熟，可建立试点区域率先示范突破，为后期整体推进和经验积累创造条件。第一，设立基本公共服务综合改革示范区。选取三地科技、产业、生态合作示范区或三地接壤且发展基础较好的地区做试点，建立统一的基本公共服务政策体系、服务标准和类型，率先实行社会政策和基本公共服务均等化。第二，建立基本公共服务重点示范项目。选择京津冀发展差异悬殊的项目优先设为重点项目，优先推进民众最期待、现实最紧迫的项目发展，明确重点项目推进方式，实现重点项目推进目标。第三，建立综合改革试点市或县。选择区域内发展前景较好或对外交流较多的市或县，设为综合改革试点，试点市或县率先实行，有重点分阶段依次推进实行。

（八）探索人才共享共赢新模式

区域人才资源共享是解决区域内不同地区、不同用人单位人才结构性矛盾的现实选择。推动区域人才共享共赢，需要以优势互补为原则，不断探索人才共享新模式。建立人才信息共享机制。依托电子网络科技与专业的人才中介服务机构，在京津冀之间构建统一开放的人才信息库与人才供求信息联合发布机制，创建区域高层次人才信息库，通过专业机构追踪区域人才的工作动态、评估最新科技和科研成果，建立项目库、成果库。这样，既可以使三省市动态掌握区域的各类人才信息，为分析区域间不同行业的人才队伍建设现状、制定高层次人才发展规划提供数据支持，也有利于促进用人单位与专业人才的对接，为区域内的企业调配和输送急需的专业人才创造良好条件。此外，可以探索多渠道的人才柔性流动方式，综合运用兼职兼薪、客座顾问、远程会诊、科技“联姻”等多种形式，鼓励高层次人才以咨询、讲学、技术诊断等方式在区域间从事兼职活动。这些人才柔性流动方式不仅可以满足人才的个性化需求，而且有利于缓解目前区域人才（特别是高级人才）在区域间分布不均衡的问题，从而为京津冀区域人才共享共赢提供一条新途径。

第九章　京津冀产业协同创新机制研究

京津冀协同发展已成为国家发展战略，实施创新驱动发展是京津冀区域经济一体化的根本途径。创新驱动战略的基础在于科技协同创新，科技协同创新的重心在于产业协同创新。京津冀区域创新能力差距大，技术转移、创新成果转化等方面还存在很多困难，如何破除京津冀产业协同创新过程中的诸多障碍，如何建立产业协同创新共同体，形成北京、天津、河北三方合力协同发展的新高地，成为必须回答的问题。

本章首先建立了京津冀区域创新能力指标体系，并据此对三地创新资源的分布现状、创新能力进行深入比较与分析；然后对国内外产业协同创新的典型区域进行分析，并借鉴国内外典型区域的成功经验，重点论述如何建立更适合北京、天津、河北发展的更有效的产业协同创新运行机制；最后，对京津冀产业协同创新提出相应的对策建议。

第一节　京津冀区域创新能力比较分析

评价一个国家或一个地区的创新能力，首先需要设计指标体系。设计指标体系时，指标选取的标准、数目、绝对指标与相对指标的比例、主客观指标的分配、权重的设定等都对创新能力的评价结果有重大的影响。本章在指标选取、评价方法选择上借鉴了许多国内外创新报告，比如：《国家创新指数》《全球创新指数》《世界竞争力年鉴》等，并根据京津冀的创新现状、创新特征做了一定程度的调整。

一　评价原则与指标体系

在确定区域创新能力指标体系时，遵循以下原则：

第一，考虑知识流动程度。即将知识在企业、高校、研究机构、中介等组织中的流动性作为一个重要衡量标准，并且强调主体所构建的创新系统的建设情况。

第二，强调创新链条的建设情况。科学技术的创新一般始于一个新思想或者对原有技术的改进。创新能力一般以知识创造为必要条件，但是即便一个地区拥有较高的知识创造力，也并不意味着就必然拥有很高的创新力。必须要通过适当手段使知识为创新服务，使其有效地转化为创新能力。

第三，强调相对指标，考虑创新发展指标数的存量、相对水平、增长率等。

第四，考虑区域创新环境的建设情况。

依据上述原则，考虑京津冀区域的实际情况，本章提出了如表 9－1 所示的京津冀区域创新能力指标体系，包含一级指标 5 个，二级指标 20 个，三级指标 37 个。一级指标包括知识创造、知识获取、企业创新、创新环境和创新绩效。知识创造指标是用来评价京津冀区域创造新知识的能力的；知识获取指标用来评价京津冀获取区域内部外部所有可获取的知识的能力；企业创新指标用来评价京津冀区域内企业利用新知识、创造新技术、新产品的能力；创新环境指标用来评价京津冀区域为知识的创造、获取、利用等提供所需环境的能力；创新绩效指标用来评价京津冀区域产出创新成果的能力。

表 9－1　区域创新能力指标体系

一级指标	二级指标	一级指标	二级指标
知识创造	研究开发投入综合指标	创新环境	创新基础设施综合指标
	专利综合指标	创新绩效	市场环境综合指标
	科研论文综合指标		劳动者素质综合指标
知识获取	科技合作综合指标		金融环境综合指标
	技术转移综合指标		创业水平综合指标
	外贸企业投资综合指标		宏观经济综合指标
企业创新	企业研究开发投入综合指标		产业结构综合指标
	设计能力综合指标		产业国际竞争力综合指标
	技术合作与改造投入综合指标		就业综合指标
	新产品销售收入综合指标		可持续发展与环保综合指标

二　京津冀创新能力比较分析

（一）京津冀知识创造能力比较分析

由表 9－2 可见，在知识创造能力上，与北京相比，河北和天津存在明显差距。天津和河北的研发人员全时当量比较接近，但远低于北京；天津与河北的政府研发投入占 GDP 的比例也远低于北京；北京发表的国际论文数是天津与河北的 4 倍以上；从专利上看，北京的专利授权量远远高于天津和河北，增长率也较高。

表 9－2　　京津冀知识创造能力评价指标（2016）

指标	北京	天津	河北
研究与试验发展全时人员当量（人年）	253337	119384	111384
政府研发投入占 GDP 的比例	3.13%	0.53%	0.17%
发明专利授权数（件）	40602	5185	4247
发明专利授权数增长率	14.99%	12.13%	10.60%
国际论文数（篇）	93502	15557	7289

资料来源：根据《中国科技统计年鉴 2017》相关数据整理。下表同。

（二）京津冀知识获取能力比较分析

由表 9－3 可见，从知识获取能力来看，高校与科研院所研发经费来自企业的比例中，天津高于河北和北京，说明天津在利用企业资金进行研发的产学研合作上做得较好；北京在异省合作论文数、技术市场交易额与外商投资企业注册资金中外资部分上均远高于河北和天津，但是异省合作论文增长率上，河北最高；在外商投资企业注册资金中外资部分，天津高于北京和河北。

表 9－3　　京津冀知识创造能力评价指标（2016）

指标	北京	天津	河北
作者异省合作科技论文数（篇）（2013）	9858	1697	2130
作者异省科技论文数增长率（2013）	3.17%	2.83%	4.23%
高校与科研院所研发经费内部支出额中来自企业资金的比例	29.50%	32.06%	24.02%

续　表

指标	北京	天津	河北
技术市场交易额(万元)	39409800	5526400	590000
外商投资企业年底注册资金中外资部分(亿元)	855.82	1146.63	428.78

（三）京津冀企业创新能力比较分析

从企业创新能力来看（见表9－4），河北在规模以上工业企业研发人员数和研发经费内部支出增长率上最高。但是河北的实用新型专利申请数与新产品销售收入均低于北京和天津，说明河北的企业创新能力创新效率离北京和天津有一定差距。但是河北的新产品销售收入增长率与北京相差不大，天津却出现了逆增长，说明河北和北京有较强的企业创新潜力。

表9－4　　京津冀企业创新能力评价指标（2016）

指标	北京	天津	河北
规模以上工业企业研发人员数(万人)	7.07	11.13	12.23
实用新型专利申请数	64496	63589	30253
外观设计专利申请数	19990	4772	10444
规模以上工业企业研发经费内部支出(亿元)	254.84	349.96	308.66
规模以上工业企业研发经费内部支出增长率	4.40%	－0.77%	7.99%

续 表

指标	北京	天津	河北
规模以上工业企业技术改造经费支出(万元)	577165	276506	1059852
规模以上工业企业新产品销售收入(亿元)	4085.86	5642.83	3923.14
规模以上工业企业新产品销售收入增长率	14.64%	-1.48%	12.86%

(四) 京津冀创新环境比较分析

从创新环境看（见表9-5），年度科普经费额，北京是天津和河北的10倍以上，可见河北和天津的创新基础投入远远不如北京；市场中介组织的发育和法律环境上，河北最低；6岁及6岁以上人口中大专以上学历所占的比例中河北只有0.06%，可见河北的市场环境、劳动者素质均与北京和天津有很大差距。此外，河北和天津在规模以上工业企业研发经费内部支出额中获得金融机构贷款额上与北京存在明显差异，说明河北和天津的金融环境有待改善。最后，在高技术企业数量上，虽然河北离北京和天津有一定距离，但是河北的高技术企业数增长率高达7.68%，远大于北京的负值与天津的0.39%，说明河北的高技术产业在蓬勃发展中。

表9-5　京津冀创新环境比较分析评价指标（2013）

指标	北京	天津	河北
年度科普经费筹集额(万元)	202819.36	18037.81	18563.66
市场中介组织的发育和法律环境制度	16.27	11.57	5.6

续　表

指标	北京	天津	河北
对教育的投资占 GDP 的比例	4.12%	3.21%	3.18%
6 岁及 6 岁以上人口中大专以上学历所占的比例	0.37%	0.23%	0.06%
国家创新基金获得资金(万元)	21576	17900	18115
规模以上工业企业研发经费内部支出额中获得金融机构贷款额(万元)	49977.4	18146.3	11016.2
高技术企业	760	587	433
高技术企业数增长率	-4.31%	0.39%	7.58%

数据来源：根据《中国科技统计年鉴 2014》相关资料整理。

（五）京津冀创新绩效比较分析

从创新绩效看（见表 9-6），河北的人均 GDP 远低于北京和天津；在信息产业、高技术产业主营业务收入占 GDP 比重上看，均是天津最高，河北与天津、北京有很大差距，说明河北有待进一步发展信息产业和高技术产业，出口国际竞争力也有待提升；从就业情况看，河北的城镇失业率最高；此外，河北每万元 GDP 工业污水排放量最高，可见，河北的可持续发展状况较差。

表 9-6　　京津冀创新绩效评价指标（2016）

指标	北京	天津	河北
地区 GDP(亿元)	25669.13	17885.39	32070.45
人均 GDP(元/人)	118198	115053	43062
第三产业增加值(亿元)	20594.90	10093.82	13320.71

续 表

指标	北京	天津	河北
信息产业主营业务收入占 GDP 的比重(2013)	14.24%	21.09%	1.36%
高技术产业主营业务收入占 GDP 的比重	16.78%	21.04%	5.73%
出口额(亿美元)	520.23	442.79	306.76
城镇登记失业率	1.4%	3.5%	3.7%
每万元 GDP 工业污水排放量(吨/万元)(2013)	7.85	6.42	11.51

通过上述几组数据可以看出，京津冀三地创新水平呈现出以下特点：一是创新投入的差距大。二是创新产出和效率差距大。三是河北创新潜能具有一定的优势。

北京和天津聚集了全国大批高端创新资源，无论是人才、技术、资金等创新要素资源，还是研发机构、大专院校等创新主体资源，京津特别是北京占有绝对的优势，反映在专利等相关数据上，其数据远远高于河北。而河北的高技术发展远远逊色于北京和天津。河北省要对接北京的高科技成果，进行孵化，形成高技术产业。清华大学中试孵化基地落户固安产业新城、中关村海淀园在秦皇岛设立分园等，都是京冀高新技术产业对接的有益尝试。而河北省所表现出来的创新潜能优势以及社会基础可以为未来高科技成果孵化和产业转移提供一定的保障，特别要充分发挥科技园区技术转移中心和孵化器的作用。

第二节　国内外产业协同创新典型区域借鉴

他山之石，可以攻玉。本节通过对国内外产业协同创新的典型区域进行分析，概况总结国内外典型区域的成功经验，为京津冀产业协同创新提供借鉴。

一　台湾新竹科学工业园

（一）发展概况

新竹科学工业园区的形成与台湾的产业结构的转换有直接的关联。自20世纪60年代中期起，台湾主要发展的是加工出口工业。1971年第一次能源危机爆发之后，因国际经济形势剧变影响到了岛内主要经济支柱出口业的发展，致使岛内产业急需转型升级，而转型的方向只能是发展高科技。因此，新竹科学园区就在这样的背景下自1976年开始筹备，1980年9月1日正式启动，1980年12月15日正式成立，园区成立之初只有7家企业入园，主要通过模仿硅谷，引进吸收美国高新技术发展，企业依赖外国企业订单，以经营电子代工服务为主，成为为跨国企业提供廉价劳动力的代加工工厂。

在政府的主导下，园区加强了基础设施建设并颁布了一系列优惠政策。随着园区的发展，企业与高校、科研机构的联系越来越紧密，园区与台湾多所大学和研究机构共同进行产学研合作。特别是以工业技术研究院为代表的科研机构，形成了基于工研院的产业集群。园区逐步形成了以“引进—消化—改进—出口”为主导的发展模式，资金、技术、人才主要靠从外国引进，并将技术转化为适宜本地的改进技术，使之产业化，产品则以外销为主。实现了园区企业的自主发展。

经过十多年的建设，新竹科学工业园区已经成为世界著名的高科技园区。其由六大园区组成，分别为龙潭园区、新竹生医园区、新竹科学园区、竹南园区、铜锣园区和宜兰园区构成。目前，园区发展势头良好，已经形成以集成电路、光电、计算机及相关通信、精密机械、生物技术等六大代表性的行业。

（二）发展模式

1. 政府主导

在政府的主导下，园区加强了基础设施建设并颁布了一系列优惠政策。比如，新竹科学园区制定了一系列鼓励和刺激企业投资创新的法规和制度，这些优惠政策与保税区政策基本一样。一是税收优惠，二是土地厂房优惠。园区的整片土地只租不售，政府负责管理所有公共设施的建设及维护，并且制定一系列创业优惠政策，吸引了一大批海外人才回国。

2. 科学选址合理规划

新竹科学园区区位条件非常突出。园区位于台湾新竹东南侧，台北市西南约70公里处，离南中约80公里，距台中港、基隆港90公里，距桃园中正国际机场55公里，中山高速公路、北部第二高速公路沿区域通过，南北电气化铁路贯穿区域。市政设施齐全，水、电、气、电信等公共设施完备。

区域环境条件突出，园区拥有适合人居的良好环境，管理局对园区的公共区域、公共建筑、植被维护等做了大量的工作，构建良好绿化环境。园区内公交系统发达，开通了新竹县公车、新竹市公车等免费公车。政府通过科学的规划，使园区的交通、厂房、设施等布局更加合理，使园区的发展具有前瞻性、长远性。

3. 研究机构发挥重大作用

新竹科学园附近有大量高校，为园区企业提供人力、在职训练、咨询服务及合作研究。尤其是“台湾工业技术研究院”，即工研院，工研院主要从事基础性研究，政府给予奖金上的支持。工研院不是自己盲目地开发项目，而是由市场需求导向决定开发项目，针对一些具有开创性的重大技术，采取了自办衍生公司的办法把创新成果带入产业界，这种以技术移转或成立衍生公司的方式，在园区设立的公司达60余家，形成了基于工研院的产业集群。

4. 海外人才

园区逐渐为海外留学生提供了与美国相似的生活环境，并从政策的制定上为留学生提供了良好的发展空间。园区在解除创业者后顾之忧方面做了很多工作，如在新竹科学园内创办双语学校、幼儿园，提供良好的创业服务等。

（三）台湾新竹科学工业园的启示

总体来看，新竹科学园区则是典型的在政府主导下建立起来的科学园区，良好的管理体制为园区发展提供了保障，政府在园区建设中发挥了重要的支持作用，同时，园区较好地吸引和培育了海外人才。

而京津冀在产业协同创新发展中，可以借鉴新竹科学工业园的模式建设相关产业的科技园区，由政府主导加强园区基础设施建设，并进行合理规划为园区后续发展提供保障。

二　索菲亚科技园区

被称为“欧洲硅谷”的法国索菲亚科技城，全称为“索菲亚·安蒂波利斯国际智慧、科学与技术城”创立于1969年。它的面积有2400公顷，目前欧洲其他科技园区没有可以超越它的。历经近50年的发展，索菲亚科技城紧跟时代的脚步，市场的需求，不故步自封，坚持创新改革，从一个小规模的技术研发中心发展为多元化的科技新城。

索菲亚科技城的发展与演变大体上分成三个阶段：初始创立、高速发展以及稳定提升，经历了这三个时期从高技术中心发展为高技术新城，并且在每一个时期都具有不同的管理模式、产业特点。索菲亚科技城发展的核心是从外部驱动模式向内生增长模式的演变。

（一）发展模式

1. 政府、企业、民间多方参与管理的模式确保索菲亚的成功发展

索菲亚科技城从建立之初就采取政府、企业、民间多方参与的管理体制。科技城初始由民间协会发起成立，面临许多困难，诸如资金、市场推广等。政府的强势推动使得科技城顺利建成运行。政府首先帮助索菲亚科技城筹集了开发资金，投资兴建了各种基础设施，帮助科技城吸引国内国际创新资源，开展市场营销，确立科技城的良好形象及竞争地位。随着索菲亚科技城日益成熟壮大，又逐渐弱化政府的影响，采取市场化为主导的运作模式。

2. 建立产学研合作平台推动索菲亚园区快速发展

索菲亚倡导企业与企业以及与高校及研究院所的沟通合作，因此，建立了专门的平台促进它们之间的合作，促进交流共享，同时又设立专项资金支持技术转移、成果孵化、风险投资机构等的发展，形成高效的创新服务网络，增强了科技城的产业竞争力，推动科技城快速发展。

3. 构建科学的人才培养机制助力索菲亚的发展

索菲亚科技城从建立之初就着重人才培育。首先，为了培养各种各样的人才，建立了多层次的培育机构，对人才进行教育培训，包括：综合大学、职业教育中心、专业培训中心等，为科技城的发展提供全方位的专业化人才。其次，企业与教育、培训中心开展诸如联合培养、专业培训等多种合作形式。第三，政府鼓励科技城的教育培训项目，为人才培育提供政策与资金支持。

4. 强调生态环境与科技发展相融合

科技城在大力发展科技，确保经济效益的同时，强调对生态环境的保护，不以破坏生态为代价发展经济，合理管控发展的力度、强度，保证科技城的可持续发展。并且树立以人为本的理念，不断完善居住、交通、娱乐等设施，将科技城打造为适宜居住适宜发展的科技新城。科技城的生态保护、以人为本的理念不仅吸引了大量企业及人才，而且对科技城的发展具有十分长远的意义。

（二）索菲亚科技园区的启示

总体来看，索菲亚科技城采取复合管理的模式，市场和政府都在索菲亚的建设经营中起到了重要作用。

而京津冀在建设科技园区时可以借鉴索菲亚的模式，一开始，由政府主导，政府从筹资、基础建设、聚集科技资源等各个方面支持园区，强势推动园区发展。等到园区发展成熟，可以设立专门的管理委员会，园区市场化运作，政府逐步退出园区日常管理，只起到辅助性作用。

三　苏南自主创新示范区

2014 年 11 月，国家支持南京、苏州、无锡、常州、昆山、江阴、武进、镇江 8 个高新技术产业开发区和苏州工业园合力建设为苏南国家自主创新示范区，形成 8 +1 的创新格局，并对高新技术领域下大力气，改变过去的发展模式，建成具有国内甚至全球竞争力的自主创新示范区。

（一）发展模式

苏南的发展历经了三种模式的演变：

一是政府主导型乡镇模式。苏南自主创新示范区最初采用的是乡镇企业模式，顾名思义，这种模式的关键要素就在于乡镇企业，苏南自主创新示范区的乡镇企业模式有以下几个特点：第一，数量多。苏南的各个村镇、县乡都建立了大量的乡镇企业，这为后来的快速发展奠定了基础。第二，农民是乡镇企业的主要劳动力。乡镇企业的员工绝大多数都是苏南本地的农民，农民既从事农业生产又为企业发展贡献自己的力量，苏南当地丰富的劳动力资源得到了充分利用。第三也是最重要的特点就是政府主导。苏南的乡镇企业是在政府主导下建立起来的，同时，企业的发展也是在政府的引导下进行的。政府主导使企业获得了迅速的壮大。但是，同样也由于政府的主导导致乡镇企业出现了与其他公有制企业一样的问题，比如产权不明等。又由于乡镇企业资源、市场发展等问题，因此，乡镇企业模式随着全国市场经济的发展变得越来越不适应时代的要求，面临前所未有的危机，到了必须改革的时候。

二是接受外部资金技术及产业转移的外向型模式。20 世纪 90 年代长三角的迅猛发展、珠三角的崛起使苏南看到了新的发展道路，尤其是上海浦东新区的大发展，让苏南尤其是与上海有地理距离优势的苏州发现了前进的新方向。苏南尤其是苏州接受外资投入以及长三角、珠三角、国外的先进技术等，先后落成了苏州新加坡工业园、苏州新区等创新发展基地，吸引外商投资，接受产业转移的能力获得了巨大提升。随后，苏南又在无锡、常州等地建立起一系列省级、国家级高新技术开发区，苏南得到了全面的发展。然而，虽然外向型经济模式促使苏南经济迅速发展，但是，由于各方面过于依赖外部，因此存在着很大的不稳定性以及潜在的危机。

三是基于外向型模式发展私营经济，内外兼顾的模式。20 世纪 90 年代末东南亚危机爆发，美国、日本等世界主要发达国家经济萎靡，中国经济也受到了一定影响。当时还是以外向型经济为主的苏南经济遭到了重大打击，苏南走到了还能不能继续发展、向哪个方向发展的十字路口。在这种情况下，苏南开始转变依靠外部的外向型经济模式，借鉴私营经济发达的温州地区，转而支持个体、私营经济，苏锡常全面合作，利用已建立的资金优势，制定政策，在政府引导下，鼓励个体经营，大力发展私营经济，构建了更加稳定的外部内部双重发展，内外双渠道、双核心的新经济模式。

（二）苏南的建设启示

苏南模式的发展道路根本上来说就是政府主导的乡镇企业模式、依靠外部的产业转移模式、内外双核的全面发展模式，即先通过乡镇企业的发展进行资本积累，发展壮大，然后逐步转变，走市场化的道路。

京津冀可以借鉴苏南接受长三角、国外资金投入及产业转移的模式，引进国外先进技术，同时，京津向河北进行产业转移，建设一批科技园区、高新技术开发区，国际创新示范园等加快成果孵化。

四　安徽合芜蚌经济试验区

（一）发展概况

2008 年，安徽省依据合肥、芜湖、蚌埠的地缘优势和经济联系规划开发了合芜蚌经济试验区。合芜蚌的宗旨是践行科学发展，实行自主创新，包含以下含义：第一，政府出台各项政策措施打造优良的创新环境，激励创新人才助力合芜蚌经济发展；第二，支持企业成立，鼓励它们创新；第三，满足用户需求，生产更多创新产品。

（二）发展模式

合芜蚌立足自身优势和特点，借鉴国内外成功模式，思考定位合芜蚌试验区的发展模式。

第一，削弱政府的作用。政府由引导作用转变为服务性质，改革以往由政府对企业科技项目计划论证审批的形式，减少繁冗复杂的程序，减轻企业受到的限制。

第二，增强企业自主性。企业可以根据市场自主选择研发产品、研发形式，以及生产什么产品等。

第三，建立新型研发平台。建立市场化的专项、新型研发平台，研发平台与企业对接，同时，研发实体间可以进行广泛合作，研发人才自由交流，碰撞出创新的火花。

第四，成立专项创新资金。设立以政府财政支持为依托，各个利益主体共同参与的专项科技资金，根据创新需求，对项目进行投资。

第五，链接科技与金融。破除科技与金融市场不能有效结合的难题，充盈支持资金，使科技成果转化畅通。

第六，设立专门的风险投资机构。在政府引导下设立专项风险投资基金，成立风投机构，对创新项目进行评估、投资，分担企业风险。

第七，设立科学合理的利益分配机制。参与创新的人员均获得劳动应有的收益。同时，进行三权改革，即科技成果使用、处置、收益权的改革。采取一些激励措施如股权分配、分红等。再者，由政府对创新成果进行资金奖励。

（三）合芜蚌试验区的成效及启示

合芜蚌试验区有力带动了安徽省的创新经济发展，2014 年，安徽区域创新能力跃居全国第九位，发明专利授权量跃居全国第八位，全社会研发投入占生产总值的比重跃居全国第九位。

安徽合芜蚌试验区的成功有多方面的原因：第一，始终强化创新驱动的战略意识；第二，敢想敢干、坚定信念、百折不挠的顽强意志；第三，始终坚持改革、不断突破的工作导向；第四，得益于始终注重整体联动的有效机制。具体来看，合芜蚌利用产业链部署创新链，组织设立“产业科技创新专项资金”，增加创新人员收益，推进股权与分红的利益分配体制均对京津冀有很强的借鉴意义。

第三节　京津冀产业协同创新思路与对策

一　构建产学研协同创新模式

传统的协同创新模式主要有三种：要素协同、政府协同和产学研协同创新。要素协同创新模式最开始只是针对企业而言，企业内部拥有各种创新资源、创新要素，需要把这些要素有效地整合起来，实现企业内部的协同创新，获得创新成果。政府协同创新模式主要有两方面的含义：首先是指在不同层级的政府之间以及部门之间；其次是指政府在创新链上发挥作用，完善创新链，为创新提供支撑。产学研协同创新主要是指企业、高校、研究机构等共同参与的，通过优势资源的分享，分工合作创造技术、产品，实现目标，获得创新成果的模式。在这个模式中，企业是技术需求者、生产方，高校和研究机构是知识传播者、新技术创造者。

以往的区域协同创新模式是线性的，已经不适应当前复杂的经济环境下区域协同创新的新需要，区域协同创新应当从传统的线性模式中跳出来，重新打造开放的、复合的协同创新体系。它由多个创新主体参与其中，包括：政府、企业、高校、科研机构、金融机构、中介、用户等。各个创新主体交流合作，同时构建协同创新平台，使创新主体的创新资源在创新平台上自由流动，实现创新要素的集聚与整合。最终形成开放式协同互动创新模式。在这种模式下，联结产业链、创新链、资本链，三链联动；同时逐步提升津冀尤其是河北的创新水平，承接能力，建立稳定高效的京津冀产业协同创新共同体。如图9－1：

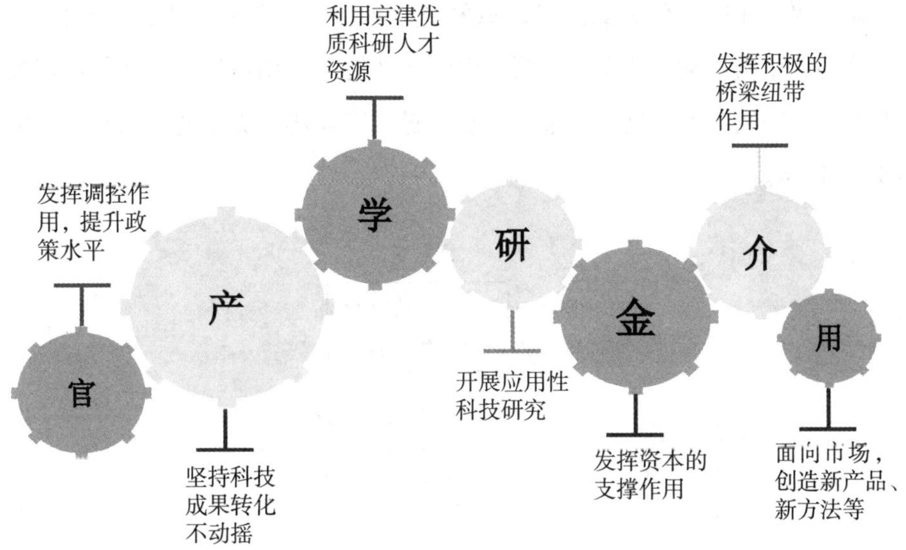

图9－1　京津冀“七位一体”协同创新模式图

“官、产、学、研、金、介、用”七大创新要素在一个平台上实现深度融合、高度集成，这基于产学研合作，同时又高于产学研合作，达到了协同创新的新高度。

在“七位一体”的多元协同创新模式中，政府要发挥调控作用和提升政策水平，自觉服从服务于地方科技进步和经济社会发展大局；坚持科技成果转化不动摇，建设高新技术企业孵化平台和转化基地；河北要利用京津的科研人才资源，通过多种形式促进优质科技资源转化为现实生产力；大力开展应用性科技研究，促进区域技术进步并提高自主创新能力；推进金融与科技有机结合，拓展科技投融资功能，发挥资本对科技成果产业化的支撑作用；中介机构要发挥积极的桥梁纽带作用，帮助技术供需双方开展对接和合作，促进各创新要素的有效集聚和有机结合；同时面向经济社会建设主战场，面向市场，重点利用现有科研成果创造新产品、新方法、新技术、新材料，服务区域创新体系建设。

二 建立京津冀产业创新全生态系统

京津冀产业协同创新要立足区域发展需求，充分依托京津独有的科研、人才优势，市场化配置资源，实现：围绕产业链部署创新链，围绕创新链完善资本链，围绕资本链助力产业链。创新链、产业链、资本链的互动关系如图 9－2 所示。

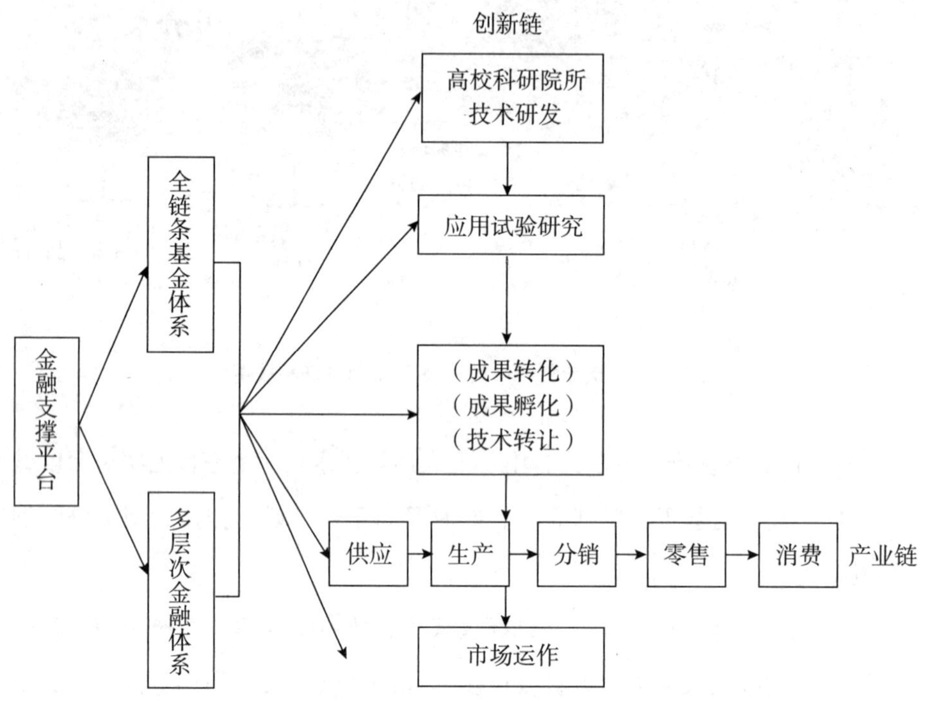

图 9－2 产业链、创新链、资本链互动关系图

创新链是知识的生产创造、创新、应用、转化到产业化的全过程，体现了知识的流动、增值，创新链是动态演变的。产业链是从生产到销售的动态链条，不同的企业参与合作，形成互动体系。资本链为创新链、产业链提供金融支撑。

创新链、产业链、资本链三链对接，三链互动，实现科技成果产业化，形成科技创新与产业发展的紧密结合、良性互动，推动区域经济更好更快地发展。建立京津冀的产业创新全生态系统就要建设新型创新平台、创新载体，充分发挥三链的联动关系，筛选优势产业，加速成果转化，完善资本支撑，整合官、产、学、研、金、介、用等创新要素，为创新主体提供全生态系统。京津冀产业创新全生态系统运行机制如图 9－3 所示。

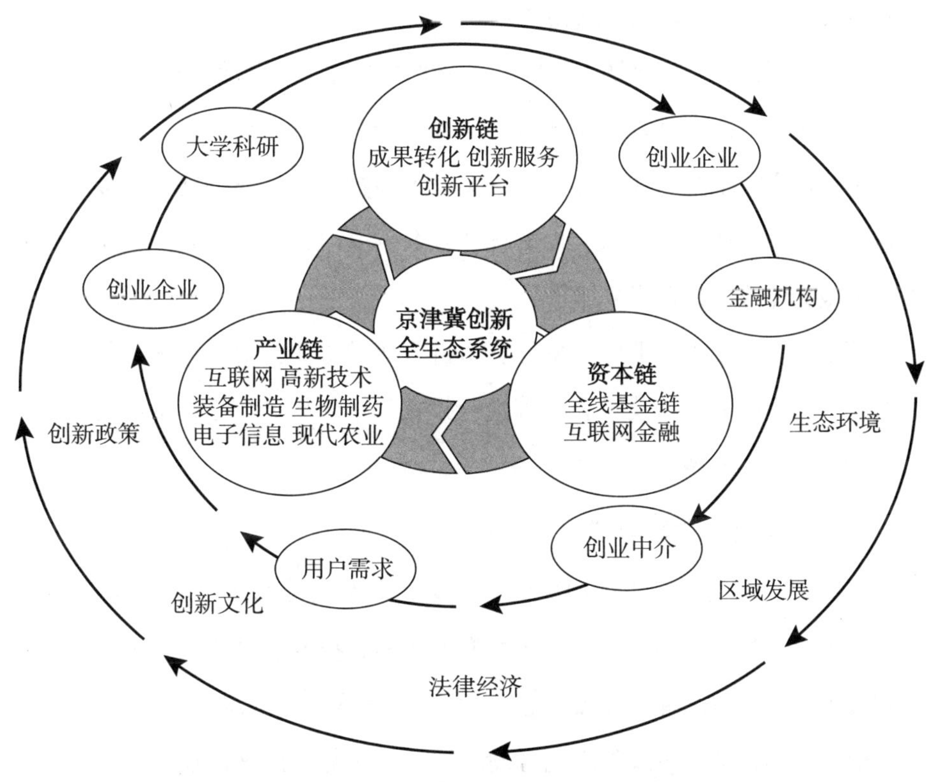

图 9－3　京津冀产业创新全生态系统运行图

单纯由大学或者政府衍生的创新平台，在集合创新要素方面均有一定的缺陷。构建京津冀产业创新全生态系统要把政府、市场、大学等各要素在一个平台上聚集，整合创新要素，实现协同共进。

围绕产业链部署创新链。围绕产业集群构建研发集群，推进京津冀区域产业与科技在更高层面、更大范围、更广领域融合发展。就产业高度而言，与京津比较，河北存在着明显差距。但是，近年来，随着一批技术领跑、质量过硬、市场前景巨大的新产品的快速发展，河北在某些较高产业层次上，特别是在装备制造、生物制药、电子信息等领域的某些行业部门，已经具备了与京津开展产业链分工和产品内分工的条件。今后可着力依托既有优势，提升一批产业协同创新共同体，着力打造一批绿色发展型产业协同创新共同体和研发引领型产业协同创新共同体。

围绕创新链完善资金链，可以打造全线基金链，整合地方政府政策资源、学研机构技术资源、其他出资人资源、社会资源等形成母基金，母基金放大为各个子基金，子基金通过专业投资撬动更多社会资源扶持地方企业、中小企业、高技术企业做强做大；同时优化互联网金融，完善金融征信服务，建设金融服务体系，投资服务体系等。

围绕资本链助力产业链，依托资本链，通过专业投资，对重点行业、地方企业、中小企业、高技术企业等进行投资和增值服务。通过资源的有效调配，助力产业链发展。

三　京津冀产业协同创新的对策

京津冀地缘相近，北京创新要素聚集、创新人才密集、创新成果富集。天津作为海港城市，四通八达，人才资源丰富，技术引进成果显著。河北作为京畿重地，腹地广阔、资源丰富、市场潜力巨大、技术需求旺盛。

但是长期以来，三地却未能合理利用这些优势，促进科技资源和创新要素优化配置和合理流动。因此，要进一步推动京津冀产业协同创新，共同构筑产业协同发展新高地。

应当利用京津冀三地地理相近、人民相亲的天然优势，破除行政区划的隔离，以市场为导向，以满足创新需求为目标，进行市场化运作，重新整合京津冀区域内的创新资源，分析北京、天津、河北的产业发展情况，打通产业链条，将产业链、创新链进行有效对接，以大企业、高新企业为中心，以筛选出的重点产业为载体，以科研院所为依托，通过政府支持形成多方合力，建立京津冀协同创新体系，克服产业转移中区域利益失衡，加速产业区域转移和产业转型升级。具体对策如图 9－4 所示：

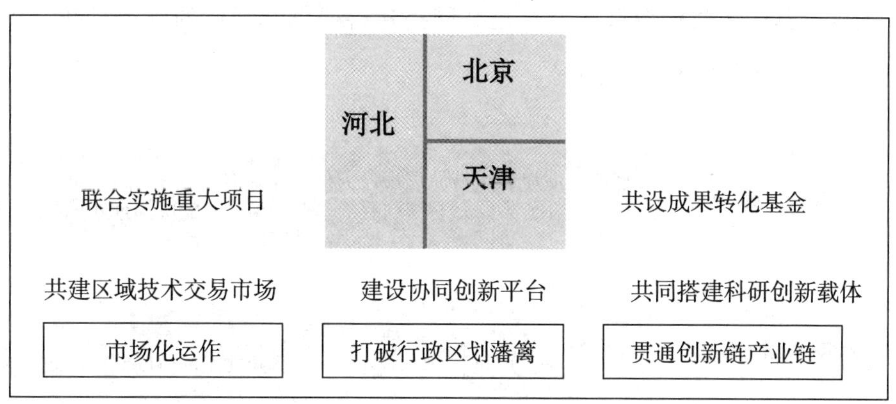

图 9－4　京津冀产业协同创新对策图

（一）加快京津冀产业协同创新平台建设

打破各自为战的松散局面，在创新平台上有效整合官、产、学、研、金、介、用等创新要素，破解技术转移、创新成果孵化等难题。

首先加强科技园区建设，支持京津冀合作共建科技园区，争取中关村创新政策向河北延伸。在保定白洋淀科技城、廊坊固安高新技术产业化基地、唐山曹妃甸协同发展示范区、中关村承德成果转化基地等地，推进与京津科技园区如中关村科技园区的合作共建，带动产业转型升级。

同时大力发展农业科技园区。发挥我省农业生产与京津市场消费优势，并加强与北京农科城、中国农大、中国农机院等的合作，以农业科技园区建设为着力点，促进京津农业高新技术成果在河北转化，提升农产品质量水平。创建创新型特色农业科技园。

再次，提升高新区合作建设水平。发挥河北省高新区聚集先进生产要素的重要载体作用，加强与京津的科技对接，整合资源、创新机制，促进京津重点产业向河北转移延伸。明确产业发展定位，推动与京津的产业互补，建设成为有效承接产业转移的创新载体。

（二）共同搭建科研创新载体

合作建设一批重点实验室、工程技术研究中心、产业技术研究院和新型研究院。其中，共建新型研究院是共同搭建科研创新载体的一项最新举措。它的运行情况如图 9－5 所示：

市场化运行	形成以产权为纽带、以项目为依托，政府、高校、企业等各方优势互补、共同发展、利益共享、风险共担的协同创新机制
人事分类管理	形成以产权为纽带、以项目为依托，政府、高校、企业等各方优势互补、共同发展、利益共享、风险共担的协同创新机制
科研与市场融合	稳步推进科研经费分配、科技成果奖励、知识产权归属等方面的体制改革，提高技术要素在收益分配中的比重

图 9－5　新型研究院运行图

新型研究院采取市场化运行机制，以产权为纽带，以项目为依托，官产学研等各方优势互补、共同发展、利益共享、风险共担；同时，科研要与市场紧密融合，提高技术要素在收益分配中的比重，鼓励和规范科研人员以自主科技成果入股创办企业，加快形成有利于促进科技创新、促成科研成果产业化的科技管理和支撑体制。

再次，新型研究院采取分类管理人事体制，科研人员、业务人员、管理人员实行分类考核，完善激励机制。其中，清华长三角研究院是成功的典范，可以借鉴其经验。

三是共同建设京津冀区域性技术交易市场。加快京津冀技术转移、交易一体化市场建设，加快推进互联互通，支持中国技术交易所、北京中关村技术交易中心等在津冀设立分支机构，建立专门的京津冀技术市场管理办公室，促进京津冀技术有效转移。

四是联合实施一批重大项目。在新技术、新产品应用领域如光伏、智能交通、新能源汽车等，在保护生态环境、改善民生的难点热点问题上，在实现京津冀交通一体化，建立多节点、网格状、全覆盖的交通网络方面，联合实施一批重大项目，助推京津冀经济发展。

五是共同设立成果转化基金。在继续推进省部共建合作基金的基础上，围绕产业转型升级、生态环境修复、改善民生等重大问题，推动设立京津冀成果转化基金，打造全线基金链，整合政府资源、学研机构资源、社会资源等形成母基金，将母基金分散为子基金，子基金可以通过股权投资、融资担保、风险补偿等形式扶持地方企业、中小企业（尤其是科技型中小企业）、高新技术企业做强做大，促进创新成果的产业化。

六是制定支持产业协同创新的各项政策。改革研发成果的支配方法，给予高校、科研院所对其科研成果的支配权，包括：使用、经营、处置等。对高校、科研院所采取考核评价的方式，合理设定指标如：技术市场技术合同成交额、成果转化率等对其进行评价。推广中关村的各项财税等先行先试政策至京津冀高新技术园区及整个区域。政府出台积极的金融政策，促进科技与金融的融合，成立风险投资公司，设立风险基金，建立完善的信用担保制度。发挥政府采购等需求层面的政策在支持协同创新方面的作用。

七是做好人才引进和培养工作，实现产业链、创新链、人才链的统一。创新的核心要素是“人”，人才是创新的能动者，践行者，是最关键的因素。要不断地发现人才、培养人才。创新人才面临的一个显著问题是人才的结构性失衡，高技术人才、尖端人才普遍缺失，要在京津冀区域范围内形成重视创造、鼓励创新的优良环境，在培育人才时要避免急功近利、拔苗助长，出台鼓励性政策激励创新成功，同时也要以宽容的态度看待失败。进一步建立和完善人才评价系统，激励人才在更广阔的天地内发挥作用，实现自身价值。最后，改革科研经费管理办法，充分体现对智力劳动价值的尊重，提高科研人员的积极性，制定相关政策，为吸引人才、留住人才、激励人才提供保证。

第十章　京津冀绿色金融支撑产业协同发展研究

金融是产业发展的核心动力，但以经济利益为核心的传统金融运行模式，不能适应以生态环境保护为基本前提的京津冀产业发展的基础要求。绿色金融是京津冀产业协同发展的基本动力，是京津冀产业布局与优化的基础条件。

第一节　绿色金融对京津冀产业协同发展的战略作用

影响京津冀深度发展的根本原因在于京津冀三地生态环境资源的破坏、不足与分布的不均衡。京津冀产业协同发展的前提就是三地生态环境资源的再造与再分配，为京津冀产业协同提供足够的生态空间与环境容量，以期在京津冀三地形成生态、社会与产业发展的新均衡。

一　基于生态先行的京津冀产业协同

京津冀地理相连，共处同一生态单元。京津冀产业协同发展是对京津冀产业进行基于生态环境保护的重新布局。京津冀生态环境的建设对京津冀三地产业转移与布局而言具有特殊意义。

（一）生态环境保护与建设是京津冀产业协同发展的前提与基础

京津冀生态环境保护系统发展对京津冀系统发展具有重要意义，因为生态环境的变化与建设是京津冀产业协同发展的基础与前提，生态环境保护状况的好坏直接决定京津冀产业协同发展的质量与效益，是京津冀产业协同可持续发展的关键和支撑。

（二）提高京津冀环境承载力是京津冀产业协同发展的关键

京津冀地区是全国资源环境与发展矛盾最尖锐的地区，资源环境的承载力已经成为制约京津冀产业协同发展最短的短板。推进京津冀产业协同发展，是国家的重大战略决策，但产业的发展取决于环境承载力，环境承载力不提升，就无法实现进一步优化京津冀区域产业发展布局和生产力空间结构，所以京津冀生态环境建设具有重大的现实意义和深远的历史意义。

（三）生态环境保护协同发展是解决地区产业协同发展的着力点

京津冀地区发展过程中，发展不平衡、不协调的矛盾突出，所付出的资源、环境代价过大，严重制约了京津冀的均衡发展。建立以京津冀生态环境保护为前提的产业协同模式，按照生态文明理念转变产业发展方式，调整优化产业结构，加快技术进步，有效降低能耗，推进产业生态化，方能实现京津冀产业的全面、协调、可持续发展，从产业非均衡走向均衡。

二　金融生态外部性与京津冀产业协同

（一）金融行为的生态环境外部性

在借鉴马歇尔经济外部性概念与理论基础上，我们认为金融行为的环境外部性具体是指一个金融主体（供给者或需求者）在自己的金融活动中对第三方或其他人的环境状况产生了一种有利或不利的影响。这种有利影响带来的利益（或者说收益）或不利影响带来的损失（或者说成本），都不是资金供给者或需求者本人所获得或承担的，是一种经济力量对另一种经济力量“非市场性”的附带影响。

把金融机构的金融行为直接影响到另一个相应的经济主体或个人的生态环境状况，却没有给予相应支付或得到相应补偿，称之为狭义金融外部性。金融机构的生态环境外部性是由金融机构的每一项金融行为的生态环境外部性构成，金融机构的生态环境外部性用数学语言表示：

$$E = f_1 + f_2 + f_3 + \cdots\cdots f_n \qquad (10-1)$$

E 代表银行金融总的产业效应，f_n 代表第 n 笔银行贷款的产业效应，可能为正，也可能为负，n 为金融行为笔数。

广义的金融机构生态环境外部性除了包含狭义外部性外，还包括该金融系统的整体活动向其他主体溢出的间接性生态环境类的综合影响，包括对生态系统、经济系统和社会系统的广泛影响。狭义金融的生态环境外部性远逊于广义金融的生态环境外部性。广义的生态环境外部性需要国家的顶层设计，通过顶层设计进行金融资源与环境资源的优化配置，进而实现生态环境与经济、社会的平衡发展。

（二）金融生态环境外部性与京津冀产业协同

就金融生态外部性行为与京津冀产业协同发展的关系而论，从行为影响的角度，金融行为京津冀产业协同发展影响分为正负两个方面。

环境正外部性效应是指金融机构乃至金融体系稳健运行时，在创造良好经济收益的同时，能通过增加社会资本要素的投入量、为社会提供低成本资金、支持生态环境改善、提高资源利用效率、减少污染物的排放、增加自然资源财富等方式为社会做出贡献，为京津冀产业协同提供更多的生态空间和环境容量，因而产生金融生态环境正外部性。

环境负外部性是指由于金融机构及金融市场活动没有遵守基本的生态环境标准，而给无辜的第三方造成的环境成本与损失。金融组织的社会成本大于其私人成本时，就产生金融负外部性。如，金融机构对环境污染企业的贷款，银行的金融资金与企业生产资金的结合，产生环境污染的现象，这种污染是企业资本与和金融资本共同作用的结果，其结果就是金融资本与企业资本共同构成对第三方环境权益的侵犯，构成金融行为对生态环境的负外部性影响，失去京津冀产业协同发展的本意，不利于京津冀产业协同的可持续发展。

金融生态环境行为的外部性与京津冀产业协同发展的基本要求和生态环

境状况极不相称，必须改变金融运行模式与机制，建立一个与京津冀生态环境状况相适应，与京津冀产业协同布局相适应的新金融模式，即在京津冀区域大力发展绿色金融。

三　绿色金融对京津冀产业协同发展的战略作用

（一）实现京津冀生态系统、金融系统与产业系统的对接

京津冀共处一个生态单元，在生态环境系统的变化与改善上，具有共融、共处、相互依存、相互作用的特点。在京津冀区域实现绿色金融标准的统一，绿色金融战略的统一、绿色金融评价制度的建立，把绿色金融建设成为推进京津冀生态支撑区域的建设主要手段、生态保护与改善的核心工具。建立一个京津冀产业协同与生态环境系统、金融系统相适应、相依存的大系统是京津冀产业协同发展和京津冀生态支撑区建设的必然要求，是遵循生态环境运行规律和绿色金融规律的基本要求。

（二）实现京津冀产业协同发展绿色化的基本要求

京津冀产业协同发展的基本要求之一就是产业的绿色化。绿色产业是指积极采用清洁生产技术，采用无害或低害的新工艺、新技术，大力降低原材料和能源消耗，实现少投入、高产出、低污染，尽可能把对环境污染物的排放消除在生产过程之中的产业。生产绿色产业设备的有关产业，它们的产品称为绿色产品。京津冀实施产业协同发展的绿色化，一方面适应京津冀生态环境的基本要求，另一方面为京津冀产业协同的可持续发展打下基本基础。而以上两点离不开金融的绿色化。

（三）以绿色金融为主要推手，拓展京津冀产业协同发展空间

京津冀地区之间生态条件不同，资源禀赋各异，发展差距客观存在。区域空间利用还存在开发模式粗放、生态保护不力、利用效率不高等问题。拓展生态环境区域发展空间，是为了充分发挥不同区域的生态环境比较优势。绿色产业是适应人类产业与健康需要而产生并表现出来的一种发展状态，而这一切需要资源配置方式、技术路径和新价值的实现。绿色金融是与京津冀

产业协同及布局、升级相适应的金融模式、金融技术和金融方法。京津冀产业协同与升级需要金融绿色化为先导。

（四）以绿色金融为推手，实现京津冀产业资源的优化配置

资源是社会经济发展的基本物质条件，是指社会经济活动中人力、物力和财力的总和。在京津冀产业协同发展过程中，集经济优势和环境优势而言，优质产业资源表现出相对的稀缺性，从而要求人们对有限的、相对稀缺的资源进行合理配置，以便用最少的资源耗费，生产出最适用的商品和劳务，获取最佳的效益。资源配置合理与否，绿色金融的出现，适应京津冀产业协同发展的特殊要求，为实现京津冀产业资源的优化配置奠定基础。

（五）实现京津冀环境风险控制与金融业环境风险控制对接

环境风险已成为京津冀发展的瓶颈与阻碍，这涉及两个方面，一是从环境保护的角度看环境风险的控制，我们需要建立一个基于前端的环境风险控制体系，金融风险管理职能能够实现这一要求；二是根据金融生态环境外部性理论，金融又是环境风险的产生源，建立一个金融环境风险的控制体系，亦是京津冀生态环境保护的主要内容。

四　绿色京津冀金融协同的基础

以经济利益为核心的传统金融运行模式，不能适应以生态环境保护为基本前提的京津冀产业发展的基础要求，而绿色金融是京津冀产业协同发展的基本动力，是京津冀产业布局与优化的基础条件。

（一）京津冀金融现状

伴随京津冀地区经济发展的总体提升，京津冀的金融业总量不断聚集，但京津冀金融发展的非均衡现象却日益严重，金融分化日益严重，不能适应京津冀产业的提升、布局及转移的要求。

1. 京津冀金融总量分析

2014 年，京津冀地区金融业增加值为 6327.56 亿元，其中，北京、天津

和河北的金融业增加值分别为3557.70亿元、1422.28亿元和1347.58亿元，占京津冀地区的比重分别为56.2%、22.5%和21.3%。北京金融业增加值占京津冀区域的50%以上，分别是天津与河北的2.5倍和2.6倍。

从金融业在京津冀经济发展中的地位看，2014年京津冀金融业增加值占区域生产总值的9.6%，北京、天津和河北的金融业增加值占各自区域GDP的比重分别为16.7%、9.0%和4.6%。北京、天津的金融产业都已经成为各自区域的支柱产业。

表10－1　　2014年京津冀区域金融业增加值

地区	金融业增加值（亿元）	金融业增加值占本区域地区生产总值比重(%)
北京	3557.70	16.7
天津	1422.28	9.0
河北	1347.58	4.6
京津冀合计	6357.56	9.6

数据来源：北京、天津、河北省统计局，Wind资讯。

2. 京津冀金融业增速分析

2014年，北京、天津、河北的金融业增加值分别同比增长12.3%、13.1%和13.6%。北京市金融业继续保持较快增长；天津市以“离岸金融”“总部金融”为重点，推动了金融业持续的增长；河北省在京津冀金融协同、建立区域金融总部的理念下，金融业进入快速发展阶段。

3. 京津冀金融结构分析

2014年，北京市金融业增加值中银行业、证券业、保险业占比分别为83.6%、11.5%和4.9%；河北省金融业增加值中银行业、证券业、保险业占比分别为92%、2.7%和5.4%。从金融业增加值结构看，整体上仍然以银行融资为主，但北京证券业增加值占比已经超过10%，与北京相比，河北省银行业在整个金融行业中的占比过重，证券业比重过低，金融产业内部不均衡发展现象严重。

（二）河北省金融资源分布

1. 金融机构组织规模

截至2014年，河北省共有政策性银行2家，国有金融机构5家，股份制金融机构12家，外资银行1家，法人机构262家，营业网点机构数10594个，从业人员166898人。

截至2014年，河北省共有法人证券公司1家，证券投资咨询公司1家，证券分公司8家，证券营业部199家；法人期货公司1家，期货营业部37家。财达证券有限责任公司是河北省唯一的证券法人机构，在全国设有107家营业部，其中省内营业部92家，占河北辖区内证券营业部总数的46.2%。

2. 金融机构经营规模

2014年，河北省银行业金融机构资产总额52816.07亿元，同比增长11.9%；负债总额51112亿元，同比增长11.7%。2014年辖区内金融机构本外币各项贷款余额28052.3亿元，同比增长14.9%。在宏观经济下行压力加大、有效金融需求不足的背景下，河北省金融投放额创近五年新高。地区法人机构新增贷款占比由2011年的30.7%上升至2014年的35.6%。2009年以来，河北省银行业当年实现净利润连续5年递增，盈利能力持续增强。2014年河北省银行业当年实现净利润704.34亿元，同比增长15.46%。

2014年，河北省境内上市公司50家，其中，主板上市公司33家，中小板上市公司10家，创业板上市公司7家。境内上市公司总股本571亿股，总市值6191.61亿元。2014年河北省境内上市公司筹资总额132.32亿元，比上年减少22.58亿元，同比下降14.58亿元。其中，首发融资规模4.62亿元，股权再融资112.7亿元，交易所债券市场融资15亿元。河北省资本市场发展严重不足。

（三）河北省金融运行效率

1. 银行机构运行效率

2014 年，京津冀区域每百元 GDP 金融资金投入北京为 251.51 元，天津为 147.71 元，河北仅为 95.35 元。河北的金融比率最低，而且低于全国平均水平，不适应京津冀产业协同的需要。

2014 年，京津冀区域存差为 6.37 亿元，河北存差 1.57 亿元，全国排名第六位，约占京津冀区域的 24.6%。金融资金使用效率不高，储蓄向投资转化出现梗阻，金融没有充分发挥引导资源配置、支持经济发展的作用。

2. 证券市场运行效率

2014 年，京津冀区域整体证券化率为 248.7%，河北的证券化率为 21.3%，北京的证券化率为 716.2%，北京证券化率是河北省的 34 倍，且低于全国证券化率水平（66.8%），证券市场落后将影响京津冀产业的重新布局与发展。

第二节 京津冀绿色金融协同体制与机制创新

建设一个全新的与京津冀生态环境保护与建设、京津冀产业协同发展相适应的绿色金融体制与机制，是京津冀产业协同发展的前置要求，是京津冀产业协同可持续发展的基本条件。基于京津冀产业协同和生态环境状况要求的绿色金融体制与机制建设，需要京津冀三地与中央政府协商进行顶层设计，要用制度的顶层设计保证绿色金融相关规范、标准和操作的实施。

一 京津冀绿色金融协同机制建设

京津冀生态环境发展已成为国家战略，但由于缺少绿色金融战略实施的顶层设计和具体规则，一方面京津冀三地政府部门之间的协调机制仍不完善，严重影响绿色金融的深度发展，另一方面三地金融机构之间由于各自利益的驱使，参与环保金融的积极性并不高，这使得这一战略难以在金融政策的制定过程中得到完整有效的落实，绿色金融发展的战略和战术层面尚未有效衔接。针对以上问题，重点建设以下机制：

（一）建立三地政府财政的协作机制。要尽快在三地政府之间建立基于生态环境利益的政府财政协同机制，改变河北省独立作战的困局，实现环境利益的共享。

（二）建立三地金融机构的协作机制。在金融监管部门之间、金融监管部门与政府行政管理部门之间建立有效的跨部门协调机制，使绿色金融理念在政府层面被广泛认识和推行，确保绿色金融政策的统一性和稳定性。

（三）建立三地政府联合的环境绩效评估机制。应加大对地方政府政绩评估中环境因素的权重，促使地方政府以及地方性金融机构支持和推进绿色金融的发展。

（四）构建环保信息的沟通机制。建立工业管理部门、环保部门与金融监管部门的双向信息沟通与共享平台，及时沟通有关环境保护的技术信息、行业标准以及违法违规处置情况。

（五）建立中央政府和地方政府与第三方机构的协作机制，充分借助社会监督、社会评估的力量，及时反馈执法和政策落实情况，提高政府工作效率。

二　京津冀绿色金融体系建设

绿色金融是以传统金融运行模式为基础、以经济效益与环境效益的和谐为目的而发展起来的一种新的金融形式，是金融产业为适应人类产业与健康需要而产生并表现出来的一种发展状态。

绿色金融与传统金融的区别在于：传统金融是以破坏生态平衡、大量消耗能源与资源、损害人体健康为特征的金融模式，是一种损耗式金融；绿色金融则是以维护人类生存环境、合理保护资源与能源、有益于人体健康为特征的金融模式，是一种平衡式金融。

绿色金融体系由绿色金融组织体系、绿色金融政策体系、绿色金融制度体系、绿色金融技术体系、绿色金融风险管理体系、绿色金融产品体系和绿色金融绩效评估体系构成。其中绿色金融技术体系是绿色金融体系的核心，因为它是绿色金融工作的枢纽，起着承上启下的作用。

（一）京津冀绿色金融组织体系建设

由于产业金融具有投入大、时间长、公共利益强、风险难以测度等特点，基于京津冀产业金融发展状况，我们认为金融组织机构的建设分为两个层次，一是专业性金融机构的建设，二是附属性金融机构的建设。

1. 专业性金融机构的建设。其优点是专业性强，投融资方向明确，其缺点是，由于专业性的金融机构专业从事环境保护类的金融服务工作，其利益既包括金融机构的经济利益，又包括社会的环境利益，其盈利的能力和风险相对较高，处于公共环境产品和普通金融产品之间，要把两者的利益进行有机的结合，难度较大。

2. 附属性金融机构的建设。所谓附属性金融机构是指在既有的金融机构的基础上，赋予专属的金融职能。但要注意三点：一是附属性机构要有独立的环境核算体系，要体现产业金融的专属性；二是要有专属性的产业金融制度，包括准入制度、评价制度、考核制度等等；三是要有专业的人才，产业是一项专业性的工作，必须配备专业的人才，方能保证工作的质量与效率。

（二）京津冀绿色金融政策制度体系

京津冀绿色金融政策制度体系，主要集中在京津冀金融资源配置规范的建设，要保证金融资源配置符合生态环境的基本要求，符合京津冀产业协同发展的要求。

1. 绿色金融准入制度

市场准入要求金融机构按照国家产业政策和环境保护部门的要求，提高金融准入门槛，严格审查申请贷款项目的环评标准，限制不符合环境保护或节能减排要求的投资项目进入金融市场。绿色金融的市场准入原则包括以下内容：

一是严格审查金融需求项目的环评标准，国家产业政策限制和产业部门认定产业不达标的投资项目坚决不给予金融支持。如根据目前我国产业政策和环境保护要求，要拒绝给“两高一资”和节能减排不达标的企业发放贷款。

二是对于符合国家产业政策和环境保护政策标准的金融需求项目，要按照金融和环境风险评估模型，预测和评估投资项目未来的环境风险，如果存在潜在的环境威胁或确定对未来环境造成破坏，应当拒绝其贷款申请。如果投资项目提出了明确和具体的治污措施和方案，则根据金融风险、环境风险及预期治污效果，从资金价格和贷款发放进度上给予限制，促使企业加大治污力度，提高其治污承诺的可信度。

三是对于国家产业政策鼓励发展的绿色产业金融需求项目，如果达到了贷款条件，则应该从资金价格上给予支持。如积极采用清洁生产技术，采用无害或低害的新工艺、新技术，大力降低原材料和节能消耗，实现少投入、高产出、低污染，尽可能把对环境污染物的排放消除在生产过程之中的产业，金融政策应当鼓励和倾斜。

2. 绿色金融标准制度

基于环境行为的标准性，应配套提出金融绿色标准，并以法律的形式落实推广。制定金融绿色标准的目的，一是加强制度约束的刚性和可操作性，使得金融机构支持或约束企业影响环境的行为，能够建立在更严格的法律基础上；二是出台绿色金融指导规范，成为我国银行业绿色金融标准的蓝本；三是研究制定和推进绿色金融标准，包括：借鉴国际上比较成熟的产业金融准则，研究制定符合中国国情的绿色金融指南，为深化绿色金融提供技术支持。

3. 绿色信用制度

信用是商品经济发展的基础，现代金融制度更是建立在信用遵守的基础上。基于京津冀三地合作的京津冀协同发展，需要信用制度建设的先行，需要信用制度的保障。绿色金融建设是一个社会行为，通过绿色信用制度的建设，形成社会的环境监督与管理的体系，真实地把绿色金融工作落实到实处，落实到金融的每一个行为之中，这离不开绿色信用制度的建设。

4. 绿色金融激励与约束机制

金融机构必须与政府监管部门共同努力，建立有效的激励与约束机制，为金融机构实施绿色金融提供动力和压力。其中，不仅要有对金融机构违规向环境违法项目或企业贷款的行为实行责任追究和处罚的措施，而且还要有对切实执行绿色金融成效显著的金融机构实行奖励的政策。同时，还应该制定相应的配套政策，如减免税收、财政贴息等财政政策，以调动并确保金融机构推行绿色金融的积极性。

5. 建立京津冀绿色金融的监督检查机制

在京津冀三地立法的基础上，产业部门、人民银行和银监会对金融机构执行绿色金融政策的情况进行监督检查，确保京津冀绿色金融标准的实施，确保京津冀三地金融机构的投资符合京津冀三地的基本环境规范要求，并且建立协调机制，进行有效的外部监督，严格金融产业要求。

（三）京津冀绿色金融技术体系

金融机构的绿色金融技术管理体系主要包括绿色金融技术政策、绿色金融基本技术指南和绿色金融技术规范（共称技术指导体系），以及相应的绿色金融环境风险技术评价制度。

1. 绿色金融基本指南。即金融机构绿色金融行为在生态环境保护中基本应遵守的法律、法规和标准构成。制定绿色金融业务指南，借鉴“赤道原则”或者是国外先进经验，制定行业污染控制标准、环境绩效评估方法等绿色金融业务指南；进一步开展特殊行业环境、健康和安全指南，为绿色金融制度的实施提供技术支持。

2. 绿色金融指导目录。即金融机构金融投放的基本选择标准，进行资金环境风险调查、识别、审核和决策及监督的相关技术路线和工艺方法的主要依据，也是金融部门参与环境管理的有力技术工具。制定绿色金融行业指导目录，从可能存在的具有高污染、高环境风险特征的行业入手，首先选择污染、环境风险负荷比重大的行业制定污染行业目录；组织产业系统专家、行业专家、生产企业专家等对相关目录进行研究、论证和评审，最终建立污染行业绿色金融指导目录。

3. 绿色金融评估技术规范。主要针对金融机构和各类投资部门，为有效地评价各金融机构执行绿色金融政策效果情况提供评价的技术依据，为建立可持续的银行金融体系提供重要保障。

4. 绿色金融的技术评价制度。是绿色金融技术管理体系建设的重要内容，更是绿色金融技术指导体系建设的机制保障。其对绿色金融创新和绿色金融产业市场的促进作用是直接而深远的。

第三节　京津冀绿色金融协同模式与产品创新

京津冀绿色金融协同模式与产品的创新，是京津冀金融系统对接京津冀产业系统的具体实施过程。其核心，一是满足协同的需要；二是满足绿色的需要；三是满足经济利益的需要。

一　京津冀绿色金融协同模式

（一）产业协同发展基金合作模式创新

京津冀产业协同发展首先是京津冀产业投融资方式的改革与创新。基于京津冀产业协同的主要矛盾，吸引社会资金的投资积极性是京津冀产业发展的关键因素，重点应建设基于京津冀产业协同发展的基金体系。

1. 设立京津冀产业协同发展母基金

基于京津冀三地财政金融的状况，建议由北京、天津、河北省财政部门、社会机构和企业出资，申请国家财政部环境发展基金的支持，联合设立京津冀产业协同发展母基金，其主要功能有三：一是起到国家资金的引领作用，通过国家对基金投资方向、投资规模及相关标准的执行，按生态产业的要求进行资金配置；二是杠杆作用，通过基金与商业金融资本的结合，放大资金的倍数，引领社会资金进入生态产业系统；三是通过母基金的操作，降低社会的融资成本，支持中小产业企业的发展。

2. 成立四大子基金

即在京津冀完善和建立四大产业协同发展基金：产业协同投资基金、产业协同风险投资基金、产业协同担保基金和产业协同并购基金。在基金的筹建与运行中，应注意以下问题：

一是要体现京津冀基金特点。要把环境责任共享和风险共担的特点，体现在四大基金的建设上。不仅要体现三地环境责任共担原则，要把环境责任体现在三地产业资本金的投入上，还要体现环境利益共享原则，京津冀三地共享京津冀四大基金所带来的生态环境利益和经济利益。

二是京津冀四大基金的考核与评价。要把提高产业财政资金的运营效率和质量作为基本的考核标准。要提高国家产业资金的投入效率和质量；京津冀四大基金的考核要以京津冀三大的环境利益为基本标准，要建立基于京津冀三地利益的环境基金的考核办法。

三是京津冀四大基金的资本金的筹集。要根据京津冀三地金融状况及财政资金的状况，确定京津冀四大基金的资本金的份额，份额要体现三地的责任与利益。

四是建立 PPP 产业项目支持基金。PPP 产业项目的特点为成本前高后低，前期包装及论证对于项目的顺利执行具有重要作用。建议河北省在财力允许的条件下设立 PPP 支持基金，用于对 PPP 项目前期筛选、包装、评估论证给予经费支持。

（二）基于政府、协会、社会组织等合作的绿色金融模式创新

1. 依托政府主管机构的运作模式

作为主管机构具有天然的权威权、信息权、政策权和资源运作权，对项目的把握，对市场的发展，对融资风险的把控具有天然优势。因而与政府和

下属协会形成依托关系，是市场开拓的捷径，为市场占领打下坚实基础。与政府建立广泛合作关系，为金融机构提供政策性资源、市场性资源、技术性资源的广泛政策，缩短与客户的市场距离，降低交易成本。

2. 依托行业协会的市场化运作模式

行业协会是介于政府、企业之间，商品生产者与经营者之间，并为其服务、咨询、沟通、监督、公正、自律、协调的社会中介组织。行业协会是政府与企业的桥梁和纽带，具有沟通优势、信息优势、协调优势、自律优势和秩序优势，可以降低金融机构的信息风险、技术风险和信用风险，为金融机构向环保产业运营提供积极的建议。

3. 依托社会组织的市场化运作模式

非政府组织（中介组织或协会）对于产业的发展，是一支新生力军，是一股新力量，因此，非常有必要也非常迫切需要发挥它们的作用，来发展产业协同。一方面，利用非政府组织，可以对企业进行业务咨询、培训、教育，提升金融机构对环保产业的认识和看法。另一方面，金融机构与非政府组织之间进行合作，通过非政府组织的培训、教育、指导，也为企业拓宽发展领域，寻找新的发展机会提供了出路。同时，非政府组织自身也对环境保护的发展，起到直接的作用。

（三）基于产业合作链的绿色金融模式

在京津冀产业一体化的过程中，产业链发展是重要的一环，绿色金融模式的创新应基于产业基础和独特优势在不同的产业上重点突破。

1. 依托龙头企业的市场化运作模式

龙头企业是一个行业或产业的领袖企业，起着“领头羊”的作用，对于其他的企业具有很强的带动、示范效应。如作为环保产业这一新兴产业来说，我国已产生了一批龙头企业，目前大约有100多家，如凯迪电力、龙净环保、菲达环保、华光股份、首创股份、北京桑德和北京金源环保等知名企业。对于龙头企业的带动、模范作用，包括以下四个方面：一是龙头企业有助于带动环保产业结构调整，促进环保事业的发展；二是龙头企业创新和发展了环保产业发展的模式，对环保产业的投融资起到了带动作用；三是龙头企业有助于环保产业新技术的推广和应用，这也大大提升了市场力量对环保产业的投资；四是龙头企业有助于促进地方经济发展，带动相关行业发展。

2. 依托产业科技园的市场化运作模式

对于产业来说，借助科技产业开发园的人力、财力、物力优势，以及科技产业开发园内先进的科技、信息、资金、管理等资源，对于充分的发展产业集群，节约渠道费用，具有非常良好的推动作用。所以，依托科技产业开发园，有利于将其进行进一步地推广，这对于产业的发展、降低金融机构的管理成本、风险成本都是非常有利的。

3. 供应链产业融资模式

在京津冀产业一体化的过程中，产业链分工是主要趋势与合作的主要方式。北京、天津、河北应根据自己不同的产业基础和独特优势在不同的产业上重点突破。对核心企业的多个经销商、供应商提供授信的一种金融服务，是供应链金融最典型的融资模式，这些行业内核心企业和供应链成员关系紧密，并有相应的准入和退出制度。绿色金融的模式应以全产业链为投资中心，即将绿色金融模式从生产端向消费端的全过程延伸，让各阶段的市场分担者参与绿色产品或服务的投资过程，进行收益共享或风险共担。

（四）基于风险分担的绿色金融模式

风险分担是金融管理的主要手段，京津冀产业协同发展既是政府的责任，又应采取市场的机制，在保护各自权益的基础上，支持京津冀绿色产业协同发展。

1. 与政府合作的产业风险分担模式

对于那些具有公共物品和准公共物品的项目，产业发展适合采用“政府与市场”合作模式。市场主要解决产业的激励问题，政府除通过政策法规引导和规范环保产业的发展外，还需要分担部分产业发展的成本和风险。

产业发展中“政府与市场”合作模式可采用BUT模式、TOT模式及其融合模式。

2. 与专业担保机构的风险分担模式

金融机构通过与担保机构的合作分担环境风险，具有效率高、合作稳定、信息沟通及时等优点，但应对担保机构进行严格的审核制度，确保担保风险可靠性的落实，确保绿色金融基础标准和信用制度的落实。

二　绿色金融产品开发

京津冀产业协同具有产业和环境双重属性的特点，担负京津冀产业新布局的责任。金融的本质是为实体经济服务，因而对京津冀产业协同发展服务的金融产品，同样必须具有双重的属性，即设计专属产业协同的绿色金融产品，方能实现金融系统与产业协同的对接。

（一）绿色金融产品

1. 绿色金融产品特点

与普通的金融产品相比，绿色金融产品的特征是具有双重的使用价值，一方面是具有环境使用价值，绿色产品社会的环境需求。另一方面是能够满足人的金融需求，与社会金融需求相适应。绿色金融产品的目标是谋求环境—经济—社会三方面复合效益的最大化。绿色产品是经济效益与环境效益、社会效益的复合，他们之间既有对立性，又有统一性。

京津冀产业的协同发展具有经济效益和环境效益双重效益的特征，是在满足生态环境的基本要求下的经济效益，而非单纯的追求经济效益的行为。因而在其金融产品的设计中，环境要求是第一位的，是基本的要求。

2. 绿色金融产品设计的基本要求

金融工具绿色化设计是金融行为绿色化的基础，因为金融工具是实现金融功能的基本手段，通过金融工具的绿色化设计，一是可以实现金融风险防范的前置化，建立环境风险控制的前置性链条；二是可以实现环境风险防范基于市场机制的强制化，把环境风险的强制控制，在金融工具阶段实现；三是把金融对生态环境的支持具体化，明晰化，实现金融对生态环境保护与改善的支持。在具体设计行为中，要做到：一是绿色成为金融产品设计的基础条件，绿色准入成为金融机构行为的必要约束；二是绿色信用的评价成为企业产业协同发展的评价因素之一，成为优化产业资源配置的必备条件，为产业资源的优化配置打下增信的基础。

（二）基于京津冀产业协同的绿色金融产品模式

根据政府在京津冀产业协同发展中特殊要求，以及相应的市场因素对产业系统发展的贡献程度，可将产业协同发展模式划分为三种类型：政府主导型模式、市场主导型模式和混合型模式。目的是为更有效地对接市场需求，实现更精准的金融服务，进而提高金融工作效率，降低环保企业融资成本，推进京津冀产业协同的发展。

（三）政府主导型绿色金融产品设计

政府主导的产业协同发展模式，主要存在于具有公共服务性质的行业，非排他与非竞争性使公共产品与服务的提供不能单纯通过市场机制解决，需要政府积极参与公共产品和服务的生产与投资来主导产业协同发展的需要。

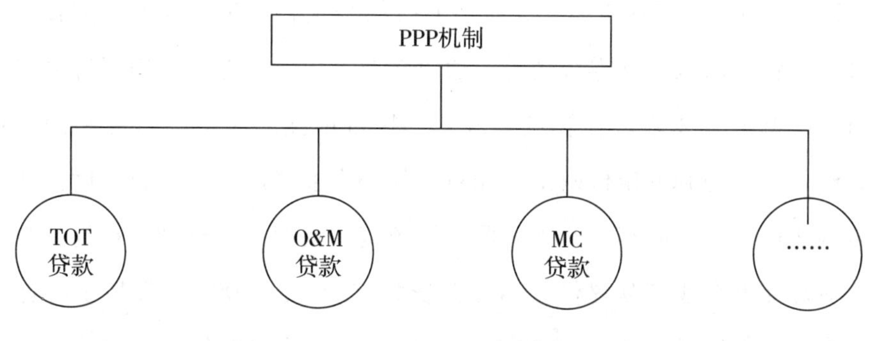

图 10－1　PPP 机制下信贷模式开发

1. PPP 模式下的 TOT 贷款融资产品。PPP 模式下的 TOT 融资是政府将经营权出售给民间投资者，投资者在约定的时间内通过经营收回投资并取得回报，再将经营权无偿移交给原产权所有人。银行以借款人的身份将资金借给项目的持有人，一方面为水资源开发提供贷款，另一方面项目本身的回报成为银行资金回流的保障，同时由于社会投资人的参与，可以分散银行借款的风险，是一项国家、社会投资人和金融机构三赢的方案，将成为推进经济转型升级和促进实体经济发展的重要着力点和突破口。

2. PPP 项目下 O&M 贷款。O&M 贷款是指银行以 O&M 模式运作的社会资本和项目公司发放的，用于城市基础设施和公共服务项目运营维护，以政府支付的运营维护费为主要还款来源的贷款。

3. PPP 项目下 MC 贷款。MC 贷款是指银行向以 MC 模式运作的社会资本和项目公司发放的，用于城市基础设施和公共服务项目运营维护及用户服务，以政府支付的管理费为主要还款来源的贷款。

（四）市场主导型绿色产品设计

在市场主导型产品设计的模式中，金融市场的主要价格由市场的供求关系决定，金融机构根据市场的供求状况及金融风险的程度进行决策。政府更多地是利用经济手段的调节处理金融机构的投融资活动，以保证金融市场足够的独立性。

1. 创建 1 + N 产业链组合产品。1 指的是银行，N 是政府、创投、担保公司、创业园区、证券公司等，通过银政、银园、银投、银保等多方合作有效降低信贷风险。在管理模式上，执行单独的风险容忍度和问责标准、给予单独的利率定价政策，如对环保型企业贷款的不良容忍度为普通贷款的 2 倍，对专职客户经理采取尽职免责、快速问责机制；在优惠政策上，对环保型企业贷款提供行内最低贷款定价，对 1000 万元以下环保型企业贷款总行给予分支机构 20% 的利润补贴。通过机制创新为环保型中小企业提供“低门槛、低利率、高效率”的贷款；在放贷流程上，简化服务流程、审批环节，业务办理时间平均缩短 3—5 个工作日，有效提升服务效率。

2. 创建股权 + 债权的环保融资产品。由于产业协同发展具有资本投入大、投入时间长、环境风险高等特点，产业的集聚过程中，初期的投入更多是股权资金的投入，为保证产业协同过程的连接性、可持续性，可以通过股权与债权结合的方式，满足不同投资人的利益诉求。银行集团可以在股权加债权的基础上进行四个变数的组合，一是产品宽度组合；二是产品长度组合；三是以股权为核心组合；四是以债券为核心的组合。产品组合的深度和宽度补偿应具有一致性，以发挥产品组合的综合效应。

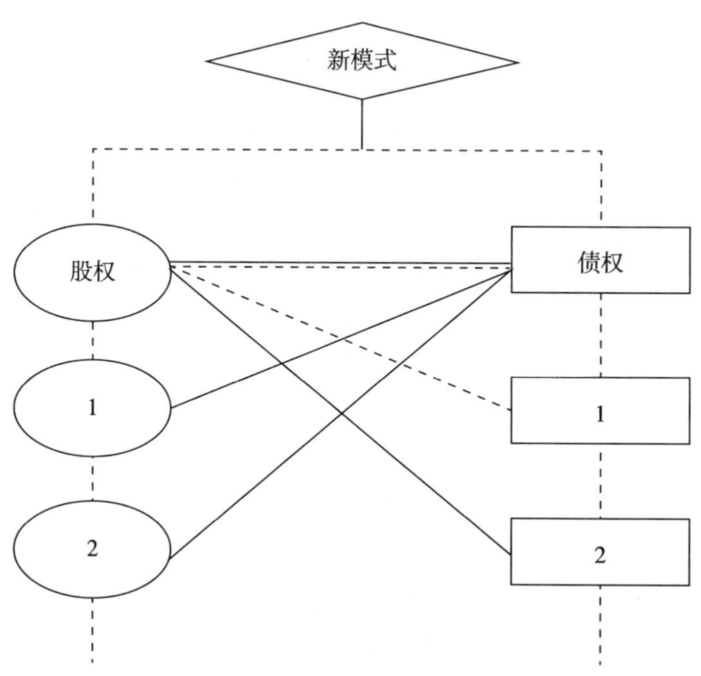

图 10－2　股权 + 债权环保融资模式创新图

3. 跨行业产品组合。京津冀产业协同集聚，更多是跨行业、跨机构的组合。跨行业的绿色金融产品组合是服务产业集聚的主要产品设计。跨行业金融产品一是指银行集团利用自己的跨行业技术优势和跨行业市场分析与运营优势，对协同企业进行跨行业市场和技术的组合，包括企业运营跨行业组合，对企业运行价值链进行有效分析，打造金融价值链；二是指内部跨行业组合，从风险投资、产业投资基金开始，一直运作到企业产品的销售环节，构造一个集团内部的服务链，降低机构内部的运行成本，全面提高行业的盈利能力。

第十一章 京津冀协同发展的公共服务供给研究

产业的协同发展离不开公共服务的支撑。因此，本章从公共服务供给的角度，考虑现实状况中的紧要程度以及与京津冀协同发展的关联度，重点对京津冀医疗卫生服务、教育服务及创新资源发展以及交通一体化三个方面协同发展状况进行研究，并提出了相应的对策建议。

第一节 基本公共服务与基本公共服务均等化

基本公共服务是政府行使职能过程中，应该由其提供的满足社会公众基本公共需求的公共服务。从服务供给来看，基本公共服务的服务供给具有“差异性”。由于全国范围内经济社会发展的差异性，决定了这些服务在全国范围内的非全面性、非均等性供给是一种客观存在，会出现地区或群体间的服务缺失或服务不足，会出现供求矛盾。因此，在政府现有财力约束下，有必要通过均等化措施加以解决。

一 基本公共服务的内涵及内容

（一）基本公共服务的内涵

作为社会事务集合体的基本公共服务本身是一个复杂的结构体。从不同角度审视分析，就会得出不同的结论。我们认为，应该从政府基本职能的角度阐释基本公共服务的概念。因此，可以说，基本公共服务是政府行使职能过程中，应该由其提供的满足社会公众基本公共需求的公共服务。

首先，从服务层次和内容来讲，基本公共服务既是社会公众的低层次的或基本的公共需求，是人生存和发展的重要必要条件，居于服务需求的基础和较低层次。第二，从服务标准来讲，基本公共服务具有需求标准的无差异性。不同地区、人群之间、城乡之间对这类公共服务的需求具有“同质性”，在服务的供给上不必过多考虑需求主体的不同诉求。第三，从服务性质来看，基本公共服务既包括纯公共服务，也包括准公共服务。就是说，有些虽然是准公共服务，但是与民生直接相关联，也属于基本公共服务。第四，从服务属性来看，基本公共服务是个动态概念。基本公共服务的供给范围、供给标准等，受社会公众的基本公共需求的影响，也与经济发展水平以及政府的供给能力等有关。因而，基本公共服务是一个动态的发展变化的概念，不同阶段有不同的特点。第五，从服务供给来看，基本公共服务的服务供给具有“差异性”。由于全国范围内经济社会发展的差异性，决定了这些服务在全国范围内的非全面性、非均等性供给是一种客观存在，会出现地区或群体间的服务缺失或服务不足，会出现供求矛盾。因此，在政府现有财力约束下，有必要通过均等化措施加以解决。

（二）基本公共服务的内容

就我国现实情况分析，基本公共服务大体包括 8 大类 29 项，8 大类分别为基础义务教育、公共卫生与基本医疗服务、基本社会保障、公共就业服务、公共交通、环境保护、公共文化和公共安全。具体见表 11－1：

表 11－1　　我国现阶段基本公共服务内容清单

序号	类别	项　　目
1	基础义务教育	中小学校舍及教学设备；合格教师及合理师生比；免费教材及生均占用图书标准；提供住宿条件。

续　表

序号	类别	项　　目
2	公共卫生 与基本医疗	食品卫生管理;饮用水安全; 传染病、地方病防治;妇幼保健; 城乡医院、卫生院合理覆盖及医护人员合理比例。
3	基本社会保障	基本养老保险;基本医疗保险;基本失业保险; 城乡居民最低生活保障;住房保障。
4	公共就业服务	职业介绍;职业指导;就业培训; 社区就业岗位开发;其他就业服务。
5	公共交通	城市公共交通;农村村村通。
6	环境保护	垃圾处理;污水处理;其他污染源处理。
7	公共文化	社区文化设施;农村文化设施和文化服务。
8	公共安全	社会治安;消防安全;公共场所安全管理。

考虑现实状况中的紧要程度，以及与京津冀协同发展的关联度，本章对京津冀协同发展的基本公共服务供给问题的研究，主要集中在医疗卫生服务、教育服务及创新资源发展以及交通一体化三个方面。

二　基本公共服务均等化的内涵及标准

（一）基本公共服务均等化的内涵

首先，基本公共服务均等化是一个动态发展的过程。从横向上看，作为均等化对象的基本公共服务的范围和内容会逐步扩展，某些现在不具有同质性的较高层次的公共服务，随着经济和社会发展带来的人们整体需求层次的提升而日益具有了同质性，进而成为一种必要的基本公共服务进入均等化的视野[①]。从纵向上看，均等的水平也应不断提高，由底线均等下的、差距较大的低水平均等逐渐迈向差距不断缩小（均等化不可能也无必要取消差距）的高水平均等。

第二，基本公共服务均等化不等于绝对平均化。这是在承认由于各地区经济社会发展的历史性原因导致地区、城乡、人群存在差别的客观前提下，保障所有社会成员都享有一定标准的基本公共服务，是强调“底线均等”。基本公共服务均等化的主体是全体社会成员，客体是不同层次和不同阶段的各类（项）基本公共服务，均等化的目标是要使地区间、城乡间和社会公众个体间享有大致一样的基本公共服务。

第三，基本公共服务均等化包括“机会均等”和“结果均等”。不同层次和种类的基本公共服务的侧重点不同。交通、就业等公共服务项目的均等化侧重于结果均等，即为公众创造均等的享受和使用机会，赋予公众怎样享用、享用多少的选择权。义务教育、养老、失业、医疗保险等公共服务项目则侧重于机会均等，即政府要设计一些带有强制性的制度安排，矫正某些公众的非理性消费行为，把结果均等作为均等化的目标。

（二）基本公共服务均等化的标准

标准的制定直接影响着基本公共服务均等化的推进和实现。必须遵循量力而行、科学合理，以及现实可操作性的原则。考虑我国公共服务总体投入不足，地区、城乡差异大的客观现实，短期内我国基本公共服务均等化标准主要应该放在投入类指标上，在制度设计、绩效管理等水平达到一定程度，公共服务效率提高后，逐步增加产出指标和效率指标等标准。

三　基本公共服务均等化的影响因素

（一）经济因素

首先，基本公共服务均等化受经济发展水平的制约。经济发展规模及数

---

① 德国著名经济学家阿道夫·瓦格纳早在100多年前就发现并预见了这一现象，并将其归因于公共需求的收入弹性，用于解释他的描述财政支出不断增长规律的“瓦格纳法则”。

量水平影响基本公共服务均等化能力。国民经济提供的收入多，公共服务均等化的能力就强，反之则弱；人均国民收入水平影响基本公共服务均等化难度。人均国民收入水平高，需要政府提供的公共服务相对少，均等化难度就小，反之则大。

其次，基本公共服务均等化受城镇化水平的影响。一方面，城镇化阶段影响政府基本公共服务均等化理念。城镇化发展的初期阶段，政府执政理念主要是社会安定和区域发展，基本公共服务均等化理念尚未形成；城镇化发展的中期阶段，政府执政理念主要是经济发展，基本公共服务均等化理念逐步形成；城镇化发展的中后期阶段，政府执政理念主要是统筹协调发展，基本公共服务均等化理念逐步得到强化。政府基本公共服务理念的转变对公共物品的供给及其均等化程度起着重大的影响。另一方面，城镇化水平影响政府基本公共服务均等化标准。城镇化水平在30%以下时，农村人口对基本公共服务均等化基本没有诉求，政府无须设计基本公共服务均等化标准；城镇化水平在30%—50%时，城乡之间公共服务差距明显，社会公众对基本公共服务均等化的诉求强烈，政府必须关注基本公共服务均等化问题，并开始制定相应均等化标准；城镇化水平在50%—70%之间时，政府必须制定一定水平的基本公共服务均等化标准，并逐步实现。

再次，产业结构不同则基本公共服务均等化表现程度不同。以一、二产业为主的产业结构下，基本公共服务均等化程度低；反之，以三产业为主的产业结构下，基本公共服务均等化程度高。

（二）制度因素

首先，经济制度影响基本公共服务均等化进程。纯市场机制下，政府宏观调控作用的发挥受到限制，市场缺陷得不到弥补，在一定程度上加大了基本公共服务均等化的成本，阻碍了基本公共服务均等化的发展进程；计划经济体制下，市场经济机制的竞争性和优胜劣汰所带来的优越性难以得到充分发挥，会降低基本公共服务均等化的效率，使基本公共服务均等化进程减缓；

市场经济与计划经济有效结合的体制下，既能够发挥市场经济的优势，又能够发挥政府弥补市场经济缺陷的作用，使基本公共服务均等化在低成本、高效率情况下推进，就能够加快基本公共服务均等化进程。

其次，土地制度影响基本公共服务均等化的效率。土地产权制度是公有还是私有、土地征用制度有计划市场化还是随意性行政化，土地是可以流转还是不能流转等，都对政府提供公共服务尤其是对地方政府、基层政府提供公共服务的效率有很大的影响。

再次，户籍制度。全国统一的户籍制度对社会救济发展不会产生太大影响，城乡二元户籍制度则会对城乡分割形成助推作用，拉大城乡之间的距离，影响基本公共服务均等化进程。将户口划分为农业户口和城镇户口的二元户籍制度，不仅是户籍不同，其所享受的基本公共服务也有较大差别，还会影响到就业制度、土地制度、社会保障制度等作用的发挥，累积城乡之间的诸多矛盾，成为基本公共服务均等化的障碍之一。

（三）财政因素

首先，财政分配体制影响不同层级政府的均等化能力。一方面是中央财政调控能力，另一方面则是财政分配体制，这实际上是决定基本公共服务提供机制问题，是明确政府与市场在基本公共服务提供上的界限和协调问题。公共服务领域存在大量市场失灵的地方，政府干预是必须的。而如何把政府和市场的力量、政府和社会民间的力量最有效地进行协调，根据城乡之间、各个地区之间、各个群体之间的实际情况，及时充足而有效地向社会公众提供基本公共服务，是个复杂的问题。

其次，地方政府财政支付能力影响地区基本公共服务的提供能力。地方经济发展水平与财力状况强力地影响着本地区的基本公共服务均等化供给水平。而这种影响在我国城乡之间、东西中部地区之间乃至个人收入分配差距表现得更为明显。当前的这种差距在很大程度上是与地区间的经济发展水平相关联的，如地区的GDP总量、财政收支状况、可支配资源等等。

其中，地方政府的财政支付能力决定公共服务的供给和质量。政府对公共服务的物品拥有的控制权，使得公共物品供给能力的形成历来依赖政府的财政投入。公共领域的投入量总是与政府的财政预算成正比。一般来说，哪里政府的财政投入越多，哪里的公共经济环境就越好。一些落后国家和地区的公共经济不发达，其中很重要的一个原因就是那里的政府财政经常处于捉襟见肘的状态。

（四）管理因素

首先，供给和管理主体。公共物品的供给由政府垄断，容易使得公共物品的提供缺乏竞争机制，进而造成公共物品的供给不足和供给过剩。在市场竞争的环境下，私营企业的目标是经济效益，因此他们必须不断设法降低成本和提高效益，那些不以最高效率的方式来有效使用资源的企业最终将被淘汰出局。而政府机构所追求的是社会效益，而非经济效益，其目标不是利润最大化，所以缺乏这种竞争机制。政府提供公共物品，不必面临直接的竞争，因此往往不按照效率的原则和公共物品供求关系的特点来提供公共物品。即使它们低效率运作，仍能维持生存，不存在优胜劣汰的危险。另外，即便是某些公共部门的效率和私人企业一样高，也还存在另外一种浪费，即提供公共物品的政府部门具有超额生产公共物品的内在倾向，这种“过剩”的产品或服务最终是以社会所付出的巨额成本为代价的，是一种极大的社会浪费。

其次，管理机制。主要是对政府机构及公务员的监督管理机制。因为政府提供公共物品是在信息不对称的环境中进行的，政府官员（被监督者）拥有更多的关于公共物品及服务方面的信息，特别是成本、价格方面的信息，而立法者和监督者缺少足够的必要信息来有效地监督公共机构及其官员的活动。如果相应的管理监督机制不健全，监督信息的不对称和不完全会使得政府和官员的监督徒有虚名，对公共物品提供的低效率就缺乏有效的制约和纠错机制。

第二节　京津冀医疗卫生服务协同发展

一　京津冀医疗卫生服务协同发展的内涵

京津冀医疗卫生服务协同发展指协同北京、天津、河北三大区域各自的医疗卫生资源，发挥优势、弥补劣势，以达到优化三大区域医疗卫生资源配置效率，提高区域医疗卫生福利水平的目标。其基本内涵包括以下三个方面。

（一）京津冀协同发展的基本医疗卫生服务要注重以公平为导向

京津冀协同发展的公共卫生服务要注重以公平为导向，尤其是基本医疗卫生服务从属性上划分大多属于纯公共产品或准公共产品，主要由政府财政免费提供保障。但由于其传播的群体性，有时难以划分政府间的财政责任。比如公共卫生事件一旦爆发，相邻地区需要共担责任，共同出资，这就更需要相邻区域间的联防联控协作机制。要公平地为每个区域的公民提供保障，而不能互相推诿，贻误时机。京津冀地区由于地缘相接、人缘相亲，地域一体、文化一脉，在公共卫生服务方面更相互融合，协同发展，使公共卫生服务公平地普及到每个区域居民身上。

（二）协同发展京津冀三大区域的医疗卫生服务资源，提高资源配置效率

京津冀地区由于历史的原因，功能定位不同，造成医疗卫生服务资源差距较大。尤其是河北地区和北京地区相比，医疗卫生资源多寡悬殊，而且由于二者相邻，北京地区外地看病的人中有20%以上来自河北。一方面分流了河北的医疗卫生需求，造成河北省医疗卫生资源需求不足，医疗卫生资源闲置浪费；另一方面，北京地区则人满为患，出现“看病难”问题。其实质是整个医疗卫生资源的浪费，也不符合帕累托最优配置原则。所以，要协同发展京津冀三大区域的医疗卫生服务资源，把一些医疗

卫生资源迁移至河北地区，充分发挥北京的优质医疗卫生资源带动辐射作用，努力实现京津冀区域优质医疗卫生资源共享，提高医疗卫生资源的配置效率。

（三）实现京津冀基本医疗卫生服务均等化，要明确阶段性目标

基本医疗卫生服务均等化是指每位中国公民，无论其性别、年龄、种族、所在地、职业、收入，都能平等地获得基本医疗卫生服务。它是指基本医疗卫生服务的供给在区域之间、人群之间的差异是比较小的，其差别在可以度量的限度之内。但这并不意味着绝对的均等或“平均化”，在实现均等化的目标时搞“一刀切”。由于我国区域辽阔，地区间呈现多样性特征，这必然带来居民公共服务能力的差异。京津冀三地不同的经济实力和财政能力决定了其提供基本医疗卫生服务的能力不同，不同地区、不同人群的特定差异导致基本医疗卫生服务的偏好也不一致。这就要求确定京津冀协同发展基本医疗卫生服务均等化的最低水平。基本医疗卫生服务的最低水平是由基本公共服务最低水平引申而来，基本公共服务最低水平也称基本公共服务的最低供应。由于基本医疗卫生服务内涵丰富，如果要在各个方面实现均等化，会由于目标过于庞大而不知所措，找不到突破口。而如果有最低标准、最低水平的规定，则会因为目标具体而简单易行。

二　京津冀医疗卫生服务现状

随着京津冀协同发展的推进，京津冀医疗卫生一体化已经进入到加速发展阶段，而医疗资源配置仍存在较大的区域差异。卫生资源是指提供医疗服务的生产要素总称，通常包括人员、医疗费用、医疗机构、医疗床位、医疗设施和装备、知识技能和信息等。在京津冀协同发展背景下，推进京津冀医疗卫生资源统筹配置，无疑能够极大地提高医疗资源的利用效率，解决环北京周边县市看病难问题。医疗卫生资源配置的目的是为了满足一定社会群体看病就医的需求，提升人的健康水平。

（一）取得的成果

1. 医疗卫生资源总量显著提升

随着医疗卫生事业的发展，京津冀医疗卫生资源总量有了显著提升。截至2014年底，京津冀共有医疗卫生机构93523个，卫生技术人员64.96万人，执业医师27.09万人，注册护士24.19万人，医疗卫生床位49.36万张，医疗卫生资源总量呈现出持续增长的态势。具体来看，2010—2014年京津冀每万人口医疗卫生资源拥有量呈现出逐年增加的趋势。其中每万人护士数量增长速度最快，2010—2014年年均增长6.35%。其次是每万人床位数，年均增长4.51%，由于卫生机构床位数的快速增加带动了卫生技术人员、护士需求量的增大。从不同区域来看，河北每万人拥有的卫生资源量增长速度最快，其中每万人护士数年均增长7.96%，每万人床位数年均增长5.95%，每万人医师数年均增长3.84%。北京每万人床位数先减后升，相对稳定，每万人卫生技术人员数年均增速0.79%。天津的情况与北京相近，除每万人医师数出现了减少外，其余的各项指标小幅度增长。

2. 医疗资源共享机制加快推进

实现区域医疗资源共享，推进区域医疗卫生待遇互认，能够提高医疗资源利用率，形成整体发展优势，实现京津冀医疗卫生协同发展。随着各项政策的陆续出台，京津冀医疗资源共享机制推进进程明显加快，极大地促进了京津冀，尤其是河北地区医疗卫生事业的发展。《2014年河北省深化医药卫生体制改革重点工作任务》中提到加快推进医师多点执业，探索试行京津冀跨省市多点执业。以上措施都有助于京津冀地区医疗资源的共享，尤其促进河北省医疗卫生水平的提高，进而促进京津冀医疗卫生的协同发展。

3. 疾病防控和应急合作体制机制建立

在公共卫生方面，京津冀三省市疾病预防控制中心签订《京津冀协同发展疾病预防控制工作合作框架协议》，京津冀三地的疾病预防防疫控制中心签订了《京津冀协同发展疾病预防控制工作合作框架协议》。根据协议，三方将共建京津冀“疾病防控一体化”合作平台，重大疫情将联防联控。由三方轮流担任组长的京津冀“疾病防控一体化”协调发展领导小组每半年召开一次会议，研究确定年度合作重点领域，具体督促、推进合作重点工作等。针对京津冀地区目前面临的重大公共卫生问题，如大气污染 PM2.5 对人群健康的威胁等，三地将联合申报国家级或省级科研项目，共同研究、共同攻关，共享研究成果；在应急合作方面，京津冀三省市分别建立了卫生应急管理区域合作机制，构建了京津冀区域突发公共卫生应急协作机制。三地将建立突发事件信息通报制度，共享信息，定期互通各地公共卫生安全形势。任何一方接到涉及或有可能影响其他方的突发事件信息，或所涉突发事件情况紧急、需要请求合作方支援时，第一时间会将信息通报另外两方。在应急资源互通共享方面，协议提出，遇突发事件，根据事发一方需求，合作方在应急药械、相关设备、应急队伍、专业技术、专家资源等方面给予相互支援。必要时，可紧急向受灾方调拨应急物资。

4. 探索多种合作模式，开启京津冀医疗卫生协同发展“破冰”之旅

河北省提出了六种发展模式:[①] 一是可实施整体搬迁，将优质资源直接输出到河北省环京地区，直接将外地患者分流在首都以外。二是可开展合作办医，发挥各自比较优势，实现互惠双赢。三是可帮扶建强专科，加强对口帮扶，延伸北京优势技术资源，提高河北省服务水平。四是可实行远程诊疗，逐步实现三级医院和市县两级医院全覆盖。五是可加强科技交流，通过科研协作、人才交流、人才培养等方式，逐步解决河北省看病难、吸附力差的问题。如北京儿童医院联合河北儿童医院成立了国内最大规模的儿科医院联盟，希望能实现患者不动、医生动的就医模式。六是可深化联防联控，在重大事件、重大考验面前，同舟共济、合力攻坚。

---

① 张淑会:《京津冀一体化医疗大战略河北提出六种模式》,《河北日报》2014 年 4 月 12 日第 2 版。

（二）存在的问题

1. 医疗卫生资源分布不均衡造成“看病难”问题

京津冀三地优质医疗资源不平衡，无论是地区诊疗人次、人均基层卫生机构数、人均医疗卫生机构床位数还是三甲医院的数量，三地的优质医疗资源均呈不均衡分布为了便于京津冀医疗卫生指标对比，主要选取了每千人口指标，见表11－2：

表11－2　2014年京津冀几个医疗卫生资源配置指标

指标 / 地区	三甲医院数	城市每万人医疗机构床位数（张）	每万人地区卫生人员数	
			执业医师	注册护士
北京	80	51.03	37	41
天津	49	46.12	22	21
河北	66	43.73	21	17

资料来源：中华人民共和国国家统计局网站。

由表11－2可以看出，三甲医院的数量主要集中于北京地区，北京地区常住人口2019万，而三甲医院数高达80家，而河北常住人口7241万，三甲医院数仅为66家，天津地区常住人口1355万，三甲医院数为49家，由这一指标明显看出优质医疗卫生资源集中于京津地区。再看每万人医疗机构床位数和每万人口地区卫生人员数这两个直观指标，可以发现北京每万人口医疗卫生机构床位数明显高于河北，也高于天津。而每万人口执业医师数北京是河北的1.76倍、天津的1.68倍，每万人口注册护士北京是河北的2.41倍、天津的1.95倍。

巨大的医疗卫生资源的差异直接导致三区域的居民“用脚投票”，河北的患者纷纷到北京、天津看病。以北京为例，资料显示北京市72家三级医院中有35家在三环以内，接近全市总量的一半；有54家在五环以内，占全市总量的75%。也就是说每天约有40万—60万（含患者家属）外来人口要涌入北京市主城区，这一庞大的人流、车流无疑给北京的交通、环保、资源消耗、社会治安带来了不可估量的压力①。医疗卫生资源分布的非均衡，造成大城市医疗卫生资源过度被使用，出现“看病难”问题，而基层医疗卫生资源闲置浪费，整个社会医疗卫生资源难以达到帕累托最优状态。

2. 协同发展的“碎片化”特征明显，缺乏统一的制度对接安排

京津冀医疗卫生协同发展的关键就是很多制度问题没有对接安排，现有实施的一些政策带有“零敲碎打”的特征，不能从根本上解决问题，导致京津冀医疗卫生服务协同发展难以深化。如京津冀三地医保对接不畅，异地就医有“保”难“报”的现实，新型农村合作医疗制度规定，越是在基层医疗卫生机构看病，报销比例越高，跨越本地区去外地就医包销比例低，其本意是鼓励农民去基层医疗机构就医。但是对于在京津打工的农民流动人群是不利的，城镇医疗保险也存在类似的问题。诸如此类的问题，需要京津冀医疗卫生部门制定统一的政策协调解决。

3. 京津冀地区之间公共卫生财政的横向转移支付不健全

京津冀差异的本质在于经济发展水平、财力的差异，而转移支付是解决这一问题的主要措施，当前更多地使用了纵向转移支付手段，而较少使用政府间的横向转移支付。横向转移支付体现的是地方政府之间平行的横向财政关系，地方政府间横向转移支付目的是通过帮助落后地区解决财力不足问题，促进落后地区和发达地区的交流和共同发展②。从政治学的角度看，地方政府间的横向关系不论是平行的，还是斜交的，都不存在明确的权力关系和财政关系，它们不存在指导与被指导的关系，更不存在领导与

① 李怀：《加快京津冀都市圈医疗养老产业相互融合、协同发展》，《廊坊日报》2014年3月11日第1版。

② 丛树海主编：《财政支出学》，中国人民大学出版社2002年版，第382—383页。

被领导的关系，它们之间的关系比较自由。而在我国目前的公共卫生领域还不存在规范的、公式化的和法制化的地方政府间横向转移支付制度。根据公共卫生学的特点，尤其是一些流行病的跟踪、调查，是需要多地区合作的，因此地方政府间尤其是相邻区域（京津冀）的规范的横向转移支付制度，不仅有利于地区之间财力的平衡，而且有利于公共卫生事业的发展。

三 推进京津冀医疗卫生服务协同发展的对策建议

（一）加强顶层设计，建立区域协调发展机制

京津冀医疗卫生协同发展中“碎片化”特征明显、缺乏统一的制度衔接，需要一个超脱三者利益关系的上级部门统一协调。如可以建立区域协同发展协调机制，规划京津冀协同发展的一揽子方案。在公共卫生服务合作、优质医院资源互补、公共卫生应急机制互动等方面，按照“互利共赢、优势互补、共建共享”的原则，综合考虑京津冀的客观条件，尽快启动京津冀基本医疗卫生服务规划。

（二）均等化的基本医疗卫生经费投入保障手段

为了实现基本医疗卫生服务均等化的目标，保证城乡居民均等化地享受基本医疗卫生服务，有效地缩小地区差距，京津冀各地的公共财政应当建立均等化的医疗卫生经费保障机制，制定最低保障标准。具体措施为：一是制定京津冀三地公共卫生服务经费的最低标准。目前我国公共卫生服务项目包括 11 个，这是保证居民健康的基本公共卫生服务，也是实现基本医疗卫生服务均等化的底线要求，一般按照项目由政府为城乡居民免费提供，2013 年人均基本公共卫生服务经费标准 30 元，这也是保证京津冀医疗卫生服务协调发展的基本底线条件。二是完善基本医疗卫生服务提供机构的经费保障机制。基本医疗卫生服务的提供机构主要有防疫机构、妇幼保健机构等，这些机构为维持运转所需的人员经费、公用经费和业务经费等应由政府全额预算拨款支付，不应再采用市场化的方式筹集。三是完善政府对城乡基层医疗卫生机

构的投入保障机制。主要包括乡镇卫生院、城市社区卫生服务中心和卫生站。对于这类机构按照新医改的要求，其所需的基本建设费、设备购置费、人员经费应该按照一定比例由政府拨付，剩余部分通过提供医疗卫生服务通过市场方式提供。

（三）合理配置医疗资源，促进医疗资源向河北转移

京津冀医疗卫生服务非均等的最主要原因是由历史形成的现有的医疗资源分布不均衡，主要表现为京津医疗资源富集，而河北优质医疗资源相对稀缺。要想解决这种供求矛盾，实现京津冀医疗资源协同发展，就要激励京津把优质医疗资源向河北转移。京津优质医疗资源向河北转移的方式有两种：一是增量再建，即在河北省新建医疗机构；二是存量结构调整，即把京津的医疗资源通过建分院、开诊点的方式转移至河北①。从实施路径中，多采取地是存量结构调整方式。与北京毗邻的河北地区有的已开始了和北京的医保合作，有效缓解了北京市区的拥挤问题，方便了周边群众就近看病，实现了京津冀医疗卫生资源的协调发展。

（四）加快建立公共卫生医疗的横向转移支付制度

从历史传统上看，无论是生态环境保护、清洁的水资源等方面，还是工业项目的取舍等，河北都为京津做出了巨大贡献，如仅在潮白河流域砍掉的工业项目就达800多项，导致承德市每年承担着近十个亿的利税损失。河北省直接的或者是间接的利税损失相当于对京津地区的横向转移支付，现在到了京津反哺河北的时候了。建立京津地区对河北的横向公共卫生资源转移支付制度，这种资源转移既可以是直接地以医疗卫生项目为载体，也可以是在跨区域的合作中京津主动承担较多的公共卫生服务责任。

① 河北省卫计委：《京津冀医疗协同发展规划》。

第三节　京津冀教育及创新资源协同发展分析

一　京津冀教育及创新资源协同发展的内涵

京津冀教育协同发展是京津冀协同发展的重要内容和推动力量，是多主体协同发展、实现功能互补、区域联动效应的过程。京津冀教育协同发展，是指加强体制机制创新，打破区域壁垒，建立京津冀区域协调发展长效机制，实现教育资源的优化配置与合理布局、有序生成与高效流动，在招生、培养和就业等各个环节相互衔接和配合，共享智力资源和教育成果，实现教育效益的倍增和最大化的发展。通过协作与竞争、转移和承接，兼顾公平与效率，形成与京津冀区域经济、社会、文化发展战略相适应的京津冀区域教育体系①。

在资源日益稀缺的现代社会，创新资源具有永续性，是地区经济增长和可持续发展的核心要素。创新是推动经济增长的核心动力，也是推动区域经济社会发展的重要驱动力。京津冀协同发展需要利用创新资源优势，完善创新资源配置的效率、规模、运行方式，使创新资源的运用达到节约、高效的优化配置，在总量有限的基础上最大限度实现创新活动主体的效益以及经济社会综合效益的长久性。因此，突破创新主体间的壁垒，打破科技体制机制障碍，推动创新主体宽领域、多层次的深度合作和相互支持，充分释放创新要素活力，推动京津冀区域创新能力与效率向更高层次发展，是京津冀教育协同发展的主要途径与最终目标。

二　京津冀教育及创新资源配置现状

（一）京津冀教育资源分布现状

1. 京津冀高等教育分布现状

（1）地区分布不均衡，重点学科集中于京津高校聚集区

---

① 高兵：《京津冀区域教育空间布局构想》，《北京教育》（高教）2014 年第 6 期。

京津冀下辖市区县共45个，拥有高校252所，其中北京87所，天津55所，河北110所，平均每市可拥有高校6所，但现实中高校扎堆分布，其中高校最为集中的地区是河北石家庄和北京海淀区，两地拥有高校占京津冀地区高校总数的28%。在一些位置边缘或发展落后的地区形成了高等教育的“稀薄区”甚至“空白区”。

相应的，高校优势学科和重点学科主要集中在高校扎堆的地区。例如，首都城市功能拓展区、天津市内六区和河北省石家庄市，这些地区高校云集，优势学科门类和重点科研领域大都汇集于此。京津冀高等教育资源分布不协调，首先表现为省（市）间的分布不协调，京津地区高校密集，主要集中于省会城市直辖市中心城区。

（2）各区域高等教育实力差距明显

北京是中央高校的聚集地，河北是地方高校的聚集区。区域高等教育整体实力主要还是依靠在京的中央部属院校的力量，地方院校的整体学科实力不足。京津冀地区中央高校有43所，地方高校209所，分别集中于两个不同的区域。中央高校主要集中于北京市海淀区，有19所，占中央高校总数的44%；地方高校主要集中于河北省石家庄，有40所，占地方高校总数的19%，较其他地区有显著优势。从省（市）间的分布来看，北京地区占绝对优势，中央高校集聚度高，天津、河北中央高校匮乏，河北省高等教育发展以地方高校为主。中央高校和地方高校在空间上的分布差异依然显著，不利于中央高校和地方高校的合作、互动和发展。

（3）高校数量与人口规模不协调，与经济发展水平不匹配。

高等教育一方面可以促进人口流动，另一方面也是区域人才培养的主体，一个地区人口素质和人力资源开发水平很大程度上取决于该地区高等教育的规模和水平。以京津冀区域人口排名和每百万人拥有的高校数排名为依据发现，人口规模与高校数量分布较协调的区域有15个，不协调的有30个，且主要集中于河北省。而最需关注的就是人口规模档次高于高校数量档次的区域，这样的区域有15个，占不协调区域总数的1/2，且基本属于河北省，表明这类区域中高校数量太少，不能满足区域人口的需求，不利于区域人口素质的整体提升。

2. 京津冀职业教育分布现状

京津冀三地职业教育资源分配不均，整体水平存在差距。根据《中国教育统计年鉴 2013》显示，从职业学校的空间分布看，在京津冀三地的 816 所中等职业学校当中，河北数量最多，有 636 所，北京和天津分别有 97 和 83 所；在三地的 158 所高等职业学校当中，三地的学校数量差异不大，河北省最多，有 68 所，北京和天津分别有 50 和 40 所。虽然从数量上看，河北的高等职业教育不少，但考虑到人口因素，则人均较少。

从生均经费方面来看，2013 年，北京市中等职业学校的生均公共财政教育预算经费支出约为 19410. 65 元，天津约为 13049. 42 元，河北则为 4953. 92 元。北京市高等职业教育的生均公共财政预算经费约为 37372. 2 元，天津约为 9193. 5 元，而河北省则为 9193. 5 元。北京在中高等职业教育生均经费支出方面在全国排名第一，天津也位居前列，而河北省则处于相对落后的水平，在硬件和软件方面与北京、天津存在较大的差距①。事实上，河北省职业教育在学校数量、在校学生数量等方面都处于相对靠前的水平，但其人均教育经费预算支出却与其职业教育发展规模不成比例，人均教育经费太低，中等职业教育生均教育经费不及北京的 1/4 和天津的 1/3，高等职业教育生均经费也处于较低水平。

综上所述，京津冀区域在职业院校方面存在着区域分布不均衡以及综合实力的差距，是三地的职业教育合作以及推动区域一体化发展较大的障碍因素②。从整体上看，北京市职业教育资源丰富，但生源紧张，存在资源闲置甚至浪费的现象；天津市同样面临生源短缺的问题；河北省职业教育资源短缺，且质量不高。以上情况从表 11 －3、表 11 －4 中也能明显看出。

---

① 尹利：《初探京津冀职业教育合作》，《环渤海经济瞭望》2015 年第 3 期。

② 王素仙、赵展：《河北高职院校高技能人才培养路径研究——基于承接京津产业转移视角》，《沿海企业与科技》2012 年第 8 期。

表 11-3　　2013 年京津冀中等职业教育发展概况

	北京		天津		河北	
	学校	在校生	学校	在校生	学校	在校生
普通中专	31	56275	39	69818	265	338928
成人中专	11	59871	19	7440	165	99874
职业高中	55	48746	25	20185	206	313483
总计	97	164892	83	97443	636	752285

数据来源:《中国教育统计年鉴》(2014)。

表 11-4　　2013 年京津冀高等职业教育发展状况

	北京		天津		河北	
	学校	在校生	学校	在校生	学校	在校生
高职(专科)	26	213296	26	204567	61	682582
成人高校	24	264444	14	73572	7	323818
总计	50	477740	40	278139	68	1006400

数据来源:《中国教育统计年鉴》(2014)。

3. 京津冀基础教育分布现状

(1) 京津冀在教育经费方面存在差距

虽然与北京市、天津市毗邻,但河北省现阶段基础教育服务还存在一定差距,以人均公共财政预算基础教育事业费为例:尽管从 2000 年到 2014 年京津冀三地区的人均教育经费是逐年增加的,但是河北省的人均教育事业费上升幅度有限,三地之间的人均教育经费差距日益扩大。统计数据显示,2014 年北京市人均教育事业费为 36507.21 元,较上年同比增长 7.89%;天津市人均教育事业费为26956.43元，较上年同比增长11.85%；河北省人均教育事业费是7749.39元，较上年同比增长8.35%。从数量上来看，河北的人均教育事业经费还不到北京市人均教育事业经费的1/3，仅仅为天津市人均教育事业经费的2/5；从增速上看，天津增长最快，而基础教育服务本就落后的河北则增速最慢。由此可见，京津冀三省市对基础教育服务投入差距很大，并且彼此间的差距呈日益扩大的趋势。

（2）京津冀区域在师资数量上存在差距

据教育部统计数据计算得出，2014年北京市普通中学每百名学生拥有教师数为16.27人，天津市为11.64人，河北省仅为8.73人。这说明，从普通中学的师资占有量来看，北京、天津、河北所拥有的教师数量存在着不均等的问题。这不仅影响了各地教育的均衡发展，也对实现京津冀一体化构成阻碍。

（二）京津冀创新资源分布现状

综合来看，一个区域的创新资源主要包括创新要素和创新主体两个方面。创新要素是指区域的创新投入和创新产出，主要包括各种科技人员、投入的创新资金，以及产出的各种技术。创新主体是指区域内承担创新任务的载体，如企业、高校、研究机构、科技中介组织等。本部分从创新要素和创新主体两个方面，对京津冀创新资源总量及分布情况进行分析，掌握三地创新资源存量的差距。

1. 京津冀创新要素分布现状

（1）京津冀区域创新人才分布比较

京津冀区域中创新人员的分布存在显著的不均，河北省创新人才无论是数量还是质量均与北京存在较大差距，也逊色于天津，处于全国的中游水平。从创新人才规模来看，河北总量少、密度低。2013年京津冀研究与试验发展人员总数分别为334194人、143667人和136615人，北京分别是天津和河北的2.45倍和2.70倍，在创新人才规模上具有绝对优势。由于河北省人口总量远高于京津，所以从创新人才分布密度来看，河北更是严重落后于京津，甚至低于全国平均水平。从创新人才质量来看，高层次人才主要集中在北京，河北最少。2013 年京津冀研究与试验发展人员中博士毕业人数分别为 60068 人、8598 人和 3998 人，北京市拥有人数分别是天津的 7 倍，河北的 15 倍，分布不平衡现象严重。

（2）京津冀区域创新资金投入情况比较

从表 11－5 可以看出，在科技创新资金投入方面，京津冀区域内部的差距更大。从绝对投入来看，2013 年京津冀区域创新经费内部支出分别为 1185.1 亿元、428.1 亿元和 281.9 亿元，北京的创新经费内部支出是天津的 2.77 倍，是河北的 4.2 倍，说明北京、天津更加重视科技创新对经济发展的作用，对科技创新的投入水平在全国处于领先地位，而河北无论是绝对投入还是相对投入都严重低于京津，甚至低于全国平均水平，科技创新的引领作用有待加强。从创新经费内部支出的来源看，北京市的研究与试验发展经费主要来源于政府资金，所占比重为 57.3%，而天津和河北的经费主要来源于企业资金，所占比重分别为 76.9% 和 84.2%。这进一步说明，北京市政府对科技创新的重视程度高，而天津和河北的科技创新更多依靠企业自主创新。

表 11－5　　2014 年京津冀创新投入情况

指　　标	北京	天津	河北
创新经费内部支出(亿元)	1185.1	428.1	281.9
地方财政科技支出(亿元)	234.7	92.8	49.8
创新经费内部支出中政府资金比重(%)	57.3	17.0	13.8
创新经费内部支出中企业资金比重(%)	33.8	76.9	84.2

资料来源：《中国科技统计年鉴》（2014）。

（3）京津冀区域创新技术分布情况比较

京津冀区域创新技术拥有量差距很大，2013 年河北国内专利申请授权数为 18186 件，不及北京的 1/3，相当于天津的 73%；河北省万人专利授权量为 2.5 件，不到北京市的 1/10，仅相当于天津的 14.7%；河北省技术市场输出合同数额为 13.6 亿元，仅略高于北京的 1%、天津市的 1/10。从专利类型来看，京津冀三地申请的专利都集中在实用新型专利上，尤其天津最高，占到了专利总数的 75.5%；而发明专利申请授权比重最高的是北京市，达到了 33.0%，远高于津冀；外观设计专利比重最高的是河北省，达到 17.3%。由此可见，京津冀区域在三类技术创新上各具比较优势，如果进行合理的分工合作，一定可以实现优势互补。

2. 京津冀创新主体分布情况

在区域创新体系中，创新主体是具有创新能力和进行创新活动的组织，主要包括政府、企业、高等学校、科研机构和中介服务机构。这些不同的创新主体承担着不同的创新功能。高等学校和科研机构主要承担知识创新的功能；企业主要承担技术创新的功能；中介服务机构主要承担知识创新成果和技术创新成果转化以及流动的功能，是创新成果转化的桥梁和纽带；政府主要承担区域创新体系的宏观调控和维护功能。本部分主要对高等学校和研发机构的情况进行对比分析，比较各创新主体在京津冀区域内的分布情况。

（1）京津冀高等学校科技创新活动情况比较

从京津冀高等学校的情况看，北京市高等学校具有层次高、规模大、经费多、成果转化率高等特征；天津市高等学校则呈现数量少、经费多、科技产出低等特征；而河北省高等学校的典型特征是数量多、层次低、经费少、科技产出多、成果转化率低。以 2013 年数据为例，从创新资源规模上看，京津冀平均每所高校投入的创新人员分别为 360.9 人/年、197.0 人/年和 73.4 人/年，北京是天津的 1.8 倍、河北的 4.9 倍；从科技产出来看，河北省创新人员人均发表科技论文数量最多，达到 3.58 篇，但科技成果转化率最低，创新人员人均专利申请数仅有0.15件，不到北京的1/5。北京市与河北恰好相反，人均发表论文不多，但是专利申请最多，天津居中。

（2）京津冀研发机构科技创新活动情况比较

京津冀的研发机构主要集中在北京市，拥有研发机构380家，占到了京津冀区域总数的74%。从创新资源规模上看，北京的研发机构也是最大的，2013年京津冀平均每所高校投入的研究与开发人员分别为253.3人、147.8人和98.9人①。从经费投入上看，北京市研发机构研究与开发人员人均经费占有额最高，达到62.6元，天津市48.6元，略低于北京，河北省最低，仅有34.6元。从科技产出来看，三地研发机构都低于高等学校，北京市研发机构研究与开发人员人均发表科技论文数量最多，达到0.54篇，人均专利申请数为0.11件，也是最高的，天津和河北均低于全国平均水平。

三　推进京津冀教育及创新资源协同发展的对策建议

京津冀教育资源和科技协同创新是一个长期工程，还存在诸多困难，难以在短期内一蹴而就。而京津冀教育和科技创新协同发展对推进京津冀经济一体化的进程和效率都有重要的影响。因此，实现京津冀教育和科技创新协同还需要通过以下保障措施来实现。

（一）建立京津冀教育及创新协同的组织机制

一是建立中央政府牵头的教育及协同创新委员会。在国家京津冀协同发展领导小组下设立由国务院牵头，国家相关部门参与，京津冀三方参加的京津冀协同发展领导小组，及时解决区域协同创新中的重大问题，出台促进政策协同文件。二是建立区域教育及科技联席会议制度。建立由京津冀三方主管教育和科技的领导任组长，相关部门参与的联席会议，研究制定协同政策以解决相关问题。成立由三方和涉及的相关部门（包括高校、科技、文化、宣传等）的联席会议，及时解决优质教育资源共享、新科技情报资源共享和

① 李国平：《京津冀地区科技创新一体化发展政策研究》，《经济与管理》2014年第6期。

创新人才流动中出现的重大问题。

（二）建立科技资源开放共享的利益分配机制

利益分配问题是合作创新的核心问题，通过打破传统的利益分配制度，实现区域内整体利益的共享，是京津冀区域合作的根本驱动力。建立区域内科技资源开放共享激励、评价、监督、绩效考核机制。一是采取以奖代补，无偿资助，双向补助和后补助，政府采购等多种方式，对科技资源开放共享成效显著的管理单位和各类科技平台、创新基地给予奖励补助支持，并在科技资源新增配置方面给予倾斜。二是两市一省科研机构，创新企业异地使用大型科研仪器设备，享受两地政府的共同补贴，提高科研仪器设备的使用效率。三是通过无偿公益性服务和有偿增值服务相结合等方式，探索科技资源开放共享市场化机制，完善共享服务定价机制和合同制度。四是以共享服务的质量、数量和效率为核心，围绕所产生的经济效益、社会效益和科技支撑效果评价科技资源共享成效，并将其作为运行绩效评价的重要指标，引导各类科技平台和创新基地加大开放共享力度。五是探索实行科技资源开放共享法人责任制，将科技资源利用和共享情况列入科技资源管理单位及其负责人工作绩效考核范围。建立科技资源利用及共享情况公示制度，加强服务质量的全过程在线监控，建立服务效果反馈和投资机制。

（三）将教育协调发展纳入三地的社会治理体系

京津冀教育协调发展要打破传统的行政区划的限制，将教育协调发展纳入三地的社会治理体系中，根据城市功能定位、市场需求、人口结构统筹协调三地教育发展重点，确立三地教育协调发展的原则和路径。北京的教育资源相对过于集中，因此，加快部分教育资源的转移应成为工作重点。北京应以培养顶尖创新人才为己任，集中力量办好若干所研究型大学。对于天津来说，则要兼顾研究型大学、应用型本科和职业教育院校的发展，有针对性地吸纳符合天津定位的相关资源。对于河北省来说，则应采取完全放开的政策，并积极创造有利的环境，办好应用型本科和职业教育。三地通过分类和分梯次，实现京津冀教育的协调发展[①]。

（四）建立大数据平台，促进教育及创新资源的协调发展

京津冀教育协调发展离不开强大的资源支持，应在充分利用现代媒体技术的基础上，结合三地的教育特色和未来定位，建立资源共享的平台。具体包括：积极建立京津冀区域教育资源共享平台，设立跨区、跨校的学科点和专业点；以大学、职业院校、科技园、产业园、技术研究院（所）等为载体，建立相应的研究机构和合作组织；创新产学研合作机制，提高技术转化能力和科技产业孵化能力；建立实验设备共享平台、数字图书馆共享平台、技能实训平台，师资共享平台、课程共享平台，公共设施共享平台等；研究基于现代媒体技术的教学模式和学生成长规律；加大对河北省高等学校的支持力度，提升河北省自身发展能力；构建以人为本、源流结合、灵活开放、合作共赢的京津冀教育资源流动网络，提高京津冀区域协调发展水平。

第四节 京津冀交通服务协同发展分析

一 京津冀交通服务协同发展的内涵

（一）京津冀协同发展的交通服务的基本定义

一般来说，交通系统包括城市路面公交、城市轨道交通、城际铁路、普通铁路、高速铁路和飞机[②]。京津冀协同发展的交通服务要求京津冀交通一体化，即京津冀通过协调合作机制，打破地域、行政和部门的界限，建立统一的都市区城市交通市场，对区域交通资源要素进行科学合理的统筹安排，进而实现都市区交通系统的整体优化，提高都市区交通总体效益和服

① 赵江敏，刘海娇：《京津冀一体化区域创新系统的构建研究》，《经营管理者》2015 年第 1 期。

② 杨军：《基于同城对接的京津冀城市轨道交通一体化研究——以河北省廊坊市为例》，《第五届环渤海·环首都·京津冀协同发展论坛学术会议论文集》，2011 年第 169－178 页。

务水平，实现都市区公共交通和公用事业的可持续发展，促进都市区经济协同发展。

交通服务包括四部分：城市路面公共交通服务、城市轨道交通服务、铁路交通服务和航空服务。本部分研究的主要是公共交通服务。

（二）京津冀协同发展与交通服务的关系

习近平总书记专题听取京津冀协同发展工作汇报时，明确提出了七点要求。其中要求着力构建现代化交通网络系统，把交通一体化作为先行领域，加快构建快速、便捷、高效、安全、大容量、低成本的互联互通综合交通网络。由此可见，京津冀交通一体化是京津冀协同发展的突破口，京津冀都市圈要实现区域经济一体化，必须率先实现区域交通一体化，即以顺畅、快捷的一体化交通予以有力支撑，拓展运输能力，大幅提升服务水平，增强对外辐射能力，为城际客运提供更加快捷的区域客运系统。

交通服务在京津冀协同发展中的作用举足轻重，两者虽为包含关系，但是两者之间的作用是相互的①。当两者在规模、结构与功能等方面相互协调时，就能彼此促进，向更高的水平发展；若两者不能相互协调，必然相互制约。

（三）交通服务水平的衡量指标

交通服务水平需要用一定的指标来反映或评价，一般常用的评价指标有速度、运行时间、机动性、交通延误、交通服务的安全性和舒适性及乘客满意度等等。然而，由于实际确定交通服务水平时，难以全面考虑和综合上述诸多因素，一般以其中的某几项指标作为代表。交通服务质量的主要测量因素是：票价；可达性；出行时间，即从起点到达终点所花费的时间；安全和保全性，即实际和可能发生事故或受害的概率；维修与建设，即维修与建设活动对乘客出行的影响；其他。

① 欧洲运输部长联合会、经济合作与发展组织编：《交通社会成本的内部化》，云萍、祁忠译，中国环境出版社1996年版。

二　京津冀交通服务现状

（一）京津冀交通服务发展现状

近年来，京津冀区域交通基础设施发展迅速，立体化综合交通运输网络的主骨架基本形成；交通网络通达度和覆盖度进一步提高；综合运输能力与服务水平显著提高；交通基础设施网络不断优化，各种运输方式尤其是城际铁路、高速公路、港口、民航机场得到了快速发展，综合运输发展格局已显雏形。

1. 城市路面公共交通服务

统计数据显示，每个工作日，约有 30 万上班族如潮汐般往返于燕郊和北京之间。作为北京周边开发最早的近郊之一，燕郊为北京分流了大量人口。但是，需要注意的是，燕郊的行政划分并非北京，而是河北省廊坊市三河县。在这样的往返之间，交通成为了最大的障碍，它给京冀两地的要素流动带来了诸多不便。北京往返燕郊现有 11 条公交线路、2000 班次，并且存在京通、京平两大高速。然而，这些不足以满足这 30 万人的交通需求。公交路线的限制，个人选择的主观因素都是京冀间巨大交通压力的来源。

2. 城市轨道交通服务

截至 2017 年，京津冀的城市轨道交通主要集中在北京和天津两市，合计通车里程 587 公里。其中，北京市已开通 17 条线路，运营里程达 456 公里。2020 年前再新开工或续建 22 条线路，运营里程达到 1000 公里。天津市已开通 4 条轨道线路，运营里程达 131 公里。天津轨道工程在建 4 条线路，共 240 公里。河北目前尚无轻轨开通，仅石家庄在建地铁线两条，59.6 公里，已于 2017 年 6 月部分开通运行。河北的地铁建设仅仅局限在省会石家庄，而石家庄的地理位置又偏向于河北省的中南部，距离北京和天津的距离相对较远；作为距离北京较近的河北省廊坊等地的地铁建设还尚未提上日程。若将京津冀看作一个整体，那么，整体内部的轨道交通还未能将内部的三部分紧密地连接起来，尚未形成一个“血脉相通”的完整体。

3. 铁路交通服务

2013 年，京津冀地区铁路主要有：京石客专、津秦高铁、京沪高铁、石武高铁、京津城际等高铁线路，普通列车线路如京九线等更是众多，总里程 7815 公里，铁路网密度 3.621 公里/百平方公里。未来，津保铁路、津石铁路、津承铁路、环渤海铁路等多条线路的相继开通，会使京津冀地区的铁路线路更加密集。随着京津冀铁路的快速发展，逐渐会形成京津冀两市一省共 13 个城市的环京津城市圈，实现主要相邻城市 1 小时可相互通达，形成真正的广义上的京津冀“1 小时生活圈”。

4. 航空交通服务

京津冀区域内的机场有：北京首都国际机场、北京南苑机场、天津滨海国际机场、石家庄正定机场、秦皇岛山海关机场、邯郸机场、唐山三女河机场、秦皇岛北戴河机场、张家口机场。

其中，北京首都国际机场是国际、国内枢纽机场，4F 等级；起降机型为 A380、B474 等各类机型；航站楼面积为 104 万平方米；航线达 200 多条。首都机场目前是世界排名第二繁忙的机场，2013 年，首都机场旅客吞吐量仅次于美国亚特兰大国际机场，超过 8371 万人次，2013 年全年航班起降达 56.8 万架次。为缓解首都机场的运输压力，2014 年 12 月 15 日，国家发改委批准北京建设新机场项目，预计 2019 年 7 月 1 日开始试运转。

天津滨海国际机场为北方国际航空物流中心、大型门户枢纽机场，4E 等级；起降机型为 B747、A340、B767 等；航站楼面积为 14.2 万平方米。天津机场执行正班航线 114 条，其中国内 91 条，国际 16 条，港澳台 7 条；通航城市 80 个（国内 63 个，国际 13 个，港澳台 4 个）。

石家庄正定机场为国内干线机场和国际口岸机场，4E 等级；起降机型为 B747、A340 等各类型；航站楼面积 2.58 万平方米；2013 年，石家庄机场运营航线达到 55 条，全部通航城市达到 51 个，每周往返航班突破 1000 架次。秦皇岛山海关机场为军民合用机场，4C 等级；起降机型为 B737、MD82、

A320 等中型飞机；航站楼面积为 0.39 万平方米；21 条航线。邯郸机场为支线机场，等级为 3C；起降机型为 A319、B737 等中型客机；航线条数仅为 5 条。唐山三女河机场坐落在唐山市丰润区境内，距唐山市中心区 20 公里；机场的性质为民用支线机场、民航中小型机场，飞行等级为 4C；机场适航机型以波音 737、空客 320 系列为主；航站楼面积 0.62 万平方米。秦皇岛北戴河机场为旅游支线机场，可以支撑每年 50 万人次的旅客吞吐量，以及 1200 吨的货物吞吐能力，其中高峰小时的旅客吞吐量可支持 508 万人次。张家口机场是一个位于河北省张家口市的军民合用机场，为国内支线机场，已于 2013 年 6 月 16 日正式通航。

（二）京津冀交通服务协同发展存在的问题

1. 城市公共交通服务水平和价格差距明显

公交车方面。其一，可达性存在较大差异。首先，河北省各城市的公交车线网密度过小。其次，河北省各城市公交车运营时间短，末班车收车较早。而京津的公交车营运时间则较长，一般能至夜间 23：00 左右，给乘客采用公共交通工具出行带来了极大的方便。河北省内公交车的运营时间较短，给乘坐晚 10 点以后火车到站的乘客带来不便。其二，票价趋同但优惠力度不一。首先，公交车票价区别不大。京津冀各城区面积大小明显不同，但公交车票价大都在 1 元左右。造成同样一张票在京津乘坐的距离要数倍于河北省各城市公交车，这无形中增加了在河北省各城市乘坐公交车的成本。其次，乘坐公交车优惠差异大。京津北京交通一卡通的优惠力度较大，为五折优惠，天津和河北省各城市公交卡最高优惠仅为九折。其三，公交服务软硬件水平参差不齐。首先，公交车环境存在较大差异。空调车占有率以及公交车的成新度、更新率的不同，使京津冀公交车的车况形成很大区别。其次，公交服务人员综合素质存在差异。据统计，京津的公交车工作人员的学历均在大专以上，素质相对较高。河北省各城市公交车工作人员的学历层次较低，综合素质有待提高。再次，公交车管理和服务水平存在差距。京津公交车管理制度和机制较成熟，在路线设计、运行管理、人员管理等方面有较丰富的经验。河北省各城市在这些方面尚有不足。

出租车方面。其一，缺乏统一的规范出租车服务质量标准。现在京津冀地区尚不存在统一的出租车服务标准，因此，服务的提升难以依循规范稳步提升。其二，出租车司机的素质有待提升。现在京津冀地区的出租车服务整体水平较低，拒载、绕行等现象时有出现，不能主动向乘客出具发票的现象更是经常，特别是出租车安全问题更是引发强烈关注。

2. 城市轨道交通服务尚未完全衔接

北京公交一卡通、天津城市一卡通、河北省各城市的公交卡，它们之间不能通用，就连河北省内 11 个市区的公交卡都未实现通用。2015 年 12 月 25 日启用的京津冀公交一卡通，也仅是河北张家口、廊坊、保定、石家庄四市与京津实现地面公交卡互通。

地铁线路上，北京的地铁线已经开通了房山线、大兴线、亦庄线等，延长线已经进入了郊区。天津的地铁线也正在紧锣密鼓地扩充，而河北省仅有省会石家庄有地铁。这些因素导致京津冀三地的城市轨道交通相互割裂，不能完全顺畅衔接。

3. 铁路交通服务不够协调

京津到河北省部分城市的列车车次较少，特别是高速列车。京津和京石之间的列车车次较多，并且都实现了高速列车通车。京津之间的城际列车有 105 次，半个小时即可到达，大大促进了京津之间人员等要素的流动，有利于京津之间的经济等多方面的交流。京石之间亦然，高铁只需一个半小时即可到达，并且车次也达到 66 次之多。天津到比邻的河北省唐山拥有 40 分钟即可达到的高铁，车次也较多。但是，天津到秦皇岛虽有 14 趟高铁，但是发车频率并不像城际铁路那样规律。天津到张家口仅有普通列车 6 趟车，需要 4 至 7 个小时，并且时间集中于早晚，中间时间断档。

4. 航空交通服务不够畅通

首都机场独占鳌头，旅客吞吐量比率高于 80%，后三个主要机场总量不足其四分之一，其他机场包括邯郸机场、秦皇岛机场和唐山机场在内的业务量不足京津冀地区总量的1%。首都机场旅客吞吐量占全国机场旅客吞吐量总量的第一，而天津机场、石家庄机场、南苑机场在全国183个机场业务量排名中名次靠后，这种差距既凸显出这一区域的发展不平衡问题，又拉低了京津冀整个地区的总体发展速度和水平。

三　推进京津冀交通服务协同发展的对策建议

（一）建立京津冀交通服务供给协调机制

国务院已成立京津冀协同发展领导小组以及相应办公室来加快京津冀协同发展的步伐。为使京津冀协同发展中的交通服务相关问题得到切实有效的解决，促使交通服务水平在经济新常态下稳步提升，有必要建立京津冀交通服务供给协调机制。由此搭建交通跨区域的合作平台，从而脱离完全的地方诉求，跳出本位主义，着眼整体。

其一，建立京津冀地方交通机关协同工作合作机制。在总体工作机制的框架下，分别就交通服务的规划、交通服务的实施、交通服务的信息化建设和科研合作等方面建立相应的协同机制①。

其二，建立京津冀地方交通利益争端解决机制。对交通基础设施建设、交通政策落实方面出现的矛盾和问题进行协调处理，及时纠正和杜绝恶性竞争，防止重复建设，避免市场的不良竞争。

其三，建立常态化数据信息交换机制。致力于实现统一信息平台下的业务整合，逐步拓展数据交换范围，实现区域内交通资源与数据的综合开发与科学利用，强化区域交通监管与信息共享。

通过多方共同努力，最终为支撑金融、教育、科研、文化等高端生产性服务业参与全球竞争，提供高效、便捷、优质的交通服务。

---

① 陈健：《统筹发挥政府和市场作用进一步增强交通运输财务保障有效性》，《交通财会》，2014年第1期。

（二）拓宽交通设施建设资金渠道

党的十八届三中全会通过的《中共中央关于全面深化改革若干重大问题的决定》关于金融体系改革的内容就有“激活增量资金，支持交通基础设施发展”的内容。具体措施包括：

1. 运用市场机制，拓宽筹资渠道。主要包括：第一，充分利用现有交通国有资产经营公司进行资金筹措。现有交通国有资产经营公司的交通基础设施建设投融资功能还未得到充分挖掘，要把市交通国有资产经营公司作为建设交通基础设施的投融资运作平台。既可以利用交通国有资产经营公司的本身资产总量向金融机构争取贷款支持，用以投资或开发交通基础设施项目，又可利用国家负债融资政策，如积极争取国债资金的大力支持，重点用于交通建设项目。第二，创造条件积极吸引区域内外资本投入。建议在新一轮交通基础设施建设中，要切实推出一批既符合京津冀交通发展的急需，又给予投资者较好预期收益的交通基设施建设项目，吸引国内外投资公司参与投资，以实现“共赢”。第三，积极吸纳民间投资。主要可通过提供对应的特许经营、市场保障等优惠措施调动民间资本参与的积极性，通过合作建设的方式吸纳社会投资，主要引入市场机制，运用 BOT 和 TOT 等方法，面向社会“聘”业主；也可以股权信托的方式吸纳民间资金，将交通基础设施项目的部分股权，通过信托公司以股权信托方式分割给投资者。

2. 充分挖掘资源性资本，广纳建设资金。主要包括：其一，盘活现有交通资源性资产，即要充分发挥已经建成的交通基础设施，盘活这些资源性资产，通过存量资产经营权转让或资产转让等方式盘活存量资产，以达到多种方式筹措资金，形成现有交通资源性资产与资本运作良性循环的互动模式。其二，探索土地综合开发筹资，即依靠各级政府的支持，尽快建立和完善与交通建设相关的土地储备和经营管理机制，积极开展土地综合开发，弥补交通建设资金不足。其三，整合现有交通企业资产，争取企业上市，募集交通建设资金。根据目前交通系统企业的现状，可通过资产注入、划转和各种政策支持，组建或成立集团公司，达到优化企业资产结构。在优化公司资源配置的基础上，再培育上市资源，争取集团运作 3 ~5 年后在证券市场上市，进一步扩大其投融资规模和影响力。

3. 积极争取实施财政扶持政策，建立交通建设基金。可将部分企业所得税和过路过桥费等留存作为基金资金来源，建立专项交通建设基金。

（三）完善政府对交通运输业的转移支付制度

转移支付分为纵向转移支付和横向转移支付。一是加大中央政府对河北的纵向财政转移支付力度，加强河北省政府提供基本交通服务的能力，集中有限资金优先支持涉及京津冀三地的基础设施建设，重点支持构建交通网络的一体化，以北京和天津为区域综合运输枢纽，推动石家庄、保定、唐山区域次级综合运输枢纽的建设，加快推进京津冀三地之间的城际快速交通轨道网络建设，实现三地交通网络相互贯通、无缝连接和零距离换乘；鼓励沿京津周边各县市开通与北京的公交专线等；支持京津周边县市信息基础设施的建设，提高信息设施服务能力，实现三地信息服务无差异化。二是构建横向转移支付制度，考虑到北京的财政实力优于河北，且交通基础设施相对完善，加之河北省很多税收转移至北京纳税。建议北京通过横向转移支付的方式建立河北的交通专项基金，形成事实上对河北的支援。

第十二章　京津冀城市群协同发展

首都城市群是以首都城市作为中心城市的特殊城市群。首都城市群既具备了一般城市群所具有的共同特点，也具有其本身的特性。一般来说，根据其中心城市——首都的定位不同，首都城市群可分为单功能与多功能城市群两种不同发展模式。本章基于这一分析视角，对京津冀城市群与其他首都城市群进行比较，并对京津冀城市群的定位及协同发展进行分析。

第一节　首都城市群的不同发展模式

一　城市群与首都城市群

城市群是指在一定的地域范围内聚集适当数量的具有不同性质、类型、等级规模的城市，并以其中一个或两个较大的城市为核心，依托特定的自然环境与交通条件，内部城市之间的相互联系不断强化，共同构成一个相对完整的城市“集合体”系统①。在城市群内部，城市之间组建了较为完善的交通网络、信息网络、人才交流网络、商品生产流通网络等，城市之间实现资源共享、资源配置的系统化，各个城市可以充分发挥自己的比较优势，最终实现“1＋1＞2”的效用。城市群作为城市的“集合体”，打破了城市个体之

① 姚士谋等：《中国城市群》，中国科学技术大学出版社2006年，第3版。

间相互竞争的格局，使城市之间的竞争关系融入到城市群内部的竞合关系，从而在一定程度上降低城市群内部的恶性竞争，实现城市群整体发展。

在世界上最为著名的五大城市群中，日本太平洋沿岸城市群、英伦城市群、欧洲西北部城市群都是以首都城市群作为核心组成部分。日本太平洋沿岸城市群以东京城市群为核心，英伦城市群以伦敦首都城市群为核心，欧洲西北部城市群以巴黎首都城市群为核心。

首都城市群是一种以首都城市作为中心城市的特殊城市群。首先，首都城市群具备了一般城市群所具有的共同特点，如城市群的动态化、开放性，城市结构的有序性，城市结构体系的完整性，内部资源信息的共享性等。这些特点使首都城市群内部的各个城市根据自身的区位优势、资源优势、产业优势等，通过相互之间的竞争和合作，形成城市间产业分工明确、城市各具经济特色的城市组合体，实现首都城市群经济的整体发展，从而使首都城市群成为其所在区域的经济中心。

同时，首都城市群也具有自己的特性。在首都城市群中，首都城市承担着全国的政治中心职能与文化中心职能，其发展应以政治方面与文化方面为重点，以期发展成为全国性的政治服务型、文化服务型城市。所以首都城市在首都城市群体系中会扮演着特殊的角色，即首都城市在首都城市群中承担着政治中心与文化中心的角色，为首都城市群提供政治服务与文化服务。同时，又因为首都城市是整个国家的政治中心与文化中心，所以首都城市群也随之成为全国的政治中心与文化中心，承担起全国性的政治服务职能与文化服务职能。

二　首都城市群的分类

由于首都城市的特殊地位，使首都城市群成为城市群的一种特殊形态。因此，首都城市群的分类应该依据首都城市的不同发展模式进行。首都城市主要包括两种：单功能首都城市与多功能首都城市。单功能首都城市的发展模式是：首都城市的发展以政治中心和文化中心为目标，重点建设成为服务性大都市，为首都经济圈甚至是全国的发展提供政治上的保证、文化上的支持。华盛顿、堪培拉、巴西利亚是这种模式的典型代表，它们着重于优化自己的政治中心、文化中心职能，健全相应的机构，为全国提供完善的政治、文化服务。多功能首都城市的发展模式是：首都城市的发展以政治中心、经济中心、文化中心为目标，着力建设成为综合性大都市，成为所在经济圈甚至是全国发展的核心城市。伦敦、东京、巴黎是这种模式的典型代表，它们不仅有着完整的国家政府机构指导全国的政治，其浓厚的文化气息反映国家的文化底蕴，而且具有不断优化的经济体系，促进首都城市及周边地区的经济发展。两种首都城市因发展目标与发展重点的不同而产生出两种不同的首都城市发展模式。

以首都城市的分类为基础，首都城市群也分为两种类型，即单功能首都城市群与多功能首都城市群。

（一）单功能首都城市群

单功能首都城市群是指包含单功能首都城市的首都城市群。即在单功能首都城市群中，首都城市更加重视对政治方面、文化方面的发展，通过不断地强化政治中心职能、文化中心职能，达到参与整个国家经济、社会发展过程的目的，并为之做出自己的贡献。在单功能首都城市群中，首都城市以自身的政治优势、文化优势参与首都城市群的分工与协作，通过执行自己的政治中心职能、文化中心职能为整个首都城市群提供高质的政治服务、文化服务。世界上主要的单功能首都城市群有：华盛顿首都城市群、堪培拉首都城市群、渥太华首都城市群等。

（二）多功能首都城市群

多功能首都城市群是指包含多功能首都城市的首都城市群。即在多功能首都城市群中，首都城市重视自身政治、文化和经济三个方面的发展，通过综合强化自己的政治中心职能、文化中心职能和经济中心职能，参与整个国家经济、社会的发展，并为之做出自己的贡献。在多功能首都城市群中，首都城市凭借自身政治、文化、经济三个方面的优势参与首都城市群的分工与协作，通过执行自己的政治中心职能、文化中心职能、经济中心职能为整个首都城市群提供高效的政治服务、文化服务、经济服务。世界上主要的首都城市群有：东京城市群、伦敦首都城市群、巴黎首都城市群、柏林首都城市群、首尔首都城市群等。

三　首都城市群发展模式的形成机制

单功能首都城市群与多功能首都城市群的形成机制也是不同的。

（一）单功能首都城市群的形成机制

单功能首都城市群的形成机制如图 12－1 所示。在历史因素与政治因素的双重作用下，单功能首都城市得以形成。从历史因素看，单功能首都城市

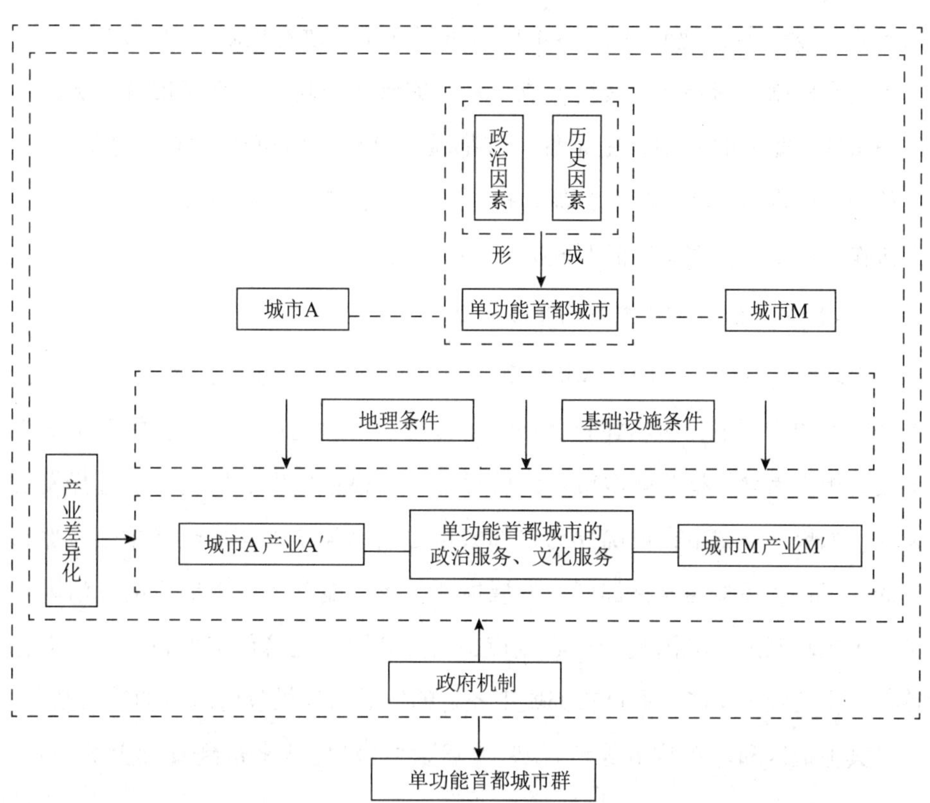

图 12－1　单功能首都城市群的形成机制

在建立的时候，本国的经济中心已经基本确立，此时首都城市如果继续选择多功能首都城市发展模式，必定会造成要素资源的浪费，不可能达到要素配置的最优化，所以首都城市的发展模式就被限定为单功能首都城市发展模式；从政治因素看，出于重点强化政治中心地位的目的，单功能首都城市不会把重心放在确立其经济中心职能上，因此其可以节约出更多的资源用于提升政治中心职能、文化中心职能，从而选择单功能首都城市发展模式①。

单功能首都城市与众多的其他城市（城市 A……城市 M）依据自身的地理条件优势（区位条件优势和资源禀赋条件优势）和基础设施条件优势（交通运输基础设施优势和信息交流基础设施优势），通过城市产业的差异化发展（即城市产业分工的形成，其中单功能首都城市以自身的政治优势、文化优势为城市群提供政治服务与文化服务，城市 A 以产业 A′为主导产业……城市 M 以产业 M′为主导产业），在高效的政府机制（微观政府机制、中观政府机制、宏观政府机制）指导下，最终形成了一个完整的单功能首都城市群。优越的地理条件、完善的基础设施条件、首都城市群内部城市产业定位的差异化、高效的政府机制、单功能首都城市的形成、单功能首都城市参与城市群的分工协作是单功能首都城市群形成机制的必备要素。

（二）多功能首都城市群的形成机制

多功能首都城市群的形成机制如图 12－2 所示。在历史因素、政治因素、经济因素的作用下，多功能首都城市得以形成。我们认为：多功能首都城市形成的历史因素是指首都城市在发展过程中会根据城市的历史特点选择发展模式，如果一个城市在被确立为首都城市之前已经是国家的经济中心，那么它的发展将选择多功能首都城市发展模式；多功能首都城市形成的政治因素是：中央政府出于巩固政治核心城市、发挥其原有经济优势的目的，而强化首都城市的经济功能，通过首都城市经济的发展来提供政府所需的物质基础，并对其他地区和城市构成经济优势，以这种经济优势来达到管理上的稳定；

① 戴宏伟、宋晓东：《首都城市发展模式的比较分析及启示》，《城市发展研究》2013 年第 6 期。

多功能首都城市形成的经济因素是指首都城市具有的优势要素资源与其在产业分工中的位势相结合，形成首都城市的经济优势①。

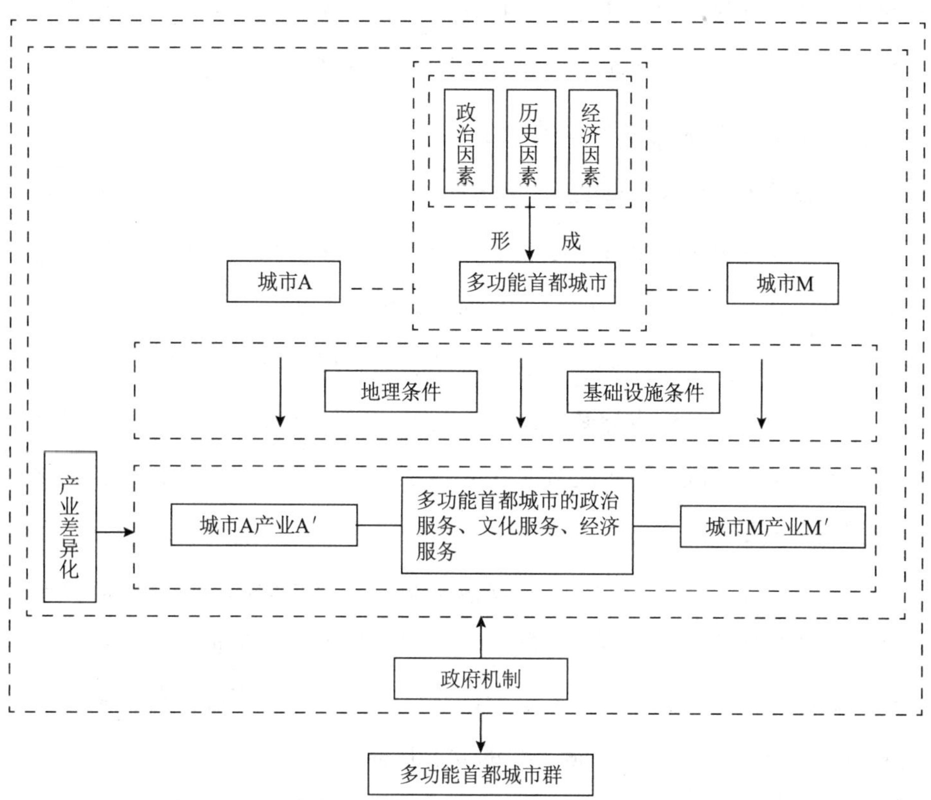

图 12－2　多功能首都城市群的形成机制

多功能首都城市与众多的其他城市（城市 A……城市 M）依据自身的地理条件优势（区位条件优势和资源禀赋条件优势）和基础设施条件优势（交通运输基础设施优势和信息交流基础设施优势），通过城市产业的差异化发展（即城市产业分工的形成，其中多功能首都城市以自身的政治优势、文化优势、经济优势为城市群提供政治服务、文化服务、经济服务，城市 A 以产业 A′为主导产业……城市 M 以产业 M′为主导产业），在高效的政府机制（微观政府机制、

① 戴宏伟、宋晓东：《首都城市发展模式的比较分析及启示》，《城市发展研究》2013 年第 6 期。

中观政府机制、宏观政府机制）指导下，最终形成了一个完整的多功能首都城市群。优越的地理条件、完善的基础设施条件、首都城市群内部城市产业定位的差异化、高效的政府机制、多功能首都城市的形成、多功能首都城市参与城市群的分工协作是多功能首都城市群形成机制的必备要素。

四 对京津冀城市群发展的启示

京津冀城市群作为我国的首都城市群，其发展具有明显的阶段性特征：

第一阶段是1949—2000年，其发展模式呈现多功能首都城市群特征。新中国成立初期至改革开放后的相当长的时期内，北京实际上一直承担着全国政治、文化、经济中心的多重功能，这虽然对北京的城市建设与经济发展起到了巨大推动作用，但也导致北京城市规模、经济增长同北京资源环境承载能力不相匹配的问题，更由此出现了北京与天津、河北周边城市的定位冲突、产业同质、重复建设与恶性竞争等现象。

第二阶段为2000年至今，京津冀城市群开始由多功能首都城市群向单功能首都城市群转化。这是因为，随着北京城市规模的逐步扩大，人口逐渐增多，城市布局、交通、环境等各方面的压力几乎使北京不胜负荷。在这个大背景下，在2006年国务院明确天津的发展目标是成为北方经济中心，北京不再被定位为所谓的“经济中心”，这也标志着北京由过去的政治、文化、经济多中心的多功能首都城市向政治和文化中心的单功能首都城市逐步转变。

然而，由于历史因素、城市规模、产业转型、人口就业等方面的影响，北京在短期内很难彻底实现由多功能首都城市向单功能首都城市的转变。因此我们认为，在今后相当长的时期内，京津冀首都城市群发展模式是对多功能首都城市群发展模式与单功能首都城市群发展模式的融合，也是在多功能首都城市群发展模式的基础上向单功能首都城市群发展模式的逐步过渡，在过渡的过程中兼有两种首都城市群发展模式的特征，逐步转变城市群内不同城市的功能，优化经济结构，发展特色产业，并更加注重首都城市政治中心、文化中心的建设。

第二节　京津冀城市群与东京城市群的比较分析

基于京津冀城市群与东京城市群在城市功能、人口规模、产业结构、发展历程等方面的相似性，本节通过首都城市群评价指标体系对二者进行比较分析。

一　首都城市群评价指标体系

我们通过构建首都城市群评价指标体系，分别从城镇体系、产业结构、城镇化三个方面对京津冀城市群与东京城市群进行了比较分析。首都城市群评价指标体系的具体内容见表 12 - 1，数据以 2004—2012 年为研究的时间段，相关数据主要来自于：2005—2013 年的《中国统计年鉴》《中国城市统计年鉴》《北京统计年鉴》《天津统计年鉴》《河北统计年鉴》《石家庄统计年鉴》《保定统计年鉴》《张家口统计年鉴》《承德统计年鉴》《唐山统计年鉴》《秦皇岛统计年鉴》《廊坊统计年鉴》《沧州统计年鉴》以及《日本统计》《社会生活统计指标》，日本国总务省统计局官方网站（http：//www.soumu.go.jp）。基于此，我们采用主成分分析法进行比较。

表 12 - 1　　首都城市群评价指标体系

一级指标	二级指标	三级指标
首都城市群的城镇体系方面	首都城市群方面	首都城市群的人口规模
		首都城市群中城市人口规模的平均水平
		首都城市群中城市人口规模的中位数
		首都城市群中人口规模排名前三城市的人口占首都城市群总人口的比重
	首都城市方面	首都城市人口规模
		首都城市人口占首都城市群总人口的比重

续 表

一级指标	二级指标	三级指标
首都城市群的产业结构方面	首都城市群方面	首都城市群第一产业产值占 GDP 的比重
		首都城市群第二产业产值占 GDP 的比重
		首都城市群第三产业产值占 GDP 的比重
		首都城市群的 GDP
		首都城市群的人均 GDP
		首都城市群的工业产值
		首都城市群的金融业产值
	首都城市方面	首都城市的 GDP
		首都城市 GDP 占首都城市群 GDP 的比重
		首都城市第一产业产值占首都城市群第一产业产值的比重
		首都城市第二产业产值占首都城市群第二产业产值的比重
		首都城市第三产业产值占首都城市群第三产业产值的比重
首都城市群的城镇化方面	首都城市群方面	首都城市群的城镇化率
		首都城市群的城镇人口密度
		首都城市群第一产业就业人数占总就业人数的比例
		首都城市群第二产业就业人数占总就业人数的比例
		首都城市群第三产业就业人数占总就业人数的比例
		首都城市群人均城市绿地面积
		首都城市群人均公路长度

续 表

一级指标	二级指标	三级指标
首都城市群的城镇化方面	首都城市方面	首都城市的城镇化率
		首都城市城镇人口占首都城市群城镇总人口的比重
		首都城市第一产业就业人数占首都城市群第一产业就业总人数的比重
		首都城市第二产业就业人数占首都城市群第二产业就业总人数的比重
		首都城市第三产业就业人数占首都城市群第三产业就业总人数的比重

二 京津冀城市群与东京城市群比较分析

东京城市群的范围为“一都七县”，其中“一都”是指东京都，“七县”分别是：茨城县、栃木县、群马县、埼玉县、千叶县、神奈川县、山梨县。东京城市群的全域面积约为3.6万平方公里，约占日本全国陆地面积的9.6%。

（一）城镇体系方面

第一，东京城市群的城市指数、城市首位度明显高于京津冀城市群的城市指数和城市首位度。这在一定程度上说明东京城市群的人口呈现“一极集中”的态势，即人口仍然是不断地向东京都集聚，这样不利于首都城市群整体的平衡发展。这也同时反映出京津冀城市群人口空间分布相对优于东京城市群人口空间分布（见表12－2）。

第二，相对于首都城市群而言，东京都人口规模的增长速度要快于北京市人口规模的增长速度。从京津冀城市群与东京城市群城市指数、城市首位度的变化情况来看，东京城市群城市指数、城市首位度的变化幅度要略高于京津冀城市群城市指数、城市首位度的变化幅度。这在一定程度上说明东京都人口集中的速度快于北京市人口集中的速度（见表 12－2）。

表 12－2　京津冀城市群与东京城市群的城市指数、城市首位度情况

城市群	指标	2004	2005	2006	2007	2008	2009	2010	2011	2012
东京城市群	城市指数	0. 5673	0. 5742	0. 5761	0. 578	0. 5795	0. 5823	0. 586	0. 587	0. 5887
	城市首位度	0. 2939	0. 2968	0. 2977	0. 2987	0. 2997	0. 3011	0. 3028	0. 3034	0. 3043
京津冀城市群	城市指数	0. 3958	0. 399	0. 3999	0. 3994	0. 4224	0. 4003	0. 4012	0. 4051	0. 4092
	城市首位度	0. 1304	0. 1314	0. 1318	0. 1318	0. 1382	0. 1319	0. 1318	0. 1329	0. 1337

（二）产业结构方面

第一，东京城市群作为一个整体，在 2004—2012 年间，其第一产业产值占 GDP 的比重、第二产业产值占 GDP 的比重有所上升，第三产业产值占 GDP 的比重有所下降；而京津冀城市群第一产业产值占 GDP 的比重、第二产业产值占 GDP 的比重有所下降，第三产业产值占 GDP 的比重有所上升。这在一定程度上说明京津冀城市群的产业结构在不断地优化，而东京城市群的产业结构存在一定程度上的弱化（见表 12－3）。

第二，东京城市群第三产业产值占 GDP 的比重明显地高于京津冀城市群第三产业产值占 GDP 的比重，同时东京城市群第二产业产值占 GDP 的比重明显地低于京津冀城市群第二产业产值占 GDP 的比重。这在一定程度上说明东京城市群的产业结构要明显地优于京津冀城市群的产业结构（见表 12－3）。

表 12 -3　　京津冀城市群与东京城市群的产业结构情况

城市群	三次产业比重(%)	2004	2005	2006	2007	2008	2009	2010	2011	2012
东京城市群	第一产业	0.32	0.54	0.52	0.51	0.54	0.53	0.51	0.52	0.51
	第二产业	12.78	21.46	21.35	21.17	20.65	19.57	19.73	19.18	19.01
	第三产业	86.90	78.00	78.12	78.31	78.82	79.90	79.75	80.30	80.48
京津冀城市群	第一产业	9.86	8.29	7.63	7.17	6.87	6.65	6.48	6.15	6.12
	第二产业	48.83	45.02	45.19	44.97	46.29	42.82	43.30	43.80	43.12
	第三产业	41.31	46.69	47.18	47.85	46.83	50.54	50.22	50.05	50.77

第三，东京都第三产业产值占 GDP 的比重明显地高于北京市第三产业产值占 GDP 的比重，同时东京都第二产业产值占 GDP 的比重明显地低于北京市第二产业产值占 GDP 的比重。这在一定程度上说明北京市的产业结构水平低于东京都的产业结构水平。

（三）城镇化方面

第一，东京城市群的城镇化率明显地高于京津冀城市群的城镇化率。东京城市群与京津冀城市群在城镇化率方面的差距在一定程度上说明东京城市群更加重视对城镇化的发展，善于利用城镇化所带来的优势（见表 12 -4）。

第二，京津冀城市群城镇化的发展速度快于东京城市群城镇化的发展速度。在相同的时间里，京津冀城市群城镇化率提高的幅度明显地高于东京城市群城镇化率提高的幅度。这在一定程度上说明京津冀城市群正在全速提高城镇化水平，以期达到新的高度（见表 12 -4）。

第三，东京都的城镇化率明显地高于北京市的城镇化率。东京都作为世界级的城市，其城镇化率水平较高，北京市与之相比则存在较大的差距。所以北京市在今后的发展过程中要重视对城镇化方面的发展，以期充分利用城镇化所带来的益处。

表 12－4　　京津冀城市群与东京城市群的城镇化率情况

城镇化率	2004	2005	2006	2007	2008	2009	2010	2011	2012
东京城市群城镇化率	0.79	0.79	0.79	0.80	0.80	0.80	0.80	0.80	0.81
京津冀城市群城镇化率	0.50	0.52	0.53	0.55	0.57	0.59	0.62	0.64	0.65

第四，北京市城镇化的发展速度快于东京都城镇化的发展速度。由于北京市的城镇化起点较低、基础较差，所以在城镇化发展的初期，其城镇化的发展速度较快。因此，北京市在今后的发展中要继续保持这种较快的发展速度，以期尽快提高城镇化的水平。

第五，东京城市群中具有较高城镇化率（>70%）城市的数量多于京津冀城市群中具有较高城镇化率城市的数量。这在一定程度上说明东京城市群城镇化的结构比较合理，同时也反映出京津冀城市群在相应方面的差距。

三　京津冀城市群与东京城市群的主成分分析

（一）两者评分情况的相同点

从表 12－5 与表 12－6 中可以发现，京津冀城市群与东京城市群在首都城市群城镇体系方面、首都城市群产业结构方面、首都城市群城镇化方面的评分都有所提升。这在一定程度上说明京津冀城市群与东京城市群都重视对城镇体系、产业结构、城镇化水平的提升与优化，利用各种资源投入到这些方面的建设中。

表 12－5　东京城市群在首都城市群城镇体系、产业结构、城镇化方面的评分

评分	2004	2005	2006	2007	2008	2009	2010	2011	2012
首都城市群城镇体系方面的评分	－6.77	－4.17	－3.01	－1.64	0.49	1.74	3.89	4.47	5.01
首都城市群产业结构方面的评分	－10.8	2.04	2.88	2.22	1.79	0.51	0.62	0.48	0.27
首都城市群城镇化方面的评分	－7.54	－1.76	－1.96	－0.54	0.88	2.82	1.8	2.41	3.9

（二）两者评分情况的差异

表 12－6　京津冀城市群在首都城市群城镇体系、产业结构、城镇化方面的评分

评分	2004	2005	2006	2007	2008	2009	2010	2011	2012
首都城市群城镇体系方面的评分	－4.13	－3.11	－2.18	－1.38	3.71	0.31	1.17	2.18	3.42
首都城市群产业结构方面的评分	－14.37	－5.53	－3.49	－1.08	－0.19	3.38	5.04	7.23	9.01
首都城市群城镇化方面的评分	－11.25	－8.15	0	0.36	1.56	2.67	4.34	4.99	5.48

根据表 12－5 与表 12－6 中的数据，我们对比了京津冀城市群与东京城市群在首都城市群城镇体系方面、首都城市群产业结构方面、首都城市群城镇化方面评分的变化情况。我们发现它们的评分情况存在以下三个方面的不同点：

第一，东京城市群在首都城市群城镇体系方面评分的变化幅度大于京津冀城市群在首都城市群城镇体系方面评分的变化幅度。东京城市群在首都城市群城镇体系方面的评分从2004年的-6.77上升到2012年的5.01，上升幅度高达11.78，明显地高于京津冀城市群对应的上升幅度（京津冀城市群对应的上升幅度为7.55）。这在一定程度上说明东京城市群重视对城镇体系规模的调整，合理地平衡大、中、小城市的数量，形成了较为科学的城镇体系。

第二，京津冀城市群在首都城市群产业结构方面评分的变化幅度大于东京城市群在首都城市群产业结构方面评分的变化幅度。京津冀城市群在首都城市群产业结构方面的评分从2004年的-14.37上升到2012年的9.01，上升幅度高达23.38，明显地高于东京城市群对应的上升幅度（东京城市群对应的上升幅度为11.07）。这在一定程度上说明京津冀城市群开始重视对产业结构进行调整，以期充分利用产业结构调整所带来的优势与益处。

第三，京津冀城市群在首都城市群城镇化方面评分的变化幅度大于东京城市群在首都城市群城镇化方面评分的变化幅度。京津冀城市群在首都城市群城镇化方面的评分从2004年的-11.25上升到2012年的5.48，上升幅度高达16.73，明显地高于东京城市群对应的上升幅度（东京城市群对应的上升幅度为11.44）。这在一定程度上说明京津冀城市群逐步加快了城镇化的发展步伐，以期通过提升自身城镇化的水平来进一步发掘潜力，获得持续发展。

（三）比较结果分析

从京津冀城市群与东京城市群的比较结果中，我们可以发现：

在城镇体系方面，东京都的人口规模明显地高于北京市，同时东京都在首都城市群中的人口比重也明显地高于北京市相应的比重。这充分说明，在东京城市群中，东京都在人口方面“一级集中”，首都城市群中人口大规模地向其集聚，这易使东京都因人口过多而出现相应的“城市病”。与东京都相比，北京市的人口规模相对较小，在首都城市群中的人口比重也相对较小，这在一定程度上说明北京市的人口集聚程度与东京相比压力相对较小。出现这种情况的原因在于京津冀城市群的经济中心已经开始向天津市集中。京津冀城市群与东京城市群相比，最为显著的区别是首都城市——北京市，在首都城市群中开始向政治、文化中心的角色转变，逐步减轻经济中心的职能。天津市作为京津冀城市群的经济中心城市，在很大程度上对北京市的人口资源进行了分流，这样就使京津冀城市群中的人口分布逐步合理化，减少北京市的人口压力，从而实现城市人口规模的均衡发展。因此，在京津冀城市群中，我们应该进一步强化与明确首都城市——北京市、经济中心城市——天津市的职能分工，不断完善北京市的首都核心功能，提升天津市的经济中心功能，使双核心城市在职能上形成互补，共同推动京津冀城市群的发展。

在产业结构方面，东京城市群第三产业产值占 GDP 的比重明显地高于京津冀城市群，同时东京都第三产业产值占 GDP 的比重也明显地高于北京市。这在一定程度上说明东京城市群的产业结构优于京津冀城市群，东京都的产业结构也优于北京市。京津冀城市群与东京城市群在产业结构方面的差距反映出东京城市群第三产业的发展更为发达，而第三产业的发展必须以第一产业、第二产业的发展为基础，因此东京城市群在发展过程中合理地根据城市的发展特点与优势，进行城市之间产业的分工与协作，从而实现产业结构的不断优化。通过比较两个首都城市群中首都城市的产业发展情况，可以发现东京都在发展过程中重点发展第三产业，通过发展金融业、高新科技产业、生产性服务业等来实现产业结构的升级，进而充分发挥首都的核心功能。因此，京津冀城市群在发展过程中也应该进一步加大城市间产业分工与协作的强度，通过城市之间的相互作用，实现整体产业结构的优化。同时作为首都城市的北京市也需注重产业的选择与优化问题，应该逐步弱化非首都核心产业，以期最大限度地将资源利用于扶持与发展有助于发挥首都功能的产业，如金融业、高新技术产业、生产性服务业等。

在城镇化方面，东京城市群的城镇化水平明显地高于京津冀城市群，同时东京都的城镇化水平也明显地高于北京市。这充分反映出东京城市群在发展过程中较为重视城镇化的发展，更加注重城镇化带来的红利。东京城市群的高水平城镇化主要体现在内部城市的城镇化水平整体较高，即城市之间的城镇化差距较小。东京都较高的城镇化水平反映出东京都在发展过程中最大限度地将人口资源从第一产业中释放出来，将之用于第二产业、第三产业的发展。因此，京津冀城市群在今后的发展中应该重点提升内部城市的城镇化水平，通过城镇化水平的全面提升而获得城镇化红利。北京市则更应该提升自身的城镇化水平，使大量的劳动人口从第一产业流向第三产业（特别是首都核心产业）。同时，我们应该注重城镇化的质量，即应以新型城镇化的理念来指导城镇化的发展，实现真正意义上的城镇化。

第三节　京津冀城市群的定位、分工及协同发展

一　京津冀城市群发展过程中存在的问题

（一）部分城市职能分工不明确

在京津冀城市群中，部分城市的职能分工仍有一定程度上的不明确。在京津冀城市群的成长阶段内，部分城市的职能在专业化发展过程中出现了重合，这样就容易加剧城市之间的竞争，产生不必要的资源浪费。

北京市作为我国的首都城市，其城市功能的定位有待进一步的明确。尽管北京市在京津冀城市群的成长过程中逐步优化产业结构，以提高服务业为主，使经济职能从生产性经济职能转变为服务性经济职能，并且不断地优化政治中心职能与文化中心职能，但是这一转变的幅度还有待提升，转变的速度还有待提高。

京津冀城市群中的其他城市存在着较为明显的城市职能重合、城市职能定位不清晰的问题。如：保定市、唐山市、廊坊市等均重点发展制造业职能，这样易引起城市之间重复建设与竞争。

（二）城市规模结构不合理

在京津冀城市群中，大、中、小城市规模的比例有待进一步的优化。

北京市作为我国的首都城市，人口规模过大，明显高于京津冀城市群中排名第二位城市的人口规模。人口规模过大一方面增加了北京市的人口负担，产生巨大的人口压力；另一方面，在一定程度上减少了其他城市的人口来源，不利于其他城市的人口集聚。

在京津冀城市群中，其他城市的人口规模比例不协调。以 2012 年为例，在京津冀城市群中，人口 900 万以上的城市有 3 个，人口 500 万～900 万的城市有 2 个，人口 500 万以下的城市有 4 个。从这里我们可以发现：在京津冀城市群中，大城市的比例有点偏高。因此，应该重点加强对中、小城市的发展，以期提高中、小城市的比例。

（三）城市产业专业化发展水平偏低

在京津冀城市群中，城市产业专业化发展的水平有待进一步的提高。

北京市作为我国的首都城市，其发展模式正在从多功能首都城市发展模式向单功能首都城市发展模式过渡。在这一过渡的过程中，第三产业占 GDP 的比重理应大幅上升，同时第一产业占 GDP 的比重、第二产业占 GDP 的比重应大幅下降。而根据现实数据来看，北京市第三产业占 GDP 比重的上升幅度、第一产业占 GDP 比重的下降幅度、第二产业占 GDP 比重的下降幅度都较为有限。这在一定程度上说明北京市在发展模式转型方面的投入力度还有待进一步的加强。

在京津冀城市群中，其他城市的产业专业化发展水平仍需不断地提升。如：在京津冀城市群的成长阶段内，重点以第二产业为发展对象的城市，其第二产业占 GDP 的比重上升幅度有限，这在一定程度上说明该城市产业专业化发展的水平受到限制。因此，我们应该相应增加城市产业专业化发展的能力。

（四）城市之间产业转移、产业协作力度有限

在京津冀城市群中，中心城市与其他城市在产业发展方面存在明显的区别。这在一定程度上说明京津冀城市群中城市之间的产业转移、产业协作力

度有限。

北京市作为我国的首都城市，是我国的政治中心与文化中心，其在发展过程中应重点加强政治中心职能、文化中心职能建设，逐步弱化非首都核心职能，将非首都核心产业进行剥离，使之转移到其他城市。产业的转移有助于实现北京市与其他城市之间的协调发展，有利于缩小北京市与其他城市之间的发展差距。然而，我们发现北京市与其他城市之间产业的发展差距较大，而且有进一步拉大的趋势，这就在一定程度上反映出北京市与其他城市之间的产业转移、产业协作存在着一定的问题。

天津市作为京津冀城市群的经济中心城市，在发展过程中应着重加强经济中心职能建设，不断地提升自身的产业结构，优化产业发展水平，承接北京市转移出的较为高端的产业，转移出不适宜自身发展的低端产业，从而实现京津冀城市群内部城市产业的有序、均衡发展。我们通过现实数据发现：天津市与北京市产业发展水平的差距有所减少，而其与其他城市之间产业发展水平的差距却有所增加。这就在一定程度上说明天津市与其他城市之间的产业转移与产业协作力度不够。

在京津冀城市群中，其他城市的产业发展水平与北京市、天津市的差距较大，而且有进一步拉大的趋势。这就在一定程度上反映出其他城市在承接北京市、天津市转出产业的过程中存在着一定的问题。

（五）整体城镇化水平偏低且差距明显

京津冀城市群整体城镇化的水平还偏低，而且中心城市与其他城市在城镇化方面存在明显的差距。在京津冀城市群的成长过程中，城镇化率仍保持在较低水平上。因此，在今后的发展过程中，应进一步提升京津冀城市群的城镇化水平，充分利用城镇化带来的红利与效用。

北京市作为我国的政治中心、文化中心，具有稳定的社会秩序、多样的信息来源、丰富的文化资源、公平的生活机会、完善的基础设施系统、充足的社会资源，这些都会成为吸引人们向其集聚的因素。因而，北京市的城镇化水平较高。

天津市作为京津冀城市群的经济中心城市，拥有更多的就业机会，人们更有可能获得较高的工作报酬。这些会在一定程度上促使人力资源流向天津市，从而提高天津市的城镇化水平。

其他城市因在城市建设、经济社会发展等方面与北京市、天津市存在差距，而城镇化水平更低，有待加大提升力度。

二　京津冀城市群内各城市定位及规模结构

（一）明确内部城市职能

建设合理的城镇职能体系是京津冀城市群实现快速协调发展的必然之路。城镇职能的合理划分有助于实现城市与城市之间的职能互补，打破城市之间的“诸侯经济”现象，实现所有城市的共同发展。

政府应该进一步强化京津冀城市群发展的管理，成立京津冀城市群发展管理机构，使该机构全面负责京津冀城市群的发展。同时应该赋予京津冀城市群发展管理机构相应的职权，明确该管理机构的职能与责任，使其可以有效地完成相应的工作。

京津冀城市群内部的各个城市应该根据自身地域的特点与优势，进行城市职能的明确定位。只有这样才能使每个城市充分利用自己的资源，实现整个首都城市群的帕累托最优。同时，京津冀城市群城市职能的定位应该采用统一规划的方法。这样可以有效地避免城市职能的类同与同构，从而最大限度减少资源的浪费。

具体来说，北京市作为我国的首都城市，应该重点建设与发展其首都城市职能。北京市应该进一步明确地将自身定位为政治中心、文化中心、科技中心、国际交流中心。将与这些不相符的职能进行弱化或者是去除，如将机械制造业职能、加工业职能、采掘业职能等剥离，并把有限的资源全部投入政治中心、文化中心、科技中心、国际交流中心的建设中。

天津市作为京津冀城市群的经济中心城市，应该重点发展经济中心职能，应该把自身所具备的职能定位于高端制造业职能、商业中心职能、对外贸易中心职能，充分利用自身的资源优势、地理优势、产业优势，不断强化自己的经济中心职能。

石家庄市作为河北省的省会城市，具有一定的政治优势、文化优势，应充分利用该优势，将自己定位为京津冀首都城市的重要商业城市，为京津冀城市群提供商业服务。同时石家庄市作为我国北方最为重要的交通枢纽之一，可以充分发挥交通枢纽的作用，重点发展物流业等相关产业职能。

京津冀城市群中其他城市应以产业分工为基础进行城市职能的划分。城市与城市之间的职能划分要相辅相成，要不断地提高城市职能的质量。同时还应该实现城市职能的进一步细分，通过城市职能的细分来减少城市与城市之间职能的同构与类同。

（二）合理规划城市规模，优化城市规模结构

合理的城镇规模体系可以使京津冀城市群充分利用城镇规模体系的结构优势。合理的城镇规模体系主要是指首都城市群中大、中、小城市数目的比例较为协调。京津冀城市群目前的城镇规模体系不合理，北京市、天津市的人口规模明显地高于其他城市，整体上呈现“两极集中”的态势。北京市、天津市人口的过度集中不利于京津冀城市群的长远发展。因此，要积极地调控好京津冀城市群中大、中、小城市数目的比例。

对于京津冀城市群中的大型城市而言，要科学地控制其人口的规模。应该根据大型城市的发展规划、发展战略、发展目标，制定合理、科学的人口流动机制，使大型城市对于人口的集聚效用与扩散效应保持相对的平衡，从而使大型城市的人口规模保持相对的稳定。

对于京津冀城市群中的中型城市而言，应该积极地推动它们的发展，不断提高它们对于人口的集聚效应，使京津冀城市群中的人口向中型城市集中，从而使部分中型城市有效地吸收大型城市所扩散出的人口。

对于京津冀城市群中的小型城市而言，应该针对一些具有良好发展基础、

发展前景的城市，重点推动这些城市的发展。通过不断地强化这些城市集聚人口的能力，使它们的人口规模逐渐提高，最终成为京津冀城市群中的中型城市，从而提升京津冀城市群中中型城市数目的比例。

三　京津冀城市群协同发展的政策建议

（一）建设区域性大市场，完善市场机制

完善的市场机制可以使京津冀城市群有效地配置资源，使资本、劳动力、信息技术等要素根据供求情况的变化进行自由流动，使每个要素的使用效率达到最大，同时也使要素之间的竞争有序化，从而使其产业结构水平不断地提升，促进经济的快速发展。

因此，京津冀城市群应该重点建设区域性大市场，使整个京津冀城市群成为一个统一的市场。京津冀城市群应该通过加强商品市场的发展、强化资本市场的发展、加快劳动力市场的发展、健全经济服务市场等方式，打破地域经济格局，实现京津冀城市群各地市场的统一化。

京津冀城市群也应该积极发挥政府在市场经济中的重要作用。政府是市场经济的重要主体，可以在一定程度上弥补市场经济的缺陷，如解决信息不对称问题、外部性问题等，使市场经济在正确的轨道上运行。所以京津冀城市群应该正确处理政府与市场之间的关系，使政府成为促进市场发展的重要力量。

（二）科学进行产业布局，加快产业结构优化

第二产业是一个国家经济持续、健康发展的基本保证，是一个国家实体经济的重要组成部分，对于京津冀城市群发展也具有重要的意义。因此，京津冀城市群尤其应该注重第二产业的合理布局与发展。第二产业的发展应该以新型工业化为主要途径。新型工业化实质上是以高新技术产业为主导，以自主创新为基础，通过产业集聚实现规模效应，降低生产成本，同时提高生产效率，减少环境污染与资源浪费，实现第二产业的高效、高质发展，建立现代化的制造业体系。

第三产业作为产业结构的重要组成部分，是反映一个国家经济社会发展水平的重要指标。京津冀城市群应该重点发展金融业、生产性服务业、技术性服务业、商业等第三产业，不断提高第三产业产值在产业结构中的比重，最终形成以第三产业引领产业结构优化的局面。

（三）内部城市产业联合，实现产业分工协作

京津冀城市群是一个城市的集合体，所以其产业结构的发展受到内部各个城市产业结构变化的影响。京津冀城市群内部各个城市产业结构调整的方向应该与自身的资源条件、经济条件、地理条件等相符合，即各个城市根据自身的优势与特点进行产业的分工与协作。

其中，北京市作为京津冀城市群的政治中心、文化中心、科技中心，其应该重点以金融业、生产性服务业等第三产业为发展对象，以期为京津冀城市群提供相关的优质服务。

（四）科学规划产业转移，综合考虑转出承接

京津冀城市群的产业实现科学转移是其协同发展的重要保证。在产业转移过程中要注意产业转移的承接性，即充分考虑转移产业与承接地产业的适配程度，使两者可以很好地结合在一起。同时，转移产业不应只限于劳动密集型产业、资源密集型产业，也应适当地提高高新技术、高端制造业等产业的比例。转移产业的承接地应该加强对自身市场环境的建设，建立不可复制的市场软环境，以此来吸引转移产业的入驻。产业的转移应以产业园区为重要的载体，通过科学的土地规划、交通规划、环境保护规划等建立高标准、高要求的产业园区，以产业园区为平台实现产业对接、协同发展。

第十三章　京津冀考核评价机制创新研究

京津冀协同发展肩负的改革创新任务繁重，参与主体涉及三地四方，亟须通过创新体制机制，破解制约协同发展的诸多难题。本章以考核评价机制为切入点，阐明了创新考核评价机制的重大意义，从考核评价的主体与客体、维度与内容、运行机制等方面开展了研究，并选取代表性指标对协同红利进行了模拟测算，为解决协同意识不强、动力不足、任务落实难等问题提出了思路。

第一节　京津冀考核评价机制的构建

一　考核评价机制设计

京津冀协同发展肩负着打造世界级城市群、引领创新驱动发展、生态环境共建共享、创新体制机制、培育新增长极的重大战略任务。全面贯彻落实京津冀协同发展重大国家战略，释放更多协同红利，达到京津冀三地“1+1+1>3”的量质同步提升的效果，引领全国创新驱动发展步伐，迫切需要改变按行政区划进行分别考核的做法，建立对京津冀区域整体发展绩效的考核评价机制，强化协同发展考核的引导性、约束性和支持性功能，为推进京津冀协同发展规划纲要和专项规划实施奠定制度基础。

（一）总体思路

围绕协同发展，突出增量考核，坚持问题导向和目标导向相结合，区域考核和地方考核相结合，建立“四位一体”的运行机制，为全国探索出一条通过考核评价促进跨行政区协同发展的新路子。

（二）考核主体与客体

考核分三个层面进行：第一个层面，中央对三地政府就国家战略目标的实现程度进行考核，由京津冀协同发展领导小组负责；第二个层面，中央对相关部委就其承担的任务完成情况进行考核；第三个层面，三地政府对各自所属县市区就具体工作推进情况进行考核，由三地协同办负责。

（三）考核维度与内容

根据十八大提出的“五位一体”总体布局，按照中央对京津冀协同发展的整体定位、中央对三地在协同发展中所承担任务的要求，建立京津冀协同发展绩效考核评价机制。具体而言，考核应从三地各自的发展情况、区域整体发展情况和三地间的协同情况三个维度展开。

1. 三地各自发展水平

主要考核三地的发展质量情况和三地在协同发展中所承担任务的落实情况，采用三地分别考核的形式进行。例如，对北京可以重点考核科技创新效率、文化产业发展和城市现代化水平等方面的工作；对天津可以重点考核先进制造业的整体发展、航运业的提质升级、金融业的创新运营等方面的工作；对河北则应重点考核产业转型升级、中小城市功能提升、生态修复及环境改善等方面工作。

2. 区域整体发展水平

主要考核中央对京津冀整体定位的实现程度，采用统一指标对区域整体进行联考联评。

——世界级城市群建设方面，可以考核区域内城市密集度、区域内国际城市数量、区域内城市分工指数和区域内交通网络便捷度等指标。

——区域协同发展改革引领方面，可以考核“大城市病”治理程度、自由贸易区辐射带动能力、简政放权推进速度、重点领域协同管理水平、市场主体竞争力指数和市场一体化指数等指标。

——创新驱动发展方面，可以考核区域R&D经费支出占GDP比重、区域合作申请国际专利数、区域专利成果转化应用率、区域科技创新平台数量及变动率等指标，以及京津冀协同创新共同体建设等情况。

——生态修复和环境改善方面，可以考核矿区生态重建程度、土壤沙化修复程度、主要污染物减排完成率和环境质量指数等指标。

另外，考虑到公共服务在推进区域协同发展中的支撑作用，应将区域人均公共服务差距缩小度等指标列入考核内容。

3. 三地间的协同水平

主要考核三地相互间推动、彼此发展的贡献程度，采用地方指标与区域整体指标相结合的形式，针对具体项目，对三地间的协同水平进行考核。

——经济协同发展方面，可以考核三地人均GDP差距缩小额及差距缩小度、三地高新技术产业增加值在全国占比变动率等指标。

——生态环境协同治理方面，可以考核三地空气质量达到二级以上天数占全年比重提高率、三地横向生态补偿额等指标。

——科技协同创新方面，可以考核三地间技术合同成交额以及河北引进京津专家数等指标。

——公共服务方面，可以考核京津冀人均基本公共服务支出差距缩小额、基本公共服务均等化指数、高等教育毛入学率缩小程度等指标。

（四）运行机制

京津冀既有考核侧重于个体和某一层面，缺乏对区域整体的考量，容易引起三地间的无序、恶性竞争，致使个体利益与整体利益的背离。因此，为推动京津冀协同发展，考核评价应从考核组织、指标调整、评价标准产生和结果运用等方面进行机制创新，形成“四位一体”的运行机制。

1. 复合型考核组织机制

为保证考核评价的科学性和全面性，在协同发展考核中，需建立以政府考核为主、第三方参与的复合型考核组织体系。政府考核通过建立考核评价工作责任制，严格评价考核程序，严肃评价考核纪律。第三方主要参与涉及面广、业务性强、专业要求高的考核工作。

2. 指标动态调整机制

京津冀协同发展是一个长期的系统过程，很多工作不可能短期内见效，部分工作的成果往往会以整体、集中的形式呈现，不能简单以静态指标来考核。因此，在考核实施过程中，应采用构建指标池、动态调整指标体系的内容及权重等手段以确保考核评价的科学性。

构建指标池，是根据三地发展水平、区域整体发展水平及三地间协同水平，枚举相关指标，确保考核视野的全面性；动态调整，就是根据协同发展不同阶段的特点对指标进行适应性选择。在协同初期，加大对具体事项的考核比重（如基本公共服务均等化、基础设施一体化、北京非首都功能疏解、生态环境治理等工作）；随着协同阶段的演进，逐渐加大对协同质量和协同效果的考核比重。

3. 共识性评价标准产生机制

京津冀协同发展过程中，因受发展阶段不同、发展差距较大影响，三地四方必然会有不同的利益诉求。为调动各方的主动性和积极性，应在充分协商、凝聚共识的基础上，对国家整体战略目标进行分解，从指标池内选择合适的指标；考核标准确定时，应充分听取各方意见，在获得三地四方的整体认同后，再行确认。

4. 奖惩分明的结果运用机制

推动京津冀协同发展考核的顺利实施，必须重视对考核结果的运用，将其作为对地方党委和政府主要领导选拔任用的主要依据，把考核结果优秀的地方党委和政府负责人列为重点提拔对象，放在更重要工作岗位上；对于考核结果较差的地方党委和政府负责人，要其作出说明，并提出警告，限期整改；对考核连续不达标的地方党委和政府负责人，建议调离岗位，降级使用。

二　考核评价指标池构建

以缩差、转型、提质、增效为目标，从三地发展水平、区域整体发展水平及三地间协同水平三个维度，科学合理构建指标池。一是京津冀各地区考核评价指标池（表 13－1），二是京津冀区域整体考核评价指标池（表 13－2），三是京津冀区域协同效应考核评价指标池（表 13－3）。同时，按照考核实施要求，在指标池中设置了专项评价和其他评价等内容。

表 13－1　　京津冀各地区发展考核评价指标池

类别	序号	指标名称		单位	权重		
					北京	天津	河北
经济发展（分）	1	经济发展规模	人均 GDP 及增长率	万元/人,%			
			第三产业增加值及增长率	亿元,%			
			高新技术产业增加值及增长率	亿元,%			
			生产性服务业增加值及增长率	亿元,%			
			省级以上工业、商贸、物流园区主营业务收入及增长率	亿元,%			
			人均财政收入及增长率	亿元,%			

续 表

类别	序号	指标名称		单位	权重		
					北京	天津	河北
经济发展（分）	1	经济发展结构	第三产业增加值占 GDP 比重及净增量	%			
			高新技术产业增加值占 GDP 比重及净增量	%			
			工业增加值中先进制造业所占比重及净增量	%			
			绿色农业产业增加值占 GDP 比重及净增量	%			
			科技服务业增加值占 GDP 比重及净增量	%			
			金融业增加值占 GDP 比重及净增量	%			
			高新技术产品在出口额中所占比重及净增量	%			
			文化产业增加值占 GDP 比重及净增量	%			
		产业、机构等转移与承接	产业（企业）转出（或承接）完成程度	%			
			央企、金融等机构总部转出（或承接）数及增长率	个，%			
			由央企、金融等机构总部转出（或承接）从业人员数及增速	人，%			
			产业（企业）转移（或承接）规划、方案、政策执行力度	%			
			落后产能淘汰率	%			

续　表

类别	序号	指标名称		单位	权重		
					北京	天津	河北
基础设施建设（分）	2	交通一体化设施	人均铁路里程及增长率	公里/万人,%			
			人均公路里程及增长率	公里/万人,%			
			航空旅客吞吐量及增长率	万人,%			
			航空货物吞吐量及增长率	万吨,%			
			港口吞吐量及增长率	万吨,%			
			交通建设项目施工完成进度	%			
			交通一体化协同发展规划、方案、政策执行力度	%			
		新能源设施	新能源建设项目施工完成进度	%			
			能源基础设施建设协同发展规划、方案、政策执行力度	%			
		通信与信息化设施	通信与信息化建设项目施工完成进度	%			
			通信和信息化协同发展规划、方案、政策执行力度	%			
生态环境（分）	3	环境污染治理	环境污染治理投资占 GDP 比重及净增量	%			
			城乡污水处理率	%			
			城乡生活垃圾无害化处理率	%			
			工业“三废”处理达标率	%			

续 表

类别	序号	指标名称		单位	权重		
					北京	天津	河北
生态环境（分）	3	环境质量改善	主要污染物总量减排目标完成率	%			
			矿区生态重建程度	%			
			土壤沙化修复程度	%			
			环境质量指数	%			
			改善生态环境规划、方案、政策执行力度	%			
生态环境（分）	3	资源利用与节约	万元 GDP 能耗及降低率	吨/万元,%			
			万元 GDP 用水量及降低率	吨/万元,%			
			新能源消费占能源消费总量比重及净增量	%			
科技创新（分）	4	科技投入	企业 R&D 经费支出占产品销售额比重及净增量	%			
			科技拨款占财政拨款的比重及净增量	%			
			规模以上大中型企业中有研发机构的企业数所占比重及净增量	%			
			科技经费筹集额中金融贷款所占比重及净增量	%			
			政府 R&D 经费支出中基础研究所占比重及净增量	%			
			R&D 经费支出占 GDP 比重及净增量	%			
			基础研究人员人均经费及增长率	万元/人年,%			
			R&D 经费占主营业务收入的比重及净增量	%			

续　表

类别	序号	指标名称		单位	权重		
					北京	天津	河北
科技创新（分）	4	科技产出	每万人科技论文（SCI、EI）数及增长率	篇，%			
			国内发明专利授权量及增长率	项，%			
			国际发明专利授权量及增长率	项，%			
			每万名 R&D 人员专利授权数及增长率	件/万人，%			
			专利成果的转化应用率及净增量	%			
			每万名科技活动人员技术市场成交额及增长率	亿元/万人，%			
			高技术产品出口额占货物出口额的比重及净增量	%			
			劳动生产率及提高程度	万元/人，%			
			科技进步贡献率	%			
社会发展（分）	5	教育	中小学生人均教育经费及增长率	元/人，%			
			初中、高中教育毛入学率及净增量	%			
			每万人中小学生专任教师数及增长率	人/万人，%			
			教育经费支出占财政支出比重及净增量	%			
		医疗卫生	每万人拥有卫生机构人员数及增长率	人/万人，%			
			每万人拥有卫生机构数及增长率	个/万人，%			
			每万人拥有医疗机构病床数及增长率	张/万人，%			

续 表

类别	序号	指标名称		单位	权重		
					北京	天津	河北
社会发展（分）	5	社会保障	基本社会保险覆盖率及净增量	%			
			农村最低生活保障救助标准占农村居民人均消费支出比例	%			
			城镇最低生活保障救助标准占城镇居民人均消费支出比例	%			
		新型城镇化	城镇居民人均市政基础设施投入及增长率	元/人,%			
			常住人口城镇化率及净增量	%			
			城镇居民人均道路面积及增长率	平方米/人,%			
			每万人拥有公共汽车及增长率	辆/万人,%			
			城镇用水普及率及净增量	%			
			城镇燃气普及率及净增量	%			
		公共安全	食品药品安全降低率	%			
			社会安全指数	%			
民生改善（分）	6	劳动就业	年末从业人员、增加数及增长率	万人,%			
			城镇登记失业率	%			
		生活质量	居民人均可支配收入、增加额及增长率	万元/人,%			
			居民人均消费水平、增加额及增长率	万元/人,%			
			年末居民人均储蓄存款、增加额及增长率	万元/人,%			
			居民人均居住面积、增加数及增长率	平方米/人,%			

续 表

类别	序号	指标名称	单位	权重		
				北京	天津	河北
专项评价（分）	7	文化产业发展情况考核结果	分			
	8	城市现代化程度及文明程度的提升情况考核结果	分			
	9	科技创新效率与效果情况考核结果	分			
	10	先进制造业的整体发展情况考核结果	分			
	11	自贸区建成情况及辐射带动作用考核结果	分			
	12	航运业的提质升级情况考核结果	分			
	13	金融业的创新升级情况考核结果	分			
	14	产业转型升级、园区建设情况考核结果	分			
	15	生态修复及环境改善情况考核结果	分			
	16	传统产业转型升级、新兴产业发展情况考核结果	分			
	17	城镇化建设情况考核结果	分			
	18	农村面貌改造提升工作考核结果	分			
其他评价（分）	19	民主测评	分			
	20	社会民意调查	分			

表 13－2　　京津冀区域整体发展考核评价指标池

类别	序号		指标名称	单位	权重
经济发展（分）	1	经济发展规模	京津冀区域人均 GDP 及增长率	万元/人,%	
			京津冀区域第三产业增加值及增长率	亿元,%	
			京津冀区域高新技术产业增加值及增长率	亿元,%	
			京津冀区域省级以上工业、商贸、物流园区主营业务收入及增长率	亿元,%	
			京津冀区域人均财政收入及增长率	亿元,%	
		经济发展结构	京津冀区域第三产业增加值占 GDP 比重及净增量	%	
			京津冀区域高新技术产业增加值占 GDP 比重及净增量	%	
			京津冀区域绿色农业产业增加值占 GDP 比重及净增量	%	
			京津冀区域科技服务业增加值占 GDP 比重及净增量	%	
			京津冀区域金融业增加值占 GDP 比重及净增量	%	
			京津冀区域文化产业增加值占 GDP 比重及净增量	%	
		产业转移	京津产业（企业）疏解完成率	%	
			京津冀落后产能淘汰率	%	
		经济协同发展	京津冀技术市场成交额及增长率	亿元,%	
			京津冀工业品交易额及增长率	亿元,%	
			京津冀合作建设省级以上工业、商贸、物流园区数量及增长率	个,%	
			京津冀合作建设省级以上工业、商贸、物流园区投资额及增长率	亿元,%	

续　表

类别	序号	指标名称		单位	权重
基础设施建设（分）	2	交通一体化设施	京津冀交通建设项目施工完成进度	%	
			京津冀区域人均铁路里程及增长率	公里/万人,%	
			京津冀区域人均公路里程及增长率	公里/万人,%	
			京津冀区域航空旅客吞吐量及增长率	万人,%	
			京津冀区域航空货物吞吐量及增长率	万吨,%	
			京津冀区域港口吞吐量及增长率	万吨,%	
		新能源设施	京津冀新能源建设项目施工完成进度	%	
			京津冀能源设施建设协同发展规划、方案、政策执行力度	%	
		通信与信息化设施	京津冀通信与信息化建设项目施工完成进度	%	
			京津冀区域通信和信息化建设协同发展规划、方案、政策执行力度	%	
生态环境（分）	3	环境污染治理	京津冀区域环境污染治理投资额占 GDP 比重及净增量	%	
			京津冀区域城乡污水处理率	%	
			京津冀区域城乡生活垃圾无害化处理率	%	
			京津冀区域工业“三废”处理达标率	%	
		环境质量改善	京津冀区域主要污染物总量减排目标完成率	%	
			京津冀区域矿区生态重建程度	%	
			京津冀区域土壤沙化修复程度	%	
			京津冀区域环境质量指数	%	

续 表

类别	序号	指标名称		单位	权重
生态环境（分）	3	资源利用与节约	京津冀区域万元 GDP 能耗及降低率	吨/万元,%	
			京津冀区域万元 GDP 用水量及降低率	吨/万元,%	
			京津冀区域新能源消费占能源消费总量比重及净增量	%	
科技创新（分）	4	科技投入	京津冀区域企业 R&D 经费支出占产品销售额比重及净增量	%	
			京津冀区域科技拨款占财政拨款的比重及净增量	%	
			京津冀区域规模以上企业有研发机构的企业数所占比重及净增量	%	
			京津冀区域科技经费筹集额中金融贷款所占比重及净增量	%	
			京津冀区域政府 R&D 经费支出中基础研究所占比重及净增量	%	
			京津冀区域 R&D 经费支出占 GDP 比重及净增量	%	
			京津冀区域基础研究人员人均经费及增长率	万元/人年,%	
			京津冀区域 R&D 经费占主营业务收入的比重及净增量	%	
		科技产出	京津冀区域每万人科技论文（SCI、EI）数及增长率	篇,%	
			京津冀区域国内发明专利授权量及增长率	项,%	
			京津冀区域国际发明专利授权量及增长率	项,%	
			京津冀区域每万名 R&D 人员专利授权数及增长率	件/万人,%	
			京津冀区域专利成果的转化应用率及净增量	%	

续　表

类别	序号	指标名称		单位	权重
科技创新（分）	4	科技产出	京津冀区域每万名科技活动人员技术市场成交额及增长率	亿元/万人,%	
			京津冀区域高技术产品出口额占货物出口额的比重及净增量	%	
			京津冀区域科技进步贡献率	%	
		协同创新	京津冀合作申请专利数及增长率	项,%	
			京津冀合作发表论文数及增长率	篇,%	
			京津冀合作创建科技园、科技城数量及增长率	项,%	
			京津冀区域科技创新平台数量及增长率	个,%	
			京津冀区域高新技术项目合作数及增长率	个,%	
社会发展（分）	5	教育	京津冀区域中小学生人均教育经费及增长率	元/人,%	
			京津冀区域初中、高中教育毛入学率及净增量	%	
			京津冀区域每万人中小学生专任教师数及增长率	人/万人,%	
			京津冀区域教育经费支出占财政支出比重及净增量	%	
		医疗卫生	京津冀区域每万人拥有卫生机构人员数及增长率	人/万人,%	
			京津冀区域每万人拥有卫生机构数及增长率	个/万人,%	
			京津冀区域每万人拥有医疗机构病床数及增长率	张/万人,%	
		社会保障	京津冀区域基本社会保险覆盖率及净增量	%	
			京津冀区域农村最低生活保障救助标准占农村居民人均消费支出比例	%	

续 表

<table>
<tr><th>类别</th><th>序号</th><th colspan="2">指标名称</th><th>单位</th><th>权重</th></tr>
<tr><td rowspan="16">社会发展（分）</td><td rowspan="16">5</td><td>社会保障</td><td>京津冀区域城镇最低生活保障救助标准占城镇居民人均消费支出比例</td><td>%</td><td rowspan="16"></td></tr>
<tr><td rowspan="6">新型城镇化</td><td>京津冀区域城镇居民人均市政基础设施投入及增长率</td><td>万元/万人,%</td></tr>
<tr><td>京津冀区域常住人口城镇化率及净增量</td><td>%</td></tr>
<tr><td>京津冀区域城镇居民人均道路面积及增长率</td><td>平方米/万人,%</td></tr>
<tr><td>京津冀区域每万人拥有公共汽车及增长率</td><td>辆/万人,%</td></tr>
<tr><td>京津冀区域城镇用水普及率及净增量</td><td>%</td></tr>
<tr><td>京津冀区域城镇燃气普及率及净增量</td><td>%</td></tr>
<tr><td rowspan="2">公共安全</td><td>京津冀区域食品药品安全降低率</td><td>%</td></tr>
<tr><td>京津冀区域社会安全指数</td><td>%</td></tr>
<tr><td rowspan="5">民生改善</td><td>京津冀年末从业人员、增加数及增长率</td><td>万人,%</td></tr>
<tr><td>京津冀区域居民人均可支配收入、增加额及增长率</td><td>万元/人,%</td></tr>
<tr><td>京津冀区域居民人均消费水平、增加额及增长率</td><td>万元/人,%</td></tr>
<tr><td>京津冀区域年末居民人均储蓄存款、增加额及增长率</td><td>万元/人,%</td></tr>
<tr><td>京津冀区域居民人均居住面积、增加数及增长率</td><td>平方米/人,%</td></tr>
<tr><td>专项评价（分）</td><td>6</td><td colspan="2">世界级城市群建设情况考核结果（包括区域内城市密集度、区域内国际城市数量、区域内城市分工指数和区域内交通网络便捷度等指标）</td><td>分</td><td></td></tr>
</table>

续　表

<table>
<tr><th>类别</th><th>序号</th><th>指标名称</th><th>单位</th><th>权重</th></tr>
<tr><td rowspan="3">专项评价（分）</td><td>7</td><td>区域协同发展改革引领情况考核结果（包括“大城市病”治理程度、自由贸易区辐射带动能力、简政放权推进速度、重点领域协同管理水平、市场主体竞争力指数和市场一体化指数等指标）</td><td>分</td><td></td></tr>
<tr><td>8</td><td>创新驱动发展情况考核结果</td><td>分</td><td></td></tr>
<tr><td>9</td><td>生态修复和环境改善情况考核结果</td><td>分</td><td></td></tr>
<tr><td rowspan="2">其他评价（分）</td><td>10</td><td>民主测评</td><td>分</td><td></td></tr>
<tr><td>11</td><td>社会民意调查</td><td>分</td><td></td></tr>
</table>

表 13－3　　京津冀区域协同效应考核评价指标池

<table>
<tr><th>类别</th><th>序号</th><th colspan="2">指标名称</th><th>单位</th><th>权重</th></tr>
<tr><td rowspan="10">经济协同发展效应（分）</td><td rowspan="10">1</td><td rowspan="3">产业转移效应</td><td>北京人口控制程度</td><td>%</td><td></td></tr>
<tr><td>京津冀区域落后产能淘汰率</td><td>%</td><td></td></tr>
<tr><td>产业转移对产业转型升级贡献程度</td><td>%</td><td></td></tr>
<tr><td rowspan="3">经济发展水平差距缩小</td><td>京津冀三地人均 GDP 差距缩小数额及程度</td><td>万元/人,%</td><td></td></tr>
<tr><td>京津冀三地人均公共财政收入差距缩小数额及程度</td><td>万元/人,%</td><td></td></tr>
<tr><td>京津冀三地劳动生产率差距缩小数额及程度</td><td>万元/人,%</td><td></td></tr>
<tr><td rowspan="4">对全国经济发展贡献率</td><td>京津冀区域对全国 GDP 贡献率及净增量</td><td>%</td><td></td></tr>
<tr><td>京津冀区域对全国财政收入贡献率及净增量</td><td>%</td><td></td></tr>
<tr><td>京津冀区域对全国高新技术产品出口额贡献率及净增量</td><td>%</td><td></td></tr>
<tr><td>京津冀区域对全国高新技术产业增加值贡献率及净增量</td><td>%</td><td></td></tr>
</table>

续 表

类别	序号	指标名称	单位	权重
生态环境协同发展效应（分）	2	京津冀区域全年空气质量达到二级以上的平均天数及增加天数	天	
		京津冀区域空气质量达到二级以上天数占全年比重提高率	%	
		京津冀区域土地、矿产、河流等生态综合修复程度	%	
		京津冀区域万元工业增加值工业废水、废气、固体排放减少量及降低程度	吨/万元,%	
		京津冀三地之间用于横向生态补偿额及增长率	亿元,%	
科技创新协同发展效应（分）	3	京津冀区域国内发明专利授权量及增长率	项	
		京津冀区域国际发明专利授权量及增长率	项	
		京津冀区域专利成果的转化应用率及净增量	%	
		京津冀区域科技创新能力对发展先进制造业的贡献率及净增量	%	
		京津冀区域技术合同成交额及增长率	亿元	
		河北引进京津专家数及增长率	人	
		京津冀区域科技进步贡献率	%	
公共服务协同发展效应（分）	4	京津冀三地人均基本公共服务支出差距缩小数额及程度	元/人,%	
		京津冀高等教育合作共建数量及增长率	个,%	
		京津冀三地高等教育毛入学率差距缩小程度	%	
		京津冀三地基本公共服务均等化指数	%	
专项评价（分）	5	社会民意调查	分	

第二节　区域协同发展考核评价的经验与启示

区域协同发展是将协同学的理论与方法引入区域发展战略研究中来，就是在一定条件下，通过调节控制各种要素的独立运动以及要素之间的关联运动，使要素之间的关联支配各个要素的独立发展，达到各个要素相互配合、相互协作的发展态势；进而主导整个区域系统的发展趋向，使整个区域系统由旧结构状态发展变化为新结构状态；从而实现要素合乎规律发展、区域内部与外部互惠共赢发展、区域经济社会全面协调可持续发展。

超越现有行政体制框架，建立跨行政主体的区域性协同发展考核评价机制，无论在理论上还是在实践中都是一个重大创新。欧盟是世界上区域合作程度较高的合作体，珠江三角洲地区是我国区域合作水平较高的地区，通过探究其区域协同发展考核评价的做法，能够为构建京津冀协同发展考核评价机制提供借鉴。

一　欧盟经验

从 1951 年法国等 6 国签署关于建立《欧洲煤钢共同体条约》，拉开欧洲一体化的帷幕，欧盟各地区在经济发展水平、经济结构等方面存在较大差距的情形下，通过基金激励、利益协调机制制度化、多层治理机制等政策设计，有力地推动了欧洲的一体化进程。

（一）基金激励成员国参与区域合作

为激发各成员国区域合作的动力，欧盟把“协调与平衡发展”及“经济与社会凝聚”作为主要的政策目标，通过对资源配置的调整及利益的公平分配，缩小成员之间的发展差距。其政策工具就是通过建立相应的基金，支持欧盟成员国落后地区的发展。1975 年成立的“欧洲区域发展基金”是第一个结构调整的专项基金。1988 年将资助部门结构改革和干预区域经济差异的基金，全部用于经济和社会凝聚方面。1993 年，随着《欧共体条约》的生效，一个主要用于促进相对落后的希腊、西班牙、葡萄牙和爱尔兰四国经济发展的凝聚基金开始运作。2007 年以来，该基金更加关注经济增长与促进就业。2007—2013 年期间的预算资金中，81.5% 用于趋同目标，16% 用于区域竞争力和就业目标，2.5% 用于区域合作目标。欧盟通过这些基金，有效激励了成员国参与市场一体化的积极性。

（二）制度化的利益协调机制

为推进和保障区域紧密合作与发展，欧盟设立了欧盟理事会、欧盟委员会、欧洲议会和欧洲法院，以及就有关合作领域和事宜达成的明确规则，在区域合作实践中形成的、被国家和非国家行为主体接受的具有约束力的非正式做法等。值得一提的是，欧盟在一体化的每个阶段都制定相关法律，如《巴黎条约》《罗马条约》《单一欧洲法案》《里斯本条约》《欧盟宪法条约》等，有效加强了成员国间的合作与交流，并使一体化不断地向更高的形式发展。

（三）区域利益协调的多层治理机制

多层治理是新型的区域合作协调机制，在欧洲应对全球化挑战、管理内部事务、探索改善自身生存环境等方面发挥了重要作用。多层治理的实质是多种行为主体在市场原则、公共利益和认同基础上的合作，目的在于实现各方利益。这种模式主要有如下特点：一是参与行为主体的多元性，既包括各种超国家机构，如欧盟委员会、欧洲议会、欧洲法院，也包括各成员国政府以及由各成员国政府组成的部长理事会、欧洲理事会，还包括次国家机构如地方政府、利益集团、私人机构、非政府组织等。二是决策主体的多层级性，参与治理的行为体在欧盟决策中地位完全平等而互不隶属，每一个层次的参与者在自己权限内都享有独立决策权，强调权力非集中的、开放的运用。三是治理体系具有动态性，参与主体和层级会因为它们所面临的政策任务和治理形式的不同而有所变化。在不同层级进行协商时，采用的是非多数同意的谈判协商体系。

二　珠江三角洲经验

珠江三角洲地区是我国改革开放的先行地区，在全国经济社会发展和改革开放大局中具有突出的带动作用。2008 年 12 月，国家制定了《珠江三角洲地区改革发展规划纲要（2008—2020 年）》（以下简称《珠三角规划纲要》）。为了推动《珠三角规划纲要》的全面贯彻实施，督促各地、各部门完成《珠三角规划纲要》确定的各项任务和目标，广东省印发实施了《实施 < 珠江三角洲地区改革发展规划纲要（2008—2020 年） > 评估考核办法》，并对各地、各部门进行了评估考核。

（一）制定评估考核办法

广东省人民政府办公厅于 2011 年 3 月印发了评估考核办法，共七章三十条。考核办法对各市的评估考核包括指标考核、工作测评和公众评价三部分，考核指标分为两类共 39 个指标；工作测评由省有关单位和考核组根据各市情况作出定性评价并予以量化；公众评价由省规划纲要办委托有关单位或社会中介组织实施，采用电话随机采访和网络问卷调查两种形式。各市评估考核总分 = 指标考核得分 ×50% + 工作测评得分 ×40% + 公众评价得分 ×10%，满分为 100 分。

（二）配备考核“智囊”和“监督员”

为做好考评和迎接国家检查评估，广东省实施《珠三角规划纲要》领导小组从省直 20 个单位抽调 30 名干部，邀请 3 名广东省人大代表、两名省政协委员和中大、华工、暨大、华农、广东省社科院各 1 名专家共 40 人，组成 5 个考核组，由厅级官员带队，代表广东省委、省政府对珠三角 9 市和 25 个省直单位进行检查，评估考核实施《珠三角规划纲要》的工作情况。每个考核组均有 1 名广东省人大代表或省政协委员以及 1 名专家，他们将是各个考核组的“智囊”和“监督员”。评估考核的基础工作时间较为集中，原则上要求各市政府、省各单位的主要负责人亲自介绍本地区本单位实施《珠三角规划纲要》的工作情况。

（三）重视公众评价调查

网络问卷调查通过南方新闻网网站进行，智能手机用户还可下载应用软件或扫描二维码参与，电话受访人员包括一定比例的市人大代表和政协委员。调查结束后由主办方抽取幸运网友并发放了丰厚的奖品，以感谢广大网友热情参与。充分调动公众的积极性。

（四）考核情况全省通报

考虑到主要经济社会发展数据要到每年6月前后才能最终确定，对珠三角各市实施《珠三角规划纲要》情况的评估考核，从每年的第二季度开始，至6月底前结束。对珠江三角洲各市评估考核意见和结果，将作为省组织、人事部门任用、奖惩、培训干部的重要参考。对评估考核等次为优秀的单位，将以适当形式予以通报表彰；评估考核等次为一般、较差的单位，其行政主要领导要向省领导小组书面说明情况，限期整改。最终考核结果，于每年6月底前报省领导小组审定。省领导小组审定后，省规划纲要办将最终考核结果以书面形式通知考核对象。省领导小组应将每年的评估考核结果报省委、省政府，同时向全省各地通报并在政府公众网上公布。

三　启示与借鉴

欧盟区域合作是国家间的合作，珠江三角洲的合作则在广东省范围内，与京津冀跨省级行政区的特殊的“三地四方”合作不同，但其评价考核的做法为我们构建京津冀协同发展评价考核机制提供了启示。

（一）重视程度上，提升考核评价的分量

现有经济社会发展评价侧重于对区域内经济社会发展的考察，对跨行政区区域合作缺乏应有的权重。面对京津冀协同发展中特殊的“三地四方”关系和长达30年之久的缓慢合作进程，在现有考核评价体系中加入区域协同发展指标并将其赋予相对较高的权重是推进京津冀协同发展的题中应有之义。

（二）考核对象上，实行分区分类分层考核

参与区域一体化的各方发展基础不同，发展阶段和任务差异较大，简单

套用一个刺激模式难以真正发挥作用。区域协同发展内容庞杂，实施任何单一的评价机制都无法反映区域的差异性。因此，面对发展条件和发展阶段不同，合作要实行分区分类分层考核，同时实施考核标准的多元化。

（三）考核方法上，多评估主体和制度化法治化

随着政府绩效评估理论的演进发展，原有单一主体评估受到诟病。为了实现评估的科学性，越来越重视公众在评估中的意见，引入没有利益关系的第三方进行评估已是大势所趋。合作框架协议在京津冀合作过程中效果不理想，一个重要原因就在于其没有制度化和法治化，没有约束力。从欧盟的一体化进程来看，在每个阶段都制定了相关法律，对其一体化发挥着极其重要的推动作用和保障功能。

（四）考核应用上，奖罚分明信息反馈

切实将官员提拔、表彰奖励等与考核评价结果挂钩，通过主要媒体将考核评价结果在主要门户网站上公布，对多次处于不良状态者，其领导要向领导小组书面说明情况，限期整改。屡教不改者，要按照相关办法将其撤换。

值得引起高度注意的是，在欧盟和珠三角的做法中，也出现了一些影响考核评估效果的因素。首先是某些投入无法测量性。政府投入了精力从事此项工作，但没有一个简单有效的指标将其量化，影响到绩效成本的计算。其次，政策时滞性。评估考核期的绩效评估并不能充分反映当期政策的效果，这样使得评估的准确性受到局限。第三，信息的不对称性。评估主体与被评估者之间信息是不对称的，评估信息主要来源于被评估者，提供信息的真实性和优劣会影响到评估的质量和效率。第四，认知的偏差性增加了考核评估的难度。应学会用科学分析的方法代表主观的经验推理，实事求是地进行评估。

区域协同发展考核评价依托于政府绩效评估理论，以区域一体化为评价标准，以省级行政区为考核对象，显示出考核评价的复杂性，也体现出京津冀协同发展评价考核机制的创新性。

第三节 京津冀协同红利的模拟测算

创新京津冀考核评价机制的目的在于促进京津冀各地发展更加符合协同发展的整体要求，激励京津冀区域创造质、量俱佳的政绩，提高京津冀协同发展红利，即京津冀三地协同发展的结果不仅要使诸如经济发展水平、公共服务等重要指标在协同发展后的总体水平（或增量总和）大于三地协同发展前，而且能够进一步缩小三地在经济社会发展等方面的差距。

现以人均 GDP 和人均公共财政支出两个指标为例，进一步说明考核评价机制转变后的协同红利。

一 京津冀协同发展的人均 GDP 效应分析

长期以来，京津冀三地经济发展水平不平衡，存在较大差异。2013 年，人均 GDP 天津最高，为 99607 元/人，北京为 93213 元/人，河北最低，为 38716 元/人；从三地人均 GDP 比较看，河北为天津的 38.9%，北京为天津的 93.6%，说明河北人均 GDP 与北京、天津存在明显差距。

若不考虑京津冀协同发展，三地人均 GDP 均按增长 1% 的绝对量计算，河北、北京、天津的人均 GDP 较 2013 年分别增加 387 元/人、932 元/人、996 元/人，从而使三地人均 GDP 分别达到 39103 元/人、94145 元/人、100603 元/人，京津冀三地人均 GDP 水平的差距将会进一步拉大。

若考虑京津冀协同发展（以天津为基础），河北人均 GDP 差异系数较天津缩小 10%，北京较天津缩小 5%，则三地人均 GDP 的差异系数，河北为天津的 48.9%，北京为天津的 98.2%，按此差异系数计算，河北、北京、天津人均 GDP 增长 1% 的绝对量分别为 487 元/人、982 元/人、996 元/人，三地人均 GDP 分别达到 39203 元/人、94195 元/人、100603 元/人。

由此可见，京津冀协同发展后，不仅京津冀区域整体人均 GDP 有了提高

（可由加权算术平均计算），河北人均 GDP 也将较京津冀协同发展前与天津的差距缩小 100 元/人，北京与天津缩小 50 元/人；同时，在京津冀协同发展后（若河北差异系数与天津缩小 10%，北京与天津缩小 5%），三地人均 GDP 增长速度的关系表现为：天津人均 GDP 每增长 1%，河北需增长 1.3%，北京需增长 1.1%。

二　京津冀协同发展的人均公共财政支出效应分析

长期以来，京津冀三地人均公共财政支出同样也存在着明显差异。2013 年，人均公共财政支出北京最高，为 17310 元/人，天津为 14124 元/人，河北最低，为 3131 元/人。从三地人均公共财政支出的差异系数看，河北为北京的 18.1%，天津为北京的 81.6%，说明河北人均公共财政支出与北京、天津存在显著差距。

若不考虑京津冀协同发展，三地人均公共财政支出均按增长 1% 的绝对量计算，河北、天津、北京的人均公共财政支出分别增加 31 元/人、141 元/人、173 元/人，从而使三地人均公共财政支出分别达到 3162 元/人、14265 元/人、17483 元/人，京津冀三地人均公共财政支出水平的差距也将进一步扩大。

若考虑京津冀协同发展（以北京为基础），河北人均公共财政支出差异系数较北京缩小 20%，天津较北京缩小 10%，则三地人均公共财政支出的差异系数，河北为北京的 38.1%，天津为北京的 91.6%，按此差异系数计算，河北、天津、北京人均公共财政支出增长 1% 绝对量分别为 65 元/人、158 元/人、173 元/人；三地人均公共财政支出分别达到 3196 元/人、14282 元/人、17483 元/人。

由此可见，京津冀协同发展后，不仅京津冀区域整体人均公共财政支出有了提高（可由加权算术平均计算），河北人均公共财政支出也较京津冀协同发展前与北京的差距缩小 34 元/人，天津与北京缩小 17 元/人。三地人均公共财政支出增长速度的关系表现为：北京人均公共财政支出每增长 1%，河北需增长 2.1%，天津需增长 1.1%。

第十四章　京津冀产业协同发展的路径与对策

随着世界经济全球化和区域经济一体化的推进，以大城市为中心，以区域城市群为主体的都市圈经济发展成为社会发展的趋势。欧美日等发达国家和地区经济一体化建设比较好，国内的长三角和珠三角都市圈发展也比较成熟。这些城市圈产业分工协作的发展经验对京津冀协同发展有重要的借鉴意义。在总结概括这些经验基础上，本章系统论述了京津冀产业协同发展的指导思想、基本原则、实现路径和重要任务，并提出了相应的政策建议。

第一节　国内外都市圈产业协同发展的经验与启示

一　美国纽约都市圈产业分工与合作实践

纽约是美国最大城市及最大的商港，也是世界的经济中心，位于纽约州东南部，被人们誉为世界之都。为了分析社会经济发展趋势和问题，纽约区域规划协会（Regional Plan Association of New York，RPA）提出了纽约都市圈（New York Metropolitan Region）的概念，该都市区的区域范围涵盖新泽西州的北部、康涅狄格州的南部、哈德逊下游地区以及长岛地区。因区域面积约为41000 平方公里，辖域人口高达 2000 万，成为全美最大的都市区，也成为世界上最大的城市密集区之一。纽约都市圈是世界五大都市圈之首，其对世界经济的巨大影响力归功于都市圈内完善的产业分工和协作。纽约都市圈是以市场为主导推动产业一体化的代表。纽约都市圈的产业一体化经历过三次重大调整，前两次都因产业向郊区扩散中造成资源利用率低下和城市产业空洞化而以失败告终。第三次立足于经济全球化，从产业链的角度推进一体化而获得成功。其核心是围绕中心城市的科技、资本优势，以市场化手段推动产业的分工、协作和转移。

纽约都市圈采用各中心城市主导产业错位发展的产业结构政策。这是纽约都市圈始终保持可持续发展能力的重要保障之一。在城市功能定位上，与纽约相比，各次级中心城市形成了独具特色的发展格局：纽约作为国际性的金融中心，形成了最为齐全而发达的生产性服务业，为整个都市圈和全球经济发展提供多种重要的高端专业化服务；华盛顿是全美的政治中心和大国首都，集聚了一批全球性金融机构，总部经济优势明显，如国际货币基金组织、世界银行以及美洲发展银行等的总部均设立于此；波士顿是全美最富盛名的高等教育名城和高科技产业基地，与“硅谷”齐名的“高科技走廊”沿波士顿 128 号公路分布；费城是纽约大都市圈的港口城市和交通枢纽，交通运输、航空及国防工业比较发达，巴尔的摩紧邻华盛顿特区，占有联邦开支和政府采购合同的大部分，国防及矿冶工业基础良好。

同时，在一些细分产业发展中纽约都市圈也呈现出错位发展、有序分工的格局。纽约都市圈位于大西洋沿岸，在港口发展上有纽约港、巴尔的摩港、费城港和波士顿港。纽约港作为美国东部最大的商港，发展的重点是集装箱运输；费城港则主要开展近海货运；巴尔的摩港是煤、矿石和谷物的转运港；波士顿港是以转运地方产品为主的商港，兼有渔港的性质。港口发展一直是该区域的基础。通过有序分工，这些港口构成了以纽约港为中心枢纽的美国东海岸港口群，运营灵活、分工合理。

从纽约都市圈的发展经验来看，城市的规划应始终尊重经济社会发展的客观规律，作为“第三部门”RPA 的三次区域规划效果，充分说明了以中介组织为代表的民间组织机制在促进区域整体发展、协调不同行政区域的利益方面作用显著。同时，采取合理的产业结构政策，既能成功地提升中心城市的实力和地位，又能促进周围地区良好发展。联邦制国家独特的行政管理体制，对经济一体化的高效形成也具有促进作用。

二 日本“东京都市圈”产业分工与合作实践

日本是亚洲最早发展都市圈的国家。东京大都市圈位于日本列岛东南侧，濒临东京湾，是以日本首都东京为核心，以京滨—京叶临海工业带为依托，由东京及其周边半径距离为100公里范围左右的20余个规模大小不等的城市组成的环状大都市圈。20世纪50年代中期，日本经济逐步由战后的缓慢恢复转入为快速发展。随着日本工业的深入发展，在其全国范围内掀起了城市化热潮，大量农村剩余劳动力向城市转移，为城市的经济建设提供了廉价的劳动力资本，进一步推动了城市化进程。特别是在20世纪60年代，日本经济正处于高速发展过程中，太平洋沿岸地带的工业发展进入鼎盛阶段，为内地劳动力提供了大量的就业机会，人口迁移的规模更为庞大。其中，首都圈的人口迁移现象最为显著。人口骤增促使东京城市地域不断扩张，大城市病日益凸显。同时，人口过度集聚也引发了外部不经济。而且，日本是地震频发国家，人口和社会活动的过于集中导致防灾减震能力下降。为了缓解东京存在的诸多大城市病，日本政府提出了首都圈构想，旨在广域范围内解决人口和产业过度集中问题，以期实现经济的均衡发展。东京都市圈是政府主导产业一体化的代表。借鉴日本首都圈产业分工与合作的成功经验对于京津冀产业一体化建设必将有所裨益。

其模式主要特点是，政府通过行政的、经济的和法律的手段，实现资源要素的空间配置，组织和协调区域产业布局，更快地推动区域产业一体化。在产业转移中，东京由于各种自然资源十分有限，所以采用了以便利、完善的基础设施来推动产业的科学空间布局；在产业分工中，站在全国的角度来定位，形成了以都市型工业和服务业为主的特色产业；在产业协作中，以制定合理产业政策为突破口，形成了联系紧密的产业链。

（一）始终重视对都市圈的发展规划

自20世纪中叶起，日本对首都圈规划进行了五次重大调整，主要针对人口、资本等要素过度向东京都心集中问题进行规划调整，着重强调城市功能的分散、区域产业的分工合作以及地域产业的联动，推动首都圈逐步由单一核心圈域发展成为多极多核心的网络结构，实现了由硬性控制到柔化管理的城市管理方式转变，由人口转移到产业转移、功能转移的城市功能外溢，大中小城市产业联动的城市分工与协作，缩小了日本首都圈的地域差距，显著提高了整体国际市场竞争能力。

（二）根据空间组织规律，由人口到产业及功能依次向外转移

在日本首都圈发展初期，由于受到向“东京一极集中”的政策引导，东京都心地区人口增加率不断升高，增长极的集聚效应远远大于扩散效应，场效应的辐射能力不明显。产业和人口的迅速集中带来的经济负效应成为东京进一步发展的桎梏。交通堵塞、环境恶化等问题愈演愈烈。

因此，各界学者们开始质疑“一极集中”的中枢管理功能是否能够维持长久。因此，在之后的首都圈计划中不仅强调控制人口的增加，而且将分散东京的各种功能作为重点。在第一次计划中，提出控制学校和工厂的兴建；在第二次计划中，确立了东京的城市功能定位，旨在将其他功能向外转移；在首都改造计划中，进一步提出将东京部分行政管理功能向外转移；在第四次计划中，要求将业务管理功能和国际交流功能分散；在第五次计划中，着重加强自立都市圈中心城市在教育、文化、休闲等生活功能的培育。可见，日本政府在城市功能转移和分散布局方面的规划是根据社会实际情况、经济发展阶段以及空间结构规律适时地调整和部署。

（三）依据产业空间分工和协作规律，发展大中小城市产业联动

城市是经济行为的空间载体，城市的发展离不开经济活动的支撑。日本首都圈经济发展模式重视培育城市的主导产业，以大城市为中心形成独立的、各具特色的中核都市圈，各类中核都市圈与中心城市形成产业分工合作、功

能协调的经济一体化区域。日本首都圈规划调整体现了均衡发展中心城市与其他地区的可持续发展思想：第一，在城市开发地区培育各种类型的功能城市，包括工业城市、住宅城市、研究学园以及流通中心等；第二，确立并发展大城市的主导产业，形成大城市间的产业分工；第三，培育中核都市圈的产业集群，在中核圈域内形成产业链条，加强模块化产业协作；第四，以东京为中心城市的首都圈、以业务核城市为核心的据点城市群、以中核城市为核心的自立都市圈共同形成了分散的网络状空间结构。

（四）把握城市建设规律，构建快速化、网络化的交通基础设施

日本首都圈的成功经验在于，促使日本大中小城市间联动发展的核心是各都市经济圈产业间的联动发展。都市经济圈的地域范围依核心都市的集聚功能和扩散功能而定，交通、通信网络体系的建设是确保都市圈间产业发展联动的基础前提和重要支撑条件。日本政府在首都圈基本计划中反复强调修建高速公路网、搭建便捷的信息通信网、合理规划居住环境等。为了加强东京与其他职能城市的联系和保证城市间经济联系的畅通，完备基础设施成为首都圈规划中的重点内容；同时，为了建设宜居城市，提高居民的生活水平，规划中还强调了生态环境保护和建设花园城市的措施。

三　长江三角洲产业分工与合作的实践

根据分工与合作发展过程中表现出来的不同特点，可将其划分为三个阶段：

（一）计划体制下的政府控制的产业间垂直分工阶段

新中国建立以后，上海和江浙地区之间在计划经济体制的安排下，形成了一种江苏和浙江以发展农业为主、上海以发展工业为主的区域经济关系。新中国成立之初，上海被定位为工业城市，在中央发展利用沿海工业的方针指导下，上海工业发展很快，到 1965 年已经拥有了除采掘和采伐业外的几乎全国所有的工业门类。上海的自然科学研究事业也在这一时期奠定了基础。而改革开放以前，江苏和浙江是以农业为主的省份。在计划经济的安排下，

江苏和浙江必须将自己剩余的农产品以计划价格提供给上海，上海再将加工生产出来的工业制品供应包括江苏和浙江在内的全国市场。长三角各次区域的职能定位和产业特征，就决定了上海和江浙之间是计划经济安排下的产业间垂直分工关系，区域之间的分工与联系由政府计划和指令决定。

（二）“上海经济区”框架下企业间非正式的水平分工与合作阶段

20 世纪 80 年代初期，中央在推出分权改革的一系列措施时，也提出要搞区域经济协作，以打破条块分割所带来的弊端。在这一背景下，1982 年 12 月国务院发出通知，决定成立“上海经济区”这一组织框架，对当时长三角地区的经济合作起到了积极的作用。上海经济区时期刚好是江浙地区的乡镇企业大发展的阶段。因此，上海经济区的存在在很大程度上为江苏和浙江，特别是苏南和浙北、浙东北地区的乡镇企业利用上海的资源提供了便利。在上海经济区框架下，上海的“星期天工程师”对江浙地区的乡镇企业发展，对长三角区域内部的技术转移作出了突出的贡献。江苏和浙江还充分挖掘和利用了上海品牌的影响力，帮助自己的产品开拓市场，与上海国有企业的经济技术合作，这成为江浙乡镇企业蓬勃发展的重要影响因素之一。

在江浙乡镇企业快速发展的同时，上海工业在全国的地位开始不断下降，20 世纪 80 年代，由于除了粮食之外的农副产品价格先于工业品价格放开，江浙的农副产品不再以计划规定的低价供应上海，使得上海的国有工业再也不能像改革开放之前那样以低价轻易获得消费品工业的原材料，失去了长三角垂直分工体制带来的好处。不仅如此，江浙两地蓬勃发展的乡镇企业，开始利用自己在制度、土地、劳动力成本方面的优势蚕食上海工业品的传统市场，加深了上海国有工业的困境。上海经济区时期是一个转折期，在这个时期，上海和江浙地区之间的产业分工开始从垂直分工向水平分工方向发展。

（三）市场主导下企业自发性分工与合作萌芽阶段

1990 年浦东开发开放以后，特别是十四大报告中将浦东开发开放作为龙头加以定位以后，“一个龙头、三个中心”的国家区域发展战略使得浦东通过享受国家特殊的优惠政策，实现了区域经济的快速增长。上海在长三角乃至中国经济中的核心地位也得到巩固和加强。

浦东开发开放也为江苏和浙江等上海周边地区带来了难得的发展机遇，出现了外商对长三角地区的投资热潮。江苏南部地区的苏、锡、常地区，首先利用自己紧邻上海的区位优势，吸引了大量的外资，迅速向外向型经济发展方式转变。这一时期浙江吸引外资也有一定增长，但较上海和江苏滞后很多，形成了民营经济为主的经济模式。因而，在这个阶段，浙江与上海的合作更多地带有民间、个体（包括个人以及民间企业）和非正式关系的特点，即以民间力量为主导。而民间力量要利用上海的资源，就只能更多地采取进入上海求发展的方式。以浦东开发为契机，浙江民营企业进入上海的数量开始不断增加。

总之，浦东开发开放初期，长三角地区处在产业结构和企业所有制结构的调整时期。外资的集聚以及民营资本跨区域流动性的增强，为企业在组织内部和组织外部开展地域分工与合作打下了基础。在这一时期，虽然政府在一定程度上有促进长三角经济一体化的愿望，但并没有出台更多实质性政策，省级政府层面亦未重视市场在区域产业分工与合作中的力量。

在市场化、全球化、城市化和政府推动的合力作用下，长三角区域产业分工与合作已经形成了三种基本模式：

1. 以跨国公司内部体系为主导的区域分工与合作模式

截至2017年7月底，外商在上海累计设立跨国公司地区总部和总部型机构已突破600家大关，共达605家，其中亚太区总部64家，投资性公司339家，研发中心416家。上海已成为中国内地吸引跨国公司地区总部最多的城市。跨国公司将总部、研发、营销等职能布局在上海，以利用上海交通便捷、信息集中、高等级机构汇聚、精英人才众多的优势；将生产环节布局在江苏和浙江，以利用江浙地区地价和劳动力便宜、基础设施完善、相关产业集聚等好处，从而在跨国公司内部形成一种分工与合作关系。近年来，在华跨国公司内部的这种区域间分工与合作现象越来越显著。例如，食品巨头卡夫公司在苏州建设饼干工厂，而将总部设在上海。世界最大的电信设备制造商之一诺基亚西门子通信公司在上海设立全球下一代城域网、业务部门总部，在杭州设立网络全球研发中心，在苏州建设移动网络产品工厂。这种以跨国公司内部体系为主导的区域布局模式，利用组织手段将分布于不同地域的不同职能的环节整合在一起，最大限度地获取区域优势。利用这种方式，跨国公司将不同区域整合入其全球生产体系，一方面加强了区域之间的分工与合作关系，另一方面也加剧了区域的路径依赖。

2. 本土企业的生产链空间分离导致的区域分工与合作模式

近年来，长三角地区有很多股份制企业和私营企业都在进行生产链不同环节的空间分离。江苏和浙江的股份制企业和民营企业将地区总部、运营部门或研发中心迁往上海、杭州、南京等中心城市，与此相对应的是，上海的很多企业也在将生产部门转移出上海，迁往江苏和浙江。长三角地区本土企业内部不同的职能部门和不同的生产环节的区域分工与合作已相当普遍，未来仍呈进一步上升趋势。

3. 以外包、战略联盟等松散组织形式型构的区域分工与合作模式

在经济全球化时代，建立灵活的生产网络已经成为企业应对快速变化的市场需求、增强核心竞争力的有效途径，因此，在更大的区域范围内搜寻合作伙伴，建立跨区域的生产网络成为现代企业的一种重要的分工与合作模式。以汽车行业为例。上海汽车产业占上海工业产值10%以上，巨大的市场吸引了众多苏、浙配套企业争相投奔。上海整车诸多零部件企业中，有90%来自江苏和浙江。在上海桑塔纳轿车共同体名录中，176家成员单位中大多数是苏浙企业，而那些徘徊在共同体名录之外、不定期、非正式为上海配套的苏、浙企业数，则超过共同体正式成员数的两倍。长三角已经形成较为完整的电子及通信设备制造、普通机械制造、化学纤维制造等产业集群，通过分工与合作建立灵活的生产网络将成为更多企业的选择，并促使区域之间形成更为

密切的分工与合作关系。

长三角区域产业分工与合作的发展历程与现状模式显示，该区域的产业分工与合作是内力和外力共同作用的结果。所谓内力，是指在市场的作用下，微观经济主体在不同区域获取不同的资源，配置不同的职能，并通过组织或市场手段将它们加以整合的力量。在这种力量的作用下，原本封闭或经济联系单一的区域之间会产生产业分工与合作。所谓外力，是指政府通过政治、经济等手段从宏观层面上对区域产业分工与合作产生的作用。在改革开放初期，外力的推动对长三角区域产业分工与合作的形成是重要的，中央决策层的政策对长三角区域产业分工与合作的发展提供了基本的制度条件。进入21世纪，随着市场化、全球化和城市化进程的推进，长三角已经形成了三种基本区域分工与合作模式，这些模式的形成，是体制转型和经济发展的必然结果，而非政府刻意规划与培育的产物。对政府部门来说，是否建立跨行政区域的行政指导机构或者行政协调机构并不重要，而应顺势而为，把握长三角区域产业分工与合作的基本规律，顺应经济发展的市场化规律，在弱化区域行政壁垒、降低区域分工与合作的制度成本上下功夫。同时，加快向服务型政府的转变，致力于增加公共产品的供给，为要素跨区域流动提供更便捷的条件。

四　珠江三角洲产业分工与合作的实践

珠江三角洲，简称珠三角，是组成珠江的西江、北江和东江入海时冲击沉淀而成的一个三角洲，面积大约10000多平方公里。通常所说的珠三角或“小珠三角”是指珠江沿岸广州、深圳、佛山、珠海、东莞、中山、惠州、江门、肇庆9个城市组成的区域；“大珠三角”指的是广东、香港、澳门三地构成的区域；“泛珠三角”包括珠江流域地域相邻、经贸关系密切的福建、江西、广西、海南、湖南、四川、云南、贵州和广东9省区，以及香港、澳门2个特别行政区，简称“9+2”。本书所探讨的区域包括了小珠三角、大珠三角、泛珠三角三个不同层面城市圈区域。

随着经济的发展，泛珠江三角洲区域内的贸易、投资和劳动力流动日益频繁。香港、澳门和小珠三角已成为带动泛珠江三角洲区域经济发展的重要发展极，泛珠江三角洲区域产业分工与合作机制已见雏形。

（一）较明确的城市分工

珠江三角洲内部明确的城市分工局面正逐渐形成。香港是世界上首屈一指的国际贸易中心和金融中心、国际性航运和水运枢纽，以及珠江三角洲出口转运中转基地。广州是广东省的行政和商贸中心，并且与珠江三角洲其他城市的交通通畅快捷，正在发展成为华南的运输中枢。深圳是经济特区，吸引了不少合资、外资企业，港口发展也极为迅速，是珠江三角洲的外向型产业基地、对外贸易平台及主要的港口城市和高科技产业基地。澳门主要承担的功能是大力发展旅游产业、文化产业及其相关产业。

（二）产业梯度转移有序进行

经过多年高速发展，广东的劳动力、土地等生产要素价格已经达到一个较高水平，不少劳动密集型、能耗高的产业出于降低生产成本考虑，开始向其他地区进行产业扩张和梯次转移，电子信息产业和石油化工产业逐渐成为广东发展的重点。而周边省份凭借丰富的农矿资源以及低廉的劳动力资源，积极承接广东转移产业，根据比较优势发展特色产业。随着泛珠江三角洲经济圈的打造，互补性产业转移和产业承接日益成为区域内经济合作的热点和重点，这种产业的梯度转移正如当年港澳台企业向珠江三角洲的转移，将带动中西部地区的工业化，并在泛珠江三角洲经济区中形成完整的产业链。

（三）政府引导下的区域合作

泛珠江三角洲区域合作是一项克服制度障碍的政策合作，政府合作在其中起到很大的推动作用。第一，《泛珠江三角洲区域合作框架协议》与《泛珠江三角洲区域合作发展规划纲要（2006—2020 年）》确立了未来该区域合作的十大领域。第二，《泛珠江三角洲区域综合交通运输体系合作专项规划》提出由政府主导、企业按市场原则参与，建设泛珠江三角洲区域覆盖海陆空的综合交通运输体系。这既为企业参与交通等基础设施投资的获利提供保障，同时也为该区域资本流动克服空间障碍、降低交易成本并提高获利能力创造条件。第三，《泛珠江三角洲区域科技创新合作“十一五”专项规划》与《泛珠江三角洲区域信息化合作专项规划》两项规划侧重于培育区域创新环境和促进区域技术创新扩散，以克服在技术不变前提下的资本边际收益递减规律，并充分保证资本流动收益的持续增加，这是推动该区域合作的持久动力，也是其经济增长的根本源泉。第四，《泛珠江三角洲区域能源合作“十一五”专项规划》与《泛珠江三角洲区域环境保护合作专项规划》两项规划确立了泛珠江三角洲区域可持续发展方向。能源合作有利于克服区域内能源需求与发展不平衡的矛盾，而环境保护合作则充分考虑了珠江流域上下游的环境保护与经济发展关系协调。能源与环境领域的区域合作是实现区域经济稳定协调发展，并保证泛珠江三角洲区域合作潜在利益得以实现的根本前提。

五　国内外都市圈产业协同发展的经验与启示

美国纽约都市圈、日本东京首都圈、中国的长江三角洲和珠江三角洲在区域产业分工与合作方面已经取得了长足发展，借鉴它们发展过程中的经验和教训，有利于京津冀区域产业分工与合作策略的制定实施。

（一）区域产业分工与合作需遵循一定的原则

国内外产业分工与合作开展较好的区域，大都遵循以下原则：（1）互惠互利原则，即在充分兼顾各地利益基础上，通过产业分工与合作，从中产生集聚和累积效益，实现多赢的效果。（2）优势互补原则，即各地按照比较利益的原则进行专业化分工，通过区域要素流动和商品贸易等形式实现优势互补，促进区域共同发展。（3）市场主导原则，即以市场调节机制调节为主导，政府推动为辅助，共同推动市场一体化进程。（4）系统协调原则，即把区域经济一体化视为一个大系统，全面创新和完善协调机制、制度和组织，形成统一的区域发展规划，实现区域经济整体性发展。

（二）建立有效的组织协调机制

西方国家的普通城市一般不辖区或县市政府，与周围的乡镇政府也没有隶属关系。大都市区存在着多个互不依属的市镇，由于市政区划很小，不同市镇各自为政独立行使自主权。随着都市圈的形成和不断膨胀，中心城市与周边市镇的许多共同问题需要解决，大都市区的统一行政管理机构应运而生。如加拿大的多伦多大都市政府、英国的大伦敦议会、巴黎大都市政府、日本政府的国土厅大都市圈整备局等。

制度整合是区域产业合作的必要基础。区域内政府合作共识的达成是区域合作顺利进行的前提，而制度整合的实现才是推动区域产业合作的关键。近年来，我国各区域内地方政府积极寻求合作。这主要表现在两个方面：一是各地方政府领导人高层会议定期召开已经形成了一种制度；二是城市群众与各地方政府间一系列单项合作协议和制度纷纷出台。

（三）以跨区发展规划作为引领

大都市圈的管理协调机制的建设，重要的是建立游戏规则，建立公平竞争的机制。各区域间合作的关键在于协议本身，而不能靠更强的行政干预手段来消除行政干预。从国内外成熟城市圈发展经验看，均经历了形成、发展和成熟三个阶段，而与这三个阶段相伴随的是政府和相关组织对都市圈的规划。每一次规划都是在总结上一次经验教训的基础上，提出新的发展方向和目标，特别是国外城市圈的发展更是历经百年的规划设计过程而形成的。

在我国，由于不同层次的政府掌握的政策资源差别很大，因此地方政府之间的协调领域和国家层次的协调领域有显著差异。国家层次的协调主体主要关注的是区域发展的整体性问题，而这些问题是单一省市又无法自行解决的问题，如城市功能分工、交通网络建设、环境保护与治理等。如国家发改委会同长江三角洲二省一市共同编制的《长江三角洲区域规划》，就对长江三角洲城际关系及区域间产业合作具有重大的协调作用。

对于城市圈经济一体化规划制定和实施，无论是依靠民间机构（如纽约都市圈的“纽约区域规划协会”），还是专门机构（如伦敦都市圈的“大伦敦管理局”）或政府机构（如国内的“国务院”和“发改委”），都具有组织权威性的特征，并通过不同形式和作用引导圈内经济整合的顺利实施。

（四）多元化的参与机制

管理体制方面，随着政治结构之外的利益群体经济实力的不断壮大，公众、企业、非政府组织参与都市圈治理已经成为一种趋势。国内外都市圈的发展表明，政府机制在城市圈发展中具有不可或缺的作用。东京都市圈是政府主导产业一体化的代表。而纽约都市圈的发展，除了完善的市场机制和完备的政府机制发挥作用以外，很重要的一个因素是作为民间中介组织的纽约区域规划协会在纽约都市圈三次区域规划中发挥了重要作用。长三角的区域合作协调体系由最上层的省市最高领导、中间层的16城市的市长峰会和基层的社会行业组织、企业、企业团体等共同构成，这就保证了区域决策和执行的权威性和有效性。

长三角区域经济一体化程度较高，是因为企业基于产业价值链的空间分工所形成的合作促成的。在长三角发展过程中，很长一段时间都是由外资驱动大的企业，尤其是加工制造企业，它的产业链比较长，同时在产业内部有一些功能性分布，比如总部、研发、生产制造、销售，不同的环节在空间上是由企业来主导和布局的。

如果说长三角有可以被京津冀借鉴的经验，那就是要推进市场化进程，通过企业主体来推动区域一体化的合作，使一体化的行为和结果有市场根基。区域一体化本质上就是要素的充分流动与融合，大力推动区域交通路网体系的快捷通达，推动建立统一开放的人才、科技、资本等要素市场，打破地域分割、人员分类等传统管理体制，建立相互贯通的市场体系。政府推动只能起到加速的作用，根本在于市场的主导。

企业主导还是政府主导产业协同发展取决于一体化的发展阶段。就经验的阶段适用性而言，一体化的初期阶段政府主导型有优势，高级阶段则市场主导型的好处就不断显现，两种方式没有优劣之分，具体应用何种方式取决于一体化的发展阶段。尽管不同发展阶段的具体做法不同，但能够在两个阶段都不断提升竞争力的产业一体化有四个特征性事实：一是抓住当时全球经济发展的机遇；二是立足实际，系统、统筹解决经济、社会、环境等问题；三是将具有全球竞争力的产业作为先导产业加快培育；四是清晰界定政府与市场的边界。

政府制定的政策必须适应市场需求。鉴于京津冀产业分工协作与产业转移处于初期阶段，政府作为第一推动力的作用至关重要，随着市场主体的响应度不断提高巩固，政府的作用将退居次席，市场主导的可持续的分工协作与产业转移成为主流模式。这就意味着，即使是第一阶段，政府政策的制定也应当是适应市场的类市场化机制，核心是对区域共同利益与个体利益的高度协调一致，以为第二阶段的“无形之手”与“有形之手”的转换奠定可靠的基础，避免或降低政策的逆市参场效应带来的协调成本和效率损失。

除了上面几个方面外，还有立法体系的支撑。日本政府通过了《首都圈整备法》及其他一系列配套法规，并成立了首都圈整备委员会，对东京都市圈的城市群进行行政协调。伦敦政府通过颁布《新城法》《绿带法》等法律手段，不仅保障了伦敦规划的方向，还促进了大都市圈的形成。

第二节　京津冀产业协同发展的主要思路

一　指导思想

2015 年 4 月审议通过的《京津冀协同发展规划纲要》（以下简称《纲要》）明确了区域整体定位，即以首都为核心的世界级城市群、区域整体协同发展改革引领区、全国创新驱动经济增长新引擎和生态修复环境改善示范区，并将产业转移升级确定为三个率先重点突破领域之一。产业转移主要指的是不符合北京定位的产业向津冀的转移，产业升级是针对京津冀整体而言的，重点是明确三地产业定位和方向，加快产业转型升级，加强产业协作，打造立足区域、服务全国、辐射全球的优势产业聚集区。

因此，遵循《纲要》要求，在产业协同发展方面，京津冀地区应坚持以科学发展为主题，以加快转变经济发展方式为主线，以提升全域经济发展综合竞争优势为总目标，摒弃简单地按行政区域进行高中低端产业定位、布局和分工的观念，不搞同构性、松散化、非均衡发展，立足各自比较优势，立足现代产业分工要求，立足区域优势互补原则，立足合作共赢理念，理顺三地产业发展链条，着力加快推进产业对接协作，形成区域间产业合理分布和上下游联动机制，力争经过“十三五”期间的积极努力，建立产业转移与资源配置更加顺畅合理、垂直分工和水平分工相结合的网络化区域产业分工体系，提升区域整体创新能力，打造具有国际竞争力的产业密集区域，促进区域经济的一体化发展。

二　基本原则

全局谋划，顶层设计。京津冀产业协同发展，关系国家既定目标能否实现，涉及三个不同行政级别区域的沟通协调，以及三个具有显著发展差异的区域经济体之间的对接平衡。以往的历史经验表明，在现有发展体制和模式下，听任三地自我发展，无法打破“一亩三分地”的局限，实现京津冀产业的合理分工和顺利协作，必须要有统筹全局的规划安排和来自顶层的设计推动。

优势互补，互利共赢。京津冀区域具有产业体系齐全的巨大优势，在产业合作中应充分发挥这一优势，打造研发创新—加工制造—配套服务完整化价值链条，将北京的科技创新优势、天津的高端制造业优势以及河北的腹地优势结合起来，构建完善的产业创新链或价值链，通过京津冀产业一体化的综合实力，将区域制造业和服务高端产品推向全国和世界市场，提高京津冀参与世界产业竞争的能力。同时，为保障京津冀合作的长期性和公平性，要坚持互利共赢、均衡发展原则，强调三地平等的发展权，通过行业合理分工、利益合作共享、成本补偿分摊，促进京津冀产业体系分工协作的深化和一体化崛起。

合理布局，集群发展。依托各自特有的发展条件和比较优势，实现区域间合理分工与布局，是构建区域产业合作的基本前提，也是取得未来发展持久优势的根本所在。要从区域整体发展的要求，不搞同构性、同质化发展，合理确定京津冀每个市县的产业发展方向和具有地域特色的产业和产品，确定重点产业在不同地区的主攻方向，并鼓励发展具有上下游关系或具有服务与被服务关系的企业集中布局，以集群分工发展的方式，构建适合各地特色的地方生产体系和区域创新系统，着力推动垂直分工向垂直分工和水平分工并存过渡，进而向以水平分工为主转变。

开放互动，融合创新。为了提升京津冀在世界、在全国的经济地位，为了京津冀区域各个城市的长远发展，京津冀各地市应该抛开狭隘的行政区观念，树立起共同发展、相互促进的经济区理念。京津要放下大城市的架子，主动与河北各市展开密切合作，河北各市要有开放的眼界和共同发展的心胸。只有各方以促进区域快速发展为总体目标，把提升京津冀区域整体竞争力视为自身必须承担的重要任务，在壮大自身经济的同时，更多地关注区域总体竞争力的提高，把合作发展的功夫主要下在联动上，不断推动三地产业间的链条互动和融合创新，才能使京津冀地区在竞争日益激烈的世界经济格局中占有一席之地。

积极对接，重点推进。京津冀各市都面临着产业结构调整的任务。京津在追赶世界先进国家水平、提高产业总体竞争力和自主创新能力、建设世界城市等方面，同样也需要借助京津冀的整体实力和平台，应该承担起率领京津冀参与全球化竞争、提升产业分工层次与竞争能力的任务。河北各市面临着大力推进三次产业结构调整与升级的艰巨任务，应积极以京津的人才与科技优势为依托，加快与京津产业链条对接步伐，不断寻求产业发展与合作的机遇。在具体对接发展过程中，应注意以产业结构优化升级和实现创新驱动发展作为合作重点，以点带面，重点推进，以目标规划对接、大型项目合作、重点园区建设、关键领域改革等为突破口，迅速打开京津冀产业分工合作新局面。

政府推动，市场主导。区际经济利益非均衡是京津冀区域经济一体化面临的核心矛盾，造成这一问题的直接原因是区域经济一体化的客观要求同行政边界分割的矛盾，根本原因是地方政府的有限理性和市场的不完全性。政府应加强改革，着力加快推进市场一体化进程，下决心破除限制资本、技术、产权、人才、劳动力等生产要素自由流动和优化配置的各种体制机制障碍，推动各种要素按照市场规律在区域内自由流动和优化配置，通过利益关系的整合而非行政性强制干预，实现京津冀区域内创新链和产业价值链的闭合，推动其发挥区域内产业聚集区的整体优势。

三　实现路径

2015 年，继《纲要》颁布实施后，交通、生态环保、产业、科技等一批专项规划相继出台实施。2016 年 2 月，《“十三五”时期京津冀国民经济和社会发展规划》印发实施，是全国第一个跨省市的区域“十三五”规划，明确了京津冀地区未来五年的发展目标，以《纲要》为基本遵循，把京津冀作为一个区域整体统筹规划，在城市群发展、产业转型升级、交通设施建设、社会民生改善等方面一体化布局，努力形成京津冀目标同向、措施一体、优势互补、互利共赢的发展新格局。《规划》制定了 9 个方面的重点发展任务，其中第二个就是转型升级，构建现代产业发展体系，重点是大力发展现代服务业，推动生产性服务业向专业化和价值链高端延伸，推动生活性服务业向精细和高品质转变，积极培育新兴服务业；提升制造业水平，加快三大沿海战略功能区、五条协同发展带和六条优势产业链培育和建设；做强做优现代农业，进一步优化农业生产结构和区域布局。

结合京津冀总体功能定位，综合考虑三地不同资源禀赋、发展基础、市场前景、环境保护、均衡发展等影响因素和内在要求，京津冀产业要实现协同发展，必须从以下几方面着手开展工作：

（一）形成上下游链条对接与产业升级联动机制

以市场经济为基础，依托科技和产业合作平台，充分发挥地方比较优势，积极引导产业的扩散和转移，实现各种资源要素的优化配置；紧跟世界产业价值链发展步伐，以物流服务业为纽带，以高速公路、铁路等交通干线为轴，加快区域产业配套能力建设和区域产业价值链构筑，加强京津冀邻近城市产业发展的统筹协调，打造研发创新—加工制造—配套服务完整化价值链条，实现京津冀产业发展的区域合作与产业联动升级；以曹妃甸园区、新机场临空经济合作区、天津滨海中关村科技园、张承生态经济区、沧州渤海新区为突破口，加快共建产业协作功能区，逐步实现河北与京津一、二、三产业的全面融合发展。

（二）培育产业集群式集聚发展新优势

产业集群实际上是把产业发展与区域经济通过分工专业化与地域交易便利性有效地结合起来，从而形成的一种有效生产组织方式。为提升京津冀区域的产业竞争力，必须大力发展产业集群，促进产业向适宜地区集中，按照集中布局、集群发展的要求，积极引导形成若干具有鲜明发展特色和竞争力的产业集群，并探索多种集群发展模式。根据《纲要》和《规划》对三地的定位，北京各类产业聚集区应强化商务、金融、信息、科技创新等服务功能；天津则要进一步发挥港口和滨海新区的作用，增强现代制造基地、国际航运、金融创新运营基地功能；河北应加强发展商贸物流、研发成果转化基地、生态和特色农业，发展有比较优势的医药和纺织等行业集群。

（三）实现区域内宽领域融合创新高要求

京津冀一体化并不意味着区域产业结构调整仅限于本地区的资源配置，而应牢牢把握全球化、国际贸易格局变化和新科技新产业革命突破的时代特征，扩大区域开放，深化国际合作，将京津冀产业的发展深植于国内外的资源、生产、研发设计、创新、贸易、流通、金融、运输、物流、营销、信息和知识等体系，集结全球资源和要素，兼收并蓄，多元发展。同时，区域内各高技术产业园区、经济技术开发区、大学科技园等各类产业聚集区的管委会以及园区企业搭建起开放的交流平台，通过这个平台，园区管理部门、园区内外企业、大学和科研机构之间可以进行充分的经验交流、信息沟通和问题研讨，增强各产业聚集区之间的了解，营造融洽的合作氛围，为产学研合作创造更多的机会。三地共同推动创新链深度融合，推进滨海—中关村科技园、天津未来科技城、秦皇岛中关村海淀园等高科技合作示范区建设，培育一批创新驱动发展的战略功能区，共建一批高端研发机构，打造京津产业协作的标志性平台。

四　重点任务

（一）提升各地产业分工层次

依托各自特有的发展条件和比较优势，实现合理分工是区域产业合作的一个重要前提。要从区域整体发展的要求，确定每个城市的产业发展方向和具有城市特色的产业和产品，确定重点产业在不同城市的主攻方向。

北京应围绕首都和世界城市目标提升城市功能，促进商贸、流通、金融、信息、科技、教育、文化、健康、创意、设计、旅游、交通运输、物流等服务业发展，建设具有国际影响力的政治、科技、文化、国际交往中心城市，立足高端、高效、高辐射的产业发展方向，以提升产业素质为核心，在高层次上参与全球分工，着力打造世界级服务、世界级创造的品牌，增强首都经济的国际竞争力和影响力，提升服务区域、全国和世界的水平，将不符合北京定位的信息技术、装备制造、商贸物流、教育培训、健康养老、金融后台、文化创意、体育休闲八类重点产业向津冀转移。

天津应围绕全国先进制造研发基地、北方国际航运核心区、金融创新运营示范区和改革开放先行区的功能定位，根据本地工业和高新技术产业尚处于集聚、极化的阶段的实际情况，顺应深加工化、技术集约化、产业高端化和制造业服务化趋势，依托国家综合配套改革试验区的政策、体制机制创新优势、先进的制造技术和完备的制造业基础等优势，深化和北京在科技成果孵化、研发设计、创新、文化创意、交通运输等方面的合作。

河北应发挥其低要素成本、重化工、能源资源和农业优势，依托北京的科技创新资源，加强产业集聚，加快承接产业转移，通过区域合作大规模改造提升钢铁、石化、煤炭、装备制造、医药、食品加工等传统产业，积极培育壮大新能源、新一代信息技术、生物医药、高端装备等战略性新兴产业，推进京津科技创新成果在河北的孵化，提高传统产业与新兴产业的核心竞争力，实现传统产业的转型升级。加强现代农业产业体系建设，以高产、优质、高效、生态、安全为目标，加快农业发展方式转变，构建具有河北特色的现代农业产业体系，全面提升农业综合生产能力和现代化水平，实现粮食稳定增产、农业持续增效、农民持续增收，使河北成为京津农产品供应大后方。大力发展生态农业，以畜牧养殖、错季蔬菜、特色农产品加工等为重点，推进绿色有机农产品供应基地建设，积极发展高端农业和循环农业。在生态功能区发展旱作农业、节水农业。加快服务业发展，大力发展第三方物流和供应链管理服务企业，加强商贸流通、金融、电子商务、信息咨询、科技研发、创意设计、节能环保和安全生产服务业、商务服务等发展，加强产学研创新体系建设，打造环京津教育、养老、休闲、医疗、会展、旅游等特色服务业。

（二）拓宽区域产业转移范围

强化省域内产业分工协作与产业分工，克服区域内产业短距离、单向度转移带来的局限性，突出产业竞争力提升，需按照比较优势和绿色低碳指向，首先加大北京向津冀产业转移力度，同时拓宽视野，推动京津冀产业向三地更广泛的区域转移。

分阶段实施北京非核心功能疏解。初期促使传统劳动密集和资源密集产业，包括传统制造业、大型专业批发市场、物流基地、交通枢纽、大型游乐园等向外扩散；中期目标，是要促使商业综合体、学校、医院、科研机构、体育场馆等向外扩散；最后可远期考虑促使部分行政机关、部分企业总部等向外扩散。目前，北京转移的企业主要涉及劳动密集型企业、战略新兴产业和装备制造业。劳动密集型企业主要集中在服装、纺织和家具行业；战略新兴产业涉及硅片材料、云计算、大数据、北斗产业等领域；装备制造业主要是汽车整车和零部件保障项目等。要加快推进重点项目落地，积极做好北京产业迁移与当地扎根工作。

（三）拟定京津冀产业集群构建和园区共建清单

基于在全球价值链中提升自身优势、减轻环境负荷的需要，并支撑产业布局优化和产业顺利转移，需勾勒出若干对京津冀未来发展具有战略意义的产业集群，提出适宜于京津冀合作共建的功能区和园区清单。

京津冀“十三五”时期应着力打造的具有战略意义的产业集群，至少应包括：京津塘高新技术产业集群、京保石现代制造业产业集群、京唐秦能源原材料工业集群、京张承绿色生态产业发展集群、环渤海临港重化工与商贸加工产业集群、京津石现代物流产业集群、环京津现代服务业（金融、会展和旅游业等）和绿色农副产品生产供应集群。

京津冀“十三五”时期应着力打造与合作共建的具有战略意义的重要园区，至少应包括：北京中关村科技园（包括其在京津冀其他地区设立的分园）、天津滨海新区、河北曹妃甸新区、沧州渤海新区、北京新机场临空经济合作区、张承生态经济区等，特别还有万众瞩目的河北雄安新区。

（四）明确产业创新协作的重点

京津冀区域在未来的产业科技合作中，应当努力完善技术创新联盟的功能与制度，强化三地间的资源整合，形成开放型、创新主体良性互动、科技创新组织实力明显提高、科技资源配置进一步优化、并与经济社会快速协调发展相适应的区域创新体系。

战略性新兴产业是京津冀协同发展的重要领域。应着重从以下七个发力点：一是在共建京津冀高端信息化的公共基础设施上发力，打造“信息高速路”；二是在建立京津冀大数据体系上协同发力，共建数据信息共享机制，合力推动数据相关技术研发，促进京津冀大数据跨界快速流动；三是共同打造京津冀自由贸易区，让制度创新红利惠及京津冀；四是以京津冀市场需求为导向，从强化职业教育协同发力，引进国外优质资源开展合作办学，努力打造职业技能人才的“北大”“清华”乃至“哈佛”“耶鲁”；五是在共建京津冀农业物联网上发力，形成农业物联网技术体系；六是在共建京津冀合作开发园区上发力，共建具有区位、产业、人才差异化的留学回国人才创业园；七是在组建跨界产业联盟上发力，首都创新大联盟应“扩容”津冀，建立京津冀风险共担、利益共享的产业技术创新联盟，巩固提升北京科技创新中心的地位，促进更高起点的自主创新。

第三节　促进京津冀产业协同发展的政策建议

一　专项规划引导

为推进区域产业发展与合作，应加快制定近期和中远期合作的总体战略规划、几个合作领域的专项规划，并不断提高规划的法定效力，加大规划的执行力度，充分发挥规划在区域发展与合作中的作用。

一是指定区域产业发展规划，协调产业转移与承接事宜。综合考虑区域产业发展态势，结合各市产业发展基础和京津产业转移趋势，适度引导产业发展。该规划内容应主要包括：区域产业发展现状评价，区域产业发展条件分析，中远期产业发展重点，区域产业分工与产业空间分布规划，近期产业发展规划，近期重点项目规划和政策保障等。

二是指定区域土地利用规划，加强土地联动管理。综合考虑区域土地潜力与用地需求的匹配，进行区域土地利用现状调查，根据区域产业转移和产业发展的需要合理配置开发区土地，结合主体功能区划分决定土地供给的重点。

三是完善基础设施规划，服务区域产业布局和协作。包括交通及基础设施规划、能源利用规划等。

二　优惠政策激励

京津冀产业合作的有效推进，离不开跨区域项目合作奖励措施的激励。

政策激励作为一种比较常见和容易控制的手段，在政府引导区域发展过程中具有重要意义。在京津冀产业协同发展过程中，政策激励应进一步扩大其应用领域，增加多样性，并随着区域合作的发展，不断调整政策激励模式，加强激励程度，丰富激励对象。

一是跨区域鼓励、奖励措施。鼓励企业跨区域发展，对积极推进跨区域合作项目的企业给予奖励，如税收减免，在资源获取与项目审批方面的优先权等。对跨区域项目给予优先考虑，并适当发挥政府作用，保障和推动该类项目的推进。

二是区域合作引导政策。制定区域产业协同分工引导政策，尤其在区域协作可能性较大的领域，在市场操作的基础上，充分发挥政府引导作用，在用地、金融等方面为区域产业协作项目创造条件，并引导人才、资金、技术的合理流动。

三是跨省市对口合作企业的帮扶措施。政府利用财政为企业跨区域发展提供一定支持，帮助具有跨省市发展潜力的企业联系地方对接单位，建立长效定点产业协作基地机制，构建企业发展规划的信息平台，建立企业合作基金储备制度。

三　协调机制保障

体制机制建设是保障京津冀产业分工协作与产业转移的关键和基础。沟通便捷、权责分明、高效明确的协调机制，能够保证各地各部门和企业在产业分工与协作中，实现资源配置和利益调整的最优化。

一是搭建信息无障碍交流平台，继续完善信息共享机制。单个企业缺少足够的激励将区域市场、人力、资本等信息进行统计和发布，年度产业统计和发布是政府推动经济发展、促进产业协作的重要职能。应统一京津冀统计口径、统计内容，为区域内外市场参与者提供本地市场基本情况；建立圈内统一的、跨部门的产业转移信息查询系统和服务平台；整合现有产权交易所、技术交易所、采购平台、中小企业促进中心等平台和心机系统，开展撮合交易、融资担保等服务；充分发挥行业协会的协作平台作用。

二是推进区域商品、要素市场一体化。商品市场一体化的目的是扩大市场范围以使企业和社会获取规模经济效益和市场竞争效益，应破除各种行政障碍、基础设施障碍，推动商品在京津冀区域内自由、低成本流动。要素市场一体化需要彻底打破市场壁垒和行政区划的制约，建立多层级跨地区的劳动力、土地、金融、技术交易与合作机制。打破商品市场的地方保护，采用非禁即可的“负面清单”制度，建立全区域的市场准入标准和统一或互认安全管理与监督、检验、检疫标准等。

三是建立利益共享与补偿机制。建立相关产业税收共享机制，通过税收共享机制共同发展竞争产业，避免恶性竞争，达到共赢。促进生态补偿机制的法制化，以环保法为基础，通过国家性立法，明确生态补偿原则、补偿标准、补偿主体、补偿对象、补偿形式、补偿程序等内容。探索公共服务一体化，进一步完善首都经济圈社会保障对接机制，深化医疗养老保险跨区域转移政策和互认制度，加强跨区域公共卫生、公共安全等领域的联防联控。探索设立区域产业合作基金，主要用于跨省市基础设施建设、产业转型升级、科技研发、创新能力建设、共建园区以及跨省市专项合作等方面。

四是完善政绩考核机制。强化协调可持续发展理念，在政绩考核中，坚持科学发展观，强化反映长远发展、趋于均衡发展的考核指标，淡化经济增长指标，加入区域一体化指标，有效限制地方政府间恶性竞争，促进区域产业合作。

五是加强中央政府干预。制定中央立法，引导地方政府合作，促进京津冀区域经济的分工与协调发展。建立跨区域协调发展机构，充分发挥京津冀协同发展领导小组的权能作用，定期召开专项工作会议，组织、协调京津冀产业布局和协作，协商与解决三地产业协同发展过程中的冲突与问题。

四　雄安新区建设机遇

规划建设河北雄安新区，是党中央深入推进京津冀协同发展作出的一项重大决策部署，对于探索人口经济密集地区优先开发新模式、调整优化京津冀城市布局和空间结构、培育创新驱动发展新引擎，具有重大现实意义和深远历史意义。按照中央部署，未来的雄安新区既要着力打造绿色生态宜居新城区、创新驱动引领区、协调发展示范区、开放发展先行区，还将与北京中心城区、北京城市副中心错位发展，形成北京新的两翼。因此，其定位首先是疏解北京非首都功能集中承载地，并在建设之初就要加强同北京、天津、石家庄、保定等城市的融合发展，特别是要同北京中心城区、城市副中心在功能上有所分工，实现错位发展。

党的十九大报告和中央经济工作会议均强调，要高起点规划、高标准建设雄安新区。因此，要抓住雄安新区高标准建设的机遇，以承接北京非首都功能疏解为抓手，积极吸纳和集聚创新要素资源，发展高端高新产业，推进新区产业向集群化、高端化、服务化、绿色化方向发展，不断攀升全球产业价值链中高端，培育壮大创新型产业集群，实现京津冀高端产业的协同发展。雄安新区建设过程中，对建筑材料等传统产品会产生巨大需求，因此还会带动传统产业的发展，如果京津冀相关企业能积极对接新区需求，迅速调整产品结构和产品品质，就能实现京津冀传统产业的协同发展。

参考文献

译著

[1]［德］赫尔曼·哈肯:《协同学：引论——物理学、化学和生物学中的非平衡相变和自组织》，徐锡申、陈式刚等译，中国原子能出版社1984年版。

[2]［德］赫尔曼·哈肯:《协同学：大自然构成的奥秘》，凌复华译，上海译文出版社2013年版。

电子文献

[1] 侯猛:《曹妃甸建设京津冀协同发展示范区》，2015年3月，河北经济网（http://www.hbjjrb.com/gedi/TS/201503/751582.html）

[2] 王晓:《京津冀一体化能否破解医疗卫生协同发展难题》，2014年4月，新华网（http://www.gov.cn/xinwen/2014-04/14/content_2658685.htm）

[3] 庞超:《河北省交通厅与两大银行签约融资3000亿元支持交通发展》，2015年10月，东方网（http://news.eastday.com/eastday/13news/auto/news/china/u7ai4775765_K4.html）

[4] 王双：加快京津冀资源要素合理流动，2016年11月，中国社会科学网（http://ex.cssn.cn/skjj/skjj_jjgl/skjj_xmcg/201611/t20161110_3271121.shtml）

专著

[1]〔德〕阿尔弗雷德·韦伯：《工业区位论》，李刚剑、陈志人、张英保译，商务印书馆1909年版。

[2]〔德〕奥古斯特．勒施：《经济空间秩序——经济财货与地理间的关系》，商务印书馆1995年版。

[3] 北京旅游学会：《北京旅游发展报告（2015）》，社会科学文献出版社2015年版。

[4] 窦丽琛：《冲突与协调：政府与企业在产业结构调整中的利益选择》，中国社会科学出版社2010年版。

[5]〔美〕赫希曼：《经济发展战略》，曹征海、潘照东译，经济科学出版社1992年版。

[6] 李国平：《京津冀区域发展报告2016》，科技出版社2016年版。

[7] 李小建等：《经济地理学》，高等教育出版社1999年版。

[8] 马蔡琛、王晓洁、潘晨光等：《中国人才发展的财政综合竞争力比较研究》，《中国人才发展报告2009》，社会科学文献出版社2009年版。

[9] 王晓洁：《中国公共卫生支出理论与实证分析》，中国社会科学出版社2010年版。

[10]〔德〕沃尔特·克里斯塔勒：《德国南部中心地原理》，常正文、王兴中译，商务印书馆1998年版。

[11] 吴金希：《创新生态体系论》，清华大学出版社2015年版。

[12] 杨小凯、张永生：《新兴古典经济学和超边际分析》，中国人民大学出版社2003年版。

[13]〔德〕约翰·冯·杜能：《孤立国同农业和国民经济的关系》，吴衡康译，商务印书馆1997年版。

[14] 欧洲运输部长联合会、经济合作与发展组织编：《交通社会成本的内部化》，云萍、祁忠译，中国环境出版社1996年版。

[15] 翟博：《教育均衡论——中国基础教育均衡发展实证分析》，人民教育出版社 2008 年版。

[16] 张复明：《城市职能、定位理论与区域城镇化战略研究》，经济科学出版社 2012 年版。

[17] 周立群：《环渤海区域经济发展报告（2008）》，北京社会科学文献出版社 2008 年版。

[18] 朱志刚：《财政支出绩效评价研究》，中国财政经济出版社 2003 年版。

会议论文

[1] 杨军：《基于同城对接的京津冀城市轨道交通一体化研究》，《第五届环渤海·环首都·京津冀协同发展论坛学术会议论文集》2011 年。

[2] 陈旭霞：《加快提升京津冀区域一体化发展的文化支撑力》，《滨海新区特色文化高端论坛》，2007 年 8 月 27 日。

学位论文

[1] 艾丽：《中国公共服务均等化研究》，硕士学位论文，武汉大学，2012 年。

[2] 崔雪：《京津冀协同创新运行机制研究》，硕士学位论文，河北经贸大学，2016 年。

[3] 邓平凡：《北京高新技术产业系统协同研究及其体制创新思考》，硕士学位论文，首都经济贸易大学，2016 年。

[4] 范晓：《闽台农业合作机制创新研究》，硕士学位论文，福州大学，2006 年。

[5] 何鹏程：《教育公共服务体系构建研究》，硕士学位论文，华东师范大学，2012 年。

[6] 李苓：《京津冀都市圈区域经济与交通协调发展研究》，硕士学位论

文，河北工业大学，2010 年。

[7] 梁雨：《政府在公共教育均等化中的角色与功能》，硕士学位论文，山西大学，2012 年。

[8] 刘铮：《河北省农产品批发市场信息化发展对策研究》，硕士学位论文，河北农业大学，2013 年。

[9] 裴小丹：《京津冀高新技术产业协同发展问题研究》，硕士学位论文，河北师范大学，2015 年。

[10] 屈海：《北京市农产品市场供应问题与对策研究》，硕士学位论文，中国农业科学院，2012 年。

[11] 王娟：《京津冀旅游资源一体化发展研究》，硕士学位论文，燕山大学，2013 年。

[12] 杨秀艳：《农业现代化指标体系与评价方法研究》，硕士学位论文，西北农林科技大学，2004 年。

[13] 张军：《“珠三角”区域经济一体化发展研究》，硕士学位论文，西南财经大学，2011 年。

[14] 张昕玲：《京津冀地区旅游合作模式与机制研究》，硕士学位论文，北京第二外国语学院，2006 年。

[15] 张莹：《协同发展背景下京津冀高新技术产业链构建研究》，硕士学位论文，首都经济贸易大学，2016 年。

政府文件

[1] 北京市发展和改革委员会，《本市推进非首都功能疏解工作成果》，2017 年 6 月 13 日。

[2] 北京市统计局、国家统计局北京调查总队，《市场疏解促居住环境改善》，2015 年 11 月 24 日。

[3] 科学技术部办公厅，《国家重点支持的高新技术领域》，2016 年 2 月 1 日。

报纸文章

[1] 丁飞燕：《建立京津冀国家高新区联盟推动园区协同发展》，《中国高新技术产业报道》2016 年 1 月 11 日第 8 版。

[2] 罗进飞：《京津冀文化产业协调发展要规避 4 大问题》，《中国出版传媒商报》2015 年 11 月 10 日第 8 版。

[3] 邵海鹏：《京津冀一体化破题障碍：三地间公共政策差距太大》，《第一财经日报》2014 年 6 月 20 日。

[4] 苏励、王玉亮、郭伟：《全省科技创新大会在石召开》，《河北日报》2012 年 10 月 24 日第 1 版。

[5] 王皓：《坚决贯彻京津冀协同发展国家战略让协同发展成果更好更快惠及人民》，《北京日报》2014 年 6 月 20 日第 1 版。

[6] 殷旭东、李东：《以政策为导向完善我国科技创新体系》，《光明日报》2007 年 4 月 15 日第 6 版。

[7] 张国强：《京津冀文化产业协同发展的路径》，《河北日报》2016 年 5 月 18 日第 7 版。

[8] 赵婀娜、丁乐：《京津冀三地协同发展文化可一马当先》，《人民日版》2017 年 7 月 16 日第 17 版。

期刊论文

[1] 臧维、秦凯、于畅：《基于资源视角的京津冀高新技术产业协同创新研究》，《华东经济管理》2015 年第 2 期。

[2] Boudeville. J：《Problems of Regional Economic Planning》，《Edinburgh University Pess》，1966 年。

[3] Stephen Roper，Jun DO：《Modelling the innovation value chain》，《Research Policy》2008 年第 37 期。

[4] 薄文广、陈飞：《京津冀协同发展：挑战与困境》，《南开学报》（哲

学社会科学版）2015 年第 1 期。

[5] 曾祥炎、刘友金：《基于价值创新链的协同创新：三阶段深化及其作用》，《科技进步与对策》2013 年第 30 卷第 20 期。

[6] 陈冰波：《区域公共品、财政分权、社会公平与交通融资》，《交通财会》2014 年第 5 期。

[7] 陈红霞、李国平：《1985—2007 年京津冀区域市场一体化水平测度与过程分析》，《地理研究》2009 年第 6 期。

[8] 陈健：《统筹发挥政府和市场作用进一步增强交通运输财务保障有效性》，《交通财会》2014 年第 1 期。

[9] 陈宇峰等：《区域行政壁垒、基础设施与农产品流通市场分割——基于相对价格法的分析》，《国际贸易问题》2014 年第 6 期。

[10] 从屹等：《协同发展、合作治理、困境摆脱与京津冀体制机制创新》，《改革》2014 年第 6 期。

[11] 崔冬初、宋之杰：《京津冀区域经济一体化中存在的问题及对策》，《经济纵横》2012 年第 5 期。

[12] 丁梅、张贵、陈鸿雁：《京津冀协同发展与区域治理研究》，《中共天津市委党校学报》2015 年第 3 期。

[13] 杜育红：《我国地区间高等教育发展差异的实证分析》，《高等教育研究》2000 年第 3 期。

[14] 杜云飞等：《京津冀区域一体化视阈下的农业产业协同创新研究》，《河北工业大学学报》2014 年第 6 卷第 4 期。

[15] 方新：《高新技术产业定义新解》，《现代企业教育》2006 年第 7 期。

[16] 高钟庭等：《京津冀协同创新引领现代农业发展》，《经济与管理》2016 年第 30 卷第 2 期。

[17] 郭万超、马明：《京津冀文化产业协同发展的路径选择》，《中国文化报》2015 年 7 月 26 日第 4 版。

［18］何玲等：《基于京津冀区域经济一体化的农业发展模式》，《江苏农业科学》2011 年第 39 卷第 2 期。

［19］胡鞍钢、沈若萌、刘珉：《建设生态共同体，京津冀协同发展》，《林业经济》2015 年第 8 期。

［20］黄萍、黄万华：《公共行政支出绩效管理》，《红旗文稿》2003 年第 22 期。

［21］霍欢：《京津冀经济圈农业机械化可持续发展研究》，《农业机械》，2006 年第 2 期。

［22］纪玉伟、郑祎：《基于科技资源空间基尼系数的我国 R&D 资源集中度研究》，《中国科技资源导刊》2013 年第 5 期。

［23］蒋黎等：《京津冀都市农业的发展现状与战略选择》，《农业经济与管理》第 2015 年第 27 卷第 5 期。

［24］蒋秀兰等：《高速铁路对京津冀都市圈经济发展的影响探讨》，《中国铁路》2009 年第 8 期。

［25］蒋永穆、王学林：《协同互动式：我国高新技术产业发展的一种新模式》，《理论与改革》2002 年第 6 期。

［26］冷梅、成达建、胡军：《制度创新：粤港高新技术产业协同发展的新视角》，《暨南学报》（哲学社会科学版）2001 年第 2 期。

［27］李鼎、赵文哲：《财政分权与公共教育投入的研究》，《经济社会体制比较》2013 年第 4 期。

［28］李峰：《经济新常态下信息化与工业化深度融合的趋势与天津发展战略》，《天津经济》2015 年第 4 期。

［29］李京文、李剑玲：《京津冀协同创新发展比较研究》，《经济与管理》2015 年第 29 卷第 2 期。

［30］李正：《高新技术产业定义与统计体系》，《现代企业》2005 年第 7 期。

［31］刘德谦：《关于京津冀旅游协同发展的回望》，《旅游学刊》2014 年

第11期。

[32] 刘刚、赵欣欣：《京津冀都市圈产业发展和演进趋势分析》，《天津行政学院学报》2008年第1期。

[33] 刘思敏：《京津冀一体化旅游发展的问题与对策》，《旅游学刊》2014年第10期。

[34] 刘志彪：《苏南自主创新示范区建设的路径选择》，《唯实》2013年第1期。

[35] 马海龙：《京津冀区域治理的模式选择》，《北京行政学院学报》2010年第6期。

[36] 缪小林，师玉朋，郭晓明：《非均衡发展模式下的省域公共服务差距及解释——以义务教育为例》，《财经科学》2013年第2期。

[37] 欧阳杰：《空铁联运：首都第二机场交通布局发展思路》，《交通发展》2009年第5期。

[38] 佩鲁：《略论增长极概念闭》，《经济学译丛》1988年第9期。

[39] 彭泽平：《对教育公平与效率关系的思考》，《中国教育学刊》2003年第5期。

[40] 石冬梅等：《京津冀农业生产经营的协同发展问题研究》，《经济论坛》2016年第1期。

[41] 孙芳等：《京津冀农业协同发展区域比较优势分析》，《中国农业资源与区划》2015年第36卷第1期。

[42] 孙久文、姚鹏：《京津冀产业空间转移、地区专业化与协同发展——基于新经济地理学的分析框架》，《南开学报（哲学社会科学版）》2015年第1期。

[43] 孙久文等：《京津冀协同发展战略的比较和演进重点》，《经济社会体制比较》2014年第175卷第5期。

[44] 田学斌：《京津冀协同发展的基本诱因、重大任务与政策创新》，《中共石家庄市委党校学报》2015年第8期。

[45] 王海涛、徐刚、恽晓方：《区域经济一体化视阈下京津冀产业结构分析》，《东北大学学报》（社会科学版）2013 年第 15 卷第 4 期。

[46] 王金杰、周立群：《新常态下区域协同发展的取向和路径——以京津冀的探索和实践为例》，《江海学刊》2015 年第 4 期。

[47] 王帅、席强敏、李国平：《北京制造企业对河北投资的空间特征与影响因素》，《经济地理》2015 年第 4 期。

[48] 王晓洁：《京津冀医疗卫生服务均等化量化研究：基于 AHP 方法的分析》，《中国卫生经济》2015 年第 11 期。

[49] 王晓洁：《中国公共卫生支出地区间均等化的实证分析》，《财贸经济》2009 年第 2 期。

[50] 王晓洁：《中国公共卫生支出政府间财政责任问题研究》，《河北学刊》2007 年第 5 期。

[51] 魏进平等：《京津冀协同发展的历程回顾、现实困境与突破路径》，《河北工业大学学报》2014 年第 6 卷第 2 期。

[52] 吴爱芝、李国平、张杰斐：《京津冀地区产业分工合作机理与模式研究》，《人口与发展》2015 年第 6 期。

[53] 吴群刚、杨开忠：《关于京津冀区域一体化发展的思考》，《城市问题》2010 年第 1 期。

[54] 伍新木、高鑫：《区域经济发展“双倒 u 型假说”——对倒 u 型理论的完善与发展》，《理论月刊》2006 年第 4 期。

[55] 项玉卿、邢秀青：《基于协同创新理论的高新技术产业集群创新能力评价指标体系研究》，《产业与科技论坛》2014 年第 18 期。

[56] 肖金成、王丽：《关于京津冀协同发展的若干思考》，《中国发展观察》2015 年第 7 期。

[57] 谢蓉：《基本公共教育资源均衡配置定量研究》，《教育科学》2012 年第 6 期。

[58] 谢伟、胡玮、夏绍模：《中国高新技术产业研发效率及其影响因素

分析》，《科学学与科学技术管理》2008 年第 29 卷第 3 期。

[59] 邢超：《创新链与产业链结合的有效组织方式》，《科学学与科学技术管理》2012 年第 33 期。

[60] 胥彦玲等：《京津冀区域现代农业协作现状与思考》，《天津农业科学》2015 年第 21 卷第 3 期。

[61] 杨春河等：《京津冀农业协调发展的历史沿革》，《天津农业科学》2014 年第 20 卷第 8 期。

[62] 杨柳：《北京城市轨道交通现状及快速发展动因分析》，《城市发展研究》2009 年第 5 期。

[63] 杨小凯、张永生：《新贸易理论及内生与外生比较利益理论的新发展：回应》，《经济学（季刊）》2002 年第 1 期。

[64] 于化龙：《非首都功能疏解与京津产业对接研究》，《理论学刊》2015 年第 12 期。

[65] 于江：《高新技术产业集群式协同创新模式研究》，《财经问题研究》2008 年第 12 期。

[66] 余靖雯、龚六堂：《公共教育、经济增长和不平等》，《世界经济文汇》2013 年第 3 期。

[67] 张贵、王树强、刘沙等：《基于产业对接与转移的京津冀协同发展》，《经济与管理》2014 年第 4 期。

[68] 张红等：《北京市农业产品资源供给与消费格局分析》，《资源科学》2010 年第 32 卷第 8 期。

[69] 张可云：《北京非首都功能的本质与疏解方向》，《经济社会体制比较》2016 年第 3 期。

[70] 张可云等：《京津冀协同发展历程、制约因素及未来方向》，《河北学刊》2014 年第 34 卷第 6 期。

[71] 张凌云：《试论有关旅游产业在地区经济发展中地位和产业政策的几个问题》，《旅游学刊》2000 年第 1 期。

［72］张敏等：《基于产业链升级的京津冀农业协作模式探析》，《农业现代化研究》2015 年第 36 卷第 3 期。

［73］张琼瑜：《高新技术产业集群创新的协同机理研究》，《当代经济》2011 年第 10 期。

［74］张淑莲、胡丹、高素英等：《京津冀高新技术产业协同创新研究》，《河北工业大学学报》2011 年第 40 卷第 6 期。

［75］张亚明、刘海鸥：《协同创新博弈观的京津冀科技资源共享模型与策略》，《中国科技论坛》2014 年第 1 期。

［76］张耀军：《论京津冀一体化协调发展的路径选择》，《当代经济管理》2014 年第 36 卷第 10 期。

［77］赵弘：《京津冀协同发展的核心和关键问题》，《中国流通经济》2014 年第 12 期。

［78］赵玉榕：《ECFA 时代两岸农业合作机制研究》，《厦门大学学报》2012 年第 3 期。

［79］周毕文等：《京津冀一体化中的产业转移》，《经济与管理》2016 年第 30 卷第 3 期。

［80］周立群、曹知修：《京津冀协同发展开启经济一体化新路径》，《中共天津市委党校学报》2014 年第 4 期。

［81］祝尔娟：《推进京津冀区域协同发展的思路与重点》，《经济与管理》2014 年第 3 期。

后　记

当前，京津冀协同发展正处于向中期目标进军的关键阶段。与实践相似，京津冀产业协同发展的理论与政策研究也进入到协同创新、联合攻关的新阶段，本书就是河北省京津冀一体化发展协同创新中心联合京津冀三地专家学者集体攻关的成果。

本书各章内容具体分工如下：第一章，田学斌、窦丽琛；第二章，吴爱芝、李国平；第三章，赵建欣；第四章，张贵、李峰、孔月辉；第五章，张瑞锋、张永杰；第六章，刘景枝、亢学军；第七章，孙振杰、吴士锋；第八章，赵培红、杜朋奇；第九章，李伟红、崔雪、马翊华；第十章，王小江；第十一章，王晓洁、杨梦；第十二章，戴宏伟、宋晓东；第十三章，纪良纲、武星；第十四章，窦丽琛、田学斌。韩丰源参与书稿外文资料整理和翻译工作，武星参与书稿整理编辑工作。窦丽琛参与全书内容的修订。

田学斌对全书内容进行了修订并统稿。

田学斌

2019 年 2 月 21 日